U0533446

 律师业务必备

律师实务

第九版

中华全国律师协会 审定
徐家力 宋宇博 编著

——北京——

图书在版编目（CIP）数据

律师实务 / 徐家力，宋宇博编著. -- 9 版. -- 北京：法律出版社，2025. -- ISBN 978-7-5244-0137-7

Ⅰ.D926.5

中国国家版本馆 CIP 数据核字第 2025TL1687 号

律师实务(第九版)	徐家力　宋宇博　编著	责任编辑　张心萌
LÜSHI SHIWU (DI-JIU BAN)		装帧设计　李　瞻

出版发行　法律出版社	开本　710 毫米×1000 毫米　1/16
编辑统筹　学术·对外出版分社	印张　31.25　　字数　509 千
责任校对　张翼羽　裴　黎	版本　2025 年 8 月第 9 版
责任印制　胡晓雅　宋万春	印次　2025 年 8 月第 1 次印刷
经　　销　新华书店	印刷　固安华明印业有限公司

地址：北京市丰台区莲花池西里 7 号（100073）

网址：www.lawpress.com.cn　　　　　　　　销售电话:010-83938349

投稿邮箱：info@lawpress.com.cn　　　　　　客服电话:010-83938350

举报盗版邮箱：jbwq@lawpress.com.cn　　　　咨询电话:010-63939796

版权所有·侵权必究

书号：ISBN 978-7-5244-0137-7　　　　　　　定价:98.00 元

凡购买本社图书，如有印装错误，我社负责退换。电话:010-83938349

序　言

　　法律是时代的回响,实务是经验的沉淀。《律师实务》首版面世以来,始终以"立足实践、服务行业"为宗旨,陪伴无数法律从业者跨越理论与实践的鸿沟。如今,第九版的修订付梓,既是过往八版积淀的传承,更是对法律实务新生态的深刻回应。

　　法律的生命力在于实施,而《律师实务》的核心在于对变化的敏锐捕捉与灵活应对。近年来,我国立法与司法实践持续革新:《民法典》配套司法解释的细化、《公司法》修订对市场主体的深远影响、金融合规与数据安全领域监管体系的完善,以及涉外法治需求的激增,均对法律从业者提出了更高要求。

　　《律师实务》于2002年初次问世,至今再次出版已历经二十余年,中间曾经八次修订再版。在过去的岁月中,中国社会、经济、法治发生了很大变化,律师群体也发生了很大的变化,最显著的变化是全国律师人数从二十多年前的几万人发展到今天的七十万之众,照此速度发展,中国律师人数超过百万已为时不远。

　　在这样的背景下,本书再次修订出版,有以下几个方面的意义与特点:

　　一、反映了社会发展对律师业务的影响

　　律师行业是服务行业,真正了解服务对象的需求才能服务好客户。近年来,随着中国经济的整体调整,很多企业面临着经济下行的压力和挑战,投资变缓了,收账和企业破产重组等需求增加了,这些社会深层次变化带来的律师业务的变化在这次修订中均有所反映。

　　二、新的法律法规的出台促进了律师的不断学习

　　伴随着《民法典》的出台和更多的法律,比如《刑法》等法律的修改,新的法律适用情形发生了变化,对新法条的掌握、理解、运用,对律师提出了新的要求,本次修订内容把新法的修改内容涵盖进来,让广大从事律师实务的执业律师受益。

三、法学理论及法律实践的进步与律师业务的结合

社会的不断进步,导致了法律的不断出台和修改,新的法律带动了法学研究的繁荣和兴盛,各种法学理论层出不穷,同时,不可避免地,大量新司法案例的出现,所有这些对律师实务影响至深,律师在法学理论和司法实践两个方面都需要提高自身的执业水平,这是本书的内容之一。

四、律师法律服务新领域的拓展

数字时代到来了,人工智能无所不在,合法合规严格监管制度落地。这些都是律师业务的新领域,我们处在新时代就要跟随新时代的步伐,拓展新的律师法律服务领域,熟练掌握新技术,培养律师业务新技能,本次修订重点强调了律师技能在新时代法律服务新领域的拓展和养成,这是新时代律师服务的落脚点。

五、本书内容结构有较大的调整

其一,体系重构。进一步优化传统部门法划分模式,以"客户需求场景"为导向重组章节,增设若干实务模块,助力律师从"技术型服务者"向"战略型护航者"转型;

其二,新法新案。增补上版出版以来的典型司法案例与裁判要旨,覆盖民商事、刑事、知识产权、涉外争议等各领域,尤其针对企业合规、数字经济纠纷等热点问题,提炼实务操作指引;

其三,文书迭代。结合司法改革最新要求,对全书中所有合同范本、诉讼文书进行了结构性优化更新,新增多项模板,实现"合规性"与"实操性"的双重保障。

编撰团队本着极致专业主义原则,对新规条文逐字比对,对典型案例多维解构,对文书细节反复打磨更新……字里行间,皆是法律人对职业信仰的坚守。

从初版到九版,变的是不断迭代的内容,不变的是"让专业赋能行业"的初心。我们深知,法律实务从来不是静态的文本,而是动态的智慧流动。期待新版书籍能继续成为法律人执业征途上的"工具箱"——既是应对复杂问题的"手术刀",也是预判风险的"指南针",更有点燃创新思维的"火种"。书中若有疏漏之处,诚盼读者斧正,让我们共同在法律实务的沃土上深耕不辍。

目 录

第一编 律师制度

第一章 律师制度概述 ... 3
第一节 中国律师制度的渊源 ... 3
第二节 律师制度与中国律师的发展 ... 4
一、我国现行律师制度 ... 5
二、中国律师业的发展 ... 6
第三节 中国律师业的现状与面临的问题 ... 7
一、中国律师业的现状 ... 7
二、中国律师业面临的问题 ... 9

第二章 我国律师的管理制度 ... 12
第一节 律师管理制度概述 ... 12
第二节 律师资格与律师执业 ... 13
一、律师执业资格的取得途径 ... 13
二、律师执业的申请流程 ... 13
三、律师执业的业务范围 ... 14
第三节 律师的权利和义务 ... 15
一、律师的权利 ... 15
二、律师的义务 ... 16
第四节 律师的职业纪律与职业道德 ... 17
一、律师应遵守的职业规范 ... 18
二、律师应遵守的纪律 ... 18

三、律师与当事人的关系准则 ………………………………………… 19
第五节 律师同行业竞争与惩戒制度 …………………………………… 19
　一、禁止性的同业竞争行为 …………………………………………… 19
　二、律师违反行业竞争规则的惩戒制度 ……………………………… 20
第六节 律师职业风险及防范 …………………………………………… 21
　一、律师执业风险点的类型 …………………………………………… 21
　二、律师执业风险案例 ………………………………………………… 22
　三、律师执业风险的来源 ……………………………………………… 23
　四、律师执业风险的防范措施 ………………………………………… 23
第七节 律师收费制度 …………………………………………………… 24
　一、律师收费方式 ……………………………………………………… 24
　二、律师收费标准 ……………………………………………………… 25

第三章 港澳台地区的律师制度 ………………………………………… 31
第一节 港澳台地区的律师制度 ………………………………………… 31
　一、我国香港地区的律师制度 ………………………………………… 31
　二、我国澳门地区的律师制度 ………………………………………… 33
　三、我国台湾地区的律师制度 ………………………………………… 35
第二节 港澳律师事务所驻内地代表机构管理制度 …………………… 37
　一、代表处的设立 ……………………………………………………… 37
　二、代表处的注销 ……………………………………………………… 37
　三、代表处的业务范围 ………………………………………………… 38
　四、关于港澳律师事务所与内地律师事务所的联营 ………………… 38

第四章 我国律师事务所的管理制度 …………………………………… 40
第一节 我国律师事务所概述 …………………………………………… 40
　一、律师事务所设立的条件 …………………………………………… 40
　二、律师事务所的形式 ………………………………………………… 40
　三、律师事务所的权利和义务 ………………………………………… 40
　四、律师事务所的设立、变更和终止 ………………………………… 41
第二节 合伙律师事务所的管理 ………………………………………… 41
　一、普通合伙律师事务所的设立 ……………………………………… 41

二、特殊的普通合伙律师事务所的设立 …………………………… 42
　　三、合伙人 …………………………………………………………… 42
　　四、合伙律师事务所内部管理机构——合伙人会议 ………………… 43
　　五、合伙律师事务所的终止清算 ……………………………………… 43
　第三节　律师事务所的业务管理 …………………………………………… 44
　　一、建立业务流程 ……………………………………………………… 44
　　二、案件的转接方式 …………………………………………………… 45
　　三、案件的分配 ………………………………………………………… 45
　　四、团队合作方式 ……………………………………………………… 46
　　五、组建和管理律师团队 ……………………………………………… 46
　　六、律师事务所的专业化和国际化 …………………………………… 46
　第四节　律师事务所与律师业务的开拓 …………………………………… 47
　　一、律师事务所业务的开拓 …………………………………………… 47
　　二、律师业务的开拓 …………………………………………………… 49

第五章　我国律师的法律援助制度 ……………………………………………… 51
　第一节　法律援助概述 ……………………………………………………… 51
　　一、律师法律援助的概念 ……………………………………………… 51
　　二、律师法律援助的立法目的与依据 ………………………………… 51
　第二节　我国律师的法律援助 ……………………………………………… 52
　　一、申请律师法律援助的条件、对象及范围 ………………………… 52
　　二、律师在法律援助中的权利与义务 ………………………………… 54
　　三、律师法律援助委托程序 …………………………………………… 54
　　四、律师法律援助资金及相关费用 …………………………………… 55

第六章　我国的律师见证与公证制度 …………………………………………… 57
　第一节　我国的律师见证制度 ……………………………………………… 57
　　一、律师见证的含义 …………………………………………………… 57
　　二、律师见证的原则 …………………………………………………… 59
　　三、律师见证的步骤 …………………………………………………… 59
　　四、律师见证的文书 …………………………………………………… 60
　　五、律师见证与公证制度的区别 ……………………………………… 62

第二节　我国的公证制度 …… 63
一、我国公证制度概述 …… 63
二、公证的基本原则 …… 64
三、公证机构与公证员 …… 65
四、公证的分类 …… 69
五、公证的程序 …… 70
六、公证的效力 …… 73

第二编　诉讼律师实务

第七章　民事诉讼中的律师实务 …… 77
第一节　律师代理民事诉讼概述 …… 77
第二节　律师代理民事诉讼的范围 …… 77
一、民事诉讼的范围 …… 77
二、交叉诉讼范围的区分 …… 78
三、民事诉讼律师代理的对象 …… 80
四、律师在民事诉讼代理中的权利、义务与权限 …… 80
第三节　律师代理民事诉讼的工作方法和步骤 …… 83
一、收案 …… 83
二、律师接受委托后的工作内容 …… 85
三、准备诉讼资料 …… 94
四、代理申请财产保全与先予执行 …… 99
五、律师参加庭前和解工作 …… 102
第四节　律师参加法庭审理的工作 …… 103
一、律师代理申请回避工作 …… 103
二、律师在法庭调查阶段的代理 …… 103
三、律师在法庭辩论阶段的代理 …… 104
第五节　二审程序中的律师代理 …… 106
一、二审程序概述 …… 106
二、律师代理二审程序的工作流程 …… 106
三、律师代理二审程序的注意事项 …… 107

第六节 审判监督程序中的律师代理 ································ 108
一、审判监督程序概述 ································ 108
二、审判监督程序的启动 ································ 108
三、审判监督程序的审理 ································ 109

第七节 执行程序中的律师代理 ································ 110
一、代理执行程序的概述 ································ 110
二、代理执行程序的流程 ································ 113
三、执行程序的结案方式 ································ 115
四、律师代理执行程序的注意事项 ································ 116
五、执行异议与执行复议 ································ 117
六、执行监督 ································ 118

第八节 律师代理的几种常见民事诉讼案件 ································ 119
一、合同纠纷案件 ································ 119
二、婚姻家庭纠纷案件 ································ 123
三、继承纠纷案件 ································ 129
四、侵权责任纠纷案件 ································ 132
五、房地产与建设工程诉讼案件 ································ 142
六、劳动纠纷案件 ································ 148
七、著作权诉讼案件 ································ 150
八、商标权诉讼案件 ································ 153
九、专利权诉讼代理实务 ································ 154

第九节 律师代理民事诉讼应注意的问题 ································ 158
一、律师应在全面掌握案件的基础上,认真审查证据 ································ 158
二、调解贯穿于律师代理的所有程序 ································ 158
三、律师在民事诉讼案件中不是诉讼主体而是诉讼法律关系主体 ································ 159
四、律师应注意的民事诉讼的关键期限 ································ 159

第八章 行政诉讼中的律师实务 ································ 169
第一节 律师代理行政诉讼概述 ································ 169
一、行政诉讼的概念及特征 ································ 169
二、律师代理行政诉讼的概念及特征 ································ 170

第二节　律师代理行政诉讼的范围 …… 171
一、人民法院可受理的行政案件范围 …… 172
二、人民法院不予受理的行政争议案件 …… 176

第三节　律师在行政诉讼中的几项代理工作 …… 177
一、接受委托、了解案情、确定代理 …… 177
二、起诉中的律师代理工作 …… 181
三、应诉中的律师代理工作 …… 184
四、起诉应诉中的暂缓执行问题 …… 184

第四节　法庭审理中律师的主要工作 …… 186
一、帮助委托人行使申请回避的权利 …… 186
二、参加法庭调查 …… 186
三、参加法庭辩论 …… 187
四、执行中的律师代理工作 …… 188

第五节　律师代理行政诉讼应注意的问题 …… 189
一、提起行政诉讼前的行政复议问题 …… 189
二、行政复议申请书的撰写及证明材料的提交 …… 190

第六节　律师代理原告参加行政诉讼应注意的问题 …… 191
一、首先应注意起诉的效力问题 …… 191
二、注意帮助原告提供证据的问题 …… 191
三、注意对被告的具体行政行为是否合法进行质疑 …… 192
四、注意被告是否在法定举证期限内提交证据 …… 193

第七节　律师代理被告参加行政诉讼应注意的问题 …… 193
一、对具体行政行为合法性的审查 …… 193
二、注意审查有无有关法规、规章或法律的相互冲突问题 …… 194
三、被告的举证责任问题 …… 194

第八节　行政诉讼案件中的调解 …… 195
一、不能适用调解的行政诉讼案件类型 …… 195
二、可以适用调解的行政诉讼案件类型 …… 195
三、律师参加行政诉讼调解时的注意事项 …… 196

第九章　刑事诉讼中的律师实务 197
第一节　律师代理刑事辩护概述 197
一、辩护、辩护权与辩护制度 197
二、辩护人与辩护律师 198
三、辩护律师的诉讼地位和诉讼职能 199
四、律师在刑事辩护中的权利和义务 200
第二节　律师在刑事辩护中的工作流程 204
第三节　律师在刑事辩护中的具体工作 213
第四节　律师代理刑事辩护应注意的问题 223
一、律师在侦查阶段应注意的问题 223
二、律师阅卷时应注意的问题 223
三、律师在调查取证时应注意的问题 224
四、律师会见在押犯罪嫌疑人、被告人时应注意的问题 224
第五节　刑事诉讼中的律师代理业务 225
一、刑事诉讼中的律师代理概述 225
二、刑事公诉案件被害人的律师代理业务 226
三、刑事自诉案件中的律师代理业务 229
四、刑事附带民事诉讼中的律师代理业务 236

第三编　非诉律师实务

第十章　调和解律师实务 243
第一节　法院主持下调解中律师的工作 243
第二节　庭外和解中律师的工作 245
第三节　律师在调解中的作用 246

第十一章　商事仲裁律师实务 248
第一节　律师代理仲裁概述 248
第二节　律师代理仲裁的主要程序和主要工作事项 249
一、律师审查仲裁协议 249
二、律师代理提起仲裁或代理答辩 250
三、代理律师应进行调查，收集证据材料 253

四、律师代理参加仲裁活动过程的主要工作 …………………… 253
　　五、律师代理仲裁裁决执行 …………………………………… 254
第十二章　劳动仲裁律师实务 256
　第一节　律师代理劳动仲裁案件前的准备工作 ………………… 256
　第二节　劳动仲裁程序中的基本流程和注意事项 ……………… 257
　第三节　劳动仲裁中的举证问题 ………………………………… 258
　第四节　劳动仲裁中的关键事实认定与法律适用 ……………… 259
第十三章　公司律师实务 260
　第一节　法律顾问业务 …………………………………………… 260
　　一、法律顾问业务概述 ………………………………………… 260
　　二、法律顾问的工作方式 ……………………………………… 266
　　三、股份制企业法律顾问的工作要点 ………………………… 267
　　四、私营企业法律顾问的工作要点 …………………………… 268
　第二节　企业合规业务 …………………………………………… 269
　　一、企业主体资格合规 ………………………………………… 269
　　二、企业治理合规 ……………………………………………… 271
　　三、企业监管合规 ……………………………………………… 273
　第三节　律师尽职调查业务 ……………………………………… 275
　　一、尽职调查概述 ……………………………………………… 275
　　二、尽职调查的流程 …………………………………………… 275
　　三、尽职调查的方法 …………………………………………… 276
　　四、尽职调查过程中的注意事项 ……………………………… 277
第十四章　知识产权律师实务 279
　第一节　知识产权的概念和范围 ………………………………… 279
　第二节　商标权非诉律师实务 …………………………………… 280
　第三节　专利权非诉律师实务 …………………………………… 282
　第四节　著作权非诉律师实务 …………………………………… 284
第十五章　公司并购重组律师实务 286
　第一节　并购重组的一般法律规定 ……………………………… 286
　　一、并购重组概述 ……………………………………………… 286

二、企业并购理论 ……………………………………………… 287
　　三、企业并购分类 ……………………………………………… 288
　　四、公司并购的基本流程 ……………………………………… 290
　　五、并购的协同效益 …………………………………………… 290
　　六、资产重组 …………………………………………………… 292
　第二节　上市公司并购重组 ……………………………………… 293
　　一、上市公司收购中的法律实务问题 ………………………… 294
　　二、上市公司重大资产重组中的法律实务问题 ……………… 298
　第三节　非上市公司并购重组 …………………………………… 306
　第四节　涉及国有产权的并购法律实务 ………………………… 317
　　一、国有资产并购概述 ………………………………………… 317
　　二、关于收购方式的选择 ……………………………………… 320
　　三、关于资产转让的原则 ……………………………………… 322
　　四、关于清产核资及财务审计 ………………………………… 322
　　五、关于评估机构的评估 ……………………………………… 323
　　六、关于挂牌竞价 ……………………………………………… 323
　　七、关于转让合同的签订 ……………………………………… 323
　　八、关于国有企业的职工安置 ………………………………… 323
　　九、特定程序 …………………………………………………… 324

第十六章　咨询和代书律师实务 …………………………………… 326
　第一节　法律咨询律师实务 ……………………………………… 326
　　一、律师的法律咨询概述 ……………………………………… 326
　　二、律师的法律咨询工作 ……………………………………… 327
　第二节　法律文书写作 …………………………………………… 329
　　一、律师代写法律文书概述 …………………………………… 329
　　二、律师代写法律文书工作 …………………………………… 330

第十七章　证券律师实务 …………………………………………… 335
　第一节　证券律师实务概述 ……………………………………… 335
　第二节　律师从事证券法律业务的主要内容和基本程序 ……… 336
　第三节　律师为证券法律业务出具法律意见书实务 …………… 338

第四节　律师出具法律意见书需要注意的法律责任问题 ………………… 348

第十八章　WTO 律师实务 …………………………………………… 349
第一节　WTO 律师实务概述 ……………………………………… 349
一、世界贸易组织 ……………………………………………… 349
二、世界贸易组织管辖的基本原则 …………………………… 349
第二节　律师协助委托人代理反倾销法律事务 ………………… 351
一、倾销的概念 ………………………………………………… 351
二、反倾销实体规则 …………………………………………… 352
三、反倾销程序规则 …………………………………………… 353
四、非市场经济国家倾销产品的特殊规则 …………………… 355
第三节　律师协助委托人代理反补贴法律事务 ………………… 356
一、定义和法律渊源 …………………………………………… 356
二、反补贴实体规则 …………………………………………… 358
三、反补贴程序规则 …………………………………………… 360
四、发展中国家特殊待遇 ……………………………………… 361
五、成员间反补贴多边争端解决程序 ………………………… 362
六、反补贴国内救济程序 ……………………………………… 362
第四节　律师对 WTO 中贸易争端解决机制的服务 …………… 363
一、DSU 适用的范围 …………………………………………… 363
二、WTO 争端解决机制的原则和目标 ……………………… 364
三、WTO 参与争端解决的主体 ……………………………… 365
四、WTO 争端解决机制的申诉原因与类型 ………………… 366
五、WTO 争端解决程序 ……………………………………… 367
六、WTO 争端解决技巧 ……………………………………… 371

第十九章　PPP 项目中的律师实务 ………………………………… 374
第一节　PPP 概述 …………………………………………………… 374
一、PPP 项目的含义与特征 …………………………………… 374
二、PPP 项目中的基本法律关系 ……………………………… 375
三、PPP 项目的操作流程 ……………………………………… 377
第二节　律师在 PPP 项目中的工作 ……………………………… 383
一、审查架构合规性 …………………………………………… 383

二、起草法律文件 …………………………………………………… 384

　　三、进行尽职调查 …………………………………………………… 385

第二十章　房地产非诉讼律师实务 ………………………………………… 386

　第一节　协助房地产开发企业取得土地使用权 ………………………… 386

　第二节　参加土地使用权出让合同谈判 ………………………………… 386

　第三节　协助房地产开发企业取得房地产开发项目手册 ……………… 387

　第四节　协助开发企业向人民政府申请开展拆迁安置工作 …………… 388

　第五节　在房地产开发企业招投标工程中提供法律服务 ……………… 388

　第六节　协助开发企业鉴定建设工程的质量 …………………………… 389

　第七节　为房地产转让提供法律服务 …………………………………… 390

　第八节　为在建工程及相关土地使用权转让提供法律服务 …………… 390

第二十一章　数据合规律师实务 …………………………………………… 392

　第一节　数据合规的概念与法律规定 …………………………………… 392

　　一、数据合规的概念 ………………………………………………… 392

　　二、数据合规的法律规定 …………………………………………… 393

　第二节　律师如何参与企业数据合规工作 ……………………………… 394

第二十二章　IT 与电子商务律师实务 …………………………………… 396

　第一节　IT 与电子商务律师实务概述 …………………………………… 396

　　一、IT 与电子商务律师实务的概念 ………………………………… 396

　　二、IT 与电子商务律师实务的服务对象 …………………………… 396

　第二节　IT 企业律师实务 ………………………………………………… 398

　　一、IT 企业的含义 …………………………………………………… 398

　　二、律师对 IT 行业经营许可的法律服务 ………………………… 398

　　三、外商参股 IT 行业的律师服务 ………………………………… 399

　第三节　网络律师实务 …………………………………………………… 399

　第四节　电子商务律师实务 ……………………………………………… 402

　　一、电子商务法 ……………………………………………………… 402

　　二、电子商务安全的法律保护与律师实务 ………………………… 405

第二十三章　专项事务律师实务 …………………………………………… 408

　第一节　律师资信调查 …………………………………………………… 408

　　一、律师资信调查的概念 …………………………………………… 408

二、律师资信调查的途径 ································· 409

第二节　律师授权发表声明 ································· 411
　　一、律师授权发表声明的概念和特征 ····················· 411
　　二、律师授权发表声明的程序 ··························· 412
　　三、律师授权声明书的制作 ····························· 412
　　四、律师授权发表声明应注意的问题 ····················· 413

第三节　法律意见书 ····································· 414
　　一、法律意见书的概念和特征 ··························· 414
　　二、律师出具法律意见书的程序 ························· 415
　　三、法律意见书的制作 ································· 416

第四编　涉外律师制度与实务

第二十四章　涉外律师制度 ································· 423

第一节　国外律师制度 ··································· 423
　　一、英国的律师制度 ··································· 423
　　二、美国的律师制度 ··································· 424
　　三、法国的律师制度 ··································· 426
　　四、日本的律师制度 ··································· 427

第二节　外国律师事务所驻华代表机构管理制度 ············· 428
　　一、代表处的设立 ····································· 428
　　二、代表处的注销 ····································· 429
　　三、代表处的业务范围 ································· 429
　　四、外国律师事务所驻华代表机构与港澳律师事务所内地代表机构
　　　　在各方面的异同 ··································· 430

第二十五章　涉外律师实务 ································· 432

第一节　涉外案件中律师代理工作概述 ····················· 432
　　一、涉外案件的概念和种类 ····························· 432
　　二、涉外案件的特征 ··································· 432

第二节　涉外案件中律师代理的范围和工作原则 ············· 433
　　一、涉外案件中律师代理的范围 ························· 433
　　二、涉外案件中律师代理工作的原则 ····················· 434

第三节 涉外案件律师代理的方法 ……… 435
一、涉外案件中律师代理的基本方法 ……… 435
二、涉外案件中律师服务费特殊的收取方式 ……… 438

第四节 涉外案件中律师代理应注意的问题 ……… 438
一、特别的法律规定 ……… 439
二、不同法律制度和文化背景下的观念冲突 ……… 439
三、谨慎地使用外语 ……… 440
四、与外国同行的配合 ……… 441
五、境外办案需要特别谨慎 ……… 442

第五节 涉外仲裁 ……… 442
一、涉外仲裁概述 ……… 442
二、律师代理涉外仲裁案件应注意的问题 ……… 444
三、外国仲裁裁决的承认与执行 ……… 445

第六节 涉外公证 ……… 448
一、涉外公证概述 ……… 448
二、涉外公证的业务类型 ……… 448

附录一：规范性法律文件索引 ……… 450
附录二：常用文书格式 ……… 455
民事起诉状 ……… 455
答辩状 ……… 456
民事上诉状 ……… 456
再审申请书 ……… 457
强制执行申请书 ……… 458
财产保全申请书 ……… 459
先予执行申请书 ……… 460
律师事务所××函 ……… 461
仲裁申请书 ……… 461
仲裁答辩状 ……… 462
仲裁执行申请书 ……… 462
授权委托书 ……… 463

合同审查意见书 …………………………………………… 464
民事委托代理合同 …………………………………………… 464
常年法律顾问合同 …………………………………………… 468
仲裁协议 …………………………………………………… 472
法律仲裁协议意见书 ………………………………………… 472
律师事务所介绍信 …………………………………………… 473
委托书(担任刑事诉讼辩护人适用) ………………………… 473
委托书(担任刑事诉讼代理人适用) ………………………… 473
律师事务所××函(担任辩护人适用) ……………………… 474
律师事务所××函(担任刑事诉讼代理人适用) …………… 475
具保书 ……………………………………………………… 475
保证书 ……………………………………………………… 476
刑事自诉状(刑事自诉案件起诉用) ………………………… 476
刑事附带民事起诉状 ………………………………………… 477
×××罪一案(排除非法证据申请书) ……………………… 478
刑事案件被害人委托代理协议 ……………………………… 479

后　记 ………………………………………………………… 482

第一编

律师制度

第一章 律师制度概述

从世界各国的律师制度来看,一般都认为律师是指受过法律专业训练,依法经过国家考试、考核,取得律师资格,并持有律师工作执照,为社会提供法律服务的专业人员。

律师作为一种职业,历史源远流长。通常认为西方的律师及律师制度起源于奴隶制时期的古罗马,中国的律师及律师制度源自周朝。

律师制度是国家民主制度和法律制度的重要组成部分,是国家确立的有关律师的性质、律师的资格和执业、律师的业务范围及权利义务、律师的法律责任以及律师的管理等方面内容的一项国家司法制度。

第一节 中国律师制度的渊源

在奴隶制社会我国就出现了专门为保护当事人利益而帮助当事人写诉状、打官司的人。过去这些人被称为"讼师"或"刀笔先生"等。因此,有人说讼师是中国律师的前身或雏形。春秋末期,郑国的邓析(公元前545年至前501年)是我国古代著名的讼师,他实际上成为了中国古代历史上第一位为私人充当法律顾问、提供法律帮助的讼师,或者说是律师。

我国古代的诉讼代理源于西周。《周礼》,原名《周官》,就有关于诉讼代理人的记载,被代理人一般是有一定地位的统治阶级成员。《周礼·秋官·小司寇》中记载:"凡命夫命妇不躬坐狱讼。"意思就是说,作为原告或者被告的命夫、命妇者,无须亲自到法庭上进行诉讼。

讼师并不一定都熟悉法律知识,他们更多的是凭借识文断字的优势来谋生。从形式上看,讼师的活动和现代意义上的律师的咨询代书活动有些类似。但在实质上,两者却有根本的区别:第一,讼师不像律师那样有合法的资格,在诉讼活动中也没有合法地位,并不能像律师那样公开接受当事人的委托充当诉讼辩护人或代理人。讼师不是法律明文规定的专职提供法律服务的人员,而大多是以包揽词讼来谋得私利的人员。充当讼师的既有赋闲在家的政府官员,不得志的读书人、举人、胥吏等,还有在职的文武官员。由于讼师的存在是非法的,所以讼师大多不会承认自己就是讼师,这样就使讼师这个社会角色多多少少带点神秘色彩。第二,讼师多半不是法律方面的专家,只不过是文字功夫尚可。他们往往不只为诉讼当事人撰写诉讼文书,还从事其他文字工作。代人撰写诉状,解答有关法律问题,并没有发展成为一种为社会广泛认可的公开职业。从某种意义上讲,讼师是封建专制权力结构的附属物,并不代表新的社会阶层,其社会地位低下,加之其活动没有法律规范和约束,所以不少讼师敲诈勒索,坑害当事人,被老百姓称为"讼棍"。发展到后来,讼师的活动仅限于在庭审以外代书诉状,为当事人出谋划策,谋求胜诉。讼师一般不直接会见被告,也不能出庭参与庭审。

严格来说,中国律师制度完形于清末。光绪二十八年即1902年清廷派沈家本、伍廷芳为修律大臣,修订现行律例。先后起草、制定了《刑事诉讼律草案》《民事诉讼律草案》,其中刑事诉讼法和民事诉讼法以及两个诉讼律都明确规定了律师和律师制度的基本内容。

1906年(清光绪三十二年),《大清刑事民事诉讼法》修订完成。1911年(清宣统三年),修订法律馆编成《刑事诉讼律草案》和《民事诉讼律草案》,又一次规定了律师和律师制度,但尚未审核和颁布,就爆发了辛亥革命,清王朝被推翻。上面提到的这些法典,尽管没能得到及时实施,但从制度建设层面来说,中国现代法律意义上的律师制度已经开始萌芽。

第二节 律师制度与中国律师的发展

一个国家的律师制度的产生和发展是与该国家的政治、经济、社会、文化发展密不可分的。律师制度作为国家司法制度的一部分,逐渐从行政体制中分离出来,律师也成为相对独立、固定和正规的一种社会职业。它源于社会普通公众对律师所从事法律服务活动的需求,而这种需要恰恰又是以这个国家的整体发展,特别是商业文明的繁荣为基础的。商业、手工业等民间商务活动越是发达、越是频繁,就越容易产生大量纠纷和争议,而解决这些争议和纠纷不只靠自力救济方式,更多是要依靠国家的司法机构的公正裁判。

反过来,这些律师所从事的法律服务工作又能积极推动当时社会生产和贸易的发展,维护当时社会的政治和经济制度。从某种意义上讲,律师的出现是社会分工日益细化的结果,也是社会不断发展进步的表现。

事实上,在西方国家的古代文明中,特别是像古希腊的雅典、古罗马时代,律师产生和发展的这些条件相对成熟得更早一些。而在我国,一方面,古代社会长期处于专制统治状态下,由于官方重农抑商,商业文明并不十分发达;在法律制度上又是重刑轻民,私法并不发达,甚至极为缺乏,而司法又是与行政合二为一的。虽然民间有商务往来,也有纠纷和争议,不过,在处理争端上也多因耻于争讼而更多通过宗族礼法仲裁。另一方面,官方非但在立法上不予认可或支持,反而多加禁止,"讼师"角色不受社会公众与当政者的欢迎。因此,中国古代虽有诉讼代理之情形,却缺乏律师产生的土壤和存在的空间。到了近代清末,由于中西文化交融,应变法改制的历史需要,现代法律意义上的律师理念才渐渐根植于中国社会。随同其他法律制度的完备,尤其是诉讼程序法制的日臻完善,律师这一社会角色才得以真正产生。

一、我国现行律师制度

党的十一届三中全会以后,在《中华人民共和国刑法》(以下简称《刑法》)、《中华人民共和国刑事诉讼法》(以下简称《刑事诉讼法》)颁布之后,于1980年8月26日,第五届全国人大常委会第十五次会议通过了《中华人民共和国律师暂行条例》。该条例的颁布,为我国律师制度的恢复和重建提供了法律依据,同时也标志着我国律师制度的建设进入一个新的历史阶段,具有十分重要的意义。1993年3月,八届全国人大一次会议召开,大会以宪法修正案的形式确定了党的十四大提出的建立社会主义市场经济体制的宏伟目标。这不仅为我国经济体制改革指明了方向,而且引起社会各方面的巨大变革。

党和政府越来越重视和关心律师工作,全社会对法律服务和法律保障的渴求越来越迫切。高科技市场、证券、股票市场和其他新兴行业商品市场的培育和发展,将要求律师、公证、法治宣传和司法协助工作更多地介入这些新的领域和项目。要求制定律师法的呼声越发高涨起来,终于在1996年5月15日第八届全国人大常委会第十九次会议上通过了《中华人民共和国律师法》(以下简称《律师法》),同日江泽民签署第67号主席令予以发布。1996年的《律师法》后来又根据形势的发展进行了四次修改:根据2001年12月29日第九届全国人大常委会第二十五次会议《关于修改〈中华人民共和国律师法〉的决定》第一次修正;2007年10月28日第十届全国人大常委会第三十次会议修订;十一届全国人大五次会议通过了关于修改《刑事诉讼法》的决定,修改后的《刑事诉讼法》自2013年1月1日起施行,为保持与新修改的刑事诉讼法的协调,根据2012年10月26日第十一届全国人大常委会第二十九次会议《关于修改〈中华人民共和国律师法〉的决定》第二次修正;根据2017年9月1日第十二届全国人大常委会第二十九次会议《关于修改〈中华人民共和国法官法〉等八部法律的决定》第三次修正,修正后的新《律师法》自2018年1月1日起施行。

律师法,狭义上仅指《律师法》,广义指国家规定的律师法和国家各级机关在权限内制定的各种规范性(包括宪法、法律、法令、条例、决议、命令、指示、通知、批示、批复等)文件中有关律师部分的规定的总称。

《律师法》是新中国第一部律师法典,是我国民主法治建设进程中的一件大事。它的出台和修改表明具有中国特色的社会主义律师制度基本形成,标志着我国律师事业的发展将步入一个崭新的阶段,具有重大的现实意义和历史意义。它总结了近四十年来我国律师工作改革的有益经验,对保障律师依法执业,维护律师合法权益,规范、管理律师工作产生了深远的影响。

二、中国律师业的发展

随着改革开放的不断深入和民主法治建设的逐步完善,我国的律师事业得到了较大的发展,律师队伍不断壮大,高素质的律师人才不断涌现。律师业务范围在不断拓宽,服务范围不仅涉及诉讼领域,而且涉及非诉讼领域大量的新业务。特别是党的十五大胜利召开,提出将依法治国、建设社会主义法治国家,作为党领导人民治理国家的基本方略。这对推进我国社会主义民主法治建设具有重大而深远的意义。党的十六大、十七大、十八大、十九大和二十大相继阐述了这一基本方略。律师制度是国家法律制度中不可或缺的重要组成部分,律师制度的完善与发展是实施依法治国方略的重要步骤。

九届全国人大二次会议通过的宪法修正案,又明确将依法治国、建设社会主义法治国家基本方略载入宪法,作为治国安邦总章程中的一个重要原则,翻开了我国民主法治建设历史上新的一页。律师作为社会法律工作者,其责任和职能与实施依法治国方略密切相关,律师制度的巩固与完善极大地促进了依法治国的进程;律师所从事的法律服务工作在国家的立法、执法、司法、普法等诸多环节中的作用日益突出,在全面推进依法治国进程中具有独特的优势和不可替代的作用,是实施依法治国基本方略的一支重要力量。

随着全球经济一体化的发展,给中国律师事业的改革和发展创造了良好的机遇。同时,面对已经开放的中国法律服务市场,中国律师业面临重大挑战,中外律师共同竞争,有利于加速我国律师业的国际化进程,中国律师在竞争中可以得到充分的锻炼,这对于积累经验,壮大实力,逐步走出国门,走向世界,参与国际法律服务市场有重要意义。

第三节 中国律师业的现状与面临的问题

一、中国律师业的现状

经过40多年的发展,随着国家改革开放政策的实施和社会主义民主法治建设的推进,律师法律服务业得以迅速发展,并取得了令人瞩目的成就。其主要表现在以下几个方面:

(1)中国律师业已经有了一个相当大的规模。所谓相当大的规模,是指截至2023年7月,我国已经有了67.7万多名的执业律师和3.9万多家律师事务所。在1979年我国恢复律师制度的时候,律师只有212人,从212人到67.7万人的发展,就在40多年间,这速度是很快的,在全世界也可以说是最快的。美国从有律师到100多万名律师经过了200年。现在北京、上海、广州三地的人均拥有律师的比例已经超过日本、韩国、新加坡。2022年,司法部印发《全国公共法律服务体系建设规划(2021-2025年)》,其中提及"到2025年,全国执业律师达到75万名"。

(2)律师法律服务领域不断扩展。律师由一开始单纯的出庭辩护、民事代理等诉讼业务,发展到今天,律师在经济、金融、房地产、证券、高科技、知识产权等方面提供了大量的非诉讼业务服务,涉及国家经济、政治生活的各个层面。律师主动涉入了国有企业改革、金融体制改革、经济特区建设、西部大开发、东北老工业基地振兴等国家重大经济改革和经济活动,广泛参与了国内民商事活动和国际经贸活动。

(3)初步建立了中国特色的律师制度。也就是说,律师机构由1979年年初期的单一的由国家编制的国办法律顾问处的组织形式,发展到今天,形成了以个人合伙制为主的、合作制并存的律师组织形式。截至2022年年底,全国共有律师事务所3.86万多家。其中,合伙所2.82万多家,占73.06%,国资所

604家,占1.56%,个人所9777家,占25.28%,具有中国特色的律师制度已经基本建立。

(4)我国法律对律师参与国家的经济生活有了实质性的规定。例如《律师法》、《刑事诉讼法》、《中华人民共和国证券法》(以下简称《证券法》)等十几部法律中,都对律师的地位及律师参与经济生活有程序方面的规定。这说明国家越来越意识到律师在社会经济生活中的重要作用。

(5)建立了有中国特色的律师管理体制。所谓有中国特色的律师管理体制,是指我国现在的律师、律师事务所由司法行政机关和律师协会双重领导,这在全世界是独一无二的。

(6)律师扩大了国际交往,外国律师事务所涌入中国。截至2022年年底,共有来自22个国家和地区的217家律师事务所在华设立了282家代表机构。我国律师事务所在境外设立分支机构共180家。同时,中国律师已经参与到各个跨国贸易、WTO相关事务、反倾销等涉外的法律事务中。

(7)律师行业成为最热门的行业之一,是人数增长最快的行业之一。以北京为例,截至2023年年底,全市共有律师事务所3391家,同比增长2.82%;共有律师52,858人,同比增长12.85%。

(8)律师现在已经形成一个高收入的阶层,是比较典型的中产阶级。虽然不是能产生富豪的行业,但一般而言,律师的收入比较稳定,与普通工薪阶层相比,律师属于高收入阶层。

(9)律师在改革开放40多年来,为化解社会矛盾,解决各类纠纷,为社会稳定发挥了应有的作用。据有关数据统计,中国律师在很多纠纷案件中,尤其是为政府排忧解难,解决上访、信访,稳定社会秩序方面,起到了很大的作用。在挽回经济损失方面也发挥了较大作用。例如,2022年律师共提供各类公益法律服务141.3万多件,其中办理法律援助案件97.1万多件,参与接待和处理信访案件21.6万多件,律师调解20.9万多件。这些数据显示了律师在解决纠纷案件和参与公益法律服务方面的积极作用。

(10)律师已成为中国法治建设中的生力军,对中国的立法、司法及各项法律规范的实施影响越来越大。律师积极参与国家法律和地方性法规的起草和修改工作,竭诚为各级人大和政府部门提供法律服务。截至2022年年底,律师担任"两代表一委员"共12017人,其中担任各级人大代表4219人,担任各级政协委员7067人,担任各级党代会代表731人。广大律师充分发挥专业优势和职能作用,在围绕中心、服务大局、投身全面依法治国伟大实践、推动经济社会高质量发展中贡献智慧和力量。

(11)律师积极参与普法、依法治理等活动,积极宣传国家法律和政策,传播法治精神和法律知识,广泛参与公益事业和公益活动,积极开展法律援助。据统计,2022年,律师共提供各类公益法律服务141.3万件,其中办理法律援助案件97.1万件,参与接待和处理信访案件21.6万件,律师调解20.9万件,参与处置城管执法事件1.6万件。律师为弱势群体提供免费法律服务130.9万件。律师等法律从业人员为60多万个村(居)担任法律顾问。

在当今社会,律师法律服务已经渗透到国家政治、经济、社会和文化生活的各个层面,已成为促进国家法律正确实施、维护社会稳定的重要力量,成为促进国家经济建设和改革开放、维护市场经济秩序的重要力量,成为促进依法治国、推动社会文明进步的重要力量。

二、中国律师业面临的问题

讨论中国律师行业的现状,在关注其成就、对未来持积极乐观的态度的同时,也不能忽视现今律师行业存在的问题。这些问题如果不能得到及时有效的解决,对中国律师行业的发展将带来极为不利的影响。我国律师行业面临如下问题:

(1)整个律师行业的发展缺乏总体规划。整个律师行业的发展尚未形成一个全面性的、长远的规划蓝图。在这个行业里,存在一种即兴应变的状态,而不是按照一个明确和系统化的发展策略在前进。这种发展模式可能意味着律师行业的前进方向和步伐缺乏一定的预见性和协调性。在某些情况下,律师行业的增长和发展可能是由市场需求和外部因素驱动的,而不是由一个深思熟虑的内部规划所引导。这种自发性的成长可能带来了一定程度的不确定性和不均衡性,使行业的整体进步显得有些零散和偶然。

(2)律师事务所的管理滞后。有些小型的律师事务所甚至没有管理,就是几个个体律师拼凑成一个事务所,各行其道、各行其是、各自为政。许多律师事务所想改变现状,进行管理,但因种种阻力最后还是回到原来的状态。还有的律师事务所想要建立一套适合自己特点的管理体制但又苦于无经验可学。笔者认为,中国现阶段的社会状况和所培养的人才决定了律师的管理现状,超越历史是不可能的,也就是说,在未来的相当一段时间内对大部分律师事务所来讲管理是制约发展的主要"瓶颈"。

(3)律师管理体系方面存在不利影响。在许多国家,律师行业通常由律师自身进行自治管理。在中国,律师管理体制是司法行政机关行政管理与律师协会行业管理相结合的管理体制,这使我国的律师协会在司法行政体系中可能面临一些限制,也可能导致在某些情况下影响律师维护自身权益的能力。

(4)我国的律师整体素质有待提高,难以满足日益发展的新律师业务的需求。一方面,我国律师行业竞争激烈,律师为维持生计寻找客源而疲于奔命。遇有一个案件,众多律师竞相降价来获取当事人的委托。另一方面,面对许多新兴业务,当事人却找不到有能力办理的律师。用全国律协前秘书长贾午光先生的话来说:"现在是80%的律师做20%的传统业务,所以,竞争激烈;而另20%的律师却做80%的业务,所以,竞争并不激烈。问题是:我们的律师绝大部分都是80%中的律师。把这80%的律师变成20%的律师谈何容易。新的业务需要有水平有素质的律师,而我们却一时没有这样的律师,这就是制约经济发展的矛盾。"

(5)我国现行的法学教育很难培养出合格的律师。我国的法学教育没有把律师作为培养的目标。律师实际上缺乏的不是法学知识,而是职业的训练。美国法学院课堂上课是讨论案例,具体问题具体分析,就是律师实战。实际上,律师应该在法学院完成合格的律师教育,到律师事务所就可以投入工作,这是应有的成长过程。而我国的律师事务所要完成法学院所应承担的任务,这就增加了中国律师事务所成长的成本和负担。

(6)中国律师发展呈区域性发展不平衡的趋势较大。中国的东部地区中心城市的律师越来越多,律师业越来越发达。边远不发达地区则发展比较慢,水平也较低。广东省、北京市、上海市三地的律师占了中国律师业85%以上的收入,这种不平衡还将增大。

(7)司法不公等个别现象导致律师信用降低。当事人不相信律师,只相信"关系"在案件中所起的作用。这导致了律师社会公信力的不足。由于个别执法人员的贪赃枉法现象使许多案件当事人对律师在司法过程中的作用持怀疑态度,从而导致律师业务量减少。

(8)千军万马共占法律服务市场,法律服务市场混乱。除了在正规律师事务所执业的执业律师,还有在城市里基层的法律服务事务所、农村的乡镇法律服务所中的法律工作者,共同占领着律师的市场。另外,我们还有公职律师、企业法律顾问、公检法退休人员,非执业律师给执业律师队伍冲击很大。在不同机构不同资格下从事同种的法律服务,一是竞争不平等,二是竞争无秩序。这使法律服务市场存在混乱,也导致律师执业环境不理想。

(9)中国传统文化制约律师事业的发展。现代意义上的律师制度是从西方国家移植过来的,所以,从中国律师制度的出现到今天,中国传统文化对律师制度一直存在排斥现象。

(10)随着律师业的迅速发展,律师事务所的规模逐步扩大,律师业务急剧扩张,带来的问题是律师事务所面对的风险加剧,如何控制律师事务所自身的风险,规范提供法律服务,已经成为摆在众多大型律师事务所面前的一项重要课题。近些年来,屡有大型律师事务所因为提供法律业务不符合规范,导致发生被追责的法律风险,这些风险不仅包括民事赔偿风险、行政处分风险,更有甚者是刑事法律风险。

第二章 我国律师的管理制度

我国律师制度的建立为律师执行业务取得了法律上的依据和工作上的保障,也意味着中国律师业发展到了一个新的历史阶段,管理体制和执业行为也逐渐规范化、程序化和正规化。这对于加入国际市场竞争和推动中国法治化进程无疑是个进步的表现,也迎来了中国律师业的大发展、大跨越,其意义深远。

第一节 律师管理制度概述

我国律师管理体制是在中国司法行政部门指导和监督下的行业管理制度,我国《律师法》第4条规定"司法行政部门依照本法对律师、律师事务所和律师协会进行监督、指导",而律师协会是律师的自律性组织。

《律师法》第24条规定:"律师事务所应当于每年的年度考核后,向设区的市级或者直辖市的区人民政府司法行政部门提交本所的年度执业情况报告和律师执业考核结果。"第43条规定:"律师协会是社会团体法人,是律师的自律性组织。全国设立中华全国律师协会,省、自治区、直辖市设立地方律师协会,设区的市根据需要可以设立地方律师协会。"协会是律师的管理机构,律师必须加入所在地的地方律师协会成为协会成员,并按照律师协会章程,享有章程赋予的权利,履行章程规定的义务。

为了保障律师的管理需要,自律性的中国各律师协会应履行下列职责:

(1)保障律师依法执业,维护律师的合法权益;

(2)总结、交流律师工作经验;

(3)制定行业规范和惩戒规则;

(4)组织律师业务培训和职业道德、执业纪律教育,对律师的执业活动进行考核;

(5)组织管理申请律师执业人员的实习活动,对实习人员进行考核。

第二节 律师资格与律师执业

律师是一个特殊的职业,是由法律赋予其提供法律服务权利的专业人士,是社会法律工作者,因此律师必须具备一定条件和能力。世界各国都有类似的规定,我国也不例外。

一、律师执业资格的取得途径

根据我国《律师法》规定授予律师资格是我国律师执业的前提,取得律师资格有两种途径:

(1)取得律师资格应当经过国家统一法律职业资格考试。具有高等院校法律专业本科以上学历,或者高等院校其他专业本科以上学历具有法律专业知识的人员,经国家法律职业资格考试合格的,由国务院司法行政部门授予律师资格。

(2)经国务院司法行政部门按照规定的条件考核批准。即具有高等院校法学本科以上学历,从事法学研究、教学等专业工作并具有高级职称或者具有同等专业水平的人员,申请律师执业的,经国务院司法行政部门按照规定的条件考核批准,授予律师资格。已取得律师资格的人员并不当然就是执业律师,律师执业除取得律师资格外,还需取得律师执业证书。

二、律师执业的申请流程

(一)申请

根据我国《律师法》第5条规定,申请律师执业,应当具备下列条件:

(1)拥护中华人民共和国宪法;

(2)通过国家统一法律职业资格考试取得法律职业资格;

(3)在律师事务所实习满一年;

(4)品行良好。

实行国家统一法律职业资格考试前取得的国家统一司法考试合格证书、律师资格凭证,与国家统一法律职业资格证书具有同等效力。

根据我国《律师法》第6条的规定,申请律师执业,应当向设区的市或者直辖市的区人民政府司法行政部门提出申请,并提交下列材料:

(1)国家统一法律职业资格证书；

(2)律师协会出具的申请人实习考核合格的材料；

(3)申请人的身份证明；

(4)律师事务所出具的同意接收申请人的证明。

申请兼职律师执业的，还应当提交所在单位同意申请人兼职从事律师职业的证明。

(二)审核

受理申请的部门应当自受理之日起20日内予以审查。审核是否有下列情况：

(1)无民事行为能力或限制民事行为能力的；

(2)受过刑事处罚的，但过失犯罪的除外；

(3)被开除公职或者被吊销律师、公证员执业证书的。

(三)批准

受理申请的部门审核后，将审查意见和全部申请材料报送省、自治区、直辖市人民政府司法行政部门。省、自治区、直辖市人民政府司法行政部门应当自收到报送材料之日起10日内予以审核，作出是否准予执业的决定。

(四)颁发执业证书

准予执业的，向申请人颁发律师执业证书；不准予执业的，向申请人书面说明理由。

(五)特许执业

《律师法》第8条规定，具有高等院校本科以上学历，在法律服务人员紧缺领域从事专业工作满15年，具有高级职称或者同等专业水平并具有相应的专业法律知识的人员，申请专职律师执业的，经国务院司法行政部门考核合格，准予执业。具体办法由国务院规定。

三、律师执业的业务范围

根据《律师法》的规定，律师可以从事下列业务：

(1)接受自然人、法人或者其他组织的委托，担任法律顾问；

(2)接受民事案件、行政案件当事人的委托，担任代理人，参加诉讼；

(3)接受刑事案件犯罪嫌疑人、被告人的委托或者依法接受法律援助机构的指派，担任辩护人，接受自诉案件自诉人、公诉案件被害人或者其近亲属的委托，担任代理人，参加诉讼；

第二章　我国律师的管理制度

（4）接受委托，代理各类诉讼案件的申诉；

（5）接受委托，参加调解、仲裁活动；

（6）接受委托，提供非诉讼法律服务；

（7）解答有关法律的询问、代写诉讼文书和有关法律事务的其他文书。

第三节　律师的权利和义务

一、律师的权利

律师的权利，是指法律赋予律师在执行职务时所具有的一定的权能，以及律师为当事人提供法律服务时依法享有的权利。一般来说它具有三层含义：

（1）律师依法实施行为的可能性和限度；

（2）律师依法可以请求当事人和其他人为一定行为或不为一定行为的范围；

（3）律师权益或个人权利受到侵犯时的保护请求权。

根据《律师法》的规定，律师在执业活动中主要享有以下几项权利：

（1）律师依法执业受法律保护，任何组织和个人不得侵害律师的合法权益。

（2）律师参加诉讼活动，依照诉讼法律的规定，可以收集、查阅与本案有关的材料，同被限制人身自由的人会见和通信，出席法庭，参加诉讼，以及享有诉讼法律规定的其他权利。

（3）律师担任诉讼代理人或者辩护人的，其辩论或者辩护的权利应当依法保障。

（4）律师担任辩护人的，有权持律师执业证书、律师事务所证明和委托书或者法律援助公函，依照刑事诉讼法的规定会见在押或者被监视居住的犯罪嫌疑人、被告人。辩护律师会见犯罪嫌疑人、被告人时不被监听。

（5）律师担任辩护人的，自人民检察院对案件审查起诉之日起，有权查阅、摘抄、复制本案的案卷材料。

（6）受委托的律师根据案情的需要，可以申请人民检察院、人民法院收集、调取证据或者申请人民法院通知证人出庭作证。律师自行调查取证的，凭律师执业证书和律师事务所证明，可以向有关单位或者个人调查与承办法律事务有关的情况。

（7）律师在执业活动中的人身权不受侵犯；律师在法庭上发表的代理、辩护意见不受法律追究。但是,发表危害国家安全、恶意诽谤他人、严重扰乱法庭秩序的言论除外。

(8)律师在参与诉讼活动中涉嫌犯罪的,侦查机关应当及时通知其所在的律师事务所或者所属的律师协会;被依法拘留、逮捕的,侦查机关应当依照《刑事诉讼法》的规定通知该律师的家属。

(9)律师担任民事诉讼一方代理人,享有当事人委托或授权范围内的一切权利。

(10)律师有获取承办案件的各种诉讼文书副本的权利。

律师享有执业方面的权利是律师的工作性质和特点所决定的,如不能保障这部分权利,律师就无法做到维护委托人的权利,法律行为就失去了作用。为了保障律师正常的执业行为,《律师法》规定了以上十项权利,律师执业有了法律上的依据。修改后的《律师法》对困扰刑事辩护律师的"会见难、阅卷难及调查取证难"的"三难"问题作出明确的法律规定,如果严格按照此法执法,意味着我国刑辩律师的诸多实质性权利将得到保障。然而在具体实践中律师仍遇到各种问题。

修正后的《律师法》第34条规定:律师担任辩护人的,自人民检察院对案件审查起诉之日起,有权查阅、摘抄、复制本案的案卷材料。但是实践中,地方法院还是出现了以各种理由剥夺律师阅卷权的情况。比如,有的地方只让律师看几份材料,而不是案卷的全部资料。有的地方以公诉人还没有阅完为理由拖延律师阅卷。

修正后的《律师法》对律师的调查取证权作了规定。受委托的律师根据案情的需要,可以申请人民检察院、人民法院收集、调取证据或者申请人民法院通知证人出庭作证。律师自行调查取证的,凭律师执业证书和律师事务所证明,可以向有关单位或者个人调查与承办法律事务有关的情况。但在实践中常常得不到单位和个人的支持。若律师的权利得不到保障,便难以给当事人提供有效的法律帮助。值得欣慰的是,我国法律在保障律师执业方面日益完善,各级机关也已意识到相关问题,并积极完善和强化这方面的工作。

二、律师的义务

律师的义务是律师依法应为或不为一定行为的范围和限制,律师执行职务时享有一定的权利,同时也必须承担一定的义务。

根据《律师法》的规定,律师在执业活动中必须同时履行以下义务:

(1)律师应当保守执业活动中知悉的国家秘密和当事人的商业秘密,不得泄露当事人的隐私。律师对在执业活动中知悉的委托人和其他人不愿泄露的其他情况和信息,应当予以保密;但是,委托人或者其他人准备或者正在实施的危害国家安全、公共安全以及其他严重危害他人人身安全的犯罪事实和信息除外。

(2)律师不得在同一案件中,为双方当事人担任代理人。

(3)律师不得私自接受委托,私自向委托人收取费用,收受委托人的财物。

(4)律师不得利用提供法律服务的便利牟取当事人争议的权益,或者接受对方当事人的财物。

(5)律师不得违反规定会见法官、检察官、仲裁员。

(6)律师不得向法官、检察官、仲裁员以及其他有关工作人员请客送礼或者行贿,或者指使、诱导当事人行贿。

(7)律师不得提供虚假证据隐瞒事实或者威胁、利诱他人提供虚假证据,以及妨害对方当事人合法取得证据。

(8)律师不得扰乱法庭、仲裁庭秩序,干扰诉讼、仲裁活动的正常进行。

(9)律师不得以诋毁其他律师或支付介绍费等不正当手段争揽业务。

(10)曾担任法官、检察官的律师,从人民法院、人民检察院离任后2年内,不得担任诉讼代理人或者辩护人。

律师执业活动的义务是律师依法应当履行的职责,在实践中也出现了不少这样或那样的问题,不仅违反了律师职业道德,甚至违反了职业纪律,有的甚至触犯了法律。作为职业律师必须严格执行国家法律和行业纪律规范,不能心存侥幸,甚至以身试法,这也是对律师职业道德的起码要求。

第四节 律师的职业纪律与职业道德

律师职业道德和职业纪律是律师执行业务必须遵守的行为规范,它具有道德规范和法律规范两种约束的特点。在道德上体现为律师作为为社会提供法律服务的群体所应当拥有的涵养和素质,是律师自律的基本要求;在法律上体现律师对依法办事、严格执法的理解程度,也是专业人士——律师所必须具备的行为模式和职业品行。律师的职业纪律表现在律师与司法机关人员之间和律师与当事人之间这两个方面。我国律师职业道德和职业纪律遵循的就是中华全国律师协会制定的《律师职业道德和执业纪律规范》,但是其规定较为抽象和笼统,没有形成具有可操作性和监督性的细则,没有实施程序的具体规定。

一、律师应遵守的职业规范

律师遵循职业道德的目的是坚持为社会主义经济建设和改革开放服务,为社会主义法治建设服务,为巩固人民民主专政和国家长治久安服务,为维护当事人的合法权益服务。所以律师必须遵循律师的职业规范,忠于职守坚持原则,维护国家法律与社会正义。律师必须道德高尚,廉洁自律,珍惜职业声誉,保证自己的行为无损于律师职业形象,应做到以下几个方面:

(1)遵守宪法、法律和法规。在全部业务活动中坚持"以事实为根据,以法律为准绳",严格依法执行职务。

(2)诚实信用、勤勉尽责。热情、尽职地为当事人提供法律服务,努力满足当事人的正当要求,维护当事人的合法权益。

(3)同业互助、公平竞争。律师之间以及与其他法律服务工作者之间应当相互尊重,共同提高执业水平。

(4)律师应当保守在执业活动中知悉的国家秘密、当事人的商业秘密和当事人的隐私。

律师在执业中还必须廉洁自律,敬业勤业,严谨审慎,讲求效率,注重仪表,礼貌待人,自觉遵守律师执业规章和律师协会章程。忠于律师事业,努力钻研和掌握执业所应具备的法律知识和服务技能,注重陶冶品德和提升职业修养,自觉维护律师的名誉。

二、律师应遵守的纪律

律师执业纪律是指作为法律工作者,律师行业自律性组织——律师协会的会员在工作中所必须遵守的行业纪律,包括:

(1)不得进行损害审判机关、检察机关、公安机关和仲裁机关威信和名誉的行为,在诉讼文书和庭审活动中不得对上述机关及其承办人员使用侮辱性语言;

(2)不得违反审判庭和仲裁庭的规定,扰乱审判庭和仲裁庭秩序,采用不正当手段拖延诉讼和仲裁;

(3)不得采用歪曲事实、曲解法律、伪造证据等手段影响和妨碍司法机关、仲裁机关和行政执法机关对纠纷案件的裁决和处理;

(4)不得诱使委托人、证人和其他人在诉讼和仲裁活动中制造、提供伪证,作虚假陈述或者改变、毁坏、隐藏证据;

(5)不得向审判人员、检察人员、侦查人员和仲裁人员或者其他执法人员行贿或者指使、诱导委托人向上述人员行贿；

（6）不得携带刑事被告人的亲属或者其他人会见在押被告人，或者借职务之便违反规定为被告人传递信件、钱物或与案情有关的信息。

三、律师与当事人的关系准则

律师同当事人之间的关系是直接的委托授权关系，律师也是基于当事人的委托和授权才具有了相应的权利和义务。而处理好这种关系对于律师是否能够完成好委托的法律事务非常重要，有时候因为双方存在的一些问题出现了违背当事人初衷的情形，造成了不可弥补的损失。因此律师在处理与委托人和对方当事人的关系方面应遵守以下执业准则：

（1）不得在明知委托人的动机和行为是非法的、不道德的或具有欺诈性的情况下，仍然接受委托为其提供帮助；

（2）不得无原则迁就委托人的个人利益，或者故意曲解法律以迎合委托人的不正当要求，或者授意委托人规避法律，而损害国家利益、社会公共利益和其他公民的合法权益；

（3）不得对委托人授权代理的法律事务无故拖延，玩忽职守，草率处理；

（4）不得泄露在执行职务中得悉的委托人的隐私、秘密和委托人不愿公开的其他事实和材料；

（5）不得在委托人未同意的情况下超越委托权限或者利用委托关系从事与委托代理的法律事务无关的活动；

（6）不得在与委托人依法解除委托关系后在同一案件中担任对方当事人的代理人；

（7）不得在未征得委托人同意的情况下接受对方当事人办理其他法律事务的委托；

（8）不得非法阻止和干预对方当事人及其代理人为维护自身合法权益和依法执行职务而进行的正当活动。

第五节　律师同行业竞争与惩戒制度

一、禁止性的同业竞争行为

同业竞争是各行各业都普遍存在的现象，律师业尤其如此，这种竞争必须遵守一定的规则，才能良性地发展。司法部曾发布实施的《关于反对律师行业不正当竞争行为的若干规定》是当前对律师业不正当竞争方面规范最具权威性的法律文件,中华全国律师协会也有这方面的要求,大多体现在律师职业纪律和职业道德中。《律师法》第26条规定:"律师事务所和律师不得以诋毁其他律师事务所、律师或者支付介绍费等不正当手段承揽业务。"这些法律法规对防止与制止律师在执行职务和进行业务活动中的不当竞争行为起了关键的作用。

律师与同行进行业务竞争也是市场经济条件下的合法行为,是符合社会发展方向和时代要求的,但出现下列情景就会阻碍律师业的发展并影响律师正常的执业行为,不仅会受到同行的谴责,也会受到法律的制裁。

(1)贬损和诋毁其他律师和律师事务所的业务能力与执业声望;

(2)竞相压价收费或者不收费;

(3)给委托方办事人回扣费、劳务费或者馈赠金钱、实物;

(4)利用新闻媒介播发炫耀自己、排斥同行的广告;

(5)借助与某些行政机关的关系对某行业、某系统、某地区的法律事务进行垄断;

(6)向当事人表明或者炫耀自己在执行职务方面与承办人员之间具有密切或者特殊的关系;

(7)其他不正当的竞争手段。

除上述要求外,律师在执业中还应当做到以下四个方面:

(1)不得采用不正当手段损害对方当事人的代理律师的威信和名誉,妨碍和干扰其正常执行职务;

(2)不得以各种方式诱导、怂恿对方当事人的代理律师从事损害其委托人合法权益的活动;

(3)不得擅自介入或者非法干预其他律师受托代理的法律事务;

(4)不得阻挠或者拒绝委托人再委托其他律师参与代理,共同代理的律师之间应明确分工、密切协作,意见不一致时应及时通报委托人决定。

二、律师违反行业竞争规则的惩戒制度

律师在执业过程中一旦出现了违反同业竞争的行为和违反律师职业道德和职业纪律的活动,根据平等的宪法精神和公平的司法原则,律师就要受到纪律的处分和法律的严惩。所以,律师违反职业道德和职业纪律,要承担相应的法律责任,受到有关部门的惩戒。我国的律师惩戒机构一般是司法行政机构和律师协会惩戒委员会。我国《关于反对律师行业不正当竞争行为的若干规定》第4条规定,律师或律师事务所的下列行为,属于不正当竞争行为:(1)通过招聘启事、律师事务所简介、领导人题写名称或其他方式,对律师或律师事务所进行不符合实际的宣传;(2)在律师名片上印有律师经历、专业技术职务或其他头衔的;(3)借助行政机关或行业管理部门的权力,或通过与某机关、部门联合设立某种形式的机构而对某地区、某部门、某行业或某一种类的法律事务进行垄断的;(4)故意诋毁其他律师或律师事务所声誉,争揽业务的;(5)无正当理由,以在规定收费标准以下收费为条件吸引客户的;(6)采用给予客户或介绍人提取"案件介绍费"或其他好处的方式承揽业务的;(7)故意在当事人与其代理律师之间制造纠纷的;(8)利用律师兼有的其他身份影响所承办业务正常处理和审理的。第5条规定:"律师有本规定第四条第一、二项所列行为之一的,应给予警告;情节严重的,应停止执业3至6个月,并责令其消除影响;律师有本规定第四条第三、四、五、六、七、八项所列行为之一的,给予警告;情节严重的,应停止执业3至12个月。"

对于实施两种或两种以上的不正当竞争行为的律师或律师事务所,应当从重处罚,直至报请司法行政机关取消其律师资格或撤销该律师事务所。

第六节 律师职业风险及防范

一、律师执业风险点的类型

(一)律师在刑事案件中的人身风险

所谓律师在刑事案件中的人身风险是指律师在刑事辩护以及参与刑事诉讼活动过程中,因律师职业的特殊地位、特殊职责所导致的人身自由风险和人身伤害风险。其主要表现如下:

(1)律师在参与刑事诉讼活动过程中,触犯《刑法》第306条,有毁灭、伪造证据,帮助当事人毁灭、伪造证据,威胁、引诱证人违背事实改变证言或者作伪证的行为,构成辩护人、诉讼代理人毁灭证据、伪造证据、妨害作证罪。

(2)律师在办理刑事案件过程中,知悉了犯罪嫌疑人、被告人不为司法机关所掌握的其他犯罪事实,而向司法机关作虚假证明使犯罪人的罪行不被发现、追诉,从而触犯《刑法》第310条规定,构成包庇罪。

(3)律师在参与刑事诉讼活动过程中,在刑事庭审之前,故意或过失将案件卷宗内容泄露出去,若卷宗中记载了相关国家秘密,则涉嫌构成《刑法》第398

条规定之泄露国家秘密罪。

(二)律师在民商事业务中的经济风险

律师在民商事业务中的经济风险是指律师在办理民商事案件和从事民商事非诉讼业务过程中,因自身行为给委托人、相对利益人以及其他相关人利益造成损失而应承担相应经济赔偿责任的风险。其主要表现如下:

(1)律师从事企业设立、变更、改制、重组及证券业务过程中,因严重不负责任或业务水平原因造成委托人或相对利益人损失所产生的经济风险。

(2)律师参与企业的经营管理决策、对外投资决策过程中,因给企业出具了错误的调查分析报告或提供了错误的决策意见而产生的经济风险。

(3)律师从事诉讼及非诉讼业务过程中,因自身行为导致损害相关人的利益,如泄露商业秘密、遗失重要证据使当事人丧失胜诉的权利或机会、超越代理权限等导致的经济风险。

二、律师执业风险案例

(一)民事赔偿责任执业风险案例

据新浪网报道的一个因律师失职而导致投资者产生损失的案件,一家律师事务所2020年被杭州市中级人民法院判令应当对投资者的损失承担连带责任,赔偿逾3700万元,并负担300多万元律师费中的5%。这是国内律师业迄今为止遭遇的最为高昂的赔偿。

2020年12月31日,杭州中院对全国首例公司债欺诈发行案——五洋债案作出一审判决:五洋建设实际控制人、承销商和审计机构对投资者的债务本息承担全部连带赔偿责任,为此次债券发行提供法律服务的锦天城律师事务所被杭州中院酌定承担5%的连带赔偿责任。因为在五洋建设的信用评级机构大公评估公司的《2015年公司债券信用评级报告》中已提示五洋建设的控股子公司出售投资性房产事项的情况下,锦天城律师事务所对发行人前述重大资产未进行必要的关注核查,未能发现相关资产处置给偿债能力带来的法律风险,存在过错。

(二)律师人身安全执业风险案例

2018年6月22日,湖南省衡阳市执业律师金某被人杀死在律师事务所的办公室门口。案件发生后,在衡阳市公安局等相关部门的快速反应下,犯罪嫌疑人熊某平被抓获。警方讯问得知,熊某平杀害金某的原因是,对金某此前为其代理的一起案件的判决心存不满。

2023年11月2日16时44分许，浙江省桐乡市人民法院附近，一名女律师遭对方当事人当街持械袭击后受伤。据悉，律师娄某某系浙江当地一家律师事务所律师，当天在桐乡市人民法院参加一起涉及房地产纠纷案件的庭审，曹某某为对方当事人。庭审结束后，曹某某到法院旁边的一处门店内拿走一榔头，尾随娄某某，并对其行凶。其间，还砸伤了另外两人。

三、律师执业风险的来源

在执业过程中，律师的执业风险源于以下方面：一是来自司法机关和有关政府机关的牵制，执法机构和执法者的执法行为与律师的执业行为时有对立，对律师造成一定的制约。二是来自社会黑恶势力的纠缠威胁。三是当事人的迁怒或报复。一些当事人认为自己的权益未能得到保护时，仇视律师甚至直接侵犯律师的合法权益。四是来自律师自身。这是指律师因工作的失误或过失产生的风险，如果律师给客户提供的服务存在失误或过失，则相应的风险就很大，如泄露商业秘密、遗失重要证据使当事人丧失胜诉的权利或机会，超越代理权限等。五是律师本身的社会地位。因为作为社会的弱势群体，律师社会地位有待提升，其对于自身的保护有时并不充分。六是立法不完备。这种不完备包括对律师调查取证权、律师法庭言论免责权、律师意见在审判中的应有重视等执业权利保障法律规定得不充足。

四、律师执业风险的防范措施

针对上述执业风险，建议各律师事务所和执业律师采取以下风险防范措施：

（1）把律师执业风险意识贯穿到每个律师的思想及执业过程中，要反复强调律师执业的风险性。

（2）律师事务所合伙人对外签署文件。只有合伙人才有资格对外签署各种委托文件，其他律师不具有这种资格。一般情况下，不要以律师事务所的名义签署法律意见书，最好以律师个人名义签署，而且要经合伙人审查。

（3）律师事务所和律师要参加执业保险。例如，北京律师协会每年会拨出费用来给各执业律师投保。如果有错案经过二审法院判决可以得到保险公司的赔款。因此，每年北京的律师在注册时会缴纳一笔费用作为保险费。

（4）律师事务所建立案件审查制度。要明确哪些客户、哪些案件具有高风险，要做好规避的准备，从而保护律师自身的利益。律师事务所在每一个案件受理之前应当对案件受理后可能产生的律师执业风险的大小和防范措施作出一个基本的评估与判断，在受理疑难案件后，要在律师事务所内进行分析讨论。因为越是疑难案件,律师遭受执业风险的可能性越大。

(5)对客户的证据或法律文件原件一概不收。律师在办理民商事业务过程中遗失客户证据或法律文件的,是违反《律师职业道德和执业纪律规范》的严重行为,也是造成律师执业风险的主要原因之一。回避由此产生的风险措施非常简单,只需要相关律师在办理业务时坚持证据和法律文件的原件全部由客户保管,律师和律师事务所只保留复印件的原则,就可以避免因遗失证据或法律文件原件所引发的执业风险。

(6)加强卷宗档案管理。律师的执业风险多产生于案件办结以后,尤其是律师因办理民商事业务所产生的经济风险基本上都发生在业务办结之后,所以,要回避律师办理民商事业务的经济风险,就必须加强律师业务卷宗档案的制作和管理水平。

(7)针对以往出现的执业风险案例对律师事务所的律师进行讲解,引以为戒。

(8)律师执业风险产生的一个根本原因是律师执业水平不高。因此执业律师应勤于学习,不断提高自己的知识水平和专业素质;应谦虚谨慎,遇有不甚明了的法律问题要向相关行业的专家请教。

律师的执业风险是律师和律师事务所必须面对的重要问题,律师及律师事务所要严格依法执业,严守职业道德和执业纪律,努力提高执业水平和自我保护能力。

第七节　律师收费制度

一、律师收费方式

律师服务收费可以根据不同的服务内容,采取计件收费、按标的额比例收费和计时收费等方式。

(一)计件收费

计件收费,是指律师根据具体案件的性质和复杂程度收取固定的律师费,一般适用于不涉及财产关系的案件,比如刑事辩护。

(二)按标的额比例收费

按标的额比例收费,是指律师根据案件争议金额的一定比例收取律师费,适用于涉及财产关系的案件,分为普通代理收费和风险代理收费,后者较为特殊。

风险代理收费,是指委托人在委托律师事务所代理案件时,事先不支付律师费或仅支付部分律师费,在取得生效胜诉判决或者经法院执行程序得到财产或利益之后,按约定比例支付剩余部分的律师费;若是案件未胜诉或者案款未执行到位,则无须再向律师事务所支付剩余律师费。

对于风险代理收费方式的适用范围,我国法律有明确的限制。根据《律师服务收费管理办法》的相关规定,以下案件不能实行或者变相实行风险代理收费:

(1)婚姻、继承案件;

(2)请求给予社会保险待遇或者最低生活保障待遇的;

(3)请求给付赡养费、抚养费、扶养费、抚恤金、救济金、工伤赔偿的;

(4)请求支付劳动报酬的;

(5)刑事诉讼案件、行政诉讼案件、国家赔偿案件以及群体性诉讼案件。

此外,在进行风险代理收费时,律师事务所和律师不得滥用专业优势地位,对律师事务所与当事人各自承担的风险责任作出明显不合理的约定,不得在风险代理合同中排除或者限制当事人上诉、撤诉、调解、和解等诉讼权利,或者对当事人行使上述权利设置惩罚性赔偿等不合理的条件。同时,律师事务所应当与当事人签订专门的书面风险代理合同,并在风险代理合同中以醒目方式明确告知当事人风险代理的含义、禁止适用风险代理案件范围、风险代理最高收费金额限制等事项,并就当事人委托的法律服务事项可能发生的风险、双方约定的委托事项应达成的目标、双方各自承担的风险和责任等进行提示。

(三)计时收费

计时收费,是指律师根据提供服务的工作时间进行收费,可适用于全部法律事务。

二、律师收费标准

根据《律师服务收费管理办法》的规定,律师服务收费标准,主要分为政府指导价和市场调节价两种。

(一)政府指导价

1. 制定主体

各省、自治区、直辖市人民政府价格主管部门会同同级司法行政部门制定政府指导价的基准价和浮动幅度。

2. 制定原则

政府制定律师服务收费,应当广泛听取社会各方面意见,必要时可以实行听证。政府制定的律师服务收费应当充分考虑当地经济发展水平、社会承受能力和律师业的长远发展,收费标准按照补偿律师服务社会平均成本,增加合理利润与法定税金确定。

3. 适用案件类型

律师事务所依法提供下列法律服务实行政府指导价:

(1)代理民事诉讼案件;

(2)代理行政诉讼案件;

(3)代理国家赔偿案件;

(4)为刑事案件犯罪嫌疑人提供法律咨询、代理申诉和控告、申请取保候审,担任被告人的辩护人或自诉人、被害人的诉讼代理人;

(5)代理各类诉讼案件的申诉。

4. 发展趋势

2014年12月17日,国家发展和改革委员会下发《关于放开部分服务价格意见的通知》,明确律师服务(刑事案件辩护和部分民事诉讼、行政诉讼、国家赔偿案件代理除外)除律师事务所和基层法律服务机构(包括乡镇、街道法律服务所)提供的下列律师服务收费实行政府指导价外,其他律师服务收费实行市场调节价。

(1)担任刑事案件犯罪嫌疑人、被告人的辩护人以及刑事案件自诉人、被害人的代理人;

(2)担任公民请求支付劳动报酬、工伤赔偿,请求给付赡养费、抚养费、扶养费,请求发给抚恤金、救济金,请求给予社会保险待遇或最低生活保障待遇的民事诉讼、行政诉讼的代理人,以及担任涉及安全事故、环境污染、征地拆迁赔偿(补偿)等公共利益的群体性诉讼案件代理人;

(3)担任公民请求国家赔偿案件的代理人。

2019年5月5日,为全面深化"放管服"改革,进一步降低实体经济成本,持续改善营商环境,以更实举措更大地激发市场活力,健全主要由市场决定价格的机制,不断提高政府定价管理的科学性、规范性和透明度,国家发展和改革委员会下发《关于进一步清理规范政府定价经营服务性收费的通知》(发改价格〔2019〕798号),全面落实政府定价经营服务性收费目录清单调整制度,在该通知所附的《地方政府定价的经营服务性收费范围》中,未将刑事案件辩护和部分民事诉讼、行政诉讼、国家赔偿案件代理律师服务收费列入地方政府定价范围,这意味着在国家层面全面放开了律师服务收费项目,全部实行市场调节价。

可见,我国对于律师服务收费的管理呈现从严格管控到全面放开的趋势,逐步取消执行政府指导价。在上述政策指导下,现北京、上海、湖南、湖北、山东等多个地区均废止了律师服务费政府指导价标准相关文件,律师服务收费不再执行政府指导价,而是实行市场调节价。

(二)市场调节价

1. 制定主体

律师服务收费标准实行市场调节的律师服务收费,由律师事务所与委托人协商确定。

2. 制定原则

(1)合理性原则。在制定律师服务费标准时,律师事务所应当统筹考虑律师提供服务耗费的工作时间、法律事务的难易程度、委托人的承受能力、律师可能承担的风险和责任、律师的社会信誉和工作水平等因素。

(2)依法合规原则。律师费收费标准原则上是由律师事务所进行合理制定,大多数地区已经不再执行政府指导价,但是对于风险代理收费标准,国家还是对具体收费比例进行了限制。根据《关于进一步规范律师服务收费的意见》相关规定,律师事务所与当事人约定风险代理收费的,可以按照固定的金额收费,也可以按照当事人最终实现的债权或者减免的债务金额(以下简称标的额)的一定比例收费。律师事务所在风险代理各个环节收取的服务费合计最高金额应当符合下列规定:标的额不足人民币100万元的部分,不得超过标的额的18%;标的额在人民币100万元以上不足500万元的部分,不得超过标的额的15%;标的额在人民币500万元以上不足1000万元的部分,不得超过标的额的12%;标的额在人民币1000万元以上不足5000万元的部分,不得超过标的额的9%;标的额在人民币5000万元以上的部分,不得超过标的额的6%。

(3)律协备案原则。律师事务所制定的律师服务费标准,应当每年向所在设区的市或者直辖市的区(县)律师协会备案,备案后一年内原则上不得变更。新设律师事务所在取得执业许可证书的10个工作日内,应当制定律师服务费标准并向所在设区的市或者直辖市的区(县)律师协会备案。律师事务所不得超出该所在律师协会备案的律师服务费标准收费。

(4)透明化原则。律师事务所应当严格执行明码标价制度,将本所在律师协会备案的律师服务费标准在其执业场所显著位置进行公示,接受社会监督。

(5)公益普惠原则。律师事务所办理涉及农民工、残疾人等弱势群体或者与公益活动有关的法律服务事项,可以酌情减免律师服务费。对当事人符合法律援助条件的,律师事务所应当及时告知当事人可以申请法律援助。鼓励律师事务所和律师积极参与公益法律服务。

3. 律师服务收费的监督管理

根据《关于进一步规范律师服务收费的意见》的规定,应当从以下方面加强律师服务收费的监督管理:

(1)健全律师事务所收费管理制度;

(2)切实规范律师服务收费行为。

律师事务所与当事人协商收费,应当遵循公开公平、平等自愿、诚实信用的原则,不得作出违背社会公序良俗或者显失公平的约定,不得采取欺骗、诱导等方式促使当事人接受律师服务价格,不得相互串通、操纵价格。律师事务所不得在协商收费时向当事人明示或者暗示与司法机关、仲裁机构及其工作人员有特殊关系,不得以签订"阴阳合同"等方式规避律师服务收费限制性规定。

律师事务所应当加强对收费合同或者委托合同中收费条款的审核把关,除律师服务费、代委托人支付的费用、异地办案差旅费外,严禁以向司法人员、仲裁员疏通关系等为由收取所谓的"办案费""顾问费"等任何其他费用。律师事务所在提供法律服务过程中代委托人支付的诉讼费、仲裁费、鉴定费、公证费、查档费、保全费、翻译费等费用,不属于律师服务费,由委托人另行支付。律师事务所应当向委托人提供律师服务收费清单,包括律师服务费、代委托人支付的费用以及异地办案差旅费,其中代委托人支付的费用及异地办案差旅费应当提供有效凭证。

4. 严格执行统一收案、统一收费规定

律师事务所应当建立健全收案管理、收费管理、财务管理、专用业务文书、档案管理等内部管理制度,确保律师业务全面登记、全程留痕。建立律师业务统一登记编码制度,加快推进律师管理信息系统业务数据采集,按照统一规则对律师事务所受理的案件进行编号,做到案件编号与收费合同、收费票据一一对应,杜绝私自收案收费。律师服务收费应当由财务人员统一收取、统一入账、统一结算,并及时出具合法票据,不得用内部收据等代替合法票据,不得由律师直接向当事人收取律师服务费。确因交通不便等特殊情况,当事人提出由律师代为收取律师服务费的,律师应当在代收后3个工作日内将代收的律师服务费转入律师事务所账户。

5. 压实对律师的教育管理责任

律师事务所应当加强对本所律师的教育管理,引导律师践行服务为民理念,树立正确的价值观、义利观,恪守职业道德和执业纪律,严格遵守律师服务收费各项管理规定。强化内部监督制约,确保律师服务收费全流程可控,认真办理涉及收费的投诉举报,及时纠正律师违法违规收费行为。

6. 强化律师服务收费监督检查

加强律师服务收费常态化监管。司法行政部门、律师协会要把律师服务收费作为律师事务所年度检查考核和律师执业年度考核的重要内容,对上一年度有严重违法违规收费行为、造成恶劣社会影响的律师事务所和律师,应当依法依规评定为"不合格""不称职"。开展"双随机、一公开"抽查,司法行政部门每年对不少于5%的律师事务所收费情况开展执法检查,对该所承办一定比例的案件倒查委托代理合同、收费票据等,及时发现违法违规收费问题。

加大违法违规收费查处力度。完善违法违规收费投诉处理机制,重点查处涉及群众切身利益的民生类律师服务收费投诉,确保有投诉必受理、有案必查、违法必究。依法依规严肃查处违法违规收费行为,对不按规定明码标价、价格欺诈等违反价格法律法规的行为,由市场监管部门依法作出行政处罚;对私自收费、违规风险代理收费、变相乱收费以及以向司法人员、仲裁员疏通关系为由收取所谓的"办案费""顾问费"等违法违规收费行为,由司法行政部门、律师协会依据《律师法》《律师和律师事务所违法行为处罚办法》等作出行政处罚、行业处分。市场监管部门、司法行政部门对律师事务所和律师违法违规收费行为作出行政处罚的,应当及时抄送同级司法行政部门、市场监管部门。健全律师服务收费诚信信息公示机制,司法行政部门应及时在律师诚信信息公示平台公示律师事务所和律师因违法违规收费被处罚处分的信息,定期通报违法违规收费典型案例,强化警示教育效果。

健全律师服务收费争议解决机制。因律师服务收费发生争议的,律师事务所和当事人可以协商解决。协商不成的,双方可以提请律师事务所所在设区的市或者直辖市的区(县)律师协会进行调解。设区的市或者直辖市的区(县)律师协会应当成立律师服务收费争议调解委员会,制定律师服务收费争议调解规则,依法依规开展调解。

加强组织实施,强化责任落实。各级司法行政、发展改革和市场监管部门要高度重视,加强工作指导,密切沟通配合,结合实际研究制定贯彻落实举措。

发挥行业自律作用。省级律师协会要在同级司法行政部门指导下,制定律师事务所服务费标准指引和示范文本,明确律师服务费标准应当载明的服务项目、制定服务费标准应当考虑的因素等事项,但不得直接制定律师服务费标准;制定律师事务所服务费标准备案管理办法,明确律师服务费标准在律师协会备案的程序和要求;制定律师风险代理书面告知书和风险代理收费合同示范文本,督促律师事务所严格规范风险代理收费行为。

第三章 港澳台地区的律师制度

第一节 港澳台地区的律师制度

一、我国香港地区的律师制度

根据《中华人民共和国香港特别行政区基本法》(以下简称《香港基本法》)第8条的规定,香港原有法律,即普通法、衡平法、条例、附属立法和习惯法,除同本法相抵触或者经香港特别行政区的立法机关作出修改者外,予以保留。香港的律师制度于1844年开始建立。1856年,香港总检察官安士迪按照英国律师制度,订立《大律师办案规则》。这个规则的颁布,使得香港的律师制度基本上按照英国律师制度的框架确立下来,实行颇具特色的"二元制"的律师制度。

香港的律师根据从业的具体状况不同,可以大致分为两类,即官方律师和私人律师,在有的著作中划分为政府律师和执业律师。官方律师是香港各机关雇佣的官员,一般是在英国法律大学毕业,学习成绩较好,取得律师资格的人。香港的行政机关、立法机关、律政司署、注册总署及法律援助署等机关均有一批官方律师执行法律事务。如律政司署,就有许多名律师,可以占到全部工作人员的1/3,其具体业务是起草新的法律,送立法机关审批;提出修改法律意见,送立法机关审查通过;向有关部门提出法律意见,从法律角度审查各机关的财政收支情况向特区行政长官提出法律意见书;审查警署指控犯罪案件,代表当局对刑事被告人检控起诉。官方律师具有双重身份,即律师身份和公务员身份。他们要恪守律师职业道德,遵守律师公会规定的纪律,不得从事有损律师声誉的言行。同时,他们执行政府法律顾问的职能,为政府各部门处理法律事务,他们以公务员身份从政府那里领取薪金,不能私自接受当事人的委托,也不能在执业律师事务所从事兼职律师工作,他们必须遵守公务员的守则。私人律师不是受雇于香港各机关的公职人员,而是取得律师资格的个人独自或者合伙依法开业,为社会提供法律服务的执业律师。这类律师又包括事务律师(solicitor,也有叫作普通律师的)和大律师(barrister)两种。事务律师是香港律师队伍中的主力军,占律师总数的80%以上。事务律师与大律师之间的最主要的区别体现在业务范围上。事务律师除了不能办理高等法院审理的各种诉讼案件外,可以承办各类律师业务。香港的事务律师法律服务广泛,如直接为当事人办理转让不动产、代办遗嘱、订立契约、提供法律咨询、制作法律文书和调解纠纷,充当民事代理人,在基层法院担任辩护人。充当法律公证人也是事务律师的一项业务。公证律师除参加普通律师公会外,还参加自己的专门组织——法律公证人公会。事务律师的开业形式有三种:一是个人开业;二是与其他普通律师合伙组建律师事务所;三是受雇于其他律师事务所。

大律师也叫出庭律师,是指那些有资格在香港高等法院和终审法院出庭进行辩护和诉讼代理的律师。大律师一般都精通诉讼法和其他部门法律,他们不仅通过出席法庭为当事人办理诉讼业务,还负责解答事务律师提出的专门法律问题。大律师只能单独开业,不能与其他大律师或者普通律师合伙开业。大律师接受事务律师的邀请,根据事务律师对案情的介绍和准备好的法律文书出庭辩护。大律师不能直接接受当事人的委托。当事人遇到要由大律师办理的诉讼案件时,应先委托事务律师,再由事务律师委托大律师。大律师不能向当事人收取费用,只能向事务律师收费。事务律师与大律师是两种不同类型的律师,两者之间没有隶属关系,他们有各自的业务范围和工作方式,在提供法律服务方面有不同的分工。

香港最高法院的首席按察司可批准符合条件的律师为大律师。根据《法律执业者条例》(香港法例第159章)等法律法规的规定,事务律师执业条件有两个:一个是取得律师资格;另一个是任2年的实习律师。上述两个条件成立后,即可申请执业资格。符合下列资格之人士可在香港申请成为大律师:一是已取得法学专业证书;二是在规定期限内已在香港获许任律师至少3年;三是外地执业律师符合其他有关条件。除上述要求外,申请人取得大律师资格前必须完成6个月的大律师实习期,如正式执业,还需在限定范围内以大律师身份执业6个月。

根据香港有关法律的规定,律师的权利有以下几项:

(1)出庭诉讼的权利;

(2)参与"法律援助"的权利；

(3)告知被告不作供述,保留沉默的权利；

(4)保守秘密的权利；

(5)对第三者不负诽谤责任的权利；

(6)大律师具有不负疏忽责任的权利；

(7)提议更换陪审员的权利；

(8)质问对方证人和不受法庭讯问的权利等。

香港特别行政区的律师制度正在"一国两制"条件下不断自我发展,不断自我完善。

二、我国澳门地区的律师制度

《中华人民共和国澳门特别行政区基本法》(以下简称《澳门基本法》)第8条规定:澳门地区原有的法律、法令、行政法规和其他规范性文件,除同本法相抵触或经澳门特别行政区的立法机关或其他有关机关依照法定程序作出修改者外,予以保留。《澳门基本法》第129条规定:在澳门特别行政区政府成立以前已经取得专业资格和执业资格者,根据澳门特别行政区的有关规定可保留原有的资格;在澳门特别行政区成立前已被承认的专业和专业团体,澳门特别行政区政府可以根据有关规定予以承认。由此可知,1999年12月20日,澳门回归祖国后,原有规范律师职业的法律法规基本不变,原有的律师制度仍然保留,律师资格依然被承认有效,律师公会、律师业高等委员会等律师组织依旧发挥作用。但是,原来澳门地区律师制度中与基本法相抵触的部分,应作出修改,例如澳门地区法律代办制度。另外,《澳门基本法》第92条规定,澳门特别行政区政府可参照原在澳门地区实行的办法,作出有关当地和外来律师在澳门特别行政区执业的规定。这就为澳门特别行政区对将来澳门地区律师制度的完善留有余地,也为其回归祖国后律师制度的衔接做了准备。

澳门地区的律师制度发展较为缓慢,1991年5月6日,澳门总督韦奇立以第31/91/M号法令核准颁布《律师通则》后,澳门地区律师才建立了律师职业资格确认和职业管理规范。《律师通则》共有41条,分别就澳门地区律师管理组织、律师执业范围、律师执业条件、律师的权利和义务等作出了详细的规定。在此基础上,澳门总督韦奇立又先后于1992年12月31日和1995年9月7日,分别以第121/GM/92号、第53/GM/95号法令颁布了《职业道德守则》和《律师纪律守则》,从而使澳门地区的律师制度逐步走向健全和完善。

澳门地区律师的执业实行注册制度,这就是说,只有在澳门地区律师公会注册的律师才允许从事律师业务。为保证澳门地区律师执业水平和质量能够符合法律和当事人的要求,《律师通则》规定了严格的律师注册条件。在澳门地区的大学获得法学学士学位的人士或者经本地区认可的其他法学学士学位的人士在完成律师业实习后有资格申请注册。澳门地区以外的大学法学学士,还必须根据澳门地区律师公会规定完成为其适应澳门地区法律体系的先修课程后才能进行注册。除了上述学历、实习等注册条件,《律师通则》规定下列人员不能注册为律师:

(1)道德品质不良,特别是因犯严重名誉罪而被判罪者;

(2)不完全民事行为能力者;

(3)被判决宣告为无能力管理其个人及资产者;

(4)处于不得兼任的状况或者停止从事律师业务者;

(5)由于缺乏道德品行被撤职、强迫退休或休职的司法官及公务员等。

澳门地区律师的业务范围主要包括诉讼代理、意定代理和法律咨询三项内容。所谓诉讼代理,是指为委托人从事民事和刑事以及行政诉讼方面的代理业务。所谓意定代理,是指律师根据委托人意思表示从事的代理活动,也就是指非诉代理活动,包括公司的登记、设立,房地产的买卖,遗嘱的代书,遗产的处理活动。法律咨询是对当事人提出的有关法律问题进行解答。按照《律师通则》的规定,律师具有下列执行法律业务的权利:

(1)在整个澳门地区任何审判机关、审级、当局、公共或者私人实体内,根据自由职业制度从事诉讼代理、意定代理和法律咨询等法律业务。

(2)享受与律师业务相符的保障及待遇。为使律师正确和顺利地执行其业务,司法官员、执法人员及公务员应确保律师在从事其业务时受到与律师业的尊严及为其担任委托所需的适当条件相符的待遇,不能无故阻拦或者限制。

(3)有权获取资料、查阅卷宗、申请证书。律师在从事其职业时可向任何法院或者公共部门要求查阅卷宗、簿册、不属保留或者机密性之文件,并可口头或者书面申请发出证明,而不需要出示授权书。

(4)律师有关业务函件受保护的权利。为保证律师从事其业务不受非法干涉,《律师通则》特别规定,律师的业务函件除涉嫌犯罪外,不能被扣押。

按照《律师通则》的规定,澳门地区律师必须承担如下义务:

(1)不得兼任任何减损律师独立性及职业尊严的活动或者职务。

(2)回避义务。为了保持律师职业的独立性和公正性,防止案件处理不当,《律师通则》规定了严格的律师执业回避制度。

(3)遵守律师职业道德守则。主要有职业保密、禁止招徕客户、诚实履职等职业道德规则。

根据《律师通则》第8条的规定,委员会通过纪律程序调查处理律师违反纪律的行为。经过调查律师存在的违纪行为,委员会可视情节轻重给予下列纪律处分:警告;谴责;最高至10万元澳门币罚款;中止执业10日至180日;中止执业6个月至5年;中止执业5年至15年。其中科处以上刑罚时,应考虑犯罪嫌疑人以往之职业与纪律表现、过错之程度、违法行为之后果及所有其他加重或减轻情节。纪律处分的执行由委员会负责。

三、我国台湾地区的律师制度

我国台湾地区的律师制度,其"法律"渊源是1941年国民党政权颁布的"律师法"。该"法"颁布以后,先后经历了多次修改,目前仍然在台湾地区实施。

我国台湾地区"律师法"第3条规定:"经律师考试及格并完成律师职前训练者,得请领律师证书。但有第五条第一项各款情形之一者,不得请领。

前项职前训练,得以下列经历代之:(1)曾任实任、试署、候补达2年之法官或检察官。(2)曾任公设辩护人、军事审判官或军事检察官合计达6年。

非领有律师证书,不得使用律师名衔。"

在台湾地区律师办理登录手续后,还须加入"律师公会",才可执行律师职务。律师执行职务通常是由当事人选任、委任或由"法院"指定。律师不仅承办诉讼法律事务,而且还承办大量的非诉讼法律事务。例如,法人登记、夫妻财产制契约登记、失踪人财产管理、监护、继承等事务的声请或陈述,都可以委托律师代理。在处理债务、商务、遗嘱等事务方面,根据"法律"规定或实际需要,也是多以委托律师办理。此外,律师还担任企业、公司的常年法律顾问,接受咨询,提供法律建议和意见,处理企业、公司的法律问题。

律师的工作机构是律师事务所。依据"法律"规定,律师应在"地方法院"所在地设置事务所,以便执行职务和接受"法院"的监督与送达诉讼文书。律师设置的事务所应报告"法院"。在同一"地方法院"管辖区域内,律师不得设置两个以上的事务所,亦不得设置任何类似名目的机构。

律师因不履行其义务,或有其他违法不当行为时,通常要受到惩戒处分。依据"律师法"的规定,对律师惩戒的原因有三种:一是违反"律师法"关于对律师职务的限制或其应尽义务的规定;二是有犯罪行为,应受刑之宣告者;三是有违背律师公会章程的行为,且情节重大者。

对律师的惩戒分为初审与复审两级。初审由律师惩戒委员会受理,律师惩戒委员会由"高等法院"院长与推事 5 人及律师 1 人组成,院长担任委员长。委员长因故不能执行职务时,由委员中资历较深者代替其行使职务。复审由"律师惩戒复审委员会"受理,该复审委员会由"最高法院"院长、庭长与推事各 4 人及律师 2 人组成,院长担任委员长。委员长因故不能执行职务时,由委员中资历较深者代理。律师惩戒案的提起程序有两种:一是依职权提起。律师有惩戒原因时,由"高等法院"或其分院或"地方法院检察署"依职权送请"律师惩戒委员会"处理。二是依申请提起。律师公会对于应受惩戒的律师,经会员大会或理监事联席会议的决议,申请所在地"地方法院检察处"送请惩戒,并应附具意见书。该检察处应立即转送"律师惩戒委员会"处理,惩戒处分有四种,"律师惩戒委员会"可根据具体情节分别给予警告、申诫或停止执行职务 2 年以下戒处分,情节严重的,可给予除名处分。被惩戒人对于"律师惩戒委员会"的决议不服,可向"律师惩戒复审委员会"请求复审。复审程序与初审程序相同。

依照"律师法"的规定,律师执行职务时分别对法院、当事人以及对社会公益负有相应的义务。律师对当事人负有的义务包括:

(1)律师接受当事人所委托的事件后,应忠实地收集证据,探究案情,尽力为当事人谋取正当利益,如因懈怠或疏忽而致使委托人的利益受到损害,应负赔偿责任;

(2)接受当事人所委托的事件后,无正当理由不得终止其契约;

(3)不得实施不正当的行为;

(4)律师不得利用职务上之机会,直接或间接受让当事人间系争之权利或标的;

(5)律师有保守其职务上所知悉秘密之权利及义务,但"法律"另有规定者,不在此限;

(6)不得代当事人进行显无理由的起诉、上诉或抗告。

律师对社会公益负有的义务包括:

(1)律师不得从事有辱律师尊严及名誉之行业;

(2)不得挑唆诉讼或以不正当方法招揽诉讼。

第二节　港澳律师事务所驻内地代表机构管理制度

中国加入 WTO 和 CEPA 后,法律服务市场全面开放,大量国际化的国外律师事务所进入中国。由于全球经济一体化对中国市场的渗透和高新技术的发展,国外及我国香港、澳门地区律师事务所的优势与日俱增。根据《外国律师事务所驻华代表机构管理条例》(国务院令第 338 号)的规定,共有 186 家外国律师事务所驻华代表机构通过 2021 年度检验,获准在中国境内执业,提供境外法律服务。(该条例已于 2024 年修订,国务院令第 797 号,于 2025 年 1 月 20 日起实施)

关于港澳律师事务所在内地代表机构的管理,司法部于 2015 年修正、2015 年 6 月 1 日起实施了《香港、澳门特别行政区律师事务所驻内地代表机构管理办法》(中华人民共和国司法部令第 131 号),该管理制度主要包括以下内容。

一、代表处的设立

港澳律师事务所申请在内地设立代表处、派驻代表,应当具备三个条件:

(1)该律师事务所已在港、澳特别行政区合法执业,并且没有因违反律师职业道德、执业纪律受到处罚。

(2)代表处的代表应当是执业律师和港、澳特别行政区律师协会会员,并且已在内地以外执业不少于 2 年,没有受过刑事处罚或者没有因违反职业道德、执业纪律受过处罚;其中,首席代表已在内地以外执业不少于 3 年,并且是该律师事务所的合伙人或者是相同职位的人员。

(3)有在内地设立代表处开展法律服务业务的实际需要。

除了具备以上条件外,港澳律师事务所在内地设立代表处、派驻代表,应当经省、自治区、直辖市司法厅(局)许可。非经许可,不得设立代表处。

二、代表处的注销

广义的代表处的注销分为代表处代表执业证书的撤销和代表处执业执照的撤销两种情形:根据《香港、澳门特别行政区律师事务所驻内地代表机构管理办法》的规定,代表处的代表有下列情形之一的,由省、自治区、直辖市司法厅(局)撤回其执业许可、收回其执业证书,并注销其执业注册:

(1)其在港澳的律师执业资格失效的;

(2)被所属的港澳律师事务所取消代表资格的;

(3)执业证书或者所在地代表处的执业执照被依法吊销的。

代表处有下列情形之一的,由省、自治区、直辖市司法厅(局)撤回其执业许可、收回其执业执照,并注销其执业注册:

(1)所属的港澳律师事务所已经解散或者被注销的;

(2)所属的港澳律师事务所申请将其注销的;

(3)已经丧失法定设立条件的;

(4)执业执照被依法吊销的。

被注销的代表处,应当依法进行清算;债务清偿完毕前,其财产不得转移至内地以外。

三、代表处的业务范围

根据《香港、澳门特别行政区律师事务所驻内地代表机构管理办法》第15条的规定,代表处及其代表,只能从事不包括内地法律事务的下列活动:

(1)向当事人提供该律师事务所律师已获准从事律师执业业务的香港特别行政区、澳门特别行政区以及中国以外的其他国家的法律咨询,有关国际条约、国际惯例的咨询;

(2)接受当事人或者内地律师事务所的委托,办理在该律师事务所律师已获准从事律师执业业务的地区的法律事务;

(3)代表港、澳特别行政区当事人,委托内地律师事务所办理内地法律事务;

(4)通过订立合同与内地律师事务所保持长期的委托关系办理法律事务;

(5)提供有关内地法律环境影响的信息。

代表处按照与内地律师事务所达成的协议约定,可以直接向受委托的内地律师事务所的律师提出要求。

代表处及其代表按照所属港澳律师事务所与内地律师事务所达成的联营协议,可以与联营的内地律师事务所的律师合作,办理有关联营业务。

代表处及其代表不得从事本条第1款、第2款、第3款规定以外的其他法律服务活动或者其他营利活动。

四、关于港澳律师事务所与内地律师事务所的联营

CEPA给港澳律师业带来的最大好处,就是港澳律师事务所在内地开办联营所更便捷了。内地的法律体系、制度等与港澳地区不同,港澳律师要想对内地

的所有法规都了如指掌并非易事,但港澳律师对国际规则的理解更全面、更透彻,可以帮助企业在香港地区、海外上市或将产品销售到国外时少走弯路。于2012年修正,2013年1月1日起实施的《香港特别行政区和澳门特别行政区律师事务所与内地律师事务所联营管理办法》对联营问题作了较详细的规定:

律师事务所联营,是由已在内地设立代表机构的香港、澳门地区律师事务所与一至三家内地律师事务所,按照协议约定的权利和义务,在内地进行联合经营,向委托人分别提供香港、澳门地区和内地法律服务。

在联营方式上,香港、澳门地区律师事务所与内地律师事务所联营,不得采取合伙型联营和法人型联营。香港、澳门地区律师事务所与内地律师事务所在联营期间,双方的法律地位、名称和财务应当保持独立,各自独立承担民事责任。

关于联营业务,香港、澳门地区律师事务所与内地律师事务所联营,可以共同以联营的名义,接受当事人的委托或者其他律师事务所的委托,采取合作方式办理各自获准从事律师执业业务的香港、澳门地区与内地以及中国以外的其他国家的法律事务。但是参与联营业务的香港、澳门地区律师,不得办理内地法律事务。

关于联营法律服务的收费,香港、澳门地区律师事务所与内地律师事务所以联营名义合作办理法律事务的,可以统一向委托人收费,双方再依照联营协议进行分配;也可以根据联营中各自办理的法律事务,分别向委托人收费,但须事先告知委托人。

第四章　我国律师事务所的管理制度

第一节　我国律师事务所概述

一、律师事务所设立的条件

律师事务所是律师的执业机构,是律师合法办理业务的工作场所。律师事务所必须具备一定的法定条件方能成立。

根据《律师事务所管理办法》第8条的规定,设立律师事务所应当具备下列基本条件:

(1)有自己的名称、住所和章程;

(2)有符合《律师法》和本办法规定的律师;

(3)设立人应当是具有一定的执业经历并能够专职执业的律师,且在申请设立前3年内未受过停止执业处罚;

(4)有符合本办法规定数额的资产。

二、律师事务所的形式

根据组建方式和运行机构以及承担的责任,律师事务所有三种形式:

(1)国家出资设立的律师事务所,以该所全部资产对其债务承担责任。

(2)合伙律师事务所,根据《律师法》的规定,合伙律师事务所可以采用普通合伙或者特殊的普通合伙形式设立;普通合伙合伙人要对合伙律师事务所的债务承担无限连带责任;特殊的普通合伙是在普通合伙基础上的一种制度创新,合伙律师事务所的合伙人按照合伙形式对该律师事务所的债务依法承担责任。

(3)个人律师事务所,是指由一名律师开办的律师事务所,由律师事务所设立人个人对外承担无限连带责任。

三、律师事务所的权利和义务

律师事务所按照章程组织律师开展业务工作,学习法律和国家政策,总结、交流工作经验。律师承办业务,由律师事务所统一接受委托,与委托人签订书面委托合同,按照国家规定向当事人统一收取费用并如实入账。律师事务所和律师应当依法纳税。

四、律师事务所的设立、变更和终止

申请设立律师事务所的,经省、自治区、直辖市以上人民政府司法行政部门审核,符合《律师法》规定条件的,应当自收到申请之日起10日内颁发律师事务所执业证书;不符合《律师法》规定条件的,不予颁发律师事务所执业证书,并应当自收到申请之日起10日内书面通知申请人。

律师事务所可以设立分所。设立分所,须经拟设立分所所在地的省、自治区、直辖市人民政府司法行政部门按照规定的条件审核。律师事务所对其设立的分所的债务承担责任。

律师事务所在违反强制性规范和合伙人决定解散时终止。事务所名称、住所、章程、合伙人等重大事项变更或者解散的,应当报原审核部门。

第二节 合伙律师事务所的管理

合伙律师事务所是我国律师事务所最主要的组织形式,占所有律师事务所数量的70%以上。合伙律师事务所是依法设立的由合伙人依照合伙协议约定,共同出资、共同管理、共享收益、共担风险的律师执业机构。合伙律师事务所的财产归合伙人所有,合伙人对律师事务所的债务承担无限连带责任。截至2022年,合伙律师事务所共2.82万家,占律师事务所的71.16%,国资律师事务所604多家,占律师事务所的1.56%,个人律师事务所9777多家,占律师事务所的25.28%。

与原来规定不同的是,2018年实施的《律师事务所管理办法》根据新时期律师事务所规模化发展的需要,以及对因规模化导致合伙人过多彼此不熟悉却要为对方的执业行为承担无限连带责任风险过大的规避,规定了除普通合伙律师事务所外,发起人还可以设立特殊的普通合伙制律师事务所。以下就此两种合伙制律师事务所分别做一描述。

一、普通合伙律师事务所的设立

《律师事务所管理办法》第9条规定,设立普通合伙律师事务所,除应当符

合设立律师事务所的基本条件外,还应当具备以下条件:

(1)有书面合伙协议;

(2)有3名以上合伙人作为设立人;

(3)设立人应当是具有3年以上执业经历并能够专职执业的律师;

(4)有人民币30万元以上的资产。

其中,要求具有书面的合伙协议是为了避免今后各位合伙人之间的利益纠纷,以利于律师事务所的健康发展。《律师事务所管理办法》第17条规定了合伙协议应当载明的内容:

(1)合伙人,包括姓名、居住地、身份证号、律师执业经历等;

(2)合伙人的出资额及出资方式;

(3)合伙人的权利、义务;

(4)合伙律师事务所负责人的职责以及产生、变更程序;

(5)合伙人会议的职责、议事规则等;

(6)合伙人收益分配及债务承担方式;

(7)合伙人入伙、退伙及除名的条件和程序;

(8)合伙人之间争议的解决方法和程序,违反合伙协议承担的责任;

(9)合伙协议的解释、修改程序;

(10)其他需要载明的事项。

合伙协议的内容不得与有关法律、法规、规章相抵触。

合伙协议由全体合伙人协商一致并签名,自省、自治区、直辖市司法行政机关作出准予设立律师事务所决定之日起生效。

二、特殊的普通合伙律师事务所的设立

《律师事务所管理办法》第10条规定,设立特殊的普通合伙律师事务所,除应当符合设立律师事务所的基本条件外,还应当具备下列条件:

(1)有书面合伙协议;

(2)有20名以上合伙人作为设立人;

(3)设立人应当是具有3年以上执业经历并能够专职执业的律师;

(4)有人民币1000万元以上的资产。

三、合伙人

合伙人,是指加入合伙律师事务所,参与律师事务所内部管理,依合伙协议享受权利承担义务,并对律师事务所债务承担无限或有限责任的人。

在普通合伙律师事务所中,合伙人对律师事务所债务承担无限连带责任。在特殊的普通合伙律师事务所中,一个合伙人或者数个合伙人在执业活动中因故意或者重大过失造成律师事务所债务的,应当承担无限责任或者无限连带责任,其他合伙人以其在律师事务所中的财产份额为限承担责任;合伙人在执业活动中非因故意或者重大过失造成的律师事务所债务,由全体合伙人承担无限连带责任。

《律师事务所管理办法》第28条第2款规定,新合伙人应当从专职执业的律师中产生,并具有3年以上执业经历,但司法部另有规定的除外。受到6个月以上停止执业处罚的律师,处罚期满未逾3年的,不得担任合伙人。

《律师事务所管理办法》第28条第3款规定,合伙人退伙、被除名的,律师事务所应当依照法律、本所章程和合伙协议处理相关财产权益、债务承担等事务。

四、合伙律师事务所内部管理机构——合伙人会议

《律师事务所管理办法》第54条第2款规定,合伙人会议或者律师会议为合伙律师事务所或者国家出资设立的律师事务所的决策机构;个人律师事务所的重大决策应当充分听取聘用律师的意见。

合伙人会议由全体合伙人组成,合伙人会议的形式、召集方式和表决办法等由合伙协议约定。合伙人会议行使制定本所的发展规划和年度工作计划;推选、决定本所主任和管理机构负责人;制定本所的内部管理制度;审议本所的年度工作总结报告;审议本所的年度财务结算报告、收益分配方案及重大开支事项;决定合伙人的入伙、退伙及除名;审议对本所律师的奖励和处分;修改合伙协议、本所章程;决定本所的变更、终止等职权。

合伙人会议应当依照合伙协议约定的召集方式、议事程序和规则、表决方法,决定和处理本所重大事务。合伙人会议的决议及审议、表决情况,应当以书面形式记载,并由出席会议的合伙人签字。合伙律师事务所根据需要可以设立日常管理机构,负责执行合伙人会议决议,管理律师事务所日常事务。

合伙关系存续期间,律师事务所的全部资产由律师事务所统一管理,未经合伙人会议决定,不得私自分割、挪用、处置。合伙律师事务所应当建立投诉查处制度。对于违反本所章程和管理制度的律师或者其他工作人员,根据其行为性质、情节轻重,给予警告、解除聘用合同或者开除等处分。

五、合伙律师事务所的终止清算

合伙律师事务所有下列情形之一的,应当终止:

(1)不能保持法定设立条件,经限期整改仍不符合条件的;
(2)执业许可证被依法吊销的;
(3)自行决定解散的;
(4)法律、行政法规规定应当终止的其他情形。

律师事务所在取得设立许可后6个月内未开业或者无正当理由停止业务活动满1年的,视为自行停办,应当终止。律师事务所在终止事由发生后,应当向社会公告,依照有关规定进行清算。

清算机构由全体合伙人组成,也可由合伙人会议指定若干名合伙人担任清算人。清算机构应当自成立之日起10日内通知未办结委托事项的委托人和债权人,并在司法行政机关指定的报刊上公告。清算机构应当依照法律的规定,清理合伙律师事务所的财产,编制财务清算报表和财产清单,处理未了结的事务,清理债权债务,处置清偿债务后的剩余财产等事宜。

合伙律师事务所清偿所有债务后,对剩余的财产,由合伙人依照合伙协议进行分配。合伙律师事务所的财产不足以偿还债务时,由合伙人依照合伙协议对剩余债务承担无限连带责任。合伙律师事务所在清算期间,合伙人不得执业。合伙律师事务所的执业证书及合伙人、聘用律师的执业证书,应当上交原登记机关。尚未办结的法律事务,由律师事务所与委托人协商解决。合伙律师事务所清算结束后,清算机构应当编制清算报告,经合伙人会议审议通过后,由律师事务所主任签名,报原登记机关备案。合伙律师事务所应当在清算结束后15日内到原登记机关办理注销登记,同时将财务账簿、业务档案、印章按照规定移交司法行政机关。

第三节 律师事务所的业务管理

一、建立业务流程

每个律师事务所必须有流程制度,这是业务流程的基础。业务管理是律师事务所管理的其中非常重要的一项。如果一个律师事务所没有管理,那也就谈不上业务流程。业务流程有以下几项内容:

(1)收案制度。接收哪一类的案件必须有一个统一的规则,这是最基本的要求。

(2)结案制度。律师事务所根据法律、法规、规章、行业规则以及事务所章程,订立收案管理制度。事务所内勤统一登记、管理收案工作。

(3)监督程序。监督程序应有两个体系:合伙人监督和财务监督。接收到案件后,对于如何分配和处理,合伙人应该起到主要的作用。像美国的律师事务所,无论多大的案件,它们都保持三个层次:合伙人、律师和律师助理。在处理具体案件时,可以分为不同的工作组,各工作组之间可以交叉。但合伙人必须参与其中,必须有合伙人这个层次在律师业务当中发挥作用。即使再小的案件,就算合伙人不亲自办理,也要进行监督。另外就是财务监督,财务不仅要监督资金来源,还要监督它的走向。

二、案件的转接方式

在律师事务所内部,案件有三种转接方式:

(1)合伙人之间的转接。可能某个合伙人负责某一类案件,那么无论哪个合伙人接到此类案件都统一交由那名合伙人负责。在合伙人之间不要形成竞争而是协调。

(2)要求各律师接到案件后要向合伙人汇报,由合伙人进行案件的分配。接洽案件的人并不一定是具体处理案件的人。这样就需要相应的分配制度。常规的经验是,每一个律师都和合伙人挂钩,不存在独立运行的律师。

(3)不同地区之间的案件转接。现在很多律所都在外地设有分所,在这些机构之间要有案件转接。但这样的转接要以整个事务所的资源整合为基础,即对各律师的专长要了解,对于事务所曾经接触的案件的资源要善加利用。

三、案件的分配

案件在律师事务所内部的分配要按照两个原则进行:

(1)有利于当事人原则。案件分配时,首先要考虑的是客户的需求和期望。律师事务所需要确保分配给案件的律师能够提供高质量的服务,以满足甚至超越客户的期望。通过提供优质服务,律师事务所能够建立起良好的口碑,吸引更多的回头客和推荐客户。因此,案件分配要考虑到如何通过服务提升客户忠诚度,从而留住案源。

(2)专业化原则。律师事务所内部往往有不同领域的专业团队,案件分配时要考虑到律师的专业背景和案件的性质,确保案件能够得到专业对口的处理。在专业化的基础上,律师事务所还应鼓励跨领域的团队协作,特别是对于那些涉及多个法律领域的复杂案件,需要不同专业背景的律师共同参与。

四、团队合作方式

大案、要案的处理一定要强调团队合作；此外，专家的论证也是必不可少的。因为律师提供的服务是高层次的服务，而律师的知识随着时间推移很有可能跟不上时代。而专家在各自的领域里拥有先进的知识，征求专家的意见是很必要的，是对团队合作的有效补充。另外，一定要向主管机关、律师协会和律管处汇报。这样不但可以取得领导的支持，而且还可以获得更多信息帮助；同时还可以化解部分风险。

五、组建和管理律师团队

律师团队的组建工作有以下几个方面：

（1）市场开拓。律所在发展到一定程度后，对于市场开拓要有一个总体规划，需要组建一个市场开拓部门，及时回访客户，定期开展新的业务。这些人员既可以是专职的也可以是兼职的，既可以是律师也可以是行政管理人员。

（2）建立业务总监制度，对业务进行把关。业务总监的任务不是处理具体某一个案件，而是对所有案件的处理进行把关和审查。

（3）建立律师业务先进经验的学习制度，这种学习应该是经常性的。

六、律师事务所的专业化和国际化

中国律师事务所的发展方向可以概括为："规模化、专业化、品牌化和国际化。"其中，最重要的是专业化。规模化也很重要，但不能强求规模化。中国律师强调规模化是一种行政行为，但对于规模化不能揠苗助长，必须在主体文化和模式形成后才能逐步发展。规模化的社会基础是整个社会的法律水平和经济规模。因此，规模化不是想象出来的，而是自我内在发展出来的，不能过热也不能过快。

国际化，是指律所事务要有涉外因素。目前存在一个误区，好像赚钱就是国际化的衡量标准。但在日本，经济收入高的律师并不一定是会讲英文的律师，也不一定是从事涉外业务的事务。中国律师现在有一种情绪，认为处理涉外业务的就是好律师；实际上，我们究竟有多少律师能够真正做到与国外律师交流业务，我们国内究竟又有多少涉外业务呢？我们谈国际化，不能只限于业务层面，我们要看到并学习国外律所的先进管理经验。因此，借鉴域外律师事务所的成熟经验是律师事务所发展的一个捷径。

第四节　律师事务所与律师业务的开拓

一、律师事务所业务的开拓

业务开拓与客户维系问题关系到律师事务所和律师的生存和发展，并且存在于律师职业生涯的各阶段。业务开拓问题不仅困扰着新律师，也同样困扰着老律师；当律师争取到了新的业务和新的客户，马上又面临业务和客户的维系问题。总之，业务开拓与维系问题会贯穿于律师生涯的全过程。

律师绝不能将自己定位为商人，采用"推销员"的方法，如经常在法院门口看到一些律师雇用的推销员模样的人见人就问："需要律师吗？"或到处散发律师名片，对这种在法院门口发放小广告的现象，法院可以向城管部门举报，接到举报后城管会对责任人进行处理，而且这种行为严重贬损律师的职业形象和声誉。自毁形象的方法并不能带来客户，只有遵循保持尊严的科学方法，才能最好地促进业务的增长，实现律师的价值。

随着律师人数的急剧增加和客户对律师的要求越来越高，法律市场竞争的压力与日俱增。实践证明，通过过度的工作、接手琐碎的诉讼事务等方法，并没有创造多少效益，却带来客户更多的抱怨。法律业务的竞争趋势，要求律师把自己的业务限制在几个关键的领域。竞争的激烈使委托人意识到他们有更多的选择，他们通常更喜欢专家型人才而不是通才。专业细分对应的就是"万金油"律师。在二三十年前，中国的经济发展是有限的，律师也不需要细分，那时候"万金油"律师可以应付所有的法律问题。从离婚诉讼到家庭遗产纠纷、商业诉讼、刑事案件、劳动纠纷等。律师像小诊所的医生，什么都可以诊治。现在的法律业务细分，就是经济社会发展出来不同的领域的要求。如我们讲公司业务，又分IPO（上市业务）、投资银行、外国投资、兼并重组等。所谓的专业化在律师界有两个不同的认识，一个是个人的专业化，另一个是律师事务所的专业化。律师可以拿一项最多两项作为自己的专业方向，这叫作律师个人的专业化。律师事务所的专业化比较复杂，又分两种：一种是中小型律师事务所，只做一项，比如只做知识产权，别的不做或者少做，或只做房地产，或只做IPO，或只做医疗纠纷等。另一种是大律师事务所中的不同团队的专业化。所谓的律师专业化主要是个人专业化、律师事务所专业化和大律师事务所当中的专业队伍，这三个环节组成才叫专业化。这三个专业化是相辅相成的。

律师行业服务除了靠专业化的产品,还要从服务、客户满意度等方面提升服务的附加价值,从而提高竞争力。《律师法》明确提出:"律师应当维护当事人合法权益,维护法律正确实施,维护社会公平和正义。"律师的使命就是服务公众,维护司法公正,而并非开创一个新的赚钱行业。而公众——潜在客户们是因为遇到了法律麻烦,自己的生命、自由、财富、声誉面临着威胁,需要律师帮助他们维护自己的法律权利,实现司法的公正。公众和潜在客户心目中理想的律师,应当是人品上可信赖的、精神上可依托的。他们不能把自己的身家性命、事业和前途托付给一个不值得信任的人。律师的目标是帮助客户解决问题,这才能赢得客户的尊重和信任。

开拓业务的具体方法包括以下几个方面:

(1)建立学习型的律师事务所和律师。律师是一个需要终身学习的职业。我国的法律法规随着社会的发展不断地更新,如果不学习就势必要被淘汰。这里的学习有两层含义:法律学习和业务学习。对于律师来讲,学习是无止境的。

(2)举办研讨会,在研讨会上介绍自己的专长。很多律师事务所经常举办各种研讨会,组织各大公司的法律主管,向他们介绍加入相关领域的法律变化等。利用研讨会使客户对律师留下深刻印象,这是扩大争取客户可能性的有效途径。

(3)尽量参加各种社会活动,即律师业务以外的活动。多参加社会活动,而且争取成为一些行业活动的主办分子。这样才能赢得更多社会认可,从而积累社会经验,积累客户。

(4)参加各种专业协会,成为专业协会和专业领域的专家,即专业化,突出自己的特点。

(5)出版书籍,撰写文章。书籍和文章的传播性是非常强的,律师应该学会把自己的理论切合实际地谈出来。这些非业务性的活动能扩大你的知名度,相应积累更多经验。

(6)要求各合伙人要建立自己的专业特色,这样才能增强律师事务所的整体实力。合伙人之间要做到业务流动,要经常交流,要有案件上的合作,这在合伙人之间是很重要的。这是律师事务所长久发展的基石。

(7)印制精美的宣传画册。客户有时并没有直接接触到具体的人,更多的是通过宣传手册来了解律师事务所。精美的而且经常更新的宣传手册是客户了解我们的一个主要途径。

(8)建立好自己的网站,它是律师事务所的一个窗口。一些较大或国外的客户主要是通过这个途径来了解律师事务所后,再决定是否进行业务往来。

(9)发行一个内部刊物,它可以提醒客户有关事务所的运行情况等。

(10)跟律师同行建立良好的关系,彼此进行委托业务。很多人认为同行是冤家,其实律师之间互相委托,在国外是一件非常正常的事情。因为法律界的事务不太可能流到圈外,它总是在内部范围内流通。因此,律师间的委托也是业务来源的一个重要途径。

(11)通过新媒体的方式推广宣传律师事务所。随着互联网行业以及相关产业的发展,自媒体已经越发成为重要的媒介渠道,律师事务所通过自媒体宣传推广已经成为一个相当重要的拓展业务的途径。

二、律师业务的开拓

律师业务的开拓,是指律师为了吸引更多的客户并扩大业务范围所采取的一系列策略和行动。业务开拓不仅是为了增加收入,还是为了建立品牌知名度、提升行业影响力以及形成稳定的客户群。以下是一些有效的律师业务开拓策略:

(1)建立专业品牌:通过专业的服务和案件的高胜率,建立良好的行业口碑,使律师在特定法律领域内成为潜在客户的首选。

(2)网络营销:利用互联网,如律师事务所网站、社交媒体平台、在线律师服务平台进行营销推广。

(3)内容营销:发表法律相关的文章、短视频等,以展示专业知识并吸引那些寻求法律信息的潜在客户。

(4)参加行业活动:参加法律研讨会、行业会议、培训研究班等活动,提升行业内的可见度和影响力,在同行中建立网络。

(5)参与本地社区:参与本地社区活动或提供社区服务,帮助社区成员解决法律问题,提升在本地社区的知名度和良好形象。

(6)客户推荐:通过提供优质服务促使现有客户向他人推荐,口碑营销是律师业务扩展中非常有效的手段。

(7)合作伙伴关系:与其他律师事务所或行业内的专业服务提供商建立合作伙伴关系,通过互推服务来扩大业务范围。

(8)提供免费咨询:为潜在客户提供有限的免费咨询服务,帮助他们了解自己的法律需求,并建立信任与报价的基础。

（9）专业发展与继续教育：通过持续学习和专业发展，不断提高法律专业知识和技能，以适应市场需求和最新法律趋势。

（10）跟踪与分析市场动向：定期分析市场趋势、竞争对手情况和潜在的增长领域，以制定相应的业务发展战略。

（11）客户服务和关系管理：提供卓越的客户服务，保持与客户的良好沟通，管理客户关系，确保客户满意度高，促使长期合作。

（12）合理定价策略：制定合理的费用结构和定价策略，以满足不同客户群体的需求。

律师业务的开拓需要长期的规划和坚持，同时，也要注重法律职业的道德规范和法律规定，确保所有业务开拓活动的合法性和合规性。

第五章　我国律师的法律援助制度

第一节　法律援助概述

一、律师法律援助的概念

法律援助是由政府设立的法律援助机构组织法律援助人员,依法为经济困难或特殊案件的当事人减免收费,提供法律帮助的制度。法律援助机构是各级政府出资、面向社会开办的公益性的司法救助部门,由各级司法行政机关领导,代表国家行使管理法律援助的职能。政府分散了一些职能赋予律师等中介机构,来共同承担社会责任。

律师法律援助,是指政府设立的法律援助机构,组织法律机构及法律服务人员对某些经济困难或特殊案件的当事人给予减免费用提供法律帮助的一项法律制度。律师援助制度是我国贯彻"公民在法律面前一律平等"的宪法原则、保障公民享受平等公正的法律保护、完善社会保障制度、健全人权保障机制的一项重要法律制度。

律师法律援助实际上也是一种法律扶贫、扶弱、扶残,是实现"法律面前人人平等"的一项重要措施。《中华人民共和国法律援助法》(以下简称《法律援助法》)、《律师法》和《法律援助条例》等有关法律法规都对法律援助制度作了明确规定,为这一制度的建立和实施奠定了法律基础。

二、律师法律援助的立法目的与依据

中国律师法律援助制度是国家维护贫弱者公民合法权益、确保司法公正方面的重要手段。国家实行律师法律援助制度的最终目的在于保护贫弱者平等的司法权,促进司法公正。

它的基本原则概括为以下三个。

(1) 贯彻"公民在法律面前一律平等"的宪法原则；
(2) 健全人权保障机制；
(3) 确保法律保护的平等性、公正性。

律师法律援助的直接法律依据是《法律援助法》、《律师法》和《法律援助条例》。《法律援助法》第 22 条规定了法律援助机构可以组织法律援助人员依法提供下列形式的法律援助服务：

(1) 法律咨询；
(2) 代拟法律文书；
(3) 刑事辩护与代理；
(4) 民事案件、行政案件、国家赔偿案件的诉讼代理及非诉讼代理；
(5) 值班律师法律帮助；
(6) 劳动争议调解与仲裁代理；
(7) 法律、法规、规章规定的其他形式。

而《法律援助法》第 24 条至第 33 条则广泛地规定了法律援助机构可以或应该提供援助的情形，包括对于特殊群体的保护、经济困难人群的保护、复杂疑难案件当事人的保护、判决结果重大案件当事人的保护，以及涉及公序良俗案件当事人的保护等。我国的法律援助制度体现了国家对法律赋予公民基本权利的切实保障，确保了司法公正和法律面前人人平等的宪法原则得以实现。为经济困难的当事人提供免费的法律服务，有助于减少社会不平等，保障弱势群体的合法权益，使他们能够平等地享有法律保护。

第二节　我国律师的法律援助

法律援助机构是公民申请律师法律援助的实体机构，一般是指法律援助中心或人民法院的援助机构。凡符合规定条件和范围的当事人，只要提出申请，律师可以根据司法机构的指定和委托及时给予司法救助。

一、申请律师法律援助的条件、对象及范围

法律援助制度旨在为特定群体提供必要的法律服务，确保司法公正。根据《法律援助法》规定，法律援助分为两种类型：当事人申请的法律援助和司法机关通知的法律援助。

在刑事诉讼中，《法律援助法》第 24 条规定："刑事案件的犯罪嫌疑人、被告

人因经济困难或者其他原因没有委托辩护人的,本人及其近亲属可以向法律援助机构申请法律援助。"当事人申请法律援助的条件包括经济困难或其他原因导致无法委托辩护人。在这种情况下,当事人本人或其近亲属可以向司法机关提出申请。一旦符合条件,法律援助机构将指派律师提供法律援助。在其他诉讼案件或非诉案件中,当事人也可以申请法律援助,《法律援助法》第31条规定,下列事项的当事人,因经济困难没有委托代理人的,可以向法律援助机构申请法律援助:

(1)依法请求国家赔偿;

(2)请求给予社会保险待遇或者社会救助;

(3)请求发给抚恤金;

(4)请求给付赡养费、抚养费、扶养费;

(5)请求确认劳动关系或者支付劳动报酬;

(6)请求认定公民无民事行为能力或者限制民事行为能力;

(7)请求工伤事故、交通事故、食品药品安全事故、医疗事故人身损害赔偿;

(8)请求环境污染、生态破坏损害赔偿;

(9)法律、法规、规章规定的其他情形。

值得注意的是,在某些特殊案件中,当事人不存在经济困难同样可以申请法律援助。《法律援助法》第32条规定,有下列情形之一,当事人申请法律援助的,不受经济困难条件的限制:

(1)英雄烈士近亲属为维护英雄烈士的人格权益;

(2)因见义勇为行为主张相关民事权益;

(3)再审改判无罪请求国家赔偿;

(4)遭受虐待、遗弃或者家庭暴力的受害人主张相关权益;

(5)法律、法规、规章规定的其他情形。

司法机关通知的法律援助则主要存在于刑事诉讼中,根据履行通知义务的机关不同而有所区别。在刑事诉讼中公安机关、人民检察院和人民法院在处理特定案件时必须通知法律援助机构。根据《法律援助法》第25条的规定,刑事案件的犯罪嫌疑人、被告人属于下列人员之一,没有委托辩护人的,人民法院、人民检察院、公安机关应当通知法律援助机构指派律师担任辩护人:

(1)未成年人;

(2)视力、听力、言语残疾人;

(3)不能完全辨认自己行为的成年人；

(4)可能被判处无期徒刑、死刑的人；

(5)申请法律援助的死刑复核案件被告人；

(6)缺席审判案件的被告人；

(7)法律法规规定的其他人员。

第 26 条规定:"对可能被判处无期徒刑、死刑的人,以及死刑复核案件的被告人,法律援助机构收到人民法院、人民检察院、公安机关通知后,应当指派具有三年以上相关执业经历的律师担任辩护人。"

第 28 条规定:"强制医疗案件的被申请人或者被告人没有委托诉讼代理人的,人民法院应当通知法律援助机构指派律师为其提供法律援助。"

此外,人民法院在某些情况下可以通知法律援助机构指派律师提供辩护,这些情况包括共同犯罪案件中其他被告人已经委托辩护人、案件具有重大社会影响、人民检察院提出抗诉、被告人行为可能不构成犯罪等情形。这些规定确保了在刑事诉讼的不同阶段,符合条件的被告人都能获得必要的法律援助,维护其合法权益。

二、律师在法律援助中的权利与义务

法律援助中律师基于委托和授权以及法定的义务,有与其他案件相同的权利和义务,并非提供援助不收费就不承担义务和责任。

根据《法律援助法》第 63 条的规定,律师在法律援助中不得:

(1)无正当理由拒绝履行法律援助义务或者怠于履行法律援助义务；

(2)擅自终止提供法律援助；

(3)收取受援人财物；

(4)泄露法律援助过程中知悉的国家秘密、商业秘密和个人隐私；

(5)违反法律法规规定的其他义务。

在法律援助中,受援人应当尽到如实陈述义务、合作义务、告知义务,配合法律援助律师完成法律援助工作。同时,受援人以欺骗或者其他不正当手段获得法律援助的,根据《法律援助法》第 64 条的规定,由司法行政部门责令其支付已实施法律援助的费用,并处 3000 元以下罚款。

三、律师法律援助委托程序

(一)律师法律援助的申请

公民在赡养费、扶养费、抚育费、劳动报酬、工伤、养老金、社会保险金、交通事故、医疗事故等方面提起民事诉讼,可到有管辖权的人民法院所在地的法律援助机构申请法律援助。申请书应当写明申请人、申请事项、申请理由等。

(二)律师法律援助申请的审查

法律援助机构对公民提出的律师法律援助申请进行审查。对符合法律援助条件的,作出同意提供法律援助的决定。根据案件类型的不同可分为:

(1)人民法院指定辩护的刑事法律援助案件,由该人民法院所在地的法律援助机构统一接受并组织实施;

(2)非指定辩护的刑事诉讼案件和其他诉讼案件的法律援助,由申请人向有管辖权法院所在地的法律援助机构提出申请,由该机构审查;

(3)其他非诉讼法律事务,由申请人向住所地或工作单位所在地的法律援助机构提出申请由该机构审查。

(三)律师法律援助申请的决定

法律援助机构应当自收到法律援助申请之日起7日内进行审查,作出是否给予法律援助的决定。决定给予法律援助的,应当自作出决定之日起3日内指派法律援助人员为受援人提供法律援助;决定不给予法律援助的,应当书面告知申请人,并说明理由。

四、律师法律援助资金及相关费用

律师提供法律援助时,也必须有资金和相关费用的开支,那么就涉及了资金的来源问题。我国目前还无法做到全面由政府承担这部分费用,因此根据惯例,我国的律师法律援助资金的来源主要有三种:一是政府财政拨款;二是律师事务所业务收费中提取一定比例;三是社会捐赠。

法律援助律师办理法律援助案件所需的费用归纳起来一般包括差旅费、文印费、交通通信费、调查取证费等,它属于律师办案的必要开支。而费用的最终支付一般有以下几种情况:

(1)受援方列入诉讼请求的,人民法院可根据具体情况判决由非受援的败诉方承担。法律援助人员办案费用的计算办法为:差旅费按法律援助机构所在地财政部门规定的公务人员差旅费标准计算;文印费、交通通信费等开支一般不超过500元;鉴定费、调查取证费和证人出庭费由人民法院根据国家的有关规定和实际情况决定。

(2)法律援助机构作出法律援助决定后,受援人可以据此向有管辖权的人民法院提出缓、减、免交诉讼费的书面申请,并附符合法律援助条件的有效证明材料。人民法院对于法律援助机构决定减、免费提供法律援助民事诉讼代理的,经审查认为符合法律援助条件的,应当先行对受援人作出缓收案件受理费及其他诉讼费的决定,待案件审结后再根据案件的具体情况决定诉讼费的支付。

(3)经人民法院调解达成协议的案件,诉讼费由诉讼双方协商解决;协商不成的,由人民法院根据诉讼双方具体情况作出决定。由人民法院判决结案的案件,败诉方为非受援方当事人的,诉讼费应当由败诉方承担;败诉方为受援方当事人,其交纳诉讼费确有困难的,人民法院应当减、免收诉讼费;双方都有责任的由双方分担诉讼费,受援方当事人交纳诉讼费确有困难的,人民法院应当减、免收其应承担的部分。

第六章　我国的律师见证与公证制度

第一节　我国的律师见证制度

一、律师见证的含义

（一）律师见证的概念和特征

律师见证，是指律师应当事人的申请，根据自己的亲眼所见，以律师事务所的名义，依法对法律事件或法律行为的真实性、合法性进行证明的一种活动。律师见证具有下列法律特征：

1. 见证的主体是律师

律师见证，具有不同于其他证明方式的独到之处，即律师见证的主体是律师，而见证的名义是作为专门的法律服务机构的律师事务所，这与任何人都可以进行的民间私证以及以国家名义进行的公证，都有根本的区别。

2. 见证是一种对法律及事实的确认

当事人请求见证的事项，往往是对我国现行的法律、行政法规规定的内容了解得不够详细充分，当事人聘请律师见证，是想寻求多一层保护。律师见证，主要是根据现行的法律，对法律事实的真实性、合法性进行确认。

3. 见证的时间与空间有着严格的限制

所谓见证时间，是指对见证行为发生之时进行见证；所谓见证空间，是指律师亲眼所能见到的范围。律师见证的时间与空间都不能超出这个范围。

4. 律师具有独立的地位

律师办理见证业务，虽然也是基于当事人的委托，但委托的是见证，而不是代理。在见证过程中，律师是以见证人的身份从事见证活动，他既不是代理人也不是调解人，而是在双方或多方当事人之外的具有独立地位的见证方，具有证明和监督的双重性质。

(二) 律师见证的效力

1. 约束效力

律师见证,对双方当事人具有一定的约束力。既然双方当事人自愿申请见证,而且双方之间的法律行为也业已被见证,并具有真实性、合法性,双方当事人就不得对已见证的事项随意变更、修改或废止,而应自觉履行。

2. 证据效力

律师见证,是律师以自己特殊的身份,较为丰富的法律专业知识,并以律师和律师事务所的名义,作为见证人,从第三者的角度,客观公正地证明当事人所为的一定的法律行为,这在客观上使被见证对象具有真实性和合法性,同时还具有一定的权威性。因而在双方当事人发生纠纷引起诉讼时,通常可作为认定事实、确定双方当事人之间权利义务关系的证据。

(三) 律师见证的范围

1. 律师见证的主要是法律行为,而不是法律事件

所谓法律行为,是指引起民事法律关系发生、变更和消灭,能够产生一定法律效果的行为。它包括单方法律行为、双方法律行为、共同法律行为、有偿法律行为等。例如,遗嘱、声明、契约、合同、买卖、赠与等。但是,对于不以人的意志为转移的法律事件,如出生、死亡、结婚、学历和经历等同样涉及民事、经济法律关系的事件,则不属于律师见证的范围。这些事件的发生,一般是由政府或职能部门出具相应的文件确认,而律师在这些法律事件发生时,一般也难亲眼所见,因此,这些法律事实以及由此而产生的法律关系,都属于公证的业务范围,而不属于律师见证的业务范围。

2. 律师见证应该是法律规定的强制公证之外的法律行为

我国公证原实行自愿原则,但近年来,由于国家调整规范民事经济活动的需要,不少行政法规规定有些法律行为必须经过公证才具有法律效力。故我国公证也由自愿公证原则改为自愿公证与强制公证相结合的原则。如国务院明确规定收养子女必须经过公证机关公证。这些强制性规定,使公证成为该法律行为生效的要件之一,行为主体必须履行。在这个范围之内,律师见证是无效力的,即使当事人请求律师见证,律师也应告知当事人应履行公证程序。

3. 见证的重点应当是经政府批准生效的法律行为

实践中,经政府批准生效的合同,往往是与我国政治、经济有着密切关系的涉外经济合同。如中外合资、合作企业合同,独资企业合同以及这些合同的补充

修改条款,这种合同期限长、标的大、错综复杂,从谈判、起草、审查合同文本,到签字见证,都应有律师来参加。无论是对当事人提供及时有效的服务,还是为政府提供法律意见,律师的参与都是十分必要的。

二、律师见证的原则

律师办理见证业务,应当遵循以下原则:

(1)自愿原则,即根据客户的申请就客户申请的事项进行见证。

(2)直接原则,即仅能就律师本人亲眼所见范围内发生的具体法律事实进行证明。

(3)公平原则,即真实地反映客户的意思表示,客观地确认正在发生的法律行为。

(4)回避原则,即律师不得办理与本人、配偶或本人、配偶的近亲属有利害关系的见证业务。

(5)坚持以事实为根据,以法律为准绳的原则。

(6)律师对客户申请办理见证的事务,应当保守秘密。

三、律师见证的步骤

(一)接受当事人的委托,签订委托见证合同

当事人委托律师进行见证时,律师应请当事人首先提交能够证明其身份的证件,并说明委托见证的事项,提交有关文件、材料和证据。律师对委托见证的当事人应认真接待,并做笔录,然后根据当事人所提供的要求和材料,审查见证是否属于见证范围。符合见证条件的,应由律师事务所和当事人签订委托见证合同。合同的内容一般应包括以下几个方面:

(1)申请见证的事项;

(2)合同双方的责任;

(3)申请方支付的服务费用及支付方式;

(4)合同双方签名、盖章,注明日期。

对不符合律师见证条件或不属于律师见证范围,以及见证事项不真实、不合法的,则不予见证,律师事务所应作出不予见证的书面说明送交委托人。

(二)审查

律师接受委托后,就应对当事人提供的材料认真地进行审查分析。这是见证真实性、合法性的保障,是见证的必经程序。审查的内容包括当事人提供的材料是否真实、可信,有关文件的内容是否合法,如果律师认为不完善或者有疑义,

应让当事人做必要的补充,并根据情况进行必要的调查,收集有关证据和材料。律师还应审查当事人及其代理人的法律资格。

(三)见证

见证行为发生时,见证律师应监督法律文件的制作、复制,证明它们的真实性、合法性。需要注意的是,在双方或多方当事人实施特定的法律行为时,接受聘请的见证律师必须亲临现场,目睹该项法律行为的完成。律师见证仅是就其亲身经历某一事件过程中的所见所闻进行客观的证明,不需要进行分析研究、判断推理。因此,律师见证时,必须尊重客观事实,防止个人主观臆断。

(四)出具见证意见

对经律师见证事项的真实、合法,律师应在委托见证合同约定的期限内出具律师见证书,律师应当在见证书上签名,律师事务所应在见证书上盖章。

四、律师见证的文书

律师见证书是律师开展见证业务所使用的法律文书,其内容结构主要由首部、正文、尾部三部分组成。

(一)首部

包括标题、文书编号、委托见证人的身份情况等。

(1)标题。应当写明"律师见证书"。

(2)文书编号。文书编号应当写在标题的右下方,按年度、律师事务所简称、文书简称以及编号的顺序排列。如〔2022〕京隆见字第××号,即指2022年度北京市隆安律师事务所律师见证书第××号。

(3)委托见证人的身份情况。委托见证人是公民的,应当写出姓名、性别、年龄、民族、籍贯、职业及住址等身份情况;如果委托见证人是企业、事业单位,应当写出单位全称和所在地址,并另起一行,写出法定代表人的姓名和职务。

(二)正文

这是见证书的主体部分,可依次写清见证事项、见证过程、见证结论和法律依据四项内容:

(1)见证事项,是指委托见证人就何事要求律师见证,相当于行政公文中的"事由",要写得简明扼要,一目了然。如"委托律师就《遗嘱》进行见证"。

(2)见证过程,要概述从接受委托至如何办理见证的全过程,为确认见证书具有真实性、合法性做了哪些工作,从而可顺理成章地过渡到见证结论。

(3)见证结论,这一部分是见证书的核心部分,指律师对有关见证事项的各种材料进行审查后,作出的结论。见证结论可以与见证事项的法律依据结合在一起写,也可以分开写。如某一自书遗嘱的见证书的见证结论,就是与法律依据合并在一起写的,具体叙述如下:"兹证明×××在书写自书遗嘱时神智正常,思维敏捷,具有权利能力和行为能力。该遗嘱是由×××亲笔书写,在见证律师面前签名盖章,并注明书立遗嘱的年月日,符合《民法典》第1134条的规定。遗嘱内容出于×××本人的真实意思,符合《民法典》第16条第2款的规定,也不违反其他政策、法律的规定和社会公共利益。"

(4)法律依据,主要是为了说明见证事项的合法性。

(三)尾部

应在右下方按序分行写出律师事务所的全称,由两名见证律师签名盖章,并在见证书的年、月、日上加盖律师事务所公章。

(范例)

律师见证书

〔2022〕京隆见字第××号

××律师事务所接受贷款人中国农业银行××支行、借款人××公司和保证人××企业集团公司的委托并指定××律师、××律师就贷款双方委托事项进行见证。

根据《民法典》规定,见证律师审查了委托人提供的有关文件。

兹证:

一、贷款人中国农业银行××支行与借款人××公司和保证人××企业集团自愿于2000年6月7日签订编号为农银保借字第××号《保证担保借款合同》,该合同符合《民法典》规定。

二、贷款人中国农业银行××支行及其法定代表人的授权代理人××先生在上述合同中的印章是真实有效的。

三、借款人及其法定代表人××先生在上述合同中的印章、签字是真实有效的。

四、保证人及其法定代表人××先生在上述合同中的印章、签字是真实有效的。

××律师事务所

见证律师:××

见证律师:××

××××年××月××日

五、律师见证与公证制度的区别

律师见证和公证的业务性质基本一致，二者的主要区别如下。

(一) 实施主体不同

律师见证是律师应客户的申请，根据见证律师本人亲身所见，以律师事务所的名义进行的，实施主体是具有执业资格的律师或律师事务所。

公证是由政府指定或认可的公证处或公证人进行的，实施主体是一个国家法定的权威机构。

(二) 实施依据不同

律师见证的实施依据主要是中华全国律师协会于2007年制定的《律师见证业务工作细则》。

公证的实施依据是《中华人民共和国公证法》(以下简称《公证法》)、《公证程序规则》、《最高人民法院关于审理涉及公证活动相关民事案件的若干规定》等。

(三) 业务范围不同

律师见证的业务范围包括：各类经济合同的签订与履行行为；企业章程、董事会决议、转股协议等法律文书；继承、赠与、转让、侵害等民事行为；各种委托代理关系。

公证的业务范围相较律师见证更为广泛，主要包括：合同；继承；委托、声明、赠与、遗嘱；财产分割；招标投标、拍卖；婚姻状况、亲属关系、收养关系；出生、生存、死亡、身份、经历、学历、学位、职务、职称、有无违法犯罪记录；公司章程；保全证据；文书上的签名、印鉴、日期，文书的副本、影印本与原本相符；自然人、法人或者其他组织自愿申请办理的其他公证事项等。

(四) 法律效力不同

在我国司法实践中，律师见证的法律效力通常被认定为社会中介机构对具体的法律事实或法律行为的证明，并不像公证那样在法律上具有广泛的认可度，依法必须查证属实后才能作为认定事实的依据。

公证具有较高的法律效力，经公证的民事法律行为、具有法律意义的事实和文书，应当作为认定事实的根据，但有相反证据足以推翻该项公证的除外。对经公证的以给付为内容并载明债务人愿意接受强制执行承诺的债权文书，债务人不履行或者履行不适当的，债权人可以依法向有管辖权的人民法院申请执行。在很多情况下，公证书可以跨国界被其他国家承认和执行。

(五)程序严格程度不同

律师见证的程序比较简单,通常涉及律师亲自核实文件及当事人身份,并在文件上签字盖章表示见证。

公证程序比较严格,公证人会要求提供相关文件和证据,核实文件内容并对文件的签署过程进行监督。此外,公证人还会核实当事人的身份,在公证文书上签字并加盖公章。

第二节　我国的公证制度

一、我国公证制度概述

我国公证制度的发展历史悠久且复杂,经历了从古代的文书证明到现代法定公证制度的演变。在我国古代,虽然没有现代意义上的公证制度,但存在文书证明的做法。例如,官府或地方上的显赫人士可以为民间交易或合同书写进行见证并在字据上签字画押,起到证明的作用。

近代公证制度的萌芽可以追溯到晚清时期,当时随着洋务运动的推进和近代法律制度的引入,出现了一些类似现代公证的实践。

中国现代意义上的公证制度出现在民国时期,1935年民国政府以司法院的名义颁布《公证暂行规则》,这可以说是现代意义上中国公证制度的起点。早在1946年的解放区就有了新中国公证制度的雏形。新中国成立后即建立起我国社会主义公证制度。在新中国成立初期,公证由市和县的人民法院负责办理。1951年《中华人民共和国人民法院暂行组织条例》对公证工作作出了规定。1954年公证工作转归司法行政机关直接领导和管理。1956年年初,司法部在参照苏联模式的基础上,结合我国实际,向国务院报送了《关于开展公证工作的请示报告》,并经批准后在有30万以上人口的市设立公证处,其他的市和侨眷较多的县在人民法院中附设公证室。到1957年,全国共有51个市设立了公证处,553个市、县人民法院附设公证室,652个县人民法院指定专人办理公证。全年办证量达到29.35万件。

20世纪50年代末期,司法部被撤销,公证工作划归人民法院管理。这一时期,除了按照国际惯例办理少量涉外公证业务外,其他公证业务基本上处于停滞状态,公证制度几度取消。这种状况一直持续到20世纪70年代末期。

1982年4月,新中国第一部公证法规《中华人民共和国公证暂行条例》(以下简称《公证暂行条例》)颁布,对公证的性质、业务范围、公证的组织机构、公证员的条件、公证管辖、公证程序等都作了明确规定,初步奠定了我国公证制度的法律基础,对恢复和发展我国公证制度发挥了重要作用。

2005年8月,第十届全国人大常委会第十七次会议审议通过了《公证法》。《公证法》是新中国第一部公证法典,是公证工作的基本法,总结吸纳了新中国成立以来,特别是《公证暂行条例》颁布实施以来公证改革发展所积累的经验,同时,也借鉴了国外有益的做法,确立了中国特色社会主义公证制度的基本框架,明确了我国公证制度的法律地位和公证执业活动的基本原则。

《公证法》对公证机构、公证员、公证程序、公证效力和公证法律责任等都作出了明确规定,为优化公证资源配置、加强公证队伍建设、拓展公证服务领域、提升公证管理水平、强化公证执业监督等提供了法律依据,为公证事业发展奠定了坚实的法治基础,在我国公证制度和公证事业发展史上具有里程碑意义。

我国的公证制度虽然在历史上有过中断和变化,但自改革开放以来,我国积极借鉴国际经验,逐步建立起与国际接轨的现代公证制度,不断提高公证服务质量,扩大公证服务范围,增强公证服务的透明度和权威性,以满足日益增长的公证需求。

二、公证的基本原则

公证活动的基本原则,是指公证机构和公证人员在办理公证事务活动中应严格遵循的基本准则,主要有以下几项:

(1)独立原则。公证机构依法独立行使公证职能,独立承担民事责任,任何单位、个人不得非法干预,其合法权益不受侵犯。

(2)真实合法原则。指公证机构要以事实为根据,以法律为准绳,严格按照法定程序办理公证事务的准则。"以事实为根据,以法律为准绳"是我国社会主义法治的基本原则,也是公证活动中必须遵循的基本准则。

(3)自愿性原则。公证必须在当事人自愿的基础上进行,即当事人申请公证时,应当出于自由意志,没有受到任何强迫或欺诈。

(4)保密原则。公证人员办理公证事务,应当保守在执业活动中知悉的国家秘密、商业秘密或者个人隐私。

(5)使用全国通用文字原则。制作公证书应当使用全国通用的文字。在民族自治地方,根据当事人的要求,可以同时制作当地通用的民族文字文本。两种文字的文本,具有同等效力。发往我国香港、澳门、台湾地区使用的公证书应当使用全国通用的文字。发往国外使用的公证书应当使用全国通用的文字。根据需要和当事人的要求,公证书可以附外文译文。

(6)回避原则。指公证员不得为本人及近亲属办理公证或者办理与本人及近亲属有利害关系的公证。回避原则是为了保证公证人员能公正无私地办理公证,维护国家公证机构公证书的信誉,以防徇私舞弊。

(7)便民原则。在法律允许的前提下,公证人员要从方便群众出发,深入实际、深入基层、及时准确、认真负责地办好公证事务。

(8)客观公正原则。公证机构和公证人员应当保持独立和中立,客观公正地处理每一项公证事务,不偏袒任何一方,确保所有当事人的合法权益得到平等对待。

(9)详尽性原则。公证文书应详尽记录公证行为的所有重要情节和结果,确保文书内容完整、准确。

(10)责任原则。公证机构和公证员对其公证行为负责。如果公证行为违法或违反公证程序,公证机构和公证员可能需要承担相应的法律责任。

(11)直接原则。公证员要通过接待当事人、审查证据等形式,亲自掌握第一手材料,了解当事人的真实意愿,作出是否公证的决定。

三、公证机构与公证员

(一)公证机构

1. 概念

公证机构是依法设立,不以营利为目的,依法独立行使公证职能、承担民事责任的证明机构。公证机构按照统筹规划、合理布局的原则,可以在县、不设区的市、设区的市、直辖市或者市辖区设立;在设区的市、直辖市可以设立一个或者若干个公证机构。公证机构不按行政区划层层设立。

2. 设立条件

根据《公证法》的规定,设立公证机构,需要具备以下条件:

(1)有自己的名称;

(2)有固定的场所;

(3)有2名以上公证员;

(4)有开展公证业务所必需的资金;

(5)由所在地的司法行政部门报省、自治区、直辖市人民政府司法行政部门按照规定程序批准后,颁发公证机构执业证书;

(6)公证机构的负责人应当在有3年以上执业经历的公证员中推选产生,由所在地的司法行政部门核准,报省、自治区、直辖市人民政府司法行政部门备案。

3.业务范围

《公证法》第11条第1款规定:根据自然人、法人或者其他组织的申请,公证机构办理下列公证事项:合同;继承;委托、声明、赠与、遗嘱;财产分割;招标投标、拍卖;婚姻状况、亲属关系、收养关系;出生、生存、死亡、身份、经历、学历、学位、职务、职称、有无违法犯罪记录;公司章程;保全证据;文书上的签名、印鉴、日期,文书的副本、影印本与原本相符;自然人、法人或者其他组织自愿申请办理的其他公证事项。第12条规定:根据自然人、法人或者其他组织的申请,公证机构可以办理下列事务:法律、行政法规规定由公证机构登记的事务;提存、保管遗嘱、遗产或者其他与公证事项有关的财产、物品、文书;代写与公证事项有关的法律事务文书;提供公证法律咨询。

4.禁止行为

公证机构不得有下列行为:

(1)为不真实、不合法的事项出具公证书;

(2)毁损、篡改公证文书或者公证档案;

(3)以诋毁其他公证机构、公证员或者支付回扣、佣金等不正当手段争揽公证业务;

(4)泄露在执业活动中知悉的国家秘密、商业秘密或者个人隐私;

(5)违反规定的收费标准收取公证费;

(6)法律、法规、国务院司法行政部门规定禁止的其他行为。

(二)公证员

1.概念

公证员是符合《公证法》规定的条件,经法定任职程序,取得公证员执业证书,在公证机构从事公证业务的执业人员。

2.任职条件

根据《公证法》的规定,担任公证员,应当具备以下条件:

(1)具有中华人民共和国国籍;

(2)年龄25周岁以上65周岁以下;

(3)公道正派,遵纪守法,品行良好;

(4)通过国家统一法律职业资格考试取得法律职业资格;

(5)在公证机构实习2年以上或者具有3年以上其他法律职业经历并在公证机构实习一年以上,经考核合格;

(6)从事法学教学、研究工作,具有高级职称的人员,或者具有本科以上学历,从事审判、检察、法治工作、法律服务满10年的公务员、律师,已经离开原工作岗位,经考核合格的,可以担任公证员。

根据《公证法》的规定,有下列情形之一的,不得担任公证员:

(1)无民事行为能力或者限制民事行为能力的;

(2)因故意犯罪或者职务过失犯罪受过刑事处罚的;

(3)被开除公职的;

(4)被吊销公证员、律师执业证书的。

3.任免程序

申请程序。符合《公证法》规定任职条件的人员,由本人提出申请,经需要选配公证员的公证机构推荐,由所在地司法行政机关出具审查/考核意见,逐级报请省、自治区、直辖市司法行政机关审核。报请审核,应当提交下列材料:

(1)担任公证员申请书。

(2)公证机构推荐书。

(3)申请人的居民身份证复印件和个人简历,具有3年以上其他法律职业经历的,应当同时提交相应的经历证明。

(4)申请人的法律职业资格证书复印件。

(5)公证机构出具的申请人实习鉴定和所在地司法行政机关出具的实习考核合格意见。

(6)所在地司法行政机关对申请人的审查意见。

(7)其他需要提交的材料。

审核程序。省、自治区、直辖市司法行政机关应当自收到报审材料之日起20日内完成审核。对符合规定条件和公证员配备方案的,作出同意申请人担任公证员的审核意见,填制公证员任职报审表,报请司法部任命;对不符合规定条件或者公证员配备方案的,作出不同意申请人担任公证员的决定,并书面通知申请人和所在地司法行政机关。

任命决定程序。司法部应当自收到省、自治区、直辖市司法行政机关报请任命公证员的材料之日起20日内,制作并下达公证员任命决定。司法部认为报请任命材料有疑义或者收到相关投诉、举报的,可以要求报请任命机关重新审核。

颁证程序。省、自治区、直辖市司法行政机关应当自收到司法部下达的公证员任命决定之日起10日内,向申请人颁发公证员执业证书,并书面通知其所在地司法行政机关。

变更程序。公证员变更执业机构,应当经所在公证机构同意和拟任用该公证员的公证机构推荐,报所在地司法行政机关同意后,报省、自治区、直辖市司法行政机关办理变更核准手续。

公证员跨省、自治区、直辖市变更执业机构的,经所在的省、自治区、直辖市司法行政机关核准后,由拟任用该公证员的公证机构所在的省、自治区、直辖市司法行政机关办理变更核准手续。

免职程序。公证员有下列情形之一的,由所在地司法行政机关自确定该情形发生之日起30日内,报省、自治区、直辖市司法行政机关提请司法部予以免职:

(1)丧失中华人民共和国国籍的。

(2)年满65周岁或者因健康原因不能继续履行职务的。

(3)自愿辞去公证员职务的。

(4)被吊销公证员执业证书的,由省、自治区、直辖市司法行政机关直接提请司法部予以免职。

(5)提请免职,应当提交公证员免职报审表和符合法定免职事由的相关证明材料。司法部应当自收到提请免职材料之日起20日内,制作并下达公证员免职决定。

公告程序。省、自治区、直辖市司法行政机关对报请司法部予以任命、免职或者经核准变更执业机构的公证员,应当在收到任免决定或者作出准予变更决定后20日内,在省级报刊上予以公告。司法部对决定予以任命或者免职的公证员,应当定期在全国性报刊上予以公告,并定期编制全国公证员名录。

4. 禁止行为

根据《公证法》的规定,公证员不得有下列行为:

(1)同时在两个以上公证机构执业;

(2)从事有报酬的其他职业;

(3)为本人及近亲属办理公证或者办理与本人及近亲属有利害关系的公证;

(4)私自出具公证书;

(5)为不真实、不合法的事项出具公证书;

(6)侵占、挪用公证费或者侵占、盗窃公证专用物品;

(7)毁损、篡改公证文书或者公证档案;

(8)泄露在执业活动中知悉的国家秘密、商业秘密或者个人隐私;

(9)法律、法规、国务院司法行政部门规定禁止的其他行为。

四、公证的分类

根据不同的分类标准,通常可以将公证分为以下几类:

按照公证对象划分,可以分为文书公证和事实行为公证。文书公证,是指公证某些书面文件的真实性、合法性和有效性,如遗嘱、合同、声明等。事实行为公证,是指公证某些法律行为或事实的发生,如签名、印章的真实性,婚姻状况、亲属关系等。

按照公证目的划分,可以分为民事公证、经济公证、外事公证。民事公证是指涉及民间交易、合同、遗产继承、收养等民事关系的公证。经济公证是指涉及公司设立、财产转让、投资协议等经济活动的公证。外事公证是指为国际贸易、留学、出国、国际婚姻等涉外事宜提供的公证服务。

按照公证程序划分,可以分为单件公证和连续公证。单件公证,是指针对单一文件或事实进行的公证。连续公证,是指针对某个连续性或周期性事务进行的一系列公证。

按照公证性质划分,可以分为权利证明公证和事实证明公证。权利证明公证,是指证明某人拥有特定的法定权利,如财产权、继承权等。事实证明公证,是指证明某一法律事实的存在或发生,如出生、死亡、婚姻状况等。

按照公证法律效力划分,可以分为绝对效力公证和相对效力公证。绝对效力公证,是指公证书对于一定的法律行为来说,具有不容置疑的法律效力。相对效力公证,是指公证书虽然具有一定的法律效力,但在特定条件下可以被质疑或有限度地被接受。

按照使用范围划分,可以分为国内使用公证和国际使用公证。国内使用公证,是指公证书主要在国内使用,符合国内法律规定。国际使用公证,是指公证书用于跨国界法律事务,通常需要经过领事认证或者加入《海牙公约》的国家中的使馆认证。

五、公证的程序

(一)确定公证机构

根据《公证程序规则》的规定,确定公证机构要遵循以下规则:

(1)公证事项由当事人住所地、经常居住地、行为地或者事实发生地的公证机构受理。

(2)涉及不动产的公证事项,由不动产所在地的公证机构受理。

(3)涉及不动产的委托、声明、赠与、遗嘱的公证事项,可以由当事人住所地、经常居住地、行为地或者事实发生地的公证机构受理。

(4)两个以上当事人共同申办同一公证事项的,可以共同到行为地、事实发生地或者其中一名当事人住所地、经常居住地的公证机构申办。

(5)当事人向两个以上可以受理该公证事项的公证机构提出申请的,由最先受理申请的公证机构办理。

当事人若要办理公证,可以先根据上述规则确定有权办理公证事项的公证机构,后查找距离自己最近的公证处,通过电话咨询确认需要携带的材料、预约办理的时间。

(二)申请

1. 填写公证申请表

自然人、法人或者其他组织向公证机构申请办理公证,应当填写公证申请表。公证申请表应当载明下列内容:

(1)申请人及其代理人的基本情况;

(2)申请公证的事项及公证书的用途;

(3)申请公证的文书的名称;

(4)提交证明材料的名称、份数及有关证人的姓名、住址、联系方式;

(5)申请的日期;

(6)其他需要说明的情况。

申请人应当在申请表上签名或者盖章,不能签名、盖章的由本人捺指印。

2. 提交申请材料

自然人、法人或者其他组织申请办理公证,应当提交下列材料:

(1)自然人的身份证明,法人的资格证明及其法定代表人的身份证明,其他组织的资格证明及其负责人的身份证明;

(2)委托他人代为申请的,代理人须提交当事人的授权委托书,法定代理人或者其他代理人须提交有代理权的证明；

(3)申请公证的文书；

(4)申请公证的事项的证明材料,涉及财产关系的须提交有关财产权利证明；

(5)与申请公证的事项有关的其他材料。

对于前款第(4)项、第(5)项所规定的申请人应当提交的证明材料,公证机构能够通过政务信息资源共享方式获取的,当事人可以不提交,但应当作出有关信息真实合法的书面承诺。

(三)受理

1. 受理条件

符合下列条件的申请,公证机构可以受理：

(1)申请人与申请公证的事项有利害关系；

(2)申请人之间对申请公证的事项无争议；

(3)申请公证的事项,属于法定的公证处的业务范围；

(4)申请公证的事项,属于所申请公证处管辖。

法律、行政法规规定应当公证的事项,符合上述第(1)项、第(2)项、第(4)项规定条件的,公证机构应当受理。

2. 指派承办公证员

公证机构受理公证申请后,应当指派承办公证员,并通知当事人。当事人要求该公证员回避,经查存在法律规定的应当回避的情形的,公证机构应当改派其他公证员承办。

3. 告知权利义务

公证机构受理公证申请后,应当告知当事人申请公证事项的法律意义和可能产生的法律后果,告知其在办理公证过程中享有的权利、承担的义务。告知内容、告知方式和时间,应当记录归档,并由申请人或其代理人签字。

4. 全国公证管理系统信息录入

公证机构受理公证申请后,应当在全国公证管理系统录入办证信息,加强公证办理流程管理,方便当事人查询。

5. 收取公证费

公证机构受理公证申请后,应当按照规定向当事人收取公证费。公证办结后,经核定的公证费与预收数额不一致的,应当办理退还或者补收手续。

对符合法律援助条件的当事人,公证机构应当按照规定减收或者免收公证费。

（四）审查

1. 审查事项

公证机构受理公证申请后，应当根据不同公证事项的办证规则，分别审查下列事项：

(1)当事人的人数、身份、申请办理该项公证的资格及相应的权利；

(2)当事人的意思表示是否真实；

(3)申请公证的文书的内容是否完备，含义是否清晰，签名、印鉴是否齐全；

(4)提供的证明材料是否真实、合法、充分；

(5)申请公证的事项是否真实、合法。

2. 审查方式

公证机构可以采用下列方式，核实公证事项的有关情况以及证明材料：

(1)通过询问当事人、公证事项的利害关系人核实；

(2)通过询问证人核实；

(3)向有关单位或者个人了解相关情况或者核实、收集相关书证、物证、视听资料等证明材料；

(4)通过现场勘验核实；

(5)委托专业机构或者专业人员鉴定、检验检测、翻译。

（五）制证

公证机构经审查，符合《公证法》、《公证程序规则》及有关办证规则规定条件的公证事项，由承办公证员拟制公证书，连同被证明的文书、当事人提供的证明材料及核实情况的材料、公证审查意见，报公证机构的负责人或其指定的公证员审批，但按规定不需要审批的公证事项除外。

公证机构的负责人或者被指定负责审批的公证员不得审批自己承办的公证事项。

1. 公证书格式

公证书应当按照司法部规定的格式制作。公证书包括以下主要内容：

(1)公证书编号；

(2)当事人及其代理人的基本情况；

(3)公证证词；

(4)承办公证员的签名(签名章)、公证机构印章；

(5)出具日期。

公证证词证明的文书是公证书的组成部分。有关办证规则对公证书的格式有特殊要求的,从其规定。

公证书使用文字。制作公证书应当使用全国通用的文字。在民族自治地方,根据当事人的要求,可以同时制作当地通用的民族文字文本。两种文字的文本,具有同等效力。

发往我国香港、澳门、台湾地区使用的公证书应当使用全国通用的文字。发往国外使用的公证书应当使用全国通用的文字。根据需要和当事人的要求,公证书可以附外文译文。

2. 期限

经审查符合《公证法》、《公证程序规则》及有关办证规则规定的申请事项,应当自受理之日起15个工作日内向当事人出具公证书。因不可抗力、补充证明材料或者需要核实有关情况的,所需时间不计算在前款规定的期限内,并应当及时告知当事人。

3. 公证书自出具之日起生效

需要审批的公证事项,审批人的批准日期为公证书的出具日期;不需要审批的公证事项,承办公证员的签发日期为公证书的出具日期;现场监督类公证需要现场宣读公证证词的,宣读日期为公证书的出具日期。

(六)送达

公证书出具后,可以由当事人或其代理人到公证机构领取,也可以应当事人的要求由公证机构发送,当事人或其代理人收到公证书应当在回执上签收。

六、公证的效力

(一)证据效力

《公证法》第36条规定:"经公证的民事法律行为、有法律意义的事实和文书,应当作为认定事实的根据,但有相反证据足以推翻该项公证的除外。"

《中华人民共和国民事诉讼法》(以下简称《民事诉讼法》)第72条规定:"经过法定程序公证证明的法律事实和文书,人民法院应当作为认定事实的根据,但有相反证据足以推翻公证证明的除外。"

《最高人民法院关于民事诉讼证据的若干规定》(以下简称《民事证据规定》)第10条规定,已为有效公证文书所证明的事实,当事人无须举证证明,但有相反证据足以推翻的除外。

根据上述法律规定,在诉讼、仲裁等活动中,公证书具有证据效力,其所证明的事实,当事人无须再举证证明,除非有相反证据足以推翻该项公证。

(二)强制执行效力

《公证法》第37条第1款规定:"对经公证的以给付为内容并载明债务人愿意接受强制执行承诺的债权文书,债务人不履行或者履行不适当的,债权人可以依法向有管辖权的人民法院申请执行。"

《民事诉讼法》第249条第1款规定:"对公证机关依法赋予强制执行效力的债权文书,一方当事人不履行的,对方当事人可以向有管辖权的人民法院申请执行,受申请的人民法院应当执行。"

可见,公证债权文书具有强制执行效力,在债务人不履行或者履行不适当的情况下,债权人可以直接向法院申请强制执行。

(三)法律行为成立要件效力

1. 法定成立要件

《公证法》第38条规定:"法律、行政法规规定未经公证的事项不具有法律效力的,依照其规定。"

根据法律规定,某些法律行为在办理公证后才具有法律效力。另外,根据国际惯例,我国当事人发往境外使用的某些文书(如结婚证等),必须经过公证机构的公证证明,才能在境外发生法律效力。

2. 约定成立要件

双方当事人约定必须公证的事项,未经公证的,其法律关系不能形成、变更或消灭。

第二编

诉讼律师实务

第七章 民事诉讼中的律师实务

第一节 律师代理民事诉讼概述

民事诉讼律师代理,是律师接受当事人的委托,为维护委托人的合法权益,以被代理人的名义,在代理权限范围内代理被代理人进行诉讼活动,对被代理人直接产生权利义务的民事诉讼行为。在民事诉讼律师代理中,代理人与被代理人必须符合法定条件,律师代理民事诉讼必须经当事人的授权,并且律师必须以被代理人的名义进行诉讼活动,由被代理人承担法律后果。

当事人委托律师进行民事诉讼活动,不是当事人直接与律师本人签订委托合同,而是当事人与律师事务所签订委托合同。代理律师是接受律师事务所的指派担任当事人的代理人,代理律师在法院进行民事诉讼代理必须出示律师事务所出具的公函及当事人的委托书,法院才承认其代理活动的合法有效性。律师进行民事诉讼代理活动要受有关法律、法规及律师法的规范,还要受律师职业道德和事务所规章制度的约束,这些规范的约束,为律师完成当事人的委托代理提供了有力的保障。

第二节 律师代理民事诉讼的范围

一、民事诉讼的范围

随着法治教育越来越普及,人们的法治观念也越来越强,懂得用法律武器维护自己的合法权益,其中,最常见的就是维护自己的民事权益,即人身、财产权利。一旦自身的民事权益受到不法侵犯,用其他方式无法保护时,人们往往想到"打官司",这就是民事诉讼。需要注意的是,民事诉讼有自己的管辖范围,下面简要介绍民事诉讼范围。

我国《民事诉讼法》第3条规定:"人民法院受理公民之间、法人之间、其他组织之间以及他们相互之间因财产关系和人身关系提起的民事诉讼,适用本法规定。"具体来说,有由《民法典》调整的财产关系案件,如涉及财产所有权的案件、与财产所有权有关的案件、债权债务案件等;由《民法典》调整的人身关系案件,如姓名权案件、健康权案件、名誉权案件、肖像权案件、继承关系案件、婚姻家庭关系案件、宣告失踪或死亡案件、认定公民无行为能力或限制行为能力案件;由知识产权法律制度调整的知识产权案件,如著作权案件、专利权案件和发明发现权案件、商标权案件、商号权案件等,由破产法律制度调整的申请宣告破产案件、房地产法律调整的房地产纠纷案件、海商法律制度调整的海事、海商纠纷案件;由劳动法律制度调整的因劳动问题引起的纠纷案件等,比较常见的就是房产纠纷,合同纠纷,婚姻继承纠纷,公司破产重整以及名誉权、隐私权纠纷等。

二、交叉诉讼范围的区分

民事诉讼与行政诉讼、刑事附带民事诉讼范围有一定的交叉,下文将简述它们之间的区别。

(一)与刑事附带民事诉讼范围的区分

刑事附带民事诉讼,是指公安司法机关在刑事诉讼过程中,解决被告人刑事责任的同时,附带解决被告人的犯罪行为所造成的物质损失的赔偿问题进行的诉讼活动。《刑事诉讼法》第101条第1款规定:"被害人由于被告人的犯罪行为而遭受物质损失的,在刑事诉讼过程中,有权提起附带民事诉讼。被害人死亡或者丧失行为能力的,被害人的法定代理人、近亲属有权提起附带民事诉讼。"由于附带民事诉讼也要解决民事赔偿责任,在实体法上,也要受民事法律规范的调整。所以,很多情况下,作为普通公众的当事人可能无法分清到底是刑事诉讼还是民事诉讼,该如何请律师等。

要区分二者也不难,刑事附带民事诉讼的诉因是刑事被告人的犯罪行为给被害人造成了物质损失。首先,这是物质损失,《最高人民法院关于适用〈刑事诉讼法〉的解释》第175条规定:"被害人因人身权利受到犯罪侵犯或者财物被犯罪分子毁坏而遭受物质损失的,有权在刑事诉讼过程中提起附带民事诉讼;被害人死亡或者丧失行为能力的,其法定代理人、近亲属有权提起附带民事诉讼。因受到犯罪侵犯,提起附带民事诉讼或者单独提起民事诉讼要求赔偿精神损失的,人民法院一般不予受理。"

其次，被害人遭受物质损失的原因是被告人的犯罪行为。《刑诉解释》第192条规定："对附带民事诉讼作出判决，应当根据犯罪行为造成的物质损失，结合案件具体情况，确定被告人应当赔偿的数额。犯罪行为造成被害人人身损害的，应当赔偿医疗费、护理费、交通费等为治疗和康复支付的合理费用，以及因误工减少的收入。造成被害人残疾的，还应当赔偿残疾生活辅助具费等费用；造成被害人死亡的，还应当赔偿丧葬费等费用。"特别需要注意的是，因民事上的债权债务纠纷引起的刑事犯罪，不能就刑事犯罪前的债权债务问题提起附带民事诉讼，仍然要提起普通民事诉讼。举例来说，甲和乙因为买卖合同纠纷争执不休最后大打出手，甲打断了乙的肋骨和左腿，已经造成了重伤，乙报警，公安机关立案调查后移送检察机关提起公诉，乙对甲故意伤害造成的医疗费、误工费、营养费等物质损失有权提起附带民事诉讼，但是，对于二者原来的买卖合同纠纷，如果要诉讼，只能通过普通民事诉讼进行。

（二）与行政诉讼范围的区分

行政诉讼，是指法院因公民、法人或者其他组织的请求，通过审查行政行为合法性的方式，解决特定范围内行政争议的活动。由于行政诉讼解决的相当一部分行政争议都与民事争议交织在一起：有些情况下，二者呈现附带关系，解决行政争议成为解决民事争议的前提，如交通事故中责任认定；有些情况下，二者呈现排斥关系，针对同一争议，一旦行政争议已经处理，当事人不得再提起民事诉讼，如行政机关对于土地争议的处理决定生效后，一方当事人不履行的，对方不得再以民事侵权为由提起诉讼，可向行政机关申请执行；还有些情况下，二者呈现参照关系，如当事人不服行政违法侵权行为提起行政赔偿诉讼，也兼具民事诉讼的特点，法院也可参照民事诉讼法的相关规定进行处理。

要明确行政诉讼的受案范围，也就是区分行政争议和民事纠纷，主要要明确以下几点。

1. 主体不同

行政争议的一方当事人通常是行政机关或法律法规授权的公务组织。有时即使表面上是公民与公民之间发生了冲突，但是必有一方的行为代表了公权力单位。例如，税务人员依法或者违法收税与个体户发生了争执纠纷，个体户对收税行为不服提起诉讼的，就叫行政诉讼；当然，如果两人是邻居，因为日常摩擦导致的侵权，就属于民事诉讼受案范围了。

2. 权利义务关系不同

行政机关享有的权利义务具有独占性,如果行政组织行使了只有它才能行使的权力,未能履行相应的义务,就可能面临法律责任的追究。

3. 是否有公权力因素

行政机关行使公权力以及利用公权力形成的便利条件的行为,属于公法行为,因此引起的争议就是行政争议。

三、民事诉讼律师代理的对象

所谓民事诉讼律师代理的对象,指有权委托律师代理民事诉讼的人员,根据我国《民事诉讼法》第61条的规定,当事人、法定代理人可以委托一至二人作为诉讼代理人。

下列人员可以被委托为诉讼代理人:

(1)律师、基层法律服务工作者;

(2)当事人的近亲属或者工作人员;

(3)当事人所在社区、单位以及有关社会团体推荐的公民。

根据上述法律规定,有权委托律师代理民事诉讼的,主要有以下人员:原告人、被告人、第三人(包括有独立请求权的第三人和无独立请求权的第三人)、共同诉讼人(包括必要共同诉讼人和普通共同诉讼人)、诉讼代表人、法定代理人、法定代表人以及其他组织的代表人。

《民事诉讼法》第58条第1款规定:"对污染环境、侵害众多消费者合法权益等损害社会公共利益的行为,法律规定的机关和有关组织可以向人民法院提起诉讼。"公益诉讼入法,促进了社会公共利益的有效维护,遏制针对不特定多数人的相关违法侵权行为,为消费者维权、反垄断、食品安全、环境保护等众多公共领域内的诉讼案件提供了明确的法律依据,改变了过去办案只能依靠《侵权责任法》(现已废止)与《环境保护法》的零散规定的局面。

四、律师在民事诉讼代理中的权利、义务与权限

(一)律师在民事诉讼代理中的权利

保障律师执业权利是维护公民合法权益及社会公平正义的基本要求。律师执业权利,是指《律师法》规定的,律师在履行职务、维护当事人的合法权益、维护法律正确实施的执业活动中应当享有的权利。律师执业权利,是律师依法独立执业的基本保障。为了使律师的基本作用得以充分发挥,世界各国的立法都赋予了律师充分而正当的执业权利。

民事诉讼代理律师的权利主要是法律规定的律师从事这个职业所享有的权利。根据现行《律师法》《民事诉讼法》的有关规定，律师的权利主要包括以下几项：

(1) 律师依法执行民事诉讼代理执业时，不受任何单位、个人非法干预，具有独立执业权，受国家法律保护。

(2) 律师在民事诉讼代理中，有查阅案卷材料、向有关单位和个人调查的权利。代理律师有权查阅、摘抄、复制与本案有关的材料。律师经有关单位和个人同意，可以向他们进行调查以获取证据。

(3) 律师在法庭上，经审判长许可，有向当事人、证人、鉴定人发问权；有申请通知新的证人到庭作证权；有申请调取新的证据权；有对当庭宣读证人证言、鉴定结论、勘验笔录等证据提出异议权；有申请重新鉴定或者重新勘验权。

(4) 律师发现被代理人伪造、隐藏、毁灭证据，提出无理或非法要求的，有拒绝担任代理人的权利。

(5) 律师在诉讼中，对审判人员、执行人员侵犯国家、集体和公民合法权益的行为，有揭发检举和控告的权利。

(6) 律师在民事诉讼代理中，因案情复杂、开庭时间过急或出庭准备时间不足，有向法庭申请延期的权利。

(7) 解除委托关系权。对于委托人利用律师提供的服务从事违法活动，委托人向律师隐瞒事实或提出无理要求，委托人严重侮辱律师的人格等情形，律师有权解除委托代理合同。

(8) 法律法规规定的律师所享有的其他权利。

(二) 律师在民事诉讼代理中的义务

根据我国《律师法》和其他法律的有关规定，代理律师在民事诉讼中享有权利的同时，应当履行相应的义务：

(1) 律师必须忠实于案件的事实真相，忠实于国家法律，维护被代理人的合法权益；

(2) 律师接受当事人的委托和人民法院的指定担任代理人后应依法在委托的权限内，认真履行义务，没有特殊情况出现，不得中止或终结代理工作；

(3) 律师在依法执行职务活动中，涉及国家机密和个人隐私，有保守秘密的义务；

(4) 律师在民事诉讼代理中，应严格依照法律规定的程序办事，在出庭执行

职务时,必须遵守法庭的各项规则和纪律,不得妨碍司法机关正常的诉讼活动;

(5)律师代理必须由律师事务所统一接受委托,并且统一收取费用,不准律师私自接受当事人的委托,不得私自收取费用;

(6)律师在民事诉讼代理中,必须认真履行职责,清正廉洁、不徇私情、不营私舞弊,恪守纪律和职业道德,不得进行任何有损于律师名誉和当事人合法权利的行为;

(7)律师不得弄虚作假、歪曲事实,损害国家的利益和他人的合法权益;

(8)在同一案件中不得为双方当事人担任代理人;

(9)不得提供虚假证据,隐瞒事实或者威胁、利诱他人提供虚假证据,隐瞒事实以及妨碍对方当事人合法取得证据;

(10)不得在委托人未同意的情况下,超越委托权限或利用委托关系从事与委托代理事务无关的活动。

(三)律师在民事诉讼代理中的权限

1. 律师代理权限的产生

律师在民事诉讼中的代理权,产生于委托人的授权。我国《民事诉讼法》第62条第1款规定:"委托他人代为诉讼,必须向人民法院提交由委托人签名或者盖章的授权委托书。"依据上述规定,当事人委托律师代理民事诉讼时,除与律师事务所签订委托代理合同外,还必须为代理律师出具授权委托书,代理权才能成立(关于委托代理合同和授权委托书的区别与联系详见本章第二节)。当事人委托律师代理民事诉讼,必须向人民法院提交由其签名盖章的授权委托书。

2. 律师代理权限的范围

代理权限是代理人实施代理行为的权利范围,是代理权具体化的表现,是委托人赋予代理人实施权能的一种手段。律师代理权限是委托人授予的,受授权委托书的规定和制约。根据我国民事诉讼法的规定,律师代理权限可分为一般代理和特别代理。

一般代理又称为普通代理,是相对"特别代理"而言的,是指当事人将普通的诉讼权利委托律师行使。也就是说,当事人是把那些不直接涉及实体权利的诉讼权利授权代理律师去行使。在这种代理关系中,律师无权行使当事人重要的诉讼权利和实体权利,只能行使如代为陈述事实、申请回避、提出管辖权异议等不涉及当事人实体权利的一般诉讼权利,主要是代理参加诉讼,提供法律帮助。一般代理的权限包括:调查收集证据,查阅案卷材料,参与庭审活动,帮助当事人行使申请回避的权利以及行使询问证人、鉴定人的权利,行使法庭辩论的权利等。由于在一般代理中,代理律师无权处理委托人实体上的民事权益,不能就解决实体性的问题具体表态,所以,代理律师与被代理人必须一起参加诉讼活动。律师与被代理人之间,在诉讼活动中可做适当分工。律师精通法律,被代理人(当事人)熟悉案情,律师的活动应侧重于对实体法和程序法的运用上,应当从法律角度提出主张,实施相关的诉讼行为;而被代理人(当事人)则应侧重于向代理人提供案件事实及有关证据。律师与被代理人相互配合,共同维护当事人的合法权益。

特别代理,是指当事人不仅将一般的诉讼权利而且还将重要的诉讼权利和实体问题的处分权利一并交律师行使。我国《民事诉讼法》第62条规定,需当事人特别授权的涉及当事人的实体权利包括:代为承认、放弃、变更诉讼请求,进行和解,提起反诉或者上诉,必须有委托人的特别授权。律师在民事诉讼中一定要明确自己的权限范围,不能越权作为。

此外,应该注意的是,在实际生活中有的委托人在授权委托书中仅写明"全权代理"一词而无具体授权,这样一般认为是"一般代理",根据最高人民法院对《民事诉讼法》所做的解释,诉讼代理人无权代为处理当事人的实体权利。

第三节 律师代理民事诉讼的工作方法和步骤

一、收案

(一)收案的概念

收案是指律师事务所接受公民个人和其他组织的委托,指派律师担任代理人;收案时应以律师事务所的名义接受委托。律师事务所应指派1~2名律师作为诉讼代理人。律师事务所应向委托人介绍指派的律师,并取得委托人的同意。律师不得私自接受委托。如果委托人指名要求委托某位律师,律师事务所应尽可能满足委托人的指名要求。

(二)收案的条件

委托人要求律师代理进行诉讼活动,律师应严格审查以下问题,看其是否符合收案的条件,以便决定是否接受委托。

(1)委托人是否是与本案有直接利害关系的公民、法定代表人、法定代理人或集团诉讼人。

(2)是否有明确的被告、具体的诉讼请求、事实根据和证据材料。

(3)委托人的诉讼请求,是否合理、合法,是否超过诉讼时效。

(4)是否属于人民法院管辖的范围和受诉人民法院的管辖范围。

(5)起诉的争议,是否属于依法适用民事诉讼程序审理范围。

(6)是否属于重复诉讼及依法在一定期限内不得起诉的案件。

(7)委托人是否具有诉讼权利能力及诉讼行为能力。

(8)争议是否可以由人民法院管辖。我国法律规定部分争议应由人民法院以外的部门处理,不属于司法程序解决的。例如,向有关部门申请落实政策,或反映国家工作人员违法乱纪、官僚主义等问题;单位内部调整、分配房屋中发生的纠纷问题,军队离退休干部腾退军产房纠纷问题,根据最高人民法院的有关司法解释,不能提起民事诉讼。

(9)争议是否可以由人民法院直接受理。我国法律规定部分争议必须是先经过其他机构处理,法院才能受理。如劳动争议案件未经仲裁机构仲裁的、复议前置案件未经行政机关复议的,不得向人民法院起诉。

只有审查过上述问题,认定具备起诉条件,律师才有可能作为诉讼代理人,否则,律师不能接受委托。

(三)订立委托代理合同,出具授权委托书

委托代理合同,即委托代理协议,主要是指委托人与律师事务所之间协商订立的确定律师作为诉讼代理人参加民事诉讼有关事宜,明确委托人与律师事务所在代理民事诉讼过程中的相互权利义务关系的书面协议。

当事人发生纠纷或其合法权益遭到他人侵犯时,为了维护其合法权益而向人民法院提起诉讼,当事人有可能寻求律师的帮助,请求律师代为行使一定的诉讼权利。因此,律师代为进行民事诉讼,是以接受当事人的委托为前提的。当律师和当事人的意见一致时,就要由该律师所在的律师事务所与委托人订立委托代理合同,委托代理合同是律师代理民事诉讼的依据。

委托代理合同应包括以下内容:

(1)委托人的姓名或名称、住所地和案由;

(2)律师事务所指派参加诉讼的律师的姓名;

(3)委托代理的权限;

(4)双方的权利义务。

授权委托书是委托人单方向代理律师出具的,明确代理律师在代理委托人参加民事诉讼过程中代理权限范围的法律文书。根据《民事诉讼法》的有关规定,民事案件的当事人委托律师作为诉讼代理人参加民事诉讼,必须向受理案件的人民法院提交由委托人签名或者盖章的授权委托书,否则律师在诉讼活动中的代理权不能成立。因此,作为委托人实施授权行为凭证的授权委托书,也是律师代理民事诉讼、行使代理权的直接依据。

授权委托书一般包括委托人的姓名或名称、住所地,法定代表人的姓名、职务、委托律师的姓名、所在律师事务所的名称、委托的事项和权限等内容。授权委托书应当一式三份,一般经委托人签名或者盖章后即具有法律效力,无须经过其他有关部门证明。但是,对某些有特殊规定的案件,授权委托书必须经过特殊证明方能生效。具体规定如下:

(1)侨居国外的中国公民从国外寄交或托交的授权委托书,须经中华人民共和国驻该国的使领馆证明;

(2)居住在港澳地区的同胞向内地寄交的授权委托书,须经中华人民共和国司法部授权指定的港、澳地区的有关律师或有关机构证明;

(3)不在中华人民共和国境内居住的外国人对我国律师的授权委托书,须经其所在国的公证机关证明,然后经中华人民共和国驻该国使领馆认证。

二、律师接受委托后的工作内容

(一)熟悉案情收集证据

1. 律师调查取证的必要性

律师接受当事人委托或法院指定以后,取得了诉讼代理人的地位,具有了诉讼权利和诉讼义务,为了正确履行职责,保护被代理人一方的合法权益,应向被代理人明确其应当承担举证责任。在当事人履行举证责任有困难时,通过调查,代理当事人履行举证责任。《民事诉讼法》第67条第1款明确规定,"当事人对自己提出的主张,有责任提供证据"。举证责任是当事人重要的诉讼权利,同时也是其对人民法院承担的诉讼义务。在民事诉讼中,当事人提出主张的事实和理由,或者进行答辩、反驳或反诉的事实和根据,都必须提供证据加以证明。

民事诉讼中的举证责任包括以下几个方面的内容:(1)需要证明的事实,即证明对象,是指在民事诉讼中需要证明的事实;(2)举证责任的承担,即由谁提供证据证明案件事实;(3)举证不能的法律后果的承担。在民事诉讼中实行"谁主张,谁举证"的原则,据此,律师无论代理原告、被告或是第三人,都同样负有帮助当事人提供证据的责任。如果当事人不能提供证据,当事人就有可能承担对自己不利的法律后果。

《民事证据规定》对《民事诉讼法》第 67 条的原则规定作了具体化的解释，完善了举证责任的分配原则，明确规定了当事人不能提供证据所应当承担的不利后果。《民事证据规定》更加明确了举证的分担原则，即主张权利存在的当事人对权利发生的法律事实负举证责任，主张权利不存在的当事人对权利消灭或者妨碍或限制权利的法律事实负举证责任。当事人提供的证据都应当证明其事实主张，才能完成举证，一方当事人完成举证，举证责任才能转移给对方当事人。在当事人不提供证据或者提供的证据不足以证明其事实主张的情况下，不发生举证责任转移的问题。律师应当注意证据对事实的证明存在三种情况：一是证明事实为真实，二是证明事实为虚假，三是事实真伪不明。

2. 收集证据的范围

代理人要协助委托人履行举证责任，全面收集证据。收集证据的范围包括：能证明起诉正确或答辩正确的证据；能证明对方的起诉或答辩的事实失真的证据；与案件处理有关的其他证据。

当事人对自己提出的主张有责任提供证据。但是当事人往往不能分辨什么是证据，或者只知道使用直接证据而忽略了间接证据的证明力，为此，代理律师应协助其充分地捕捉证据线索，从中发现证据。身在诉讼中的当事人，面对错综复杂的案情，不知道要用什么证据来证明自己的主张，或者不知道从哪里寻找证据，在这种情况下，律师就有必要在了解事实真相的基础上，代理委托人调取有利于委托人的证据。

原告起诉必然提出诉讼请求、事实理由，并且需要对其主张和维护主张的根据提出相应的证据加以证明。具体表现在，提出诉讼请求之后，事实根据是什么，为什么要提出这样的诉讼请求，代理律师应列出事实，并向法院提供支持该事实成立的证据。如欠条、合同、对方确认的还款证明等。

被告在应诉、答辩的过程中，可能对原告的主张进行承认、否认与反驳，或者提出反诉。被告代理律师应当提出一定的事实依据，使否认、反驳、反诉成立。也就是说，如果否认原告的主张，应提出否认的依据；如果反驳对方的主张，应提出反驳的理由，并向法院提供该理由成立的证据；如果提出反诉，应像原告一样提供相应的证据证明自己的主张。

有独立请求权的第三人对自己的主张应举证证明。无独立请求权的第三人在诉讼中是否举证证明，应视具体情况而定。无独立请求权的第三人作为附属一方当事人进行诉讼的参加人,对当事人之间的主张及事实情况不负有举证责任。但是,无独立请求权的第三人与案件处理结果有利害关系,当判决涉及其应当承担实体义务而他提出自己的主张时,就应对此举证证明。

律师应该根据自己所代理的对象的不同分阶段举证,对同一事实应该首先由律师代替提出主张的一方当事人举证,由对方当事人的律师进行质证。经质证不能被推翻的证据,律师应要求法院予以确认,经质证被推翻的证据,应要求法院作出否认的确认。提供证据进行举证、质证的范围及目的在于查清案件事实,对于没有争议的事实,当事人无须提供证据,也无须进行质证。

3. 调取证据应在法院指定的期限内进行

《民事证据规定》第 2 条第 1 款规定:"人民法院应当向当事人说明举证的要求及法律后果,促使当事人在合理期限内积极、全面、正确、诚实地完成举证。"第 51 条第 2 款规定:"人民法院指定举证期限的,适用第一审普通程序审理的案件不得少于十五日,当事人提供新的证据的第二审案件不得少于十日。适用简易程序审理的案件不得超过十五日,小额诉讼案件的举证期限一般不得超过七日。"举证期限届满后,当事人提供反驳证据或者对已经提供的证据的来源、形式等方面的瑕疵进行补正的,人民法院可以酌情再次确定举证期限,该期限不受前款规定的期间限制。

《民事诉讼法》没有举证期限的规定,以前作为当事人的律师对提出证据的时间掌握得比较宽松,有时在辩论终结后判决作出之前,律师提出新的证据,法院一般也会接受。而《民事证据规定》对举证责任的期限作了规定,当事人在规定的举证期限内不提供证据材料的,将被视为放弃举证权利,这对当事人的诉讼权利影响很大。因此律师应严格把握提供证据的期限,在规定的期限内提供证据,对当事人的诉讼权利提供充分的保障,以免造成不利的后果。

需要注意的是,律师在办理民事案件时应当明确,法院在受理案件后必须在送达案件受理通知书和应诉通知书的同时,向当事人送达举证通知书,根据不同案件类型的特点,其应当载明举证责任分配的原则和要求,律师可以向法院申请调查收集证据的情形,法院应当根据案情情况明确指定当事人举证的期限,在法院指定的期限内律师应当尽量保证能够为当事人收集到证据,并且举证的期限不能超过 30 日。

如果在法院指定的期限内,举证确有困难,根据《民事证据规定》第 52 条规定的"当事人在举证期限内提供证据存在客观障碍,属于民事诉讼法第六十五条第二款规定的'当事人在该期限内提供证据确有困难'的情形"、第 54 条规定的"当事人申请延长举证期限的,应当在举证期限届满前向人民法院提出书面申请。申请理由成立的,人民法院应当准许,适当延长举证期限,并通知其他当事人。延长的举证期限适用于其他当事人。申请理由不成立的,人民法院不予准许,并通知申请人",律师可以代当事人在举证期限内向法院申请延期举证。律师应当注意,申请举证期限的延长应当具备如下两个要件:一是当事人在举证期限内提交证据材料确有困难,这是举证期限延长的必备条件。所谓提交证据材料确有困难,指当事人及其律师因客观的、无法克服的困难,不能在法院确定的举证期限内收集和向法院提交证据。其困难可能是证人外出尚没有找到、收集有关证据材料尚需时间,也可能是有关部门不予配合、对方当事人的阻碍等。如属后一种情形的,当事人亦可依《民事诉讼法》第 67 条申请人民法院调查收集证据。二是在举证期限内向人民法院提出延期举证之申请,此为举证期限的延长的形式要件。律师需在举证期限延长申请书中详细载明延期的理由,并应在适当时提供证明材料。所以,当事人必须在举证期限内向法院提出延长期限的申请,否则视为当事人同意法院先前指定的举证期限,超过举证期限未申请期限的延长,亦未提供证据的,视为当事人放弃举证。

既然有时间限制,律师当然要抓紧时间收集证据,但是,证据不是静静地等在那儿,还需要去分析,去搜寻,有些还在对方手中,所以,必须想方设法去抓住它们,特别对那些随着时间延续极易消失的证据,一定要争取时间,比如进行证据保全等。

律师在收集证据时一定要注意证据的保管链条。所谓证据的保管链条,是指从收集证据一直到在法庭上出示证据,必须注意证据材料的同一性,并且能证明证据材料的同一性。也就是说,必须确保己方在法庭上出示的证据就是当事人在案件发生过程中的那些证据。比如,如果是一份书证,必须证明法庭上出示的书面材料就是当事人争议的那份书证,如何证明?这就要保证从该份证据的提取、固定、保管及至出示于法庭等一系列链条的完整性和严密性。

4. 律师调查收集证据的途径及方法

(1)向当事人调查收集证据。律师接受当事人委托后,就要着手收集相关的证据,代理律师可以要求当事人提供诸如:合同、契据、函电、书信、鉴定书、诊断书和其他证据,也可以根据委托人提供的材料和线索进行调查。律师在向当事人收集证据时应当注意,一定要要求委托人如实陈述案情。通常由于当事人处于利害关系中,往往叙述案情时带有偏见,尽量夸大对自己有利的事实,缩小对自己不利的事实,使律师难以对案情作出正确判断。因此,律师在向当事人收集证据时,不仅要向当事人讲清如实陈述案情的重要性,要求其提供所有对自己有利或不利的事实,将案件情况实事求是地讲清楚,而且还要通过当事人的叙述发现一些有价值的证据。

(2)证人调查和收集证据。根据我国《律师法》和《民事诉讼法》的规定,律师向有关单位和个人调查取证时,有关单位和个人有责任给予支持和配合。律师在向证人调查、收集证据时,应持律师事务所的调查专用介绍信,并首先告知律师身份,出示律师执业证,告知证人应当如实反映与本案有关的情况,并向其讲明作伪证应负的法律责任。律师向证人调查、收集证据,可以由证人自己书写证言内容。证人不能自己书写的,可由他人代为书写,证人签名、盖章或按指纹确认。有关单位书写的证人证言,应由单位负责人签名或者盖章,并加盖单位印章。律师调查、收集与本案有关的证据,可以制作调查笔录。调查笔录应当载明调查人、被调查人、调查时间、调查地点、调查内容、调查笔录制作人等基本情况;还应当有律师身份介绍,律师要求被调查人实事求是作证等内容,调查的内容通常是查明民事纠纷发生的时间、地点、原因、人物、经过、结果、争执的焦点,收集证据和寻找证据来源。但就具体的被调查人来说,则应围绕同当事人谈话、阅卷中出现的存疑和线索进行,同时对不同的案件还要根据其特点进行调查。调查时对于问题单一的,可以不制作调查提纲,对于问题多而复杂的,则应拟定调查提纲,以防遗漏。律师制作调查笔录,应当全面、准确地记录谈话内容,律师应遵守实事求是的原则,切忌先入为主,诱导被调查人回答自己所需要得到的材料。谈话完毕后,应将调查笔录交由被调查人阅读或向其宣读。如有修改补充,应由被调查人在修改、补充处加盖印章或按指纹确认。被调查人在律师调查笔录上,还应签署或由他人代书下列文字:"以上笔录我已阅读过(或向我宣读过),与我本人陈述的一致。"律师应向一切了解案情的人进行调查,制作调查笔录,向有关单位收集能证明案件情况的文件及有关标准等方面的证据,明确双方争执的关键所在和诉讼当事人诉讼请求的根据和理由。

(3)查阅案件卷宗材料。代理律师查阅的主要材料包括:起诉状、被告所做的答辩状、双方当事人的举证材料、法院调查或鉴定而得来的相关的证据材料。律师查阅案卷材料应当做到核实事实,了解双方当事人在叙述事实方面的主要观点,核实事实要根据各方不同的主张抓住最基本的、足以影响实体裁判的事实进行。要了解双方当事人在叙述事实方面的差距。对对方当事人多次叙述的事实,要注意前后是否一致。审查、分析、判断案卷材料中对方当事人提供的证据,这是阅卷最关键的环节。"以事实为根据"最终要落脚在"以证据证明事实"上。因此,律师在阅卷中对双方所依托的裁判文书运用的证据要通过甄别,注意鉴别真假,找出矛盾证据,并把有利证据和不利证据分开排列,掌握对方当事人的意见和观点,做到知己知彼。研究相关法律,既要研究对方引用的法律是否正确,又要研究此案适用什么法律。认真查阅法院的调查结论和有关材料,看是否存在倾向性或违法情况。代理律师还应当注意阅卷的方法,代理民事案件,一般至少要阅两次卷:第一次是在接受委托时,掌握案卷中的证据材料,做到心中有数;第二次是在接到开庭通知书后,进行全面阅卷,为出庭做充分的准备。阅卷应当粗看和细看相结合。粗看是为了找出重点概览全貌,方法是从目录着手到具体材料;细看的对象是重点问题,其内容通常是决定案件性质和确认实体权利和义务的基本事实和相关证据。律师要有目的地阅卷,对有疑问的事实和需要进一步弄清的事实在阅卷时要认真查阅,对有可能在法庭上提出的问题要在阅卷中寻找答案,还要对案卷中审阅不清、寻找不到答案的内容进行调查。在阅卷时注意制作阅卷笔录。笔录的主要内容应包括:对方当事人陈述的主要事实,对方当事人提供的主要证据;人民法院的调查结果和有关材料。摘录卷内材料不可断章取义,要保持其连贯性、完整性,摘录材料不可改变原意,并注明卷号、页码。摘录案卷中的材料应注明出处,以便庭审引用。阅卷不仅要全面细致,更应当注意抓住重点,在从头到尾查阅所有的案卷材料以后,对以下问题应着重把握:一是案件的关键及焦点问题;二是双方当事人的主要分歧和矛盾所在;三是对方当事人的主要观点及理由;四是证人证言及有关证据材料的证明事实。

(4)申请法院调查收集证据。法院调查收集证据,主要是对当事人存在客观原因不能自行收集证据的救济手段。一般情况下,当事人应以自身的能力收集证据,只有在确有客观原因的情况下,方可申请法院调查收集。这种客观原因主要是指涉及档案材料和秘密材料的情形。在某些案件中,也可能因为情况特殊或者律师处境的困难,无法单独对某些需要调查的问题进行调查,更无法取得必要的证据。在这种情况下,根据以上规定,律师可以申请人民法院进行调查。在申请人民法院调查时,律师应当以书面形式在举证期限内提出,申请书应当载明基本的证据线索,所要调查的证据大致内容,即为书证、物证、证人证言、当事人陈述、鉴定结论、勘验笔录、视听资料中的哪一类及其涉及的主要内容,所要证明的事实,以供人民法院判断该证据与争议的案件事实是否具有关联性。书面申请中应当载明申请人申请人民法院调查收集证据的原因及不能自行收集的原因,以供人民法院判断申请是否属于《民事诉讼法》第67条第2款的情形。当调查对象是自然人或单位时,应当列明被调查人的姓名或单位名称、住所地或居住地等基本情况,以便人民法院的调查人员能查明被调查人的住所,迅速展开调查工作。最好在申请书后面附一份调查提纲,写明调查的事项、目的和要求,并可以提出调查的对象和有关建议,供调查人员调查时参考。

(二)审查管辖及诉讼时效

律师接受当事人委托,代为提起诉讼的,应分析利弊,确定案件管辖法院。主要从以下五个方面进行分析和审查。

1. 本案是否属于人民法院受理范围

属于人民法院受理的民事案件的范围有以下几类:

(1)《民法典》人格权编和婚姻家庭编等调整的财产关系及与财产关系相联系的人身关系而产生的民事案件,如财产所有权、债权、肖像权、荣誉权等纠纷,婚姻、赡养、抚养、扶养和继承等纠纷;

(2)《民法典》合同编调整的因合同关系而产生的各类合同纠纷;

(3)其他法律调整的社会关系而产生的纠纷,法律明文规定依照民事诉讼程序审理的案件,如环境污染所引起的民事损害赔偿案件,选举法和民事诉讼法规定的选民资格案件等;

(4)最高人民法院规范性文件规定的案件,如部分专利纠纷案件,海事、海商案件。

2. 有无仲裁条款、书面仲裁协议及其效力

仲裁协议,是指当事人在合同中预先订立或者在争议发生后达成的表示当事人双方愿意将其争议提交仲裁,并就仲裁内容达成的书面文件。《中华人民共和国仲裁法》(以下简称《仲裁法》)第16条规定:"仲裁协议包括合同中订立的仲裁条款和以其他书面方式在纠纷发生前或者纠纷发生后达成的请求仲裁的协议。"根据该条款的规定,仲裁协议主要有两种,即合同中规定的仲裁条款和当事人双方以其他形式达成的书面仲裁协议。

律师审查仲裁协议的效力应从以下三个方面进行:

(1)请求仲裁的意思表示是否真实。请求仲裁的意思表示必须明确、肯定,符合仲裁一裁终局的要求,具有排除法院管辖的效力。

（2）应明确仲裁事项。仲裁事项是指提交仲裁的范围，具体的仲裁事项应由当事人在协议中约定。

（3）是否选定仲裁机构。根据我国有关法律规定，仲裁协议的当事人应选择仲裁地点和仲裁机构。仲裁机构即具体的仲裁委员会。

代理律师应对以上三个方面严格进行审查，看代理的案件有无仲裁协议，有仲裁协议，看是否符合以上三个方面的要求，如果符合要求则应到仲裁机构进行仲裁，人民法院无权受理，如果不符合要求，则仲裁机构无权受理。

我国法律规定，仲裁和诉讼可以由当事人自由选择，由于仲裁和诉讼是相互排斥的，既然选择了仲裁就不得再向法院提起诉讼，而选择了诉讼就不得申请仲裁解决纠纷。

3. 是否属于专属管辖

专属管辖，是指法律强制规定某些案件只能由特定的人民法院管辖，其他法院无管辖权，当事人也不得协议变更管辖法院。如法律规定："因不动产纠纷提起的诉讼，由不动产所在地人民法院管辖；因继承遗产纠纷提起的诉讼，由被继承人死亡时住所地或者主要遗产所在地人民法院管辖；因港口作业中发生纠纷提起的诉讼，由港口所在地人民法院管辖。"

4. 有无协议管辖条款及其效力

我国《民事诉讼法》第35条规定："合同或者其他财产权益纠纷的当事人可以书面协议选择被告住所地、合同履行地、合同签订地、原告住所地、标的物所在地等与争议有实际联系的地点的人民法院管辖，但不得违反本法对级别管辖和专属管辖的规定。"本条就是对协议管辖的规定。协议管辖，是指双方当事人在纠纷发生前或纠纷发生后，以书面的方式约定管辖法院。

协议管辖，律师应当注意的问题包括：

（1）只能对第一审法院管辖的合同纠纷案件进行协议，不得对第二审管辖的合同纠纷案件进行协议。也就是说，当事人协议管辖只能是对初审法院进行选择，一审判决后，对二审法院就不能继续协议管辖，而只能由原审法院的上一级法院进行审理。

（2）只能对合同或其他财产权益纠纷适用协议管辖，其他民事、经济纠纷不得协议管辖。根据《民事诉讼法》的有关规定，协议管辖的案件是有严格限定的，并不是所有的民事纠纷案件都可以协议管辖，只能是合同或其他财产权益纠纷案件，包括我国《民法典》规定的19类有名合同和《民法典》没有规定的一些无名合同。其他民事案件如侵犯人身权类案件、婚姻家庭中关于人身关系纠纷案件、继承权类纠纷案件不能协议管辖。

(3)选择协议管辖必须以书面形式,口头协议无效。

(4)当事人双方选择协议管辖法院,不得违反级别管辖和专属管辖的规定。级别管辖,是指划分上下级人民法院之间受理第一审民事案件的分工和权限。我国法律对各级人民法院受理的案件范围都有明确规定,因此当事人不得约定,如果约定也会因违反法律而无效。专属管辖也属于这类情况,它是法律已明确规定了管辖法院,不允许再由当事人重新约定管辖法院。专属管辖是强制性最强的一种管辖,它具有管辖上的排他性,即凡法律规定专属管辖的案件不得适用一般地域管辖和特殊地域管辖。

5. 是否属于特殊地域管辖

特殊地域管辖,是以被告住所地及诉讼标的或者引起法律关系发生、变更、消灭的法律事实的所在地为标准,确定管辖法院。特殊地域管辖是相对于一般地域管辖而言,是法律对某些特殊案件的管辖法院所作的特殊规定。根据《民事诉讼法》第24条至第33条的规定,有十种诉讼适用特殊地域管辖,包括因铁路、公路、水上、航空运输和联合运输合同纠纷提起的诉讼由运输始发地、目的地或者被告住所地人民法院管辖;因合同纠纷提起的诉讼,由被告住所地或者合同履行地人民法院管辖;因保险合同纠纷提起的诉讼,由被告住所地或者保险标的物所在地人民法院管辖;因侵权行为提起的诉讼,由侵权行为地或者被告住所地人民法院管辖等十种情况。

(三)审查诉讼时效的内容

审查诉讼时效时,应当审查如下内容:第一,是否超过诉讼时效期间;第二,有无诉讼时效中断、中止或延长的事由。

根据《民法典》的规定,诉讼时效是指权利人在法定期间内不行使权利,就丧失了请求人民法院保护民事权益的权利的法律制度。权利的保护是有时间限制的,在诉讼时效期间内,人民法院对权利人的诉讼请求依法予以保护;超过了诉讼时效期间的,人民法院则不再予以保护,当事人丧失的是胜诉权。对已超过诉讼时效的案件,如有采取补救措施的可能,律师在向其讲明可能不利的诉讼结果后,可继续代理。在采取补救措施后,仍不能排除超过诉讼时效期间这一法律障碍时,律师可向当事人说明情况,终止委托。

诉讼时效的中止是指在时效进行中,因出现了法定事由,致使权利人不能行使权利,所以法律规定暂时停止时效期间的进行,已经经过的时效期间仍然有效,待阻碍诉讼时效进行的事由消除之日起满6个月,诉讼时效期间届满。《民法典》第194条规定,在诉讼时效期间的最后6个月内,因下列障碍,不能行使请求权的,诉讼时效中止:

(1)不可抗力;

(2)无民事行为能力人或者限制民事行为能力人没有法定代理人,或者法定代理人死亡、丧失民事行为能力、丧失代理权;

(3)继承开始后未确定继承人或者遗产管理人;

(4)权利人被义务人或者其他人控制;

(5)其他导致权利人不能行使请求权的障碍。

自中止时效的原因消除之日起满6个月,诉讼时效期间届满。

诉讼时效的中断,是指在诉讼时效内,因法定事由的发生致使已经进行的时效期限全部归于无效,从中断、有关程序终结时起,诉讼时效重新起算。诉讼时效中断的法定事由有以下几种:

(1)起诉或申请仲裁。即权利人依法向人民法院对义务人提起诉讼或向仲裁机构申请仲裁。

(2)当事人一方提出要求。这是权利人向义务人明确提出要求其履行义务的主张,客观上改变了权利人行使权利的事实状态,以使诉讼时效中断。

(3)义务人同意履行义务。

(4)与提起诉讼或者申请仲裁具有同等效力的其他情形。义务人向权利人作出承认其权利存在的意思表示,使当事人之间的权利义务关系得以明确、稳定。例如,在实践中,在诉讼时效内,双方当事人又达成了新的还款协议、债务人在银行的催款通知书上签字盖章、债务人同意履行债务的信函等都属于诉讼时效中断的情形。

诉讼时效延长,是指人民法院查明权利人在诉讼时效期间确有法律规定之外的正当理由而未行使请求权的,适当延长已完成的诉讼时效期间。这是一项保护当事人权利的措施。

三、准备诉讼资料

(一)撰写起诉状或答辩状

律师在取得支持自己的主张的证据之后,首要的任务就是撰写起诉状或答辩状。律师要帮助委托人提出合情合理的诉讼请求,不可提出不切实际或根本不能实现的诉讼请求。

1. 撰写民事起诉状

民事起诉状是民事案件的原告人向人民法院陈述自己的合法权益被侵害的事实，阐明起诉理由、提出诉讼请求的法律文书。从实质上看，民事起诉状是保护当事人合法权益的诉讼文书，针对对方当事人的侵权行为或者其他违法行为，在正确分析证据、证实具有法律意义的事实的基础上，运用法律规定，明确请求目的，请求一审人民法院给予审判保护的诉讼文书。起诉状应着重写明原告请求人民法院解决的事项，即诉讼请求，就是原告对于被告所提出的有关民事权益方面的要求，如要求被告履行合同、赔偿经济损失、支付违约金等通过诉讼所要达到的目的；事实及理由部分就是被告所提出的诉讼请求的依据，即原告根据哪些事实和理由认为对方侵犯了自己的民事权益，或者认为对方在同自己的争执中无理，请求人民法院裁决。这一部分应重点写明法律事实、提出证据、证明理由，这是起诉状的主要部分。在事实部分应写明纠纷的由来和发展，双方争执的民事权益的内容和焦点，有哪些证据能够证明上述事实。在理由部分应通过对纠纷事实的法律分析，阐明自己对纠纷双方权利义务是非曲直责任的看法，作出符合法律规范的事实认定，并援引有关的法律、法规和政策性文件以支持自己的诉讼请求，明确提出权益请求的主张。

律师撰写民事起诉状应当注意以下几个问题：第一，突出重点，详略得当。这是在材料的剪裁选择方面必须注意到的。在叙述时必须重点突出，抓住主线，该详则详，该略则略。务求能够显"主干"，少"枝叶"，要在"写清楚"三个字上下功夫，使人看起来明白易懂。第二，脉络清楚，层次分明。这是在材料的组织方面必须做到的。案情事实材料好像是一堆零部件，必须进行合理组装，把这些零部件放到应有的位置上去，才能使它变成一台转动的机器。这就要求叙述案情要注意事实本身的条理，把它分成若干层次进行叙述，做到有条不紊。划分的方法，既可以按照案情发展的时间顺序来划分层次，也可以按照问题的主次来划分层次。第三，言之有物，切忌空谈。这里指在书写诉状的内容上，要着眼于说明案情事实，作必要的论证理由。对于理论问题，对于法律条文的理解问题，在诉讼中要尽量少讲或不讲。在诉状中，尽量让事实说话，空话、大话尽量少讲或不讲。

起诉状的格式如下。第一部分：当事人的基本情况，当事人是公民的，应写明姓名、性别、年龄、职业、民族、工作单位和住所；当事人是法人和其他组织的，应当写明名称、住所、法定代表人或主要负责人的姓名、职务。原告是无诉讼行为能力人而由法定代理人起诉的,或者由委托诉讼代理人代理诉讼的,应在原告之后注明法定代理人或诉讼代理人的姓名、性别、年龄、籍贯、职业、工作单位和住址。第二部分:诉讼请求,应写明通过诉讼想要达到的目的及要求法院支持自己的何种请求。第三部分:事实和理由,简单阐述该法律关系发生、变更的事实,纠纷发生的事实,诉讼请求的法律依据及对方应该承担责任的理由。第四部分:附录,应附上支持自己主张的证据名称。

2. 撰写民事答辩状

民事答辩状,是民事案件的被告收到原告的起诉状副本后,在法定的期限内,针对原告在诉讼中提出的请求事项及依据的事实和理由,向人民法院作出的进行回答和辩驳的法律文书。被告及其代理人提出答辩的目的,在于驳斥和辩解对方不正确的、不合法的起诉。

主要内容就是针对起诉状中与事实不符,证据不足,缺乏法律依据的内容逐一进行辩驳,对原告诉状中所写的事实是否符合实际情况表示意见,如果所述事实全部不能成立,就全部予以否定,部分不成立的,就部分予以否定,并提出自己的理由,列举有关证据和法律依据,提出符合客观真实的事实来加以证明。应着重写明被告否认原告的诉讼请求,提出相应的事实和理由;或写明被告承认原告的哪些诉讼请求,反对原告的哪些诉讼请求,对于反对的部分,要针对原告诉状中提出的事实和理由,提出相反的事实和理由,证明自己的主张和观点的正确性和合法性。答辩状可以从以下几个方面进行答辩:

就事实部分进行论证。要着重列举出反面证据来证明原告诉状中所述事实不能成立,并且要求反证确凿、充分,不能凭空否认原告诉状中所叙述的事实。这里所说的反面证据,一种是直接与原告所提的证据相对抗的证据,另一种是足以否认原告所述事实的证据。

就适用法律方面进行答辩。一是事实如果有出入,当然就会引起适用法律上的改变,论证理由自然可以从简。二是事实上没有出入,而原告对实体法条文理解错误,以致提出不合法要求的,则可据理反驳。三是在程序方面,如果原告起诉违反民事诉讼法的规定,不具备引起诉讼发生和进行的条件,则可就适用程序法方面进行反驳。

提出答辩主张。在提出事实、法律方面的答辩之后,引出自己的答辩主张,即对原告诉状中的请求是完全不接受,还是部分不接受,对本案的处理依法提出自己的主张,请求法院裁判时予以考虑。

律师代书答辩状应注意的问题:第一,必须注意答辩状的针对性。答辩状一定要针对原告的诉状内容提出反驳的论点和论据,防止出现"答非所问"的现象。第二,答辩请求必须合情合理。答辩请求要在提出充分的事实和正确引用法律的基础上,自然得出的结论,不是牵强的。答辩人要抱着解决问题的态度摆事实,讲道理,提出的请求尽量切实可行。不可言辞偏激,感情冲动。第三,答辩请求必须明确、具体、完整,不含糊其词,要把被代理人的请求全部提出来,不能遗漏。

答辩状的格式为:第一部分为首部。写明答辩人的姓名、性别、年龄、民族、籍贯、职业、住址;被告方是法人单位的,要写全称,注明法定代表人的姓名。第二部分为事实和理由。这部分一般要写过渡语:"因×××一案,被告就原告提出的×××,提出答辩如下……"具体的答辩内容,要针对起诉的范围,根据不同的情况,就起诉的一个方面或几个方面对起诉状进行认同或反驳。对起诉提出的反驳,既可以全面进行,也可以从事实方面、证据方面、理由方面、法律适用等方面分别进行。第三部分为附录。应列出需要提供给法院的、支持自己主张的证据。

(二)撰写代理词

撰写代理词是开庭前律师准备工作的最后工序。代理词是代理人在法庭辩论阶段发表的借以全面表明代理意见的基本诉讼文书。它既是对原告起诉和被告答辩的补充发挥,也是对案件要求如何处理的最后意见;它既需要律师通过言辞在法庭上发表,又需要律师将其提交法庭,并由人民法院入卷备查。因此,制作好代理词对维护被代理人的合法权益、法律的正确实施和取得诉讼成功具有重要意义。

代理词是代理人在法庭辩论阶段代表委托人全面阐述和论证自己一方所主张的事实和理由,提出对案件处理意见,以及反驳对方的主张的辩论性文件。代理词是律师在庭审前准备工作的总结,它凝聚了代理人和委托人的全部诉讼观点。在撰写代理词时,应充分预见到法庭辩论阶段对方当事人或其他代理人可能提出的问题、论点和论据,并有针对性地进行准备。代理词与起诉状和答辩状相比较有它自身的特点:首先,它的格式比较灵活,不像起诉状、答辩状的格式,法院要求比较严格;其次,它的写法主要以论证为主,论证原告起诉的事实及证据的真实性,反驳被告答辩状中的观点;最后,它是代理人最后的代理意见,它要全面分析案情,总结出自己的观点,发表对整个案件的处理意见。

代理词的形式,因被代理人的诉讼地位(如是原告,或是被告等)的不同而有区别。代理词可分为:原告委托律师代理词,被告委托律师代理词,上诉人委托律师代理词,被上诉人委托律师代理词。代理词的内容,因律师代理的对象不同而不同。原告委托律师代理词,主要阐明诉讼请求的事实根据、证据材料和法律依据,论证原告主张的权利与事实之间、权利与法律之间以及事实与法律之间的因果关系;被告委托律师代理词,着重阐明反驳原告起诉的事实和诉讼请求的依据和理由,对被告的主张进行充分的论证;上诉人委托律师代理词,重点阐明否定一审判决、裁定全部和部分的事实根据和理由;被上诉人委托律师代理词,着重阐明否定或反驳上诉人错误主张的事实、根据和理由。无论写哪种代理词,最后要归纳被代理人结论性的主张,所引用的事实和根据应是经查证属实的,所引用的法律及对法律的阐述应是正确的。总之,所有律师的代理词,都是为了维护本方当事人的合法权益,而反驳对方当事人的错误主张及事实根据。

对撰写代理词的要求是,事实要清楚,证据要充分;引用的法律法规要准确,论点要简明,论据要充分;文字要清晰;语言要简练;层次要分明。最后还要归纳一下有利于被代理人的结论性的主张。总之,代理词的内容,要给法庭留下一个较深的印象。

律师撰写代理词应注意的问题:第一,观点要正确,立论要鲜明。正确的观点是代理词首先要做到的基本要求,律师在立论时必须反复推敲,仔细研究。切忌观点含混不清或者观点错误,反对观点重复,互相矛盾,更不能制作仅是材料罗列、空话套话连篇、没有鲜明观点的代理词。第二,材料要充分,证据要可靠。证据是人民法院解决纠纷的唯一根据。因此,代理词所引用的证据必须切实可靠,对于主观臆想的或者把握不大的证据,代理词要避免采用。代理词采用证据时,要指明证据的出处和来源,并将其与法律依据有效地予以结合,阐明其对案情的证明力。第三,论证要周密,推理要严谨。论证就是通过充分的论据说明观点的全过程。它要求律师立足占有材料、选择最佳论证方式。律师无论采用何种论证方式都离不开推理。推理是一种逻辑思维,不仅要求符合逻辑形式,而且推理前提必须真实,推理过程必须严谨,否则就会产生诡辩之嫌。第四,语言要朴实、生动、有力。代理词是一种诉讼文书,应采用朴实无华、准确无误的法律语言。但与此同时,代理词又必须论证一定的观点,说服人民法院接受代理意见。因此,代理词的语言又应最大限度地利用语言的技巧空间,使文字简而不陋、繁而不冗,通畅无滞、顺理成章,行云流水、生动有力。

代理词的格式为:第一部分序言。序言部分一般要写明:代理人出庭的合法性,也就是代理人出庭的根据。代理人接受委托后的工作情况,表明对本案的基本看法,这一段文字要起到承上启下的作用。序言部分的书写,要灵活掌握,不可千篇一律,要各有特点。第二部分正文。正文部分是代理词的核心部分,应根据具体案情确定正文的内容。一般要对纠纷的主要情节、形成纠纷的原因以及双方当事人争执的焦点进行分析,以分清是非,明确责任,辨明性质。也就是说,或阐明违法与合法的界限,以及权利和义务的关系;或论证诉讼请求是否合理合法;或剖析纠纷形成的原因,指明双方当事人应当承担的法律责任。第三部分结束语。结束语主要写明两点:一是明确代理意见中的中心思想,对发言进行小结;二是关于本案如何处理向法庭提出意见、要求和建议。结束语与前两部分内容要一致,前后呼应,浑然一体。

四、代理申请财产保全与先予执行

财产保全,是指人民法院根据利害关系人或当事人的申请,或者依职权对当事人的财产采取保护措施,以保证将来生效判决执行的一种制度。财产保全有诉前财产保全和诉讼中的财产保全两种类型。诉前财产保全,是指利害关系人因情况紧急,不立即申请财产保全将会使其合法权益受到难以弥补的损害的,可以在起诉之前向人民法院申请财产保全,人民法院根据其申请对财产所采取的一种保护措施。诉讼中的财产保全,则是指人民法院受理案件后,对于可能因当事人一方的行为或者其他原因,使判决不能执行或者难以执行的案件,根据对方当事人的申请或者依职权裁定对当事人的财产或争议的标的物所采取的一种保护措施。

(一)财产保全的申请

1.财产保全的条件

《民事诉讼法》第103条规定:"人民法院对于可能因当事人一方的行为或者其他原因,使判决难以执行或者造成当事人其他损害的案件,根据对方当事人的申请,可以裁定对其财产进行保全、责令其作出一定行为或者禁止其作出一定行为;当事人没有提出申请的,人民法院在必要时也可以裁定采取保全措施。人民法院采取保全措施,可以责令申请人提供担保,申请人不提供担保的,裁定驳回申请。人民法院接受申请后,对情况紧急的,必须在四十八小时内作出裁定;裁定采取保全措施的,应当立即开始执行。"据此可以看出,当事人申请采取诉讼保全措施的条件是:第一,必须具有给付内容,如果是确认、变更之诉,不能采取诉讼保全。第二,必须是由于当事人一方的行为或者其他原因,有可能使判决难以执行或者造成当事人损害。所谓"由于当事人一方的行为",是指当事人一方出于恶意,如将争执的标的物出卖、毁损、转移、隐匿,或将自己的资产挥霍,或将资产抽走,或将自己的动产带出国外,而引起将来判决难以执行或者造成当事人损害的行为。第三,如果人民法院要求申请人提供担保,则申请人必须提供担保,否则人民法院裁定不予受理。

2. 确定提出财产保全的时机

提出财产保全的申请,代理律师要注意选择时机,如果时机选择不当,就达不到申请财产保全的目的。提出财产保全的申请,既可以在起诉之前,也可以在起诉后的整个审判阶段。比如,对在外地的不正当经营户,申请财产保全的时间应和案件起诉或反诉同时进行,防止对方接到诉状后转移财产。对于在诉讼中发现对方已在异地多处法院进行诉讼,因而有可能转移财产和财产不足以支付多个债权人的情况,要抢先提出诉讼保全申请,防止将来的判决书无法执行。

3. 确定财产保全的范围

财产保全的目的,在于保证判决能顺利执行,因此,财产保全的范围只能限于诉讼请求范围之内或者与本案有关的财物。超过诉讼请求的范围或者与本案无关的财物都不得实施保全措施。因此,代理人代理申请财产保全要严格核实保全范围,防止出现因超出范围可能承担赔偿责任的情况。

4. 申请财产保全的流程

(1)确定管辖法院。诉前保全应向被保全财产所在地、被申请人住所地、对案件有管辖权的法院申请;诉中保全应向受理案件的法院申请;执行前的保全应向执行法院申请,执行法院为一审法院或者与之同级的被执行财产所在地法院。

(2)准备申请材料。申请财产保全应提供以下材料:财产保全申请书;被保全财产信息或财产线索;担保材料。其中财产保全申请书根据地区不同,所需填写内容不同,但是一般应包括申请身份证明、起诉状、证据材料、保全金额、保全类别、保全类型、提供的担保情况等。律师在办理财产保全时可以在网上登录当地法院官网查询财产保全申请书格式。而被保全财产信息或财产线索是指可以证明被申请人确有财产可供采取查封、扣押、冻结等保全措施的信息以及指向财产所在的线索。担保材料,是指申请保全需要申请人提供一定担保以保障被申请人的合法权益,防止申请人滥用权利造成他人损失。一般而言,诉前保全必须提供担保,诉中保全由法院决定是否需要提供担保,执行前的保全可以不用提供担保。担保书应当载明担保人、担保方式、担保范围、担保财产及其价值、担保责任承担等内容,并附相关证据材料。

(3)等待法院受理。法院应当在 48 小时内对诉前保全作出裁定;5 日内对诉中保全作出裁定,若情况紧急应在 48 小时内作出。若法院驳回裁定,当事人可以申请复议一次,复议期间不停止执行。

(二)先予执行的申请

先予执行,是指人民法院在诉讼过程中,根据当事人的申请裁定一方当事人预先付给另一方当事人一定数额的金钱或其他财物的一种制度。

1. 先予执行的适用范围

先予执行是人民法院为了及时并切实地维护当事人的合法权益所采取的有力措施。根据《民事诉讼法》第 109 条的规定,人民法院对下列案件,根据当事人的申请,可以裁定先予执行:

(1)追索赡养费、扶养费、抚养费、抚恤金、医疗费用的;

(2)追索劳动报酬的;

(3)因情况紧急需要先予执行的。

紧急情况是指需要立即停止侵害、排除妨碍的;需要立即制止某项行为的;需要立即返还用于购置生产原料、生产工具货款的;追索恢复生产,经营急需的保险理赔费的。

2. 先予执行的条件

第一,双方当事人的权利义务关系已是明确而肯定的;第二,不先予执行将严重影响申请人生产经营,或者原告在判决执行以前难以甚至无法维持生活;第三,被申请人有履行能力。

3. 先予执行的申请材料

向法院申请先予执行需要提交申请书,申请书应包含以下内容:

(1)事实和理由:在申请书中需要写明急需先予执行的事实,说明申请人对于被申请人并无对待给付的义务;申请理由,着重提出被申请人必须先行给付的事实根据。

(2)请求事项:将申请人要求先予执行的标的的名称、数额(量)及给付方式写清楚。

(3)证据材料:包括有关法律关系、情况紧急的证据材料,可能包括书证件、物证件以及证人的住址等。

(范例)
先予执行申请书

  申请人:姓名、性别、年龄、民族、籍贯、职务、单位和住址

  被申请人:(内容同上)

  上列当事人间,因×××纠纷,已向你院起诉在案。现因申请人生活无法维持,根据《民事诉讼法》第109条之规定,申请裁决被申请人先行给付一部分款项。

  此致

  ×××人民法院

申请人:(姓名)
××××年××月××日

五、律师参加庭前和解工作

  对具有和解可能性的案件,应做好调解准备工作。代理律师在熟悉情况的基础上,对具有和解条件的,应促使双方和解,合理地解决当事人之间的纠纷,这也是律师工作的责任。因此代理律师应积极配合法院进行调解工作。代理律师的调解也必须在查明事实,分清责任的基础上进行,不能无原则地进行调解。调解时对委托人提出的合理要求,拟订调解方案,促使双方达成和解协议。庭前和解不是律师代理民事诉讼案件的必经程序,和解应当遵循自愿的原则。庭前和解最关键的一点是帮助当事人拟订好和解协议,和解协议应当尽量明确、具体、便于执行。庭前和解有利于当事人之间的团结,消除因诉讼带来的消极影响,避免两败俱伤,也有利于权利义务的顺利履行。

  律师参与庭前和解应注意的问题:

  (1)代理律师为了维护委托人的合法权益,可以充分地运用自己的身份,做调解工作,但不能压制委托人服从调解。调解在程序上和实体上都必须尊重当事人的意愿,是意思自治的体现,而不能是强制调解。

  (2)代理人应当在查明事实,分清是非的基础上做调解工作,不能无原则地"和稀泥"。

  (3)代理人代理的这一方,因案情出现了重大变化有可能要败诉的,要给委

托人讲清法律的有关规定劝其降低条件,使纠纷最终能通过调解获得解决。

(4)代理人代理的具体案件,如果用判决方式解决对双方当事人都不利,就要讲明利害关系,促使双方通过调解解决纠纷。

(5)确认调解书内容和双方协议是否一致,调解书是否给当事人送达,双方当事人是否都不反悔。否则调解书就不会发生效力。

(6)律师参与庭前和解,需要注意的是,即使律师持有当事人的特别授权,也应该取得当事人关于调解的书面意见,律师绝不能在没有当事人书面签字同意的情况下擅自替当事人做决定。

第四节 律师参加法庭审理的工作

开庭审理程序,在民事诉讼程序中是关键性诉讼阶段,是决定当事人胜诉或败诉的主要环节。代理律师在这一诉讼阶段,要密切关注案情的发展变化。对庭前准备的意见和论点,在不超过委托权限,并保障委托人权益的前提下,针对变化的情况,要随时作必要的修改和补充,以充分发挥律师代理职能的作用。

法庭审理一般包括以下几个阶段:审理开始、法庭调查、法庭辩论、合议庭评议和宣判等。但律师代理的重点应放在法庭调查和法庭辩论阶段。同时,法院的调解工作贯穿于法庭审理的全过程,根据法庭审理的步骤,我们认为,代理律师的工作,包括以下几个方面。

一、律师代理申请回避工作

法庭审理一开始,律师事先应考虑到是否申请法庭组成人员回避的问题。如审判人员与本案有利害关系或者其他关系,不能进行公正审判的,而本人又没有自动回避的,律师有权代理当事人依法申请回避。本案的翻译人员、鉴定人员和书记员与本案有利害关系或其他关系,代理律师也有权申请回避,申请回避的理由,必须符合法律规定,并有证据证明。律师申请回避,要制作申请回避书,在开庭时向法庭提交。

二、律师在法庭调查阶段的代理

律师在法庭上应认真核对诉讼法律关系各个主体在法庭上的陈词与案卷材料、律师查证材料是否一致。特别是对当事人陈述,证人的证言更要注意前后是否一致。它直接影响着律师在庭审过程中所持的态度和律师庭审前所做的一系列的准备工作。对对方提出的意见和材料,要迅速、准确地通过分析作出判断,以便为辩论阶段的工作进行方针、策略上的决断。

在法庭调查阶段,律师的主要任务是代表委托人回答法庭询问。在法庭调查阶段,委托人与律师共同出庭,应事先由委托人回答审判人员的询问。如委托人没有出庭或者虽已出庭,但庭前已商定统一由律师回答法庭的询问和陈述案件事实的,律师就必须全面掌握案情,认真研究案件所有的重要问题。只有这样,才能有力地向法庭陈述双方争执焦点和本方请求的事实根据和理由。律师要紧紧围绕争议的中心,通过分析证据,判断证据的可靠性、合法性,确认本方请求的事实是成立的,是符合法律规定的。对对方合理的意见,应表示默认和赞同,坚持礼貌待人,实事求是,不强词夺理。此外,还应密切注意对方当事人提出的证据,代理律师经审判长的许可,有权就对方当事人提出的事实进行询问、质疑;有权要求重新鉴定,重新调查或重新勘验;有权向证人、鉴定人或勘验人发问。

三、律师在法庭辩论阶段的代理

随着我国庭审制度的改革和逐步与国际诉讼制度接轨,辩论式的诉讼模式已在民事诉讼中被普遍采用,辩论时要求当事人双方在开庭时各自依据本方的论据陈述证实自己的主张,反驳对方所依据的事实和主张。

法庭辩论,是指律师根据法庭调查的事实和有关程序问题,作出自己的判断,并阐明自己的理由,同时对对方的判断和理由进行反驳,从而为合议庭提供裁决资料的庭审活动。辩论的对象是双方对案件事实的争议焦点和法律适用的焦点;是双方当事人及诉讼代理人辨明事实,发表意见的主要阶段,也是审判人员充分听取双方意见,正确下判的重要环节。律师在这一阶段,应发表代理词阐明对本案的基本看法和法律见解,反驳对方当事人不正确的主张和意见,促使法庭判明是非,正确适用法律。通过法庭辩论,也进一步判明案件中的正确与错误,合法与非法,对人民法院作出公正的裁判起着重要的作用。律师在法庭辩论阶段的任务:应根据事实和法律,就本案发表全面系统的代理词,充分论证被代理方诉讼请求的正确性和合法性,反驳对方的无理要求和违法的观点,使审判人员接受我们的观点,否定对方的观点,从而作出有利于本方的裁判。法庭辩论律师应当注意以下几个方面的问题:

(1)法庭辩论对律师的基本素质和操作能力有很高的要求,要"以事实为根据,以法律为准绳",律师在发言时,要论点明确,论证有力,不无理狡辩,不强词夺理,要以理服人。同时要注意语言的运用技巧,让事实说话,切忌意气用事,讽刺、挖苦对方,避免使用嘲讽语句,伤害对方当事人的人格和感情。

(2)法庭辩论主要是言辞辩论,具有高度的技巧性。需要律师不仅要有较高的法律业务素质,而且还要有高超的语言表达能力、恰当得体的风度和丰富的社会经验。辩论中要紧紧抓住事实、证据、法律适用等中心内容,发言要言简意赅,条理清楚,切忌冗长空洞,漫无边际,言之无物,甚至想当然地信口乱说,也不要纠缠枝节。

(3)庭前准备和法庭调查阶段的工作要为法庭辩论打好基础,要达到辩论的效果就应当把案件事实和证据以及法律适用搞扎实,没有事实和法律基础的辩论是空中楼阁。法庭辩论要紧紧抓住"两个依据":一是证据,二是法律。律师在庭审前准备的代理词,要根据庭审调查中核实的证据变化而变化,律师还要善于对突然出现的问题做出迅速的反应,灵活运用事实、证据和相关的法律。

(4)注意代理词的系统性、总结性。代理词一般都要事先准备好,但随着诉讼的发展,需要不断修正、补充、完善,代理律师应当保持清醒的头脑,做到观点明确、中心突出、层次分明,有理有据。法庭辩论要切题,围绕对方论点和法庭总结的焦点,抓住关键问题针锋相对地进行辩论。

(5)在出庭前应尽可能对庭审中可能出现的突发情况有个初步的估计。这样,当突发情况发生时,就不会因为无法应对而出现尴尬的局面。律师可以在出庭前写一个发言提纲,针对对方当事人可能提出的问题,列出应对的对策。

(6)对事实清楚、证据确凿充分的案件,应客观地表明态度,不作无理强辩。律师在辩论中要把握好自己的心理状态,克服怯场心理、畏难心理、应付心理和盲目乐观心理,要沉着应战,冷静处理。

代理律师法庭辩论根据所代理的对象不同发言的顺序及内容也不相同:

(1)原告的代理律师发言的内容:说明案件的基本事实;阐明案件事实的根据和理由;提出解决纠纷所适用的法律、法规。被告代理律师的答辩:必须是针对原告及其他诉讼代理人的发言而进行,因而具有新的特点,提出新的事实、新的证据和适用新的法律。具体内容:提出新的事实,驳倒对方提出的事实;用新的证人证言、书证,指出对方适用证据的错误;提出解决纠纷应用的新的法律、法规规定。

(2)有独立请求权第三人代理律师的发言:应针对本诉双方当事人的陈述,对他们各自主张的事实和理由作出回答,予以驳斥。

(3)无独立请求权第三人代理律师的答辩,则应当通过事实和理由证明自己是正确的,并通过说明自己正确来证明其所参加一方当事人的正确,进而达到最终维护自己合法权益的目的。

互相辩论,是指原告、被告当事人及其代理律师,通过第一轮的法定顺序发表意见后,双方代理律师都以本方充分的事实理由和证据,阐明应适用的法律政策,得出正确结论,反驳对方的事实理由和根据,以及指出适用法律政策的不当。

最后陈述:双方辩论结束后,审判长根据先原告、后被告的顺序,征询双方的最后意见,双方均有最后陈述的权利。最后陈述时,要简明扼要地表明法律事实、有关证据和自己的主张,反驳对方提出的事实和证据的不确定性。双方当事人的代理律师有权对委托人的陈述进行必要的补充和说明。如果当事人没有出庭,可按照委托权限,由代理律师代为陈述。

第五节　二审程序中的律师代理

一、二审程序概述

民事诉讼二审程序,又称上诉审程序,是指当事人对第一审人民法院作出的未生效的判决、裁定不服时,在法定期限内向上一级人民法院提起上诉,由上一级人民法院对案件进行审理并作出裁判的程序。二审程序是民事诉讼中的一个重要环节,旨在通过上级法院的复核,纠正可能存在的错误,确保裁判的公正性和正确性。

二审的对象是一审判决和不予受理、驳回起诉、管辖权异议的裁定。以下情形一审终审:

(1)最高人民法院的一审判决、裁定;
(2)调解书一审终审,不能上诉;
(3)除不予受理、驳回起诉、管辖权异议外的一般裁定书,不能上诉;
(4)特别程序、督促程序、公示催告程序,不能上诉;
(5)小额诉讼的程序所作的判决、裁定,不能上诉。

二、律师代理二审程序的工作流程

律师代理上诉人行使上诉权时,应当审查上诉人委托的案件是否符合法定的上诉条件,只有在符合法定上诉条件的情况下,律师才能够接受委托,主要审查上诉人是否享有上诉权,是否符合法定上诉期限。审查一审判决或裁定是否有法定错误,如原判决适用法律错误、认定事实错误或原判决认定事实不清,证据不足;原判决违反法定诉讼程序,可能影响案件正确判决。只有具备上述条件之一,判决才可能被撤销或变更,当事人才有上诉的必要,否则,代理律师只能劝说当事人服判息讼或者通过其他途径加以解决。

同时律师代理上诉人行使上诉权时,要注意上诉期。《民事诉讼法》规定,判决的上诉期为15日,裁定的上诉期为10日,自一审判决送达之日起计算。若超过上诉期而未上诉,则一审判决产生既判力,当事人应受该判决约束。

根据我国法律的有关规定,律师可以接受第二审程序当事人的委托,作为代理人参加诉讼。第二审程序的律师代理与第一审程序的律师代理相比较,律师的工作方式和工作内容虽然差别不大,但是由于第二审程序有其自身的特点,因此代理律师在开展代理工作过程中,应当结合第二审程序的特点,有针对性地采取不同的工作方式,为当事人提供优质的法律服务。

根据《民事诉讼法》的规定,第二审人民法院审理上诉案件主要有两种审理方式:一是开庭审理;二是径行判决。因此,律师在代理过程中,也应根据案件不同的审理方式,采用不同的工作方式。如果案件开庭审理,律师应当从上诉的事实和理由两个方面进行全面地阐述,并针对对方的答辩进行有理、有据的驳斥。如果案件径行判决,代理律师应当注意,径行判决不同于书面审理,合议庭仍然要询问当事人,听取当事人的陈述,在查清案件事实后,合议庭才能直接作出判决。律师如果发现合议庭没有对案件进行实际审查,没有对有关当事人、证人进行询问,而直接作出了判决,应当及时指出,建议法庭改正,以维护委托人的合法权益。

三、律师代理二审程序的注意事项

需要注意的是律师代理上诉案件的一些特殊工作:

(1)律师在当事人办理委托手续后应到二审法院阅卷。阅卷时应认真查对一审证据是否充足确凿,适用法律是否适当。一审证据有无未经质证的证据作为判决裁定的依据;有无不该采信的证据采信了,该采信的却没有采信;证据之间有无相互矛盾。

(2)一审认定的事实是否清楚、完整,有无前后矛盾;一审认定的事实与判决、裁定的结果是否具备必然的逻辑关系;一审适用法律是否得当,适用的法律条文与案件性质、主要事实是否一致;一审程序有无影响案件正确判决的违法情况。

(3)对于合议庭认为不需要开庭审理的,律师如认为书面审理难以起到作用,可以与审判人员交换意见,或申请开庭审理。二审程序可能不开庭审理,律师必须详细、全面、充分地撰写代理词。

(4)律师在阅卷后如认为事实尚不清楚,可以进行调查,收集新的证据。

(5)律师如果认为一审没有通知必要的诉讼参加人参加诉讼,可以在二审提出。二审法院可以调解,调解不成则应发回重审。

(6)对严重违反程序法的案件律师应提出,二审应发回重审。

第六节　审判监督程序中的律师代理

一、审判监督程序概述

审判监督程序,又称再审程序,是指人民法院对已经审结的案件,发生法律效力的判决、裁定书和调解书认为有错误,而再次进行审理所适用的法定审判程序。再审程序是继一审、二审程序之后,为纠正错案,撤销或者改正生效判决、裁定书和调解书而设置的法定补救审判程序。

再审的对象是已经生效的判决、裁定、调解书。值得注意的是:

(1)特别程序、督促程序、公示催告程序不适用再审。

(2)判决解除婚姻关系的判决、裁定、调解书,不得申请再审。

(3)除不予受理和驳回起诉的裁定外,不得申请再审。

律师代理审判监督程序一定要了解审判监督程序的流程,具体包括启动程序和审理程序。其中启动程序是依据当事人申请、检察院抗诉或法院主动启动而产生的程序,主要解决的问题是原生效判决、裁定、调解书是否确有错误,需要重新审理的问题。审理程序是法院适用一审或二审程序对案件进行重新审理,作出新的裁判。

二、审判监督程序的启动

对于当事人而言申请启动审判监督程序有自行申请法院再审和申请检察院启动抗诉两种方式。

《民事诉讼法》第211条规定,当事人的申请符合下列情形之一的,人民法院应当再审:

(1)有新的证据,足以推翻原判决、裁定的;

(2)原判决、裁定认定的基本事实缺乏证据证明的;

(3)原判决、裁定认定事实的主要证据是伪造的;

(4)原判决、裁定认定事实的主要证据未经质证的;

(5)对审理案件需要的主要证据,当事人因客观原因不能自行收集,书面申请人民法院调查收集,人民法院未调查收集的;

(6)原判决、裁定适用法律确有错误的;

(7)审判组织的组成不合法或者依法应当回避的审判人员没有回避的;

(8)无诉讼行为能力人未经法定代理人代为诉讼或者应当参加诉讼的当事人,因不能归责于本人或者其诉讼代理人的事由,未参加诉讼的;

(9)违反法律规定,剥夺当事人辩论权利的;

(10)未经传票传唤,缺席判决的;

(11)原判决、裁定遗漏或者超出诉讼请求的;

(12)据以作出原判决、裁定的法律文书被撤销或者变更的;

(13)审判人员审理该案件时有贪污受贿,徇私舞弊,枉法裁判行为的。

律师在申请再审的时候应注意管辖法院,原则上当事人申请再审,应当向上一级法院申请;例外的是当事人一方人数众多或者双方当事人都是公民的案件,为了方便当事人诉讼,当事人也可以选择向原审法院申请再审。

当事人申请有期限限制,《民事诉讼法》第216条规定,当事人申请再审,应当在判决、裁定发生法律效力后6个月内提出;有本法第211条第(1)项、第(3)项、第(12)项、第(13)项规定情形的,自知道或者应当知道之日起6个月内提出。

在律师为被代理人向法院申请再审而未能成功启动再审的,律师可以申请检察院抗诉。《民事诉讼法》第220条规定,有下列情形之一的,当事人可以向人民检察院申请检察建议或者抗诉:

(1)人民法院驳回再审申请的;

(2)人民法院逾期未对再审申请作出裁定的;

(3)再审判决、裁定有明显错误的。

检察院应当在3个月内审查,作出提出或者不予提出检察建议或抗诉的决定。值得注意的是,当事人仅能向检察院申请一次,被检察院驳回后不得再次申请。

三、审判监督程序的审理

对违反法定程序可能影响案件正确判决、裁定的情形,或者审判人员在审理该案件时有贪污受贿、徇私舞弊、枉法裁判行为的,人民法院应当再审。

如果当事人的申请属于上述应当再审的13种情形之一,则律师可以根据事实情况及法律规定,代理当事人的再审案件。当事人申请再审,应当向人民法院提交已经发生法律效力的判决书、裁定书、调解书、身份证明及相关证据材料,并应当提交书面的再审申请书,根据《最高人民法院关于适用〈中华人民共和国民事诉讼法〉审判监督程序若干问题的解释》第3条规定,再审申请书应包括以下内容:

(1)申请再审人与对方当事人的姓名、住所及有效联系方式等基本情况;法人或其他组织的名称、住所和法定代表人或主要负责人的姓名、职务及有效联系方式等基本情况;

(2)原审人民法院的名称,原判决、裁定、调解文书案号;

(3)申请再审的法定情形及具体事实、理由;

(4)具体的再审请求。

律师代理再审案件应当注意的问题是,在适用程序上,再审案件可分为自行再审案件、指令再审案件和上级法院提审案件,因再审案件不同,所适用的诉讼程序也不相同。自行再审案件是各级人民法院院长对本院已发生法律效力的判决、裁定发现确有错误需要提审,提交审判委员会讨论,经决定再审,但必须另行组成合议庭,原来参加审理此案的法官不得参加再审。自行再审案件依原审审判程序进行。指令再审的案件,指的是最高人民法院对地方各级人民法院已经发生法律效力的判决、裁定发现确有错误,指令下级人民法院再审。如系指令一审法院再审的,适用一审程序;如系指令二审法院再审的,适用二审程序,所作的判决、裁定为发生法律效力的判决、裁定,不能上诉。上级人民法院提审的再审案件,指的是上级法院对下级法院已经发生法律效力的判决、裁定,发现确有错误,指令下级人民法院再审。上级法院提审的案件适用二审程序,组成合议庭进行审理,所作的判决、裁定,当事人不得上诉。

第七节 执行程序中的律师代理

一、代理执行程序的概述

执行程序,是指负有义务的一方当事人拒绝履行生效的法律义书所确定义务的情况下,人民法院根据另一方当事人的申请或者依职权,强制其履行义务所适用的程序。执行程序是民事诉讼法的最后一个组成部分,在这个阶段,代理律师的工作主要是:接受执行申请人的委托,代理提出执行申请;接受被申请执行人的委托,代理和解;接受案外人的委托,代理提出执行异议等。律师在代理执行中,主要应注意审查以下几个问题:申请人申请执行的法律文书必须是生效的民事判决书、裁定书、调解书;申请执行的法律文书必须具有给付内容;委托人应当是执行标的的权利人;代理执行的事项在法律规定的执行期限内。

(范例)

强制执行申请书

申请执行人:××××有限公司

统一社会信用代码:××××××××××

地址:××××××××××

法定代表人:××××,职务:××××

被执行人:成××

住址:××××××××××

身份证号码:××××××××××

请求事项:

1. 请求依法强制被执行人履行××××××人民法院(202×)浙10××民初×××号民事判决书第一项所确定的金钱给付义务,共计人民币××××元;

2. 请求依法强制被执行人向申请人支付自202×年××月××日起至实际支付之日的利息损失,为人民币××××元;

3. 请求依法强制被执行人向申请人支付案件保全费4912元;

4. 请求依法强制被执行人向申请人支付迟延履行期间的债务利息,暂计算至202×年××月××日为人民币××××元;

5. 请求被执行人承担本案全部执行费用。

(上述暂共计人民币:××××元)

事实及理由:

申请人与被执行人××××建筑设备租赁合同纠纷一案,经××××人民法院审理,于202×年××月××日作出判决,判决内容如下:

一、被执行人××××在本判决发生法律效力之日起三十日内支付执行申请人××××有限公司租赁费××××元、丢失赔偿费××××元、报废赔偿费××××

元、维修费××××元,以上共计××××元,并以总计金额××××元为基数,赔偿自202×年××月××日起至履行完毕之日止按同期全国银行间同业拆借中心公布的一年期贷款市场报价利率计算的利息损失;

二、被执行人××××在本判决发生法律效力之日起三十日内支付执行申请人××××有限公司案件保全费××××元;

三、驳回执行申请人××××有限公司其他诉讼请求。

如果未按本判决指定的期间履行给付金钱义务,应当按照《中华人民共和国民事诉讼法》第二百六十条规定,加倍支付迟延履行期间的债务利息。

案件受理费××××元,减半收取××××元(执行申请人××××有限公司已预交××××元),由被执行人××××负担。

申请人于202×年××月××日收到判决书。判决书确认,被执行人应在判决生效后三十日内支付完毕判决确定的给付内容,申请人于202×年××月××日收到判决书,则被执行人应当于202×年××月××日前向申请人支付借款本金和利息。

鉴于被执行人并未在判决书确定的时间内履行所确定的义务,申请人为了维护自身的合法权益,特根据《中华人民共和国民事诉讼法》第××条之规定,向贵院提出申请,请求人民法院依法强制被执行人履行生效的判决书所确定的法律义务。

此致

××××人民法院

申请人:××××有限公司

××××年××月××日

附件:

附件一:《民事判决书》

附件二:《财产线索清单》

针对实践中的执行难问题,《民事诉讼法》以及最高人民法院通过的《最高人民法院关于适用〈中华人民共和国民事诉讼法〉执行程序若干问题的解释》对执行问题做了更具有可操作性、更便于执行被执行财产的规定,对被执行人的"赖账"行为也加大了打击力度。代理执行案件的律师应利用新规定,及时配合、督促执行庭完成执行任务。

申请执行的期间为2年。申请执行时效的中止、中断,适用法律有关诉讼时效中止、中断的规定。该申请执行的期间从法律文书规定履行期间的最后一日起计算;法律文书规定分期履行的,从规定的每次履行期间的最后一日起计算;法律文书未规定履行期间的,从法律文书生效之日起计算。

代理律师需要注意的是,《民事诉讼法》在法律上确立了被执行人的财产报告义务。根据规定,被执行人未按执行通知履行法律文书确定的义务,应当报告当前以及收到执行通知之日前一年的财产情况。被执行人拒绝报告或者虚假报告的,人民法院可以根据情节轻重对被执行人或者其法定代理人、有关单位的主要负责人或者直接责任人员予以罚款、拘留。

为了促使当事人履行义务,新规定建立了执行联动机制,以形成社会监督合力,迫使被执行人履行义务。"被执行人不履行法律文书确定的义务的,人民法院可以对其采取或者通知有关单位协助采取限制出境,在征信系统记录、通过媒体公布不履行义务信息以及法律规定的其他措施。"

《民事诉讼法》明确设立了执行之诉制度,即案外人认为其对执行法院执行标的享有所有权,提出执行异议没有得到主张,向执行法院提起诉讼的法律制度。《民事诉讼法》第238条规定:"执行过程中,案外人对执行标的提出书面异议的,人民法院应当自收到书面异议之日起十五日内审查,理由成立的,裁定中止对该标的的执行;理由不成立的,裁定驳回。案外人、当事人对裁定不服,认为原判决、裁定错误的,依照审判监督程序办理;与原判决、裁定无关的,可以自裁定送达之日起十五日内向人民法院提起诉讼。"执行之诉的设立实际上拓宽了律师的代理业务范围,在执行阶段,律师不仅能够代理执行人或被执行人,也可能代理相关的案外人。

二、代理执行程序的流程

(一)启动执行程序

律师可以代表当事人向有管辖权的法院申请执行,具体包括:

(1)对于拒不履行已经发生法律效力的民事判决、裁定的当事人,向有管辖权的法院申请执行。

(2)对于拒不履行已经发生法律效力的仲裁裁决的当事人,向有管辖权的法院申请执行。

(3)对已经采取财产保全措施的案件,可以向保全法院以外的其他有管辖权的法院申请执行。

(二)执行程序开始后的程序事项

(1)作为执行依据的法律文书生效后至申请执行前,向有执行管辖权的法院申请对债务人的财产进行保全。

(2)在收到执行法院送达的执行通知书之日起 10 日内,向执行法院提出管辖异议。

(3)对执行法院在执行过程中违反法律规定的执行行为提出异议。

(4)执行法院自收到申请执行书之日起,超过 6 个月未执行的,可以向上一级法院申请执行。

(三)救济措施

执行程序当事人的救济措施是法律赋予当事人及其他利害关系人在执行过程中保护其合法权益的重要手段。以下是几种主要的救济措施:

(1)管辖权异议。当事人对执行法院管辖权有异议的,可以在收到执行通知书之日起 10 日内提出。执行法院将对提出的异议进行审查,异议成立则撤销执行案件,并告知当事人向有管辖权的人民法院申请执行;异议不成立则裁定驳回。当事人对裁定不服,可以向上一级人民法院申请复议。在管辖权异议审查和复议期间,执行程序不停止。

(2)执行行为异议。当事人或利害关系人认为执行法院的执行行为违反法律规定,可以提出书面异议。如果执行法院不予受理或驳回异议,当事人可以在裁定送达之日起 10 日内向执行法院的上一级法院申请复议。

(3)执行标的异议。执行过程中,案外人对执行标的提出书面异议。案外人异议的提出需满足特定条件,包括有权提出异议的主体只能是案外人,且必须在执行程序开始后至执行程序终结前提出。执行员将依照法定程序进行审查并作出处理,理由不成立的予以驳回;理由成立的,由院长批准中止执行。如果发现判决、裁定确有错误,则按照审判监督程序处理。

(4)执行回转。执行名义被撤销或者已被执行的标的物被宣布不得执行时,原被执行人可以申请执行回转。当事人对执行回转裁定有异议的,可以提出异议。

(5)执行监督。执行监督制度允许当事人对执行过程中的违法行为进行监督,确保执行程序的合法性和正当性。

(6)执行复议。当事人或案外人对执行法院作出的裁定不服,可以在法定期限内以申请复议的方式申明态度,并继续请求救济。申请复议在形式上类似于上诉,但其处理的只是程序上的问题,在内容上与上诉存在本质的区别。

三、执行程序的结案方式

法律规定的执行实施类案件的结案方式包括:执行完毕;终结本次执行程序;终结执行;销案;不予执行;驳回申请。以最常见的执行完毕、终结本次执行程序、终结执行为例,不同的结案方式对当事人来说,后续进一步保障自身权益的要求是不同的。

(一)终结执行

可以以"终结执行"方式结案的情形有:

(1)申请人撤销申请或者是当事人双方达成执行和解协议,申请执行人撤回执行申请的;

(2)据以执行的法律文书被撤销的;

(3)作为被执行人的公民死亡,无遗产可供执行,又无义务承担人的;

(4)追索赡养费、扶养费、抚育费案件的权利人死亡的;

(5)作为被执行人的公民因生活困难无力偿还借款,无收入来源,又丧失劳动能力的;

(6)作为被执行人的企业法人或其他组织被撤销、注销、吊销营业执照或者歇业、终止后既无财产可供执行,又无义务承受人,也没有能够依法追加变更执行主体的;

(7)依照《刑法》第53条规定免除罚金的;

(8)被执行人被人民法院裁定宣告破产的;

(9)行政执行标的灭失的;

(10)案件被上级人民法院裁定提级执行的;

(11)案件被上级人民法院裁定指定由其他法院执行的;

(12)按照《最高人民法院关于委托执行若干问题的规定》,办理了委托执行手续,且收到受托法院立案通知书的;

(13)人民法院认为应当终结执行的其他情形。

依据相关法律规定,以申请人撤销申请或者是当事人双方达成执行和解协议,申请执行人撤回执行申请结案的,再次申请恢复执行受期限限制:

(1)当事人申请撤销对被执行人的强制执行,法院以"终结执行"方式结案后,从结案裁定书生效之日起的2年内,当事人随时可以向法院申请恢复执行;

(2)当事人与被执行人达成执行和解协议,法院以"终结执行"方式结案后,若被执行人不履行执行和解协议,当事人从执行和解协议约定履行期间最后一日起2年内都可以申请恢复执行。

(二)终结本次执行程序

可以以"终结本次执行程序"方式结案的情形有:

(1)被执行人确无财产可供执行,申请执行人书面同意人民法院终结本次执行程序的;

(2)因被执行人无财产而中止执行满2年,经查证被执行人确无财产可供执行的;

(3)申请执行人明确表示提供不出被执行人的财产或财产线索,并在人民法院穷尽财产调查措施之后,对人民法院认定被执行人无财产可供执行书面表示认可的;

(4)被执行人的财产无法拍卖变卖,或者流拍,申请执行人拒绝接受或者依法不能交付其抵债,经人民法院穷尽财产调查措施,被执行人确无其他财产可供执行的;

(5)经人民法院穷尽财产调查措施,被执行人确无财产可供执行或虽有财产但不宜强制执行。

以"终结本次执行程序"(俗称:终本)方式结案后,当事人发现被执行人的财产线索后,随时可以向法院申请恢复执行,没有时间限制。

(三)执行完毕

执行标的全部执行到位或者双方达成执行和解协议,执行和解协议全部履行,法院就可以以"执行完毕"结案,结案后就没后续了。

特别提醒:一个案件以"终结本次执行程序"方式结案了,后来因为发现被执行人有财产,案件被恢复执行了,此时变成了一个新的执行实施类案件(执恢案件),在符合规定的情况下仍可以以上述方式结案。

四、律师代理执行程序的注意事项

在民事执行案件中,其执行对象主要就是财产,即查明被执行人名下的财产状况,是执行工作能否顺利进行的重中之重。查明被执行人财产状况的方式主要有以下三种:

(1)由申请人提供被执行人财产的线索;

(2)申请法院发布悬赏公告方式,由第三人提供具体财产线索;

(3)法院依申请或者依职权调查被执行人名下财产状况。

但在实操过程中,由于申请人本身及第三人均缺乏相应的调查取证权限,在对被执行人名下财产状况掌握不清晰的情况下,很难提供切实有效且可执行的财产线索,即使能够获取某些线索,也不知道该如何将该财产线索固定下来,及时提交至执行法官处,以至于该财产被迅速转移,以此规避执行。因此,代理律师在执行阶段可采取的执行措施有两大类:

(1)在权限范围内,通过企查查、裁判文书网、招标网等,对被执行人财产线索进行调查摸底,及时汇总提交至执行法官,并积极督促法官落实、执行到位;

(2)超出律师调查取证权限范围外,律师应准确定位财产取证范畴及方向,及时申请法院出具调查令核查可供执行财产。

执行过程中必然会碰到穷尽各种查询财产措施而无果,仍无法执行到位的难题,此时代理律师则应具体剖析案件情况,向法院申请变更、追加被执行主体的方式来巧妙解决执行难问题。实践中,该申请变更、追加的程序是:需先向执行法院提交书面申请及相关证据材料,经执行法院组成合议庭审查并公开听证后作出裁定。如被申请人、申请人及其他执行当事人对裁定不服可申请复议,或者继续提起执行异议之诉。《最高人民法院关于民事执行中变更、追加当事人若干问题的规定》,已就依法变更和追加被执行主体作出了具体规定。

为了能够更好地取得执行效果,作为执行案件的代理律师应非常清楚执行法院的办案流程,且熟悉法院能够主动采取的执行措施,除此之外还应该掌握律师可自行调查取证的措施手段。

五、执行异议与执行复议

当事人(含案外人)在执行程序中可以采取的救济路径可以分为两大类,一类是针对执行行为的救济,另一类是针对执行标的的救济路径。其中针对执行行为的救济路径,当事人、利害关系人含案外人均可以采取。但针对执行标的的救济路径,为案外人可以采取。

(一)针对执行行为的救济

《民事诉讼法》第236条规定:"当事人、利害关系人认为执行行为违反法律规定的,可以向负责执行的人民法院提出书面异议。当事人、利害关系人提出书面异议的,人民法院应自收到书面异议之日起十五日内审查,理由成立的,裁定撤销或者改正;理由不成立的,裁定驳回。当事人、利害关系人对裁定不服的,可以自裁定送达之日起十日内向上一级人民法院申请复议。"当事人、利害关系人(含案外人)针对执行行为提出书面异议的,若申请被驳回,可以申请复议。

在此过程中一定要注意提出期限,避免逾期而导致的无法救济。

(二)针对执行标的的救济

《民事诉讼法》第238条规定:"执行过程中,案外人对执行标的提出书面异议的,人民法院应当自收到书面异议之日起十五日内审查,理由成立的,裁定中止对该标的的执行;理由不成立的,裁定驳回。案外人、当事人对裁定不服,认为原判决、裁定错误的,依照审判监督程序办理;与原判决、裁定无关的,可以自裁定送达之日起十五日内向人民法院提起诉讼。"

案外人针对法院对执行标的执行提出异议的,若申请被驳回:

(1)如果认为是原来作出的判决、裁定有误的(如判决、裁定裁决该标的属于被执行人或者裁决执行拍卖处理该标的的),案外人可以向作出该判决、裁定的法院申请再审。

(2)如果与原来判决、裁定无关,是因为法院执行错误原因造成的,案外人可以向人民法院提起执行异议之诉。

(3)在此过程中一定要注意提出期限,避免逾期而导致的无法救济。

六、执行监督

执行监督有广义和狭义之分。广义的执行监督,是指对执行程序或执行工作的监督,包括国家权力机关的监督、当事人及利害关系人的监督、媒体的监督、法院内部的监督和法律监督机关的监督等。而狭义的执行监督,仅指人民法院的内部监督,具体指在执行程序中上级人民法院发现下级人民法院具体执行实施行为或者执行裁决行为有错误,或者执行法院发现自身错误时,依照一定程序进行纠正的制度。本书所探讨的执行监督程序仅指狭义的执行监督。

执行监督程序的启动主要分两种途径,一种是上级法院主动发现,另一种是申请执行人向上一级法院提出申请。

《民事诉讼法》第237条规定:"人民法院自收到申请执行书之日起超过六个月未执行的,申请执行人可以向上一级人民法院申请执行。上一级人民法院经审查,可以责令原人民法院在一定期限内执行,也可以决定由本院执行或者指令其他人民法院执行。"

《最高人民法院关于适用〈中华人民共和国民事诉讼法〉执行程序若干问题的解释》第10条规定:依照《民事诉讼法》第226条(《民事诉讼法》2023年修正后为第237条)的规定,有下列情形之一的,上一级人民法院可以根据申请执行人的申请,责令执行法院限期执行或者变更执行法院。

(1)债权人申请执行时被执行人有可供执行的财产,执行法院自收到申请执行书之日起超过6个月对该财产未执行完结的;

(2)执行过程中发现被执行人可供执行的财产,执行法院自发现财产之日起超过6个月对该财产未执行完结的;

(3)对法律文书确定的行为义务的执行,执行法院自收到申请执行书之日起超过6个月未依法采取相应执行措施的;

(4)其他有条件执行超过6个月未执行的。

第八节　律师代理的几种常见民事诉讼案件

一、合同纠纷案件

（一）合同纠纷的特点

合同纠纷案件,是指平等主体的自然人、法人、其他经济组织之间因签订或履行合同及其他经济往来发生纠纷而形成的案件。它的特点是:

(1)合同纠纷案件主体既包括法人之间、法人和其他经济组织之间、法人和自然人之间,也包括自然人之间的纠纷。只要是在平等主体之间发生的经济往来而形成的合同关系纠纷都属于合同纠纷。

(2)合同纠纷种类繁多,涉及的范围非常广泛。随着市场经济和社会分工的发展,经济流转过程变得更加错综复杂,因而产生了各种不同的合同形式。根据《民法典》的规定,常见的合同有买卖合同,供用电、水、气、热力合同,赠与合同,借款合同,租赁合同,融资租赁合同,建设工程合同,运输合同,技术合同,保管合同,仓储合同,委托合同,行纪合同和居间合同。除此之外,现实生活中还存在大量的无名合同。

(3)合同纠纷具有财产性特征。在市场经济条件下,各种以价格为前提的产品、劳务、技术成果等标的的交换,并非孤立的行为,而是一连串的交易。不管这种交易是发生在公民之间、公民与法人之间,还是法人之间,不管这种关系的客体是生产资料还是消费资料,是国家和集体所有的财产,还是个人所有的财产,只要是平等主体之间的交易所发生的纠纷都涉及财产利益关系。

（二）合同纠纷的产生

1.因合同无效而发生的纠纷

无效合同与有效合同的性质不同,所承担的民事责任也不相同,它的处理原则、方法和处理结果也是不同的。有效合同受法律保护,发生纠纷时,应依照合同条款追究违约责任。而无效合同,是违反法律规定签订的,法院不承认合同所签订的条款,法律对合同条款不予保护,对无效合同所引起的财产结果,不能按合同条款处理,而应依法采取返还、赔偿、收归国家所有等办法处理。

2. 因一方或双方违约而发生的纠纷

从司法实践看,合同纠纷的产生往往是由于当事人的过错造成不履行或不完全履行合同义务而形成纠纷。合同一方违约就要承担违约责任,追究不履行或不完全履行合同义务的违约责任,条件是违约一方已经实施了违约行为,如供方不按时供货,或者不按合同约定的数量、质量交货。违约方承担违约责任的形式有支付违约金和赔偿金等。

(三) 律师代理合同纠纷应认真审查合同内容

(1) 合同的主体是否合格,即是否具有民事权利能力和民事行为能力。在司法实践中,各类合同纠纷案件中的诉讼主体比较复杂,律师应明确该案的法律关系,一定要准确确认诉讼当事人。错列、漏列当事人会损害当事人的合法权益,更会造成错案,所以准确确定诉讼主体,是追究民事责任的先决条件。错列当事人往往表现为对原、被告确认不当。出现这种情况是把参加诉讼的当事人的法律关系弄错了。把没有在该法律关系中享受权利或承担义务的人列为该法律关系的诉讼当事人,把该法律关系真正的当事人排除在诉讼之外。漏列当事人这类情况大部分出现在合伙经营组织与第三人发生纠纷时,在众多合伙人的情况下,仅将一个至两个合伙人列为诉讼当事人,忽略了其他合伙人的诉讼权利或没有追究他们应负的民事责任。

(2) 合同的内容是否合法,是否违反国家利益和社会公共利益。当事人签订的合同不得违反法律的禁止性规定。违反法律,法律自然不予保护,还应予以禁止和制裁。社会公共利益涉及全体成员的共同利益,所以,损害社会公共利益的合同不受法律保护。

(3) 合同当事人的意思表示是否真实。意思表示不真实的合同是指当事人订立该合同,不是完全出自己内心的真实意思,而是由于受到欺诈、胁迫、强迫命令等原因,在违背自己真实意思的情况下订立的。关于这一点律师应严格审查。

(4) 合同内容是否违反法律、行政法规的强制性规定。违反法律、行政法规的强制性规定,是指法律、行政法规要求当事人在订立合同时,在订约目的、合同内容和形式等方面不得作出某种行为或者必须作出某种行为的规定。凡是未按法律、行政法规的规定作出或者没有作出某种行为而订立的合同，因其具有违法性而自始不具有法律效力。

(四)合同纠纷案件代理范例

例如，承揽合同是承揽人按照定作人的要求完成工作，交付工作成果，由定作人给付报酬的合同。其中，应完成工作并交付成果的一方为承揽人，应接受承揽人的工作成果并给付报酬的一方为定作人。承揽合同是社会经济生活中极为常见的合同，适用范围十分广泛，从经济建设到公民的日常生活，都离不开这种法律形式。它的适用范围有加工、定做、修缮、修理、印刷、广告、测绘、测试、装配、出版、装潢、印染、复制物品、化验、翻译等。因此，在司法实践中出现的纠纷也比较多见。

作为定作人的代理律师在代理案件过程中，应注意审查追究承揽人的违约责任并了解办理此类案件的基本方法：

(1)承揽方未按合同规定的质量交付定作物或完成工作。如果定作方同意利用的，应当按质论价，酌减酬金和价款；如果定作方不同意利用的，承揽方应当负责修理或更换，并承担逾期交付的责任，经过修理或调换后，仍不符合合同规定的质量的，定作方有权拒收，由此造成定作方的损失由承揽方赔偿。

(2)承揽方未按合同规定的数量交付定作物或完成工作。定作方如果对未交付部分或未完成的工作仍然需要的，承揽方应当照数补齐，但对补交部分承揽方要承担逾期交付的违约责任；少交部分如果定作方不再需要的，定作方有权解除合同，因此造成的定作方的损失由承揽方承担。

(3)承揽方未按合同规定包装定作物。因包装不符合而造成定作物毁损、灭失的，由承揽人赔偿定作方的损失。对不符合合同规定包装的定作物，需要返修或重新包装的承揽方应当负责返修或重新包装，并承担因此而支付的费用。定作方不要求返修或重新包装而要求赔偿经济损失的，承揽方应当赔偿定作方该不合格包装物低于合格包装物的价值部分。

(4)承揽方不能交付定作物或不能完成工作的。承揽方应按照合同约定支付违约金，但支付的违约金不能超过合同的价款和报酬。如果承揽方收取了定作方定金，还应双倍返还定金。如果收取了定作方的预付款，除承担违约责任外，还必须如数返还预付款和利息。

(5)承揽方未按照合同规定的期限交付定作物或完成工作。逾期交付定作物,应按合同规定,向定作方偿付违约金。另外,未经定作方同意,提前支付定作物,定作方有权拒收。

(6)承揽方异地交付的定作物不符合合同的规定。定作方暂代为保管的,承揽方应偿付定作方实际支付的保管、保养费。

(7)承揽方由于保管不善致使定作方提供的原材料、设备、包装物及其他物品毁损、灭失,承揽方应当偿付定作方因此遭受的损失。另外,承揽方未按合同规定的期限和办法对定作方提供的原材料进行检验,或检验发现原材料不符合要求而未按合同规定的期限通知定作方调换、补齐的,承揽方应当对工作质量、数量承担责任。

(8)承揽方擅自调换定作方提供的原材料或修理物的零部件,定作方有权拒收,承揽方应赔偿定作方因此受到的损失。如定作方要求重做或重新修理,承揽方应当按照定作方的要求办理,并承担逾期交付的违约责任。

作为承揽方的律师应注意审查定作方是否按合同约定履行自己的义务,在代理案件过程中处理好以下问题:

(1)定作方中途变更定作物的数量、规格、质量或设计,应当赔偿承揽方因此受到的损失。

(2)定作方中途废止合同,应支付违约金。

(3)定作方未按合同规定的时间和要求向承揽方提供原材料、技术资料、包装物等,或未完成必要的辅助工作和准备工作。对此,承揽方有权解除合同,并有权要求定作方赔偿因此造成的损失;如果承揽方不要求解除合同,除其交付定作物或完成工作的时间可以顺延外,定作方应当偿付承揽方停工待料的损失。

(4)定作方超过合同规定的时间领取定作物,应向承揽方偿付违约金。

(5)定作方超过合同规定的时间付款,应当按照规定向承揽方偿付违约金。

(6)定作方无故拒绝接受定作物,应当赔偿承揽方因此造成的全部损失和承担运输部门的罚款。

(7)定作方变更交付定作物地点、接收单位。对此,定作方应当承担因此承揽方多支出的费用。

办理承揽合同纠纷追究违约责任时律师应注意的问题:

(1)因不可抗力不能履行承揽合同的,根据不可抗力的影响,部分或全部免除责任。当事人迟延履行后发生的不可抗力,不能免除责任。不可抗力是指不能预见、不能避免并不能克服的客观情况。当事人一方因不可抗力不能履行承揽合同的,应及时通知对方,以减轻可能给对方造成的损失,并应当在合理期限内提供证明。

(2)当事人双方都违反承揽合同规定的义务的,应各自承担相应的责任。

(3)当事人一方因第三方的原因造成违约的,应当向对方承担违约责任。当事人一方和第三方之间的纠纷,依照法律规定或按照他们之间的约定解决。

(4)承揽合同中,常出现侵权责任与违约责任的竞合,是由于承揽人交付的定作物或完成的工作质量不合格造成定作人或定作人以外的第三人的人身、财产损失。承揽人交付的定作物或完成的工作不符合约定,这本身已构成违约。同时,由于其不符合质量要求,造成定作人或第三人损害,这又构成了侵权。当事人可以选择对其有利的方式进行诉讼——或要求其承担违约责任,或要求其承担侵权责任。

(5)如果定作人是消费者,承揽人交付定作物或完成工作时有欺诈行为的,应当按照《中华人民共和国消费者权益保护法》(以下简称《消费者权益保护法》)第55条之规定处理,即"经营者提供商品或者服务有欺诈行为的,应当按照消费者的要求增加赔偿其受到的损失,增加赔偿的金额为消费者购买商品的价款或者接受服务的费用的三倍"。实践中,经常出现承揽人有欺诈行为的现象。如定做家具合同中,约定承揽人应使用楠木制作,而承揽人却用杨木代替;定做的蛋糕、食品重量不足;修理合同中用次品零件代替优质零件等。在这种情况下,只要符合《消费者权益保护法》的规定,定作人都可以依据此法要求加倍赔偿。

二、婚姻家庭纠纷案件

(一)婚姻家庭诉讼的特点

婚姻是男女两性建立夫妻关系的结合形式。婚姻关系一旦成立,随之派生出夫妻人身、财产、子女抚养、老年人赡养等一系列法律问题。家庭是社会的细胞,应倡导和建立平等、和谐、文明的婚姻家庭关系,这对维护社会安定,促进社会发展都有着积极的作用。婚姻家庭问题是律师实务不可缺少的内容,这个领域的律师业务具有普遍性、多发性、连续性、处理方式灵活性的特点。处理婚姻家庭法律事务的律师要掌握的原则有:维护社会安定,稳定生活秩序的原则;力争协调解决、不激化矛盾的原则;尊重当事人的隐私权并为当事人的隐私保守秘密的原则;处理主要矛盾的原则;坚持自由、平等、充分保障人权的原则。

《民法典》已由十三届全国人大三次会议于2020年5月28日通过，自2021年1月1日起施行。新增：

(1)离婚冷静期；

(2)明确判决不准离婚后，双方又分居满一年，一方再次提起离婚诉讼的，法院应当准予离婚。

(二)婚姻家庭诉讼的主要策略

律师代理离婚案件不同于办理其他案件，无论是接受男方委托还是接受女方委托，都必须做好调解工作，争取在诉讼外解决问题。对双方都坚决离婚的案件，律师应建议实行协议离婚。实行协议离婚，有利于在婚姻关系无法继续维持的情况下，由夫妻双方心平气和地解决矛盾冲突，避免互相指责，消除对立情绪，更可以减少日后双方的仇视和对立。这种离婚方式不究问离婚的原因和具体理由，有利于保护个人隐私。协议离婚应在律师的调解下对子女的抚养教育、财产分割和债务的清偿等作出妥善安排，这样有利于维护当事人双方、子女和第三人的合法权益。

1. 起草协议离婚协议

协议离婚，律师应主持双方达成一个书面协议，双方签字各持一份以便共同遵守。协议内容应包括：

(1)双方是自愿离婚，这一意愿必须是真实的而非虚假的；必须是自己作出的而不是受对方或第三方欺诈、胁迫或因重大误解而形成的。

(2)对子女问题有适当处理。是指对双方离婚后有关子女抚养、教育、探望等问题，在有利于保护子女合法权益的原则下作出合理妥当的安排。具体包括子女由哪一方抚养，子女的抚养费和教育费如何负担、如何给付等。由于父母和子女的关系不因父母离婚而消除，协议中还可以约定不直接抚育子女一方对子女探望权利行使的内容，包括探望的方式、时间等。

(3)对财产问题作出处理。主要包括：在不侵害任何一方合法权益的前提下，对夫妻双方共同财产作出合理分割，对于生活困难的一方给予经济上的帮助，并切实解决好双方离婚后的住房问题；在不侵害国家、集体和第三人利益的前提下，对共同债务的清偿作出负责的处理。

2. 协议离婚的程序

(1)协议离婚的主管机关是具体的婚姻登记管理机关，在城市，是街道办事处或者市辖区、不设区的市人民政府的民政部门；在农村，是乡、民族乡、镇人民政府。在婚姻登记管理机关中,由婚姻登记管理员进行协议离婚的登记工作。

(2)当事人申请。离婚登记按地域进行管辖。夫妻双方自愿离婚的,应当签订书面离婚协议,并亲自到婚姻登记机关申请离婚登记。由于离婚是一种重要的身份法律行为,因此,当事人离婚,必须双方亲自到婚姻登记管理机关申请离婚登记,律师不得代为办理。申请时应持双方的结婚证、居民身份证等证件和证明。

(3)离婚登记。自婚姻登记机关收到离婚登记申请之日起30日内,任何一方不愿意离婚的,可以向婚姻登记机关撤回离婚登记申请。

前款规定期限届满后30日内,双方应当亲自到婚姻登记机关申请发给离婚证;未申请的,视为撤回离婚登记申请。

男女双方办理了离婚证后,当事人一方不按照离婚协议履行应尽的义务,或者在子女抚养、财产问题上发生纠纷的,当事人可以向人民法院提起民事诉讼。

(三)婚姻家庭诉讼律师的主要工作

离婚诉讼,是指婚姻当事人向人民法院提出离婚请求,由人民法院调解或判决而解除其婚姻关系的一项离婚制度。诉讼离婚制度,适用于当事人双方对离婚有分歧的情况,包括一方要求离婚而另一方不同意而发生的离婚纠纷;或者双方虽然同意离婚,但在子女和财产问题上不能达成一致意见、作出适当处理的情况。律师接受委托可以提供法律帮助,可以作为代理人参加诉讼,维护委托人的合法权益。

1.律师代理离婚诉讼案件应准确把握管辖法院

(1)被告离开住所地超过一年的,由原告住所地人民法院管辖;双方离开住所地超过一年的,由被告经常居住地人民法院管辖,没有经常居住地的由原告起诉时居住地人民法院管辖;

(2)被告下落不明或者宣告失踪的,由原告居住地人民法院管辖;原告住所地与经常居住地不一致的,由原告经常居住地人民法院管辖;

(3)被告被监禁的,由原告住所地人民法院管辖;原告住所地与经常居住地不一致的,由原告经常居住地人民法院管辖;

(4)双方当事人均为军人或者军队单位的民事案件由军事法院管辖;

(5)被告不在中华人民共和国领域内居住的,由原告住所地人民法院管辖;原告住所地与经常居住地不一致的,由原告经常居住地人民法院管辖;

(6)中国公民双方在国外但未定居,一方向人民法院起诉离婚的,由原告或者被告原居住地的人民法院管辖。

2. 律师应参与法院主持的诉讼中的调解工作

《民法典》第1079条第2款规定:"人民法院审理离婚案件,应当进行调解;如果感情确已破裂,调解无效,应当准予离婚。"这表明调解是人民法院审理离婚案件的必经程序。诉讼外的调解是在律师的主持下进行的调解,诉讼中的调解是在法院的主持下进行的调解。律师应配合法院的工作,积极做好委托人的调解说服工作,争取将案件调解解决。适用调解程序,其目的在于防止当事人草率离婚,以及在双方当事人不能和解时,平和、妥善地处理离婚所涉及的方方面面的问题。调解离婚有助于解决财产和子女问题,由此而达成的调解离婚协议,双方当事人一般都能自觉履行。

经过诉讼中的调解,会出现三种可能:第一种是双方的矛盾得到化解,双方互谅互让、重归于好,继续保持婚姻关系;第二种是双方都同意离婚,在子女和财产问题上也达成一致意见;第三种就是调解不成,一方坚持离婚,另一方则坚持相反意见,或者虽都同意离婚,但对子女、财产问题达不成协议,在第三种情况下,离婚诉讼继续进行。

3. 律师代理离婚案件应把握好法定的离婚条件

人民法院审理离婚案件,准予或不准离婚是以夫妻感情是否破裂作为条件。夫妻感情是婚姻关系的基础,离婚争议的产生,归根结底是因为感情的变化。如果感情确已破裂,婚姻已经名存实亡,就应当予以解除。准予或不准予离婚,只能以夫妻的感情状况为客观依据。感情确已破裂应准予离婚,是婚姻自由的重要内容,充分体现了当事人婚姻自由的权利。民法典规定,人民法院审理离婚案件,应当进行调解;如感情确已破裂,调解无效,应准予离婚。因此,需要明确什么叫"感情确已破裂",判断夫妻感情是否确已破裂,应当从婚姻基础、婚后感情、离婚原因、夫妻关系的现状和有无和好的可能等方面综合分析。根据最高人民法院对此作出的司法解释的规定,如果以下一些情形出现可视为夫妻感情确已破裂:

(1)重婚或与他人同居的;

(2)实施家庭暴力或以其他行为虐待或遗弃家庭成员的;

(3)赌博、吸毒等恶习屡教不改的;

(4)因感情不和分居满2年的;

(5)其他导致夫妻感情破裂的情形。

(四)婚姻家庭诉讼的主要问题及难点

1. 离婚时的财产分割问题

离婚时财产的分割是律师办理离婚案件另一个重要的内容。应搞清楚哪些属于夫妻共同财产。根据《民法典》第1065条的规定,夫妻可以对婚姻关系存续期间所得的财产以及婚前财产的归属作出约定——或为共同所有,或为分别所有,或为部分共同共有,或为部分各自所有。如果夫妻双方约定实行分别财产制,则财产归属较为明晰,发生纠纷时关键在于举证,当对个人财产还是夫妻共同财产难以确定时,主张权利的一方负有举证责任,当事人举不出有力的证据,法院又无法查实时,一般按夫妻共同财产处理。如果夫妻双方对婚姻关系存续期间所得的财产以及婚前财产约定部分归各自所有,部分归共同共有,在离婚分割财产时,首先要根据夫妻双方的约定界定个人财产和共同财产的范围,然后再对共同财产进行分割。律师代理分割夫妻财产应注意以下问题:

(1)关于夫妻共同财产的范围。《民法典》及有关司法解释规定,夫妻在婚姻关系存续期间所得的下列财产,归夫妻共同所有:①工资、奖金、劳务报酬;②生产、经营、投资的收益;③知识产权的收益;④继承或赠与所得的财产,但遗嘱或赠与合同中确定只归夫或妻一方的除外;⑤夫妻一方以个人财产投资取得的收益;⑥男女双方实际取得或者应当取得的住房补贴、住房公积金;⑦夫妻分居两地分别管理、使用的婚后所得财产;⑧男女双方实际取得或者应当取得的基本养老金、破产安置补偿费;⑨其他应当归共同所有的财产。

(2)分割共同财产时应考虑的因素。在分清个人财产、夫妻共同财产的前提下,应根据法律规定以及照顾子女和女方权益的原则,公平、公正地分割共同财产。为了体现公平,照顾无过错方的利益,《民法典》第1091条规定了"离婚损害赔偿制度"——有下列情形之一,导致离婚的,无过错方有权请求损害赔偿:①重婚;②与他人同居;③实施家庭暴力;④虐待、遗弃家庭成员;⑤有其他重大过错。离婚过错赔偿方式分为两类:一是在夫妻共同财产分割时,向无过错方多分财产,这是当前司法实践中的做法;二是在夫妻财产归各自所有,或共有财产不足以补偿的情况下,过错方以自己的财产向无过错方作出补偿。《民法典》规定,离婚时,除对夫妻共同财产进行分割之外,又进一步规定离婚后夫妻共同财产可进行再分割。离婚时,夫妻一方隐藏、转移、变卖、毁损、挥霍夫妻共同财产,或者伪造夫妻共同债务企图侵占另一方财产的,在离婚分割夫妻共同财产时,对该方可以少分或者不分。离婚后,另一方发现有上述行为的,可以向人民法院提起诉讼,请求再次分割夫妻共同财产。离婚时,一方隐藏、转移、变卖、毁损夫妻共同财产或伪造债务企图侵占另一方财产的,人民法院可以依照《民事诉讼法》的有关规定予以制裁。

2. 关于离婚时子女抚养的法律问题

律师在办理离婚案件时,原、被告"争养"或"推养"子女抚养的纠纷比较多。有的夫或妻把子女作为命根子,非要抚养子女不可,并以此作为离婚的前提条件;有的则把抚养子女作为包袱或再婚的障碍,都不愿抚养。对子女的抚养问题应明确子女抚养总的原则:有利于子女身心健康,保障子女的合法权益。离婚后,不满2周岁的子女,以由母亲直接抚养为原则。已满2周岁的子女,父母双方对抚养问题协议不成的,由人民法院根据双方的具体情况,按照最有利于未成年子女的原则判决。子女已满8周岁的,应当尊重其真实意愿。

对离婚后子女抚养问题的处理要考虑以下几个方面的情况:

(1)应考虑父母双方的个人素质、对子女的责任感、家庭环境、父母与子女的感情等因素。

(2)应考虑不能生育和再婚有困难的父或母的合理要求。

(3)在双方的各种条件都基本相同的情况下,原则上由经济能力较强的一方抚养。

(4)8岁以上有识别能力的子女,无论随父还是随母,都应征求子女本人的意见。

(5)在有利于保护子女利益的前提下,父母双方协议轮流抚养子女的,应予准许。

(6)抚养费应当包括:生活费、教育费和医疗费等,子女抚育费的数额,可根据子女的实际需要、父母双方的负担能力和当地的实际生活水平确定。有固定收入的,抚育费一般可按其月总收入的20%~30%的比例给付。负担两个以上子女抚育费的,比例可适当提高,但一般不得超过月总收入的50%。无固定收入的,抚养费的数额可依据当年总收入或同行业平均收入,参照上述比例确定。

(7)《民法典》增加的内容:父母应当使适龄的子女按时入学,接受义务教育;父母应当教育子女不得有不良行为,应当履行预防未成年人犯罪的职责;在未成年子女对国家、集体或他人造成损害时,父母有承担民事责任的义务;离婚后,不直接抚养子女的父或母,有探视子女的权利。

三、继承纠纷案件

（一）继承权纠纷案件的特征

继承是自然人死亡后，其近亲属按照其有效遗嘱或者法律的具体规定，无偿取得其遗留的个人合法财产。继承权，是指民事权利主体依法享有公民死亡后所遗留的财产的权利。继承权是一种财产权。财产所有权是继承权的基础和前提，继承是取得财产所有权的一种方式。继承权是近亲属之间相互享有的财产权。继承权的权利主体仅仅是公民，也就是说，只有公民才能享有遗产继承权。继承权的发生根据是法律的直接规定或者合法有效的遗嘱。

法定继承，是指被继承人生前未立遗嘱处分其遗产或遗嘱无效时，由其全体继承人按照法律规定的继承顺序、遗产分配原则继承其遗产的继承方式。

遗嘱继承是按照被继承人生前所立合法遗嘱继承遗产的继承方式。

遗赠是遗嘱人以遗嘱将其遗产中的财产权利的一部分或全部，无偿给予继承人以外的个人、集体或国家，于遗嘱人死亡时生效的单方要式法律行为。

（二）律师代理继承权案件应明确的几个问题

1. 遗产及遗产的范围

遗产具有如下法律特征：遗产是公民死亡时尚存的财产。如果其财产在他生前已经作了处分，这些财产就不是遗产。遗产是公民个人财产，公民个人财产包括公民个人单独所有的财产，也包括公民与他人共有财产中应属该公民所有的份额。遗产是公民的合法财产，非法侵占的国家的、集体的或者其他公民的财产，以及依照法律规定不允许公民所有的财产，不能成为遗产。

遗产的范围：公民的收入，主要是指公民的工资和其他劳动收入；公民的房屋、储蓄和生活用品；公民的林木、牲畜和家禽；公民的文物、图书资料；法律允许公民所有的生产资料；公民的著作权、专利权中的财产权利；公民的其他合法财产。

不属于遗产的范围：

（1）与被继承人的人身密不可分的人身权。如公民的姓名权、名誉权、荣誉权、肖像权等。

（2）与公民的人身有关的债权、债务。这类债权、债务是以特定人的行为为客体的，与债务人、债权人的人身有密切联系。这些权利义务在债权人死亡时，不能作为遗产。

（3）国有资源使用权。在我国，采矿权、狩猎权、渔业权等国有资源使用权都是经特定程序授予特定人享有的,这些权利不能作为遗产,继承人欲从事被继承人原来的事业,须自行申请,经核准取得相应的国有资源使用权。

(4) 承包经营权。被继承人在承包经营中投入的财产,应得的个人收益属于遗产,应按民法典规定由继承人继承。被继承人生前享有的承包经营权不是遗产,但法律允许继承人继续承包。

(5) 宅基地使用权。公民所享有的宅基地使用权只能与房屋所有权一同转移,但不能作为遗产继承。

2. 遗嘱及遗嘱的效力

遗嘱是立遗嘱人依法处理自己生前所有财产及其他事务,并于死亡后发生效力的法律行为。根据我国《民法典》的规定,公民可以立遗嘱处理个人财产,也可以指定遗嘱执行人。遗嘱必须具备以下要件才具有法律效力:

(1) 立遗嘱人经公证机关办理的公证遗嘱有效。

(2) 遗嘱人亲笔书写,签名,注明年、月、日的自书遗嘱,无非法内容的有效。

(3) 有两个以上见证人在场,由其中一人代书,注明年、月、日,并由代书人、其他见证人和遗嘱人签名的代书遗嘱,内容和见证人均合法的,有效。

(4) 有两个以上的见证人在场的录音遗嘱,内容和见证人均合法的,有效。

(5) 遗嘱人在危急情况下,可以立口头遗嘱。口头遗嘱应有两个以上见证人在场见证。危急情况解除后,遗嘱人能够用书面或者录音形式立遗嘱的,所立的口头遗嘱无效。

(6) 无行为能力人、限制行为能力人、继承人、受遗赠人,与继承人、受遗嘱人有利害关系的人,不能作为遗嘱见证人。

(7) 遗嘱中剥夺缺乏劳动能力又没有生活来源的继承人的继承权的内容无效。

(8) 立有数份遗嘱,而内容有抵触的,抵触的内容以最后的遗嘱有效。

(9) 无行为能力人或限制行为能力人所立的遗嘱无效。

(10) 受胁迫、欺骗所立的遗嘱,伪造的遗嘱,遗嘱被篡改的,篡改的内容无效。

(三) 办理继承权纠纷案件律师应注意的要点

1. 原告律师注意的要点

律师代理继承权纠纷案件,应帮助作为向人民法院起诉的一方当事人写好起诉状,提交给有管辖权的人民法院,即被继承人死亡的住所地或者主要遗产所在地的人民法院,当事人可选择向其中的一个人民法院提起诉讼。起诉状的内容包括双方当事人的基本情况、主要诉讼请求、事实和理由、具状人签名或盖章等。继承权纠纷的诉状,在事实和理由部分应着重写明遗产的数量、名称及所在地;被继承人是否有遗嘱,如有遗嘱,写清立遗嘱的过程、遗嘱的形式及具体内容;继承人各自的基本情况;本人享有对该遗产继承权的理由等;在诉讼请求部分写清楚自己对哪些财产主张权利。另外,注意准确确定被告。在法定继承纠纷中,被告主要是遗嘱指定的继承人或者按遗嘱可得遗产的继承人或受遗赠人、受益人。提供相应的证据。证据是定案的根据,所以按照"谁主张,谁举证"的原则,原告对自己提出的诉讼请求必须提供相应的证据加以印证。主要应提供以下几类证据:

第一类是关于被继承人情况的证据材料。如被继承人死亡情况证明;被继承人的财产状况、位置、数量、质量和特征等,若被继承人生前有债权、债务的,应提供相应的证明材料;被继承人生前的婚姻状况,被继承人的配偶、子女的性别、年龄、工作单位和住址等。

第二类是关于被继承人的遗嘱情况的证明材料。如被继承人有遗嘱的,应提供该遗嘱的原件;立有自书遗嘱的,应提供该遗嘱确系被继承人自己书写的证据材料;有口头遗嘱的,要提供与继承人、受遗赠人无利害关系的两个以上的见证人名单。

第三类是主张享有继承权,排斥他人享有继承权的证明材料。如当事人放弃继承权的,也应提供相应的证据;如果是丧偶儿媳或者是丧偶女婿,主张自己享有继承权的,应提供自己对公婆或岳父母生前尽了主要扶养义务的证明材料。

2. 被告代理律师如何应诉

被告在接到原告的诉状后,应认真阅读,了解原告的诉讼目的、主张的事实、理由及法律依据,并决定是否在答辩期内提交答辩状。如果被告决定提交答辩状,要按答辩状书写格式撰写。答辩理由可从以下几个方面把握:

(1) 原告确定的被告身份有误。被告可以指出自己与被继承人或立遗嘱人之间没有法律关系或原、被告之间也没有法律关系,主张自己退出本诉讼,原告另行起诉其他被告。

(2) 原告陈述的事实与实际情况不符,如遗产的数量、范围有误;原告不属于法定或遗嘱继承人,也不是有权接受遗嘱赠与的人或法定继承人以外可以分得遗产的人;原告或已明确表示放弃继承遗产、接受赠与;被告并没有占有或多占遗产;遗嘱属无效遗嘱,原告不能依此主张权利;原告起诉时,已超过诉讼时效等。另外,被告在阅读了原告的诉状以后,如果认为有提出反诉的必要,要以事实和法律为依据,反驳原告的诉讼请求和事实、理由,提出自己的明确诉讼请求。如果被告想提出管辖权异议,必须在法定的答辩期限内以书面形式向受理案件的法院提出。

四、侵权责任纠纷案件

(一)侵权纠纷的特点

侵权行为是不法侵害他人非合同权利或者受法律保护的利益,因而行为人须就所生损害承担责任的行为。受侵害人和侵害人因赔偿损失和其他承担的民事责任问题发生争议而出现的纠纷即为侵权纠纷。从以上定义可以看出侵权纠纷案件的特点。

1. 侵权行为人的行为是侵害他人合法权益的行为

这就意味着,第一,侵权行为是一种行为,包括作为和不作为,它是产生侵权损害赔偿之债和侵权民事责任的根据。第二,侵权行为人的行为是行为人自己实施的行为,因此侵权行为人应对自己的行为负责。第三,侵权行为人的行为侵害了他人的合法权益,并造成了损害。损害他人健康的客观存在是构成侵权民事责任的前提,如果某种行为没有造成损害,就谈不上侵权,更谈不上承担侵权损害的民事责任。损害既包括物质的或金钱的损害,也包括人身伤害和死亡、精神损害。

2. 侵权行为与损害事实有因果关系

侵权行为与损害事实之间的因果关系就是原因与结果之间内在的必然的联系。如果某一损害事实是由某一侵权行为引起,某一侵权行为是某一损害事实发生的原因,则可认定某侵权行为与某损害事实之间存在因果关系。

3. 行为是行为人基于过错而实施的行为

侵权行为必定给他人或国家、社会造成一定的损害,但造成损害并不是侵权行为的本质属性。在某些情况下,当事人实施的行为造成一定的损害,但由于行为人没有过错,因此也不构成侵权行为。过错是指行为人对其实施某种行为和损害结果的发生所持的一种心理状态,它包括故意和过失违法的行为,表现为作为和不作为两种形式。违反法律规定进行法律所禁止的行为,称为作为的违法行为。法律规定有为某种义务的行为,不按法律规定的要求去履行义务,称为不作为的违法行为。

律师处理侵权纠纷案件,往往都从损害结果,即已发生的损害事实入手,去分析、寻找、查明这一损害结果是由什么原因造成,是自然因素造成的,还是人的行为造成的。如果是人的行为造成,则要查明是谁的行为,其行为是否合法,并以此为根据进一步确定是否追究行为人的民事责任。

(二) 侵权纠纷的种类

侵权纠纷案件分为一般侵权纠纷案件和特殊侵权纠纷案件。一般侵权行为(又称普通侵权行为),是指行为人自己的行为不法致人损害时,适用民法上的一般责任条款。特殊侵权行为,是指当事人基于与自己有关的他人行为、事件或者其他原因致人损害,依照民法上的特别责任条款或者民事特别法的规定而应负赔偿责任的行为。

一般侵权行为主要有四种类型:

(1) 侵犯财产所有权。侵犯财产是指侵害单位或公民个人财产所有权及其他物权的行为。它包括侵占财产和损坏财产两种情况。

(2) 侵犯知识产权。侵犯知识产权是指行为人以剽窃、篡改、假冒等方式侵害公民、法人的著作权、专利权、商标专用权和其他科技成果权的行为。

(3) 侵害公民身体。侵害公民身体是指侵害公民的生命和健康权,并造成受害人死亡或伤害的行为。

(4) 侵犯人格权。侵犯人格权是指侵害公民的姓名权、肖像权、名誉权、荣誉权等行为。

特殊侵权行为分为两类:

(1) 因他人行为致损而产生的侵权行为。例如,因被监护人致人损害而发生的监护人侵权行为(又称法定代理人侵权行为)。

(2) 因物件致损而产生的侵权行为。例如,动物占有人的侵权行为;无生命物(建筑物、工作物等)占有人的侵权行为;产品制造人、销售人的侵权行为;危险来源、污染源等致害原因控制人的侵权行为。

(三) 律师办理侵权纠纷案件应注意的问题

1. 律师办理侵权纠纷案件应注意区分每一案件的归责原则

所谓归责原则,就是确定责任归属所必须依据的法律准则。归责原则所要解决的是依据何种事实状态确定责任归属问题。具体到案件就是要区分是一般侵权行为,还是特殊侵权行为,是采用过错责任原则进行处理,还是采用无过错责任原则进行处理。我国民法对一般侵权行为采用过错责任原则,过错就是行为人未尽自己应尽和能尽的注意而违反义务,因而是被法律所确认为应该承担民事责任的行为意志状态。也就是说,是以行为人的主观意志状态来确定是否应该承担民事责任。我国《民法典》第 1165 条第 1 款规定:"行为人因过错侵害他人民事权益造成损害的,应当承担侵权责任。"

上面我们所阐述的侵权损害的民事责任的四个构成要件,在一般情况下,必须同时具备,缺一不可。但在某些特殊情况下,即使四个要件不是同时具备,法律规定要承担民事责任的,也必须承担,这就是特殊侵权损害的民事责任。特殊侵权行为适用无过错责任原则,就是没有过错也要承担民事责任。

2. 不同侵权纠纷案件,适用不同的举证原则

在一般侵权行为中,受害人通常应就损害事实、加害人的过错、因果关系负全部举证责任。按照"谁主张,谁举证"的举证责任原则,侵权行为的受害人要求赔偿,应负举证责任。受害人不仅要证明自己因被告的行为受到损害,而且要证明被告对损害发生有过错。而特殊侵权行为,不适用这一举证原则,常常免除了受害人对加害人的过错和直接因果关系存在的证明责任。在特殊侵权行为中,受害人所负有的举证责任要明显轻于一般侵权行为中的受害人的举证责任。

最高人民法院对下列特殊侵权诉讼,规定了举证责任:

(1) 因新产品制造方法发明专利引起的专利侵权诉讼,由制造同样产品的单位或者个人对其产品制造方法不同于专利方法承担举证责任;

(2) 高度危险作业致人损害的侵权诉讼,由加害人就受害人故意造成损害的事实承担举证责任;

(3) 因环境污染引起的损害赔偿诉讼,由加害人就法律规定的免责事由及其行为与损害结果之间不存在因果关系承担举证责任;

(4) 建筑物或者其他设施以及建筑物上的搁置物、悬挂物发生倒塌、脱落、坠落致人损害的侵权诉讼,由所有人或者管理人对其无过错承担举证责任;

(5) 饲养动物致人损害的侵权诉讼,由动物饲养人或者管理人就受害人有过错或者第三人有过错承担举证责任;

(6) 因缺陷产品致人损害的侵权诉讼,由产品的生产者就法律规定的免责事由承担举证责任;

(7) 因共同危险行为致人损害的侵权诉讼,由实施危险行为的人就其行为与损害结果之间不存在因果关系承担举证责任;

(8) 因医疗行为引起的侵权诉讼,由医疗机构就医疗行为与损害结果之间

不存在因果关系及不存在医疗过错承担举证责任。

(四)侵权纠纷案件代理列举

1. 道路交通事故损害赔偿纠纷案件

交通事故,是指车辆驾驶人员、行人、乘车人以及其他进行与交通有关的活动的人员,因违反交通管理法规、规章,过失造成人身伤亡或者财产损失的事故。交通事故责任者应当按照所负交通事故责任承担相应的赔偿责任。根据我国《民法典》的有关规定,损害赔偿的项目包括:医疗费、护理费、交通费、营养费、住院伙食补助费等为治疗和康复支出的合理费用,以及因误工减少的收入。造成残疾的,还应当赔偿辅助器具费和残疾赔偿金;造成死亡的,还应当赔偿丧葬费和死亡赔偿金。

交通事故赔偿案件,是一种侵害他人身体健康权的民事侵权案件。交通事故责任者承担侵权的民事责任,也必须符合侵权行为的四个要件:

(1)损害事实的存在;

(2)侵权行为与损害事实之间存在因果关系;

(3)加害行为人的违法性;

(4)加害人主观上须有过错。

律师代理交通事故损害赔偿纠纷案件,首先要注意管辖问题。当事人就交通事故的损害赔偿问题向人民法院提起诉讼,在管辖上,应注意民事诉讼法的有关规定。《民事诉讼法》第30条规定:"因铁路、公路、水上和航空事故请求损害赔偿提起的诉讼,由事故发生地或者车辆、船舶最先到达地、航空器最先降落地或者被告住所地人民法院管辖。"根据以上规定,交通事故损害赔偿诉讼,原告可以向事故发生地、车辆最先到达地或者被告住所地人民法院提起诉讼。

虽然此类案件几个人民法院都有管辖权,原告可以选择其中一个有管辖权的人民法院提起诉讼,但从有利于诉讼和便于审理的角度看,仍以事故发生地人民法院管辖为宜。因为交通事故现场发现的一切问题,均由事故发生地公安机关处理,解决赔偿问题也是先由事故发生地公安机关进行调解,他们掌握有关交通事故的主要证据材料,由事故发生地人民法院审理,便于调查取证和赔偿纠纷的及时解决,有利于保护当事人的合法权益。

按照《道路交通安全法》第5条的规定,县级以上地方各级公安机关交通管理部门负责本行政区域内的道路交通安全管理工作,公安机关处理交通事故的职责是:处理交通事故现场、认定交通事故责任、处罚交通事故责任者、对损害赔偿进行调解。因此,如果事故发生地与被告住所地不一致,选择被告住所地人民法院管辖,不利于调查取证和及时审理。

另外,要准确确定损害赔偿纠纷的诉讼主体。这里所说的诉讼主体,是指交通事故损害赔偿纠纷中的赔偿义务人,也就是受害人以谁为被告向人民法院提出诉讼。

被告的确定也就是侵权人的确定。对此,应参照《民法典》中关于侵权的规定以及《最高人民法院关于审理人身损害赔偿案件适用法律若干问题的解释》的规定并结合《道路交通安全法》的规定予以具体确定。

办理交通事故损害赔偿案件律师还应注意以下问题:

(1)所发生的事故必须是机动车辆事故。所谓机动车辆,包括各种轿车、卡车、公共汽车、装载车、摩托车、电瓶车、轮式专用机械车及拖拉机。但火车、有轨电车、缆车不属于该案的范围。

(2)必须是发生在公共道路和公共场所的事故。所谓公共道路,包括公路、城镇街道和胡同。单位内部不具有公共使用性质的通道上及单位内部停车场发生的事故不属于该案的范围。

(3)必须是机动车辆在运行中所发生的事故。所谓运行,是指机动车处在运动状态,包括启动、行驶、转弯和倒车等。车辆在静止状态所发生的事故,如公共汽车到站停稳后,乘客上下车所发生的事故,或非机动车与正确停放的机动车相碰撞的事故,也不属该案的范围。

作为被告方代理的律师应注意以下几个问题:

(1)所有人将车辆出借或出租,一般应由借用人或租用人承担责任。如果借用人或租用人不具备使用、驾驶车辆的技能,则应由车辆所有人与借用人或租用人连带承担赔偿责任。

(2)所有人将车辆交给他人使用、管理的场合,如果所有人已丧失运行支配及运行利益,则应由实质上享有使用权、管理权的人承担责任。

(3)被盗车辆所发生的事故,车辆所有人不承担责任。

车辆贬值损失赔偿已成为交通事故案件中比较突出的问题。承认和保护车辆的贬值损失是大势所趋,也是财产损害赔偿制度进步的标志之一。所谓"车辆贬值损失",一般是指车辆发生事故后,其使用性能虽已恢复,但其很难完全恢复到原来车辆的使用寿命、安全性能、舒适性、驾驶操控性等要求,且在汽车交易市场上其本身经济价值会因事故而降低。在司法实践中,如果发生结构性变形,修复后其驾驶的整体性能肯定会受到影响。一般是到专业的评估机构进行价格评估。最好是进入诉讼程序中申请法院鉴定,或者当事人双方协商指定鉴定机构或者由法院指定鉴定机构,事故车辆贬值损失鉴定结论为审理人员根据案情进行调解、判决的参考依据,支持的力度根据损伤情况的不同而不同,一般是修理费用的50%~100%不等。

2. 名誉权纠纷案件

名誉权是由民事法律规定的民事主体所享有的获得和维持对其名誉进行客观公正评价的一种人格权。它是人格权中内容最为丰富和复杂的一项权利。名誉权的客体是名誉;名誉是指对公民和法人的品德、才干及其他方面素质在社会生活中所形成的社会评价,名誉意味着个人的社会地位和尊严,名誉权的内容是维护名誉,并排斥他人对名誉的损害;名誉权是特定的公民或者法人所享有的权利。

侵害名誉权责任应如何认定,是否构成侵害名誉权,应当根据受害人确有名誉被损害的事实、行为人行为违法、违法行为与损害后果之间有因果关系、行为人主观上有过错来认定。律师在办理名誉侵权案件时应严格审查是否构成了侵权,这是代理此类案件的关键。

以下行为应当认定为已构成侵犯名誉权:

(1)任何新闻报道、报刊在对真人真事进行报道、评论、传播时,与事实不符,影响公民原有的社会评价的。

(2)因撰写、发表批评文章引起的名誉权纠纷,文章反映的问题虽基本属实,但有侮辱他人人格的内容,使他人名誉受到损害的;文章的基本内容失实,使他人名誉受到损害的。

(3)机关、社会团体、学术机构、企事业单位分发本单位、本系统或者其他一定范围内的内部刊物和内部资料,所载内容侵害他人名誉权的。

(4)新闻媒体和出版机构转载作品,在转载中侵害他人名誉权的,当事人以转载者为被告进行起诉的。

(5)以书面或者口头形式侮辱或者诽谤他人,在一定范围内损害他人名誉的。

(6)如果借检举、控告之名侮辱、诽谤他人,造成他人名誉损害的。

(7)公民的个人隐私受法律保护,个人和组织向社会公开或者传播他人隐私的。

(8)医疗卫生单位的工作人员擅自向社会公开患者患有淋病、麻风病、梅毒、艾滋病等病情,致使患者名誉受到损害的。

(9)新闻单位对生产者、经营者、销售者的产品质量或者服务质量进行批评、评论,主要内容失实,损害其名誉的。

以下行为不应当认定为侵犯名誉权:

(1)撰写、发表文学作品,不是以生活中特定的人为描写对象,仅是作品的情节与生活中的某人的情况相似的。

(2)有关机关和组织编印的仅供领导部门内部参阅的刊物、资料等刊登来信或者文章引起的名誉权纠纷,以及机关、社会团体、学术机构、企事业单位分发本单位、本系统或者其他一定范围内的一般内部刊物和内部资料所载内容引起的名誉权纠纷的。

(3)国家机关、社会团体、企事业单位等部门对其管理的人员作出结论或者处理决定的。

(4)公民依法向有关部门检举、控告他人的违法违纪行为,他人可以检举、控告侵害其名誉权,除非有故意诽谤、侮辱等行为的。

(5)新闻单位根据国家机关依职权制作的公开的文书和实施的公开的职权行为所作的报道,其报道客观准确的。

(6)医疗卫生单位向患者或其家属通报病情的。

(7)消费者对生产者、经营者、销售者的产品质量或者服务质量进行批评、评论的。但借机诽谤、诋毁,损害其名誉的,应当认定为侵害名誉权。

(8)新闻单位对生产者、经营者、销售者的产品质量或者服务质量进行批评、评论,内容基本属实,没有侮辱内容的。

(9)因撰写、发表批评文章引起的名誉权纠纷,文章反映的问题基本真实,没有侮辱他人人格的内容的。

律师代理名誉权案件应注意审查侵犯名誉权的事实是否存在。如果存在,能否收集到充分的证据,如果不能收集到证据,劝其不要起诉。近年来,随着社会的进步和法律制度的健全,公民、法人的法律保护意识不断增强。以法律武器保护自己的名誉是社会的进步,对于他人侵犯名誉权的行为,以法律手段解决是一种明智的选择。但是,进行名誉权案件的诉讼要慎重。要仔细分析他人的行为是否构成了侵权,有没有进行诉讼的必要。从法律上讲,法院既要保护公民、法人的名誉权,又要保障正当的舆论监督,根据查明的事实,严格依照法律规定衡量是否构成侵害名誉权。

收集侵犯名誉权案件的证据,要注意了解具体的内容、范围,还要注意防止扩大影响。在诉讼过程中,在加害人侵害他人名誉权的行为进行当中,应及时制止侵害名誉权行为继续进行,防止侵害后果继续扩大。

注意侵犯名誉权给被害人造成的影响,产生后果的程度。如果构成犯罪,要向被害人讲明法律,劝其到刑庭起诉。

关于侵犯名誉权的请求,要注意多种制裁形式可以同时提出,如停止侵权、恢复名誉、消除影响、赔礼道歉、赔偿损失。对于赔偿损失的数额要有根据,力争全面维护当事人的合法权益。

注意提醒当事人提起精神损害赔偿,对于侵犯名誉权的案件,根据我国《民法典》的有关规定,可以提起精神损害赔偿。致害人应当向受害人给付抚慰金,旨在救济心理伤害,熨平创伤,化解悲痛。对精神损害赔偿的数额律师应根据侵权人的过错程度、侵害的手段、场合、行为等方式等具体情节;侵权行为所造成的后果;侵权人的获利情况;侵权人承担责任的经济能力;受诉法院所在地平均生活水平等综合情况确定一个合情合理的数额,让当事人参考。

3. 产品责任纠纷案件

产品责任,是指经由流通领域进入消费领域的产品在使用中发生的损害事故给他人造成人身伤害或财产损失时的赔偿责任。产品责任法是有关生产经营者对其生产经营的缺陷产品所致他人人身伤害或财产损失应承担的赔偿责任的法律规范的总称。我国于1993年2月22日颁布了《中华人民共和国产品质量法》(以下简称《产品质量法》),在2018年又对其进行修正,于2018年12月29日正式施行。律师办理产品责任纠纷案件主要的法律依据就是《产品质量法》。此外还有《民法典》《消费者权益保护法》等法律法规。

因缺陷产品致人损害赔偿的责任的构成要件包括以下几个方面:

(1)产品存在缺陷。产品缺陷,是指产品存在危及人身、他人财产安全的不合理的危险性。产品责任是由于产品存在缺陷给他人造成损害而产生的赔偿责任,因此,在产品责任法中,产品缺陷具有重要意义,特别是在实行无过错产品责任的法律中,产品缺陷实际是划清产品提供者对于产品损害是否负有责任的标准。产品缺陷大致分为三种:设计缺陷、生产缺陷和指示缺陷。设计缺陷是指产品的设计中存在的不合理危险性。产品存在设计缺陷会导致依此设计生产出的一系列产品都存在缺陷,随之而来的也是大面积的损害事故。生产缺陷是在产品生产环节因工艺操作、质量管理不善等原因而使产品中存在的不合理危险性。指示缺陷，又称告知缺陷、说明缺陷等，指产品的设计和制造不存在问题，但由于产品具有特殊的性质和使用方法、使用条件等，如果产品提供者没有对此作出必要的指示、说明，就可能危及使用者的人身健康、生命和财产安全。在这种情况下产生的缺陷就是指示缺陷。

（2）损害，即使用缺陷产品所导致的死亡、人身伤害和缺陷产品以外的其他财产损害以及其他重大损失。

（3）产品缺陷与受害人所受损害之间有因果关系，即消费者人身或者他人人身、财产存在损害是产品缺陷造成的。

办理产品责任诉讼案件，首先要确认当事人。在产品责任诉讼中，能够作为原告人的，是享有产品损害赔偿请求权的人。具体地讲，就是在产品损害事故中受到人身伤害、财产损失的人，包括产品购买人、使用人以及其他受到伤害的人，也就是非直接买受缺陷产品但受到缺陷产品损害的其他人。根据我国有关法律的规定，产品责任的主体是产品的生产者和销售者。生产者应当对其生产的产品质量负责，产品存在缺陷造成损害的，生产者应当承担赔偿责任；由于销售者的过错使产品存在缺陷，造成损害的，销售者应当承担赔偿责任。因此，无论是生产者还是销售者只要是因该产品存在缺陷而给他人造成了人身伤害或财产损失，都可成为产品责任诉讼的被告人。受害人可以将双方列为共同被告提起民事诉讼。

产品责任纠纷适用无过错责任原则。产品责任的归责原则，是指据以确定产品的生产经营者对其提供的缺陷产品给他人造成的损害，是以主观过错还是以客观损害结果为基础，承担损害赔偿责任的准则。代理产品责任纠纷案件的律师应明确产品责任的归责原则在产品责任法中的重要意义，它决定产品责任的构成要件、产品责任诉讼中的举证责任的分配、赔偿责任的范围等问题。

无过错责任，是指不以产品提供者的主观过错作为追究其产品损害责任的原则。在实行无过错产品责任原则的情况下，不以产品提供者的主观过错为产品责任的构成要件，只要产品存在缺陷；他人受到人身伤害、财产损失；他人所受损害是由于产品存在的缺陷引起的，即构成产品责任，产品的提供者应负责赔偿受害人的损失。

产品责任诉讼的举证责任适用举证责任倒置原则。按照一般民事侵权责任中的过错责任,受害人要求赔偿的,应当对责任人的过错承担举证责任,即《民事诉讼法》第67条规定的,当事人对自己的主张,有责任提供证据。而由于产品责任实行无过错责任原则,因此,受害人要求赔偿时,无须证明生产者是否存在过错。而是由生产者依照《产品质量法》的规定,对其生产的产品是否具有该法规定的免责事由,自己是否具备法定的免责条件,承担举证责任,即实行"举证责任倒置"的原则。因为随着科学技术的发展,产品的技术性能和制造工艺越来越复杂,要求处于产品生产过程之外,并不具备各种产品专业知识的消费者对生产者的过错承担举证责任,难以做到,也不公平。因此,受害人只需就投入流通时的产品存在缺陷、使用缺陷产品所导致的死亡、人身伤害和缺陷产品以外的其他财产损害、产品缺陷与受害人所受损害之间的因果关系等权利发生要件事实举证即可。产品的生产者要想免责,应就法律规定的免责事由承担举证责任。在产品责任诉讼中,当事人双方为了证明自己的主张,都可以请求有关技术部门对有关事实进行技术鉴定,以履行自己的举证责任。另外在诉讼中,根据具体情况,法院认为必要时,可以指定或委托有关部门或人员对案件中的有关事实进行技术鉴定。在产品责任诉讼中,经常被法院委托进行产品质量鉴定的,是国家技术监督行政部门的产品质量监督检验机构。在产品责任的诉讼中,除生产者、销售者承担举证责任外,受害人也应当对自己的主张,提出相应的证据,比如受到损害的证据、损害是由缺陷产品引起的证据、完全按照说明书的要求使用的证据。

在办理该类纠纷案件的过程中律师应明确产品损害赔偿的种类:

(1)财产损害的赔偿:《产品质量法》第44条第2款规定:"因产品存在缺陷造成受害人财产损失的,侵害人应当恢复原状或者折价赔偿。受害人因此遭受其他重大损失的,侵害人应当赔偿损失。"因此,对财产损害的赔偿方法,一是恢复原状,二是折价赔偿。所谓恢复原状,是指使受害人受到损害的财产经过修理、加工恢复到以前的状态或者用同一种类和质量的财产更换受到损害的财产。折价赔偿是指侵害人对造成的财产损害不愿意或者无法恢复原状的,侵害人按照该财产现行价格折算为货币进行赔偿。"受害人因此遭受其他重大损失",包括间接损失,即受害人可得的利益损失,如因缺陷产品造成开饭店的房屋失火,其中失火后不能正常营业少获得的收入就是可得利益的损失,责任者也应予以赔偿。

(2)人身损害的赔偿,一般伤害的赔偿是指伤害他人身体尚未造成残废的,对这种伤害,应当赔偿医疗费、因误工减少的收入。医疗费包括因治疗而支出的全部必要的医疗费、营养费、护理费、交通费。致人残废是指伤害他人身体造成残废的,除包括以上费用外,还包括赔偿残废者的生活补助费、残疾者自助工具费。致人死亡除医疗费、误工工资、死亡赔偿金、残废者当时的生活补助费之外,还要支付死者的丧葬费以及死者生前扶养的人必要的生活费等费用。

(3)精神损害赔偿,就是以金钱来弥补受害人因人身受到损害而引起的心灵的痛苦、创伤。确定精神损害赔偿的数额应根据受害人所受到的痛苦的程度;加害人过错的轻重;加害人和受害人双方的经济情况;侵权人因侵权所获得的利益等。因人身权益或者具有人身意义的特定物受到侵害,自然人或者其近亲属向人民法院提起诉讼请求精神损害赔偿的,人民法院应当依法予以受理。因此,这为产品责任侵权案件对人身伤害后提出精神损害赔偿提供了法律依据。

五、房地产与建设工程诉讼案件

房地产律师实务,是指律师接受当事人的委托,在当事人的房地产业务活动中担任代理人,在当事人的授权范围内,以保障当事人合法经营及维护当事人合法权益为目的,办理当事人委托的诉讼及非诉讼法律事务。

房地产律师实务分为诉讼的律师实务和非诉讼的律师实务。(非诉讼的律师实务详见第三编)

(一)房地产诉讼案件

1. 房地产纠纷案件的特征

房地产纠纷案件,是指当事人之间对房屋的占有、使用、收益、处分而发生争议起诉到法院的民事案件。房产纠纷案件在民事案件中所占的比例较大,随着我国市场经济的发展,房屋商品化、住房制度改革进程的加快,房产纠纷将越来越突出。由于房地产纠纷案件政策性强、涉及面广、处理难度也较大。房地产纠纷案件按照法律关系性质的不同,大致可以分为:房屋产权纠纷、房屋买卖纠纷、房屋租赁纠纷、房屋共建纠纷、房屋典当纠纷、房屋抵押纠纷、房屋代管纠纷、房屋使用权纠纷、房屋互换纠纷、房屋拆迁纠纷、房屋赠与纠纷等。

2. 律师办理房地产案件的基本程序

根据《民事诉讼法》第34条的规定,"因不动产纠纷提起的诉讼,由不动产所在地人民法院管辖",房地产纠纷案件应由房屋所在地人民法院专属管辖,其他法院无权管辖,因此,律师要注意将此类案件提交有管辖权的人民法院进行诉讼。

作为原告的律师必须就当事人所主张的权利提供相应的证据。房屋产权纠纷案件,律师应帮助当事人提供以下证据:

(1) 房屋的产权证、建房许可证,以及能够证明权属的证据材料。

(2) 提供自己为该房屋做过翻修、翻建等工作的证据材料。

房屋买卖合同,是指出卖人将房屋交付给买受人所有,买受人支付相应价款的合同,即以房屋为标的物进行的买卖。房屋买卖合同,我国目前还没有专门的法律对其规范,处理该类纠纷应适用我国《民法典》中买卖合同的有关规定。目前,我国的城市房屋买卖分为商品房买卖和旧房买卖。由于我国的房地产市场还不够规范,房屋买卖中出现了不少的问题,也形成了许多纠纷,常见的有以下几种:

(1) 开发商利用不规范的房屋买卖合同损害购房方的利益。很多开发商在合同中只规定购房方的义务,而且条件非常苛刻。例如,2个月不付清房款就没收定金、拖延付款每天支付购房款3%的滞纳金等。目前房屋买卖合同需要到房地产管理部门进行产权登记。所以,开发商在卖出房屋但未进行登记时,遇到房屋价格上涨或者有更高的出价者时撕毁合同的情况也时有发生。

(2) 开发商延期交付房屋。延期交付有时是因为资金不到位,有时是因为质量验收不合格。

(3) 房屋的实际结构或者面积与合同约定不符,合同中没有明确商品房公共面积的分摊原则。有的开发商扩大房屋使用面积与建筑面积的系数,购房者由于缺乏经验,在签合同时也未明确如何分摊二者面积,当入住使用时却发现建筑面积很大,但实际使用面积却很小,因而引发不少纠纷。

(4) 房屋的质量不合格。有的房屋使用后出现质量问题,开发商以质量监督部门已经验收完毕为由推脱责任,致使纠纷长期无法解决。

(5) 购房方无法办理产权证。有的是因为开发商建房时手续不齐全;有的是因为商品房是在农村集体土地上建的;有的是因为开发商违章建房等,致使房产证办不下来,以致形成纠纷。

律师应当针对以上情况,按照委托人的实际情况拿出准确的诉讼方案。代理房屋买卖纠纷,起诉状应主要写明买卖房屋的经过,如有房屋买卖协议,应简单叙述协议的内容以及履行的情况,买房人是否付清了房款,卖房人是否已将房屋交付等。在诉讼中律师还应帮助当事人提供房屋买卖协议有效或者无效的证据材料,如卖房人是不是房屋产权人,双方是不是出于自愿,卖房人出卖共有房屋是否经过其他共有人同意等,若有第三人主张权利,第三人应提供对该房屋主张权利的相应的证据。

3.注意审查房地产合同的效力

律师代理房地产纠纷案件在法院诉讼中,一方总是肯定合同的有效性,并以此作为支持自己主张的依据;而另一方为反驳对方的主张和理由,则往往否定合同的有效性。从主张合同无效一方来说,其辩论要点可从以下几个方面考虑:

(1)房地产分离出卖,合同无效。房屋所有权通过买卖而转让时,该房屋占有范围内的土地使用权也必须同时转让。如果卖方将房产和土地分别卖于不同的买方,或者出卖房屋时只转让房屋所有权而不同时转让土地使用权,买方可以提出这种买卖合同无效。

(2)产权未登记过户,合同未成立。房屋买卖合同的标的物所有权的转移以买卖双方到房屋所在地的房管部门登记过户为标志,否则,即使房屋已实际交付,卖方已实际收取了房价款,房屋买卖合同也不能生效,也不能发生房屋所有权转移的法律后果,当事人仍可以提出合同无效的主张。

(3)产权主体不合法,合同无效。出卖房屋的主体必须是该房屋的所有权人。非所有权人出卖他人房屋的,其买卖行为无效。房屋的产权为数人共有的,必须征得共有人同意才能出卖,否则无效。

(4)侵犯优先购买权,合同无效。房屋所有人出卖房屋时,在同等条件下,共有人有优先购买权。房屋所有人出卖出租房屋时,在同等条件下,承租人有优先购买权。所谓"同等条件",主要是指房价同等,还包括房价交付期限、方式同等等。房屋所有人出卖房屋时侵犯共有人、承租人优先购买权的,共有人、承租人可以请求法院宣告该房屋买卖合同无效。

(5)单位违反规定购房,合同无效。机关、团体、部队、企事业单位不得购买或变相购买城市私有房屋。

(6)价格上有欺诈行为,显失公平,合同无效。买卖城市私有房屋,双方应本着按质论价的原则,参照房屋所在地人民政府规定的房屋价格标准。如果出卖人在房屋质量问题上有欺诈、隐瞒行为,买受人可要求出卖人重新议定价格,协商不成,可向法院起诉。

(7)非法转让,合同无效。违反下列情况均属于非法转让:①司法机关和行政机关依法裁决、决定查封或者以其他方式限制房地产权利的;②依法收回土地使用权的;③共有房地产,未经其他共有人书面同意的;④权属有争议的;⑤未依法登记领取权属证书的;⑥法律、行政法规规定禁止转让的其他情形。

4.应注意的问题

律师在房产纠纷案件中担任代理人时,应注意以下几点:

(1)产权属谁所有,有何证据;初为购买或是自建的;资金来源情况(如父母与子女集资的情况);是继受取得或是转让所得,有无契约或其他证据;房屋使用的变更情况和现状。查清以上问题对于律师代理好此类案件有重要作用。

(2)注意委托人是否享有诉讼请求权。房产纠纷比较复杂,接受委托时,要查清委托人是否享有诉讼请求权,对于那些无诉讼请求权的,要劝其息讼。诉讼请求权,也就是作为原告人的资格,是否享有争议房屋的所有权。

(3)要认真调查取证。律师接受委托后,要根据案情的实际情况,进行认真仔细的调查,全面收集证据,充实保证委托人举证权利的行使。

(4)明确处理本纠纷的具体法律依据。目前,国家制定了一系列、大量的规范房地产方面的法律法规,律师要根据不同的案件事实,提供准确的法律依据,以维护当事人的合法权益。

(5)对于亲属关系的房产纠纷,要注意做好和解工作,争取调解解决。

(二)建设工程合同纠纷案件

建设工程合同纠纷案件属于广义的房地产案件的一种,因为只有经过业主将申请到的建设用地予以发包建设,施工方对建筑工程建成竣工,才可申请取得房产证,成为法律意义上的房产。而在建筑过程中,因为质量、工期、转包、分包、工程款的支付等问题经常发生纠纷。发包方因为资金压力,本就有拖延支付工程款的可能,再加上目前在工程建设中经常存在层层发包、管理不善等问题,发包方就会找借口说因为质量或其他问题,应扣减支付工程款。这就造成了实践中经常出现的支付工程款的纠纷,而且因为工程款往往往数额巨大,拖欠工程款又会导致拖欠工地上农民工的工资,因此律师代理此类案件要特别慎重,首先争取和解解决,和解不成的就应及时提起诉讼或仲裁。

律师办理建设工程法律业务,应刻苦钻研专业法律问题,以具备熟悉专业的法律规定和行业特点的相应能力和水平,为当事人提供准确的、负责的专业服务。现以作为施工方的代理律师为例,简述代理施工方追讨工程欠款并最终提起仲裁解决的基本程序。

1.熟悉建设工程合同纠纷的相关法律规定及法律、专业技术术语

关于施工方的资质,《建筑法》第13条规定:"从事建筑活动的建筑施工企

业、勘察单位、设计单位和工程监理单位,按照其拥有的注册资本、专业技术人员、技术装备和已完成的建筑工程业绩等资质条件,划分为不同的资质等级,经资质审查合格,取得相应等级的资质证书后,方可在其资质等级许可的范围内从事建筑活动。"审查承包人资质证书所许可的业务范围与其承包或分包的工程业务是否一致。

关于建筑工程施工许可证,根据《建筑法》第 7 条及《建筑工程施工许可管理办法》第 2 条的规定,除了工程投资额在 30 万元以下或者建筑面积在 300 平方米以下的建筑工程外,取得建筑工程施工许可证是建设工程开工的前提条件。审查施工许可证上的工程名称、地点、规模等内容是否与依法签订的建设工程施工承包合同相一致。

发包人,是指具有工程发包主体资格和支付工程价款能力的当事人,一般是投资建设该项工程的单位,也就是所谓"业主"。

承包人,是指被发包人接受的具有工程施工承包主体资格的当事人,也就是实施建设工程勘察、设计、施工等业务的单位,包括对建设工程实行总承包的单位和承包分包工程的单位。

分包是承包人将所承包的建设工程中的某一部分施工项目交由第三人(分包人)施工建设。劳务分包又称为劳务作业分包,是指建设工程施工总承包企业或者专业承包企业将其承包工程的劳务作业(包括木工、砌筑、抹灰、石制作、油漆、钢筋、混凝土、脚手架、模板、焊接、水暖、钣金、架线等)发包给劳务承包企业完成的活动。违法分包是指下列行为:

(1)总承包单位将建设工程分包给不具备相应资质条件的单位的;

(2)建设工程总承包合同中未约定,又未经建设单位认可,承包单位将其承包的部分建设工程交由其他单位完成的;

(3)施工总承包单位将建设工程主体结构的施工分包给其他单位的;

(4)分包单位将其承包的建设工程再分包的。

转包是指承包单位承包建设工程后,不履行合同约定的责任和义务,将其承包的全部工程转给他人或者将其承包的全部工程拆解后以分包的名义分别转给其他单位承包的行为。

挂靠主要是指没有相应资质或建筑资质较低的企业、个体工商户、个人合伙、自然人以营利为目的,借用其他有相应建筑资质或者资质较高的建筑施工企业的名义承揽建设工程的行为。工程挂靠的准确法律术语叫"借用资质",而通过其基本表现形式可以概括其法律含义的内核为"借用行为"。根据《建筑法》第26条的规定，凡是转让、出借资质证书或者以其他方式允许他人使用本单位名义承揽建设工程的，均属借用资质或者资质挂靠行为。挂靠的主要表现形式包括但不限于以下情形：

(1)不具有从事建筑活动主体资格的个人、合伙组织或企业以具备从事建筑活动资格的建筑施工企业的名义承揽工程；

(2)资质等级低的建筑施工企业以资质等级高的建筑施工企业的名义承揽工程；

(3)不具有施工总承包资质的建筑施工企业以具有施工总承包资质的建筑施工企业的名义承揽工程；

(4)有资质的建筑施工企业通过名义上的联营、合作、内部承包等其他方式变相允许他人以本企业的名义承揽工程。

2.就争议进行谈判

根据案情需要，通过公证、查档等手段保全证据，与委托方协商，确定谈判策略，给发包方发律师函，指出其违约行为，督促其进行谈判。

(范例)

律　师　函

××××有限公司暨×××先生：

××××有限公司(委托人)已授权北京市××律师事务所×××律师(本律师)全权处理贵公司与委托人之间的工程欠款纠纷。本律师经各方调查取证，发现：(1)贵公司违反了与委托人在××××年××月××日签署的《建设工程施工合同》以及后来贵公司在《会议纪要》中所作出的承诺，拖欠委托人巨额工程欠款，严重违约；(2)委托人完全履行了《建设工程施工合同》的约定，将约定建筑办公楼交与贵公司使用，贵公司已经入驻并使用办公楼一年有余，却恶意拖延工程款结算，给委托人造成了严重的经济损失。

鉴于上述情形，为维护委托人合法权益，及时处理工程款纠纷事宜，本律师特函告贵公司如下：

1.自贵公司收到本律师函之日起七个工作日之内，按照下述联系方式对上述纠纷事宜予以明确回复。

2.如贵公司未能按上述期限予以明确回复,我方将立即通过法律途径来保护合法权益。

联系人:×××律师,电话:010-×××××××

北京市××律师事务所
律师:×××
××××年××月××日

3.提起仲裁

如果双方谈判破裂,代理律师应及时提起仲裁,因为仲裁即使不包括造价鉴定也需要4个月的时间,加上造价鉴定,至少要半年的时间仲裁庭才能裁决,而施工方拿到工程款还要经过执行阶段。此时施工方的资金成本压力是很大的,尤其是垫资建设的工程。如感到发包方有可能会转移资产,则应采取诉讼保全措施。代理建设工程仲裁案件和代理其他案件的共同点就是证据。以笔者代理一案件为例,其中证据包括以下方面:《建设工程施工合同》正副本、施工方制作的结算书公证件、竣工图(证明施工方所完成的工程量以及相关的施工内容)、设计变更及设计图纸会审记录、现场签证资料、办公楼使用情况公证书、会议纪要、来往函件、承包范围函件、指定分包协议、抢工协议等。代理律师应当清楚,只有扎扎实实地完成调查取证的工作,建设工程合同纠纷案件才有胜诉的可能,施工方的合法利益才能得以维护。

六、劳动纠纷案件

劳动争议,是指劳动者与用人单位之间因劳动关系中权利义务的实现而发生的纠纷,解决劳动争议对于保障当事人合法权益、促进社会和谐稳定发展具有重要意义。劳动争议案件属于传统民事审判又区别于普通民事案件,其特殊性主要体现在以下几个方面。

1.一裁两审,通常仲裁前置

普通民事案件的审判实行两审制,劳动争议案件在两审之前,还有劳动争议仲裁程序,只有对仲裁裁决或不予受理决定不服的,才可以向法院起诉。

个别情况不需要仲裁前置,如因支付拖欠劳动报酬、工伤医疗费、经济补偿或者赔偿金事项达成调解协议,用人单位在协议约定期限内不履行的,劳动者持调解协议书依法向法院申请支付令,法院裁定终结督促程序后,劳动者依据调解协议直接提起诉讼的,法院应予受理。

另外，也存在部分一裁终局的情形，包括追索劳动报酬、工伤医疗费、经济补偿或者赔偿金，不超过当地月最低工资标准12个月金额的争议或者因执行国家的劳动标准在工作时间、休息休假、社会保险等方面发生的争议，裁决书自作出之日起发生法律效力。

需要注意的是，即使是一裁终局案件，也并不意味着当事人丧失司法救济渠道。不服一裁终局裁决的，劳动者可以向基层人民法院起诉，用人单位一方则可向中级人民法院申请撤销仲裁裁决。

2. 管辖法定，适用特殊时效

原则上劳动争议案件由用人单位所在地或者劳动合同履行地的基层人民法院管辖，劳动合同履行地不明确的，由用人单位所在地的基层人民法院管辖，当事人双方不可以约定管辖法院。用人单位对终局裁决不服的可以申请撤销裁决，此类案件由劳动争议仲裁委员会所在地的中级人民法院管辖。

劳动争议申请仲裁的时效期间为一年，劳动关系存续期间因拖欠劳动报酬发生争议的，劳动者申请仲裁不受此限制，但是劳动关系终止的，应当自劳动关系终止之日起一年内提出。

3. 法律关系单一，诉讼请求多样

普通民事案件法律关系纷繁复杂，如物权纠纷、合同纠纷、侵权纠纷等，劳动争议案件法律关系较为单一，核心是劳动关系的有无。但在诉请上又表现出多样化，复合诉请较常见，如同时要求支付工资差额、加班工资、未休年休假工资、未签订劳动合同期间二倍工资差额、工伤待遇、经济补偿金等。

4. 举证责任特殊，倾向保护弱者

普通民事案件的基本举证原则是"谁主张,谁举证"，劳动争议案件中，由于劳动关系当事人的力量相差悬殊，劳动者处于弱势地位，所以对用人单位分配了较重的举证责任。与争议事项有关的证据由用人单位掌握管理，用人单位不提供的，将承担不利后果。因用人单位做出的开除、除名、辞退、解除劳动合同、减少劳动报酬、计算劳动者工作年限等决定而发生的劳动争议，则直接由用人单位承担举证责任。

5. 法律依据层级多维，政策差异明显

普通民商事案件适用的法律依据多为法律及司法解释，法律层级较高。劳动争议领域的法律适用体系由诸多不同层次的法律和规则组成。从法律范畴上看，劳动法属于社会法范畴，有其特有理念和规则，民法则属于私法范畴，民法与劳动法对同一问题有不同规定时,应适用劳动法有关规定。

从《中华人民共和国劳动法》(以下简称《劳动法》)到《中华人民共和国劳动合同法》(以下简称《劳动合同法》)、《中华人民共和国劳动争议调解仲裁法》(以下简称《劳动争议调解仲裁法》),整个劳动法体系也在不断发展、完善。在2020年年底,《最高人民法院关于审理劳动争议案件适用法律问题的解释(一)》出台前,最高人民法院曾先后颁布施行4个审理劳动争议案件的司法解释,内容丰富,体系庞大,目前这4个司法解释均已废止。除此之外,劳动争议案件在法律适用上还存在大量的行政法规、地方性法规、部门规章、规范性文件、会议纪要等,不同地域的政策性规定差异较大。

6. 争议全面审理,裁判指向实体

劳动争议案件并非完全适用民事诉讼法的"不告不理"原则,即使原告仅对部分仲裁裁决内容不服向法院提起诉讼,由于此时仲裁裁决已因原告起诉失去法律效力,对原告认可仲裁裁决的部分也要予以审理确认。当然,未提起诉讼的一方视为其认可仲裁裁决。

正因法院审理的对象是当事人双方的劳动争议,而非仲裁裁决正确与否,法院在劳动争议案件裁判文书的主文表述上,是对双方权利义务直接进行裁判,而非维持、撤销或者变更某项仲裁裁决内容。

七、著作权诉讼案件

著作权纠纷,既有基于著作权的归属、权利的行使等发生的纠纷,也有基于作品的使用而发生的著作权合同纠纷。著作权诉讼案件主要有著作权侵权案件、著作权转让合同纠纷案件、著作权许可使用合同纠纷案件。

(一)著作权侵权案件

所谓侵犯著作权的行为,是指未经作者同意或其他权利人同意,又无法律上的根据,擅自对著作权作品进行利用或以其他非法手段行使著作权人专有权利的行为。

1. 侵犯著作权的表现形式

根据《著作权法》的规定,侵犯著作权的行为有以下多种表现形式:未经著作权人许可,发表其作品的行为;未经合作作者许可,将与他人合作创作的作品当作自己单独创作的作品发表的行为;没有参加创作,为谋取个人名利,在他人作品上署名的行为;歪曲、篡改他人作品的行为;未经著作权人许可,以展览、摄制电影和以类似摄制电影的方法使用作品,或者以改编、翻译、注释等方式使用作品的行为;使用他人作品未按规定支付报酬的行为;未经电影作品和以类似摄制电影的方法创作的作品、计算机软件、录音录像制品的著作权人或者与著作权有关的权利人许可,出租其作品或者录音录像制品的行为;未经出版者许可,使用其出版的图书、期刊的版式设计的行为;剽窃、抄袭他人作品的行为;未经著作权人许可,以营利为目的复制发行其作品的行为;制作、出售假冒他人署名的美术作品的行为;未经表演者许可,以现场直播其表演的行为或者公开传送其现场表演的行为;未经著作权人许可,复制、发行、表演、放映、广播、汇编、通过信息网络向公众传播其作品的行为;未经表演者许可,对其表演制作录音录像出版的行为,或者通过信息网络向公众传播其表演的行为;出版他人享有专有出版权的图书的行为;未经录音录像制作者许可,复制、发行、通过信息网络向公众传播其制作的录音录像制品的行为;未经广播电台、电视台许可,转播、复制发行其制作的广播、电视的行为;未经著作权人或者与著作权有关的权利人许可,故意避开或者破坏权利人为其作品、录音录像制品等采取的保护著作权或者与著作权有关的权利的技术措施的行为;侵犯著作权以及与著作权有关权利的行为。

2. 侵犯著作权的民事法律责任

侵犯著作权行为发生后律师在诉讼过程中应掌握以下几种处理方式:

(1)停止侵害。行为人正在实施侵害他人著作权的行为时,权利人有权要求其停止侵权行为,其目的是防止损害结果扩大。

(2)消除影响。作品的著作权被侵犯后,权利人有权请求行为人或者诉请人民法院责令行为人在一定范围内澄清事实,以消除人们对权利人或者其作品的不良印象,使社会对其评价恢复到未受侵害前的状态。一般来说,行为人在多大范围内给著作权人造成不良影响和损害,就应在多大范围内消除影响。

(3)公开赔礼道歉。这是保护权利人的人身权的有效措施。具体方式有登报致歉,在公共场所声明或借助其他媒介表明歉意等。

(4)赔偿损失。主要适用于对著作财产权的侵害,对著作人身权的侵害,只有给权利人造成一定的经济损失时,才能适用赔偿损失的方法。侵犯著作权或者与著作权有关的权利的,侵权人应当按照权利人因此受到的实际损失或者侵权人的违法所得给予赔偿;权利人的实际损失或者侵权人的违法所得难以计算的,可以参照该权利使用费给予赔偿。对故意侵犯著作权或者与著作权有关的权利,情节严重的,可以在按照上述方法确定数额的一倍以上五倍以下给予赔偿。权利人的实际损失、侵权人的违法所得、权利使用费难以计算的,由人民法院根据侵权行为的情节,判决给予500元以上500万元以下的赔偿。

(二)著作权转让合同纠纷案件

著作权转让合同纠纷案件,是指著作权人将其作品使用权的一部或全部在法定有效期内转移给他人,在此转让过程中转让人和受让人之间出现的纠纷。违约行为的一般表现:转让合同中负有义务的一方当事人,不履行自己承担的义务;合同中负有义务的一方当事人履行合同义务不符合预先约定的条件或者只履行了一部分。

(三)著作权许可使用合同纠纷案件

它是指著作权人在将自己的作品以一定的方式、在一定的地域和期限内许可他人使用的过程中出现的纠纷。代理此类案件的律师应当注意审查:被许可人行使权利时是否擅自超出约定的权利;是否在约定的方式、约定的地域和约定的期限内行使著作权;被许可人不得擅自将自己享有的权利许可其他人使用;著作权人可以将同样权利以完全相同的方式,在相同的地域和期限内许可他人使用,除非被许可人享有专有许可权;除专有许可外,被许可人对第三人侵犯自己权益的行为一般不能以自己的名义向侵权人提起诉讼,只能以著作权人的名义提起诉讼。

随着科技的发展,计算机网络已经渗入人们生活的方方面面,网络传播的兴起和发展使著作权侵权行为有了新的表现。将网络上他人作品下载并复制光盘、图文框(frame)链接、超链接(hyperlink),未经许可将作品原件或复制物提供公众交易或传播,网络服务商的侵犯著作权行为,用故意删除、篡改等手段破坏网络作品著作权管理信息等,虽然这类案件的侵权场所具有特殊性、侵权行为具有复杂性、责任承担主体具有多元性等特点,但是并未超出著作权法保护的范畴,不应对此种侵权行为进行类型化,因此针对这种侵权行为的新表现形式,代理律师应当能够利用著作权法的知识进行分析、判断其属于著作权纠纷中的哪种类型,进而有针对性地提起诉讼,保护被代理人的利益。

(四)著作权纠纷案件律师代理问题

(1)全面了解目前有关著作权保护的法规、政策,正确地认定侵犯著作权的行为。注意不要把许可使用的行为,也当成侵犯著作权的行为来认定。

(2)要注意正确地认定是专著还是合著及著作权人享有的具体权利。

(3)对于扣付、少付或迟延付酬的纠纷,要注意结合有关法规,全面维护委托人的合法权益。

（4）注意诉讼时效的规定。著作权侵权案件应在 2 年内提起诉讼。

（5）原告在向法院提出要求被告赔偿损失的诉讼请求后，应提供相应的证据。一般采用依据被侵权者的损失或侵权者所得来确定赔偿数额。

八、商标权诉讼案件

律师商标诉讼代理主要是指律师接受注册商标所有人的委托，在法律规定的保护范围内，根据委托人的授权，以委托人的名义并为了委托人的利益，代理委托人进行诉讼的行为。商标权诉讼案件主要有商标侵权案件、商标使用许可合同纠纷案件、注册商标转让合同纠纷案件。律师在代理商标侵权案件时，应进行如下工作：

1. 律师应区分侵犯商标专用权的类型

（1）未经注册商标所有人的许可，在同一种商品或者类似商品上使用与其注册商标相同或者近似商标的。这类商标侵权行为的案件有四种情况：在同一种商品上使用与注册商标相同的商标；在同一种商品上使用与注册商标相近似的商标；在类似商品上使用与注册商标相同的商标；在类似商品上使用与注册商标相近似的商标。

（2）销售明知是假冒注册商标的商品。这是商品销售者实施的一种侵权行为。只要销售者主观上明知或应知销售的是假冒注册商标的商品，即构成此类侵权行为。

（3）伪造、擅自制造他人注册商标标识或者销售伪造、擅自制造的注册商标标识。这类侵权行为的表现形式主要有四种：伪造他人注册商标标识；未经商标权人委托或者授权而制造其注册商标标识；超越商标权人授予的权限擅自制造其注册商标标识；销售属于伪造、擅自制造的注册商标标识。

（4）给他人的注册商标专用权造成其他损害的行为。

2. 对商标使用许可合同诉讼案件的代理

首先，应对商标使用许可合同进行审查，以确认其法律效力；其次，审查合同变更、解除等方面的内容。如果合同有效，违约一方应承担违约责任。律师在代理时，可依照《民法典》的有关规定办理。但商标使用许可合同与一般合同不同，有其特殊性。比如，在确认合同的法律效力时商标使用许可合同，就有它的特点。对这类合同必须审查以下几项条件，否则合同应确认无效。要审查：许可人必须是该商标注册人；商标必须与注册商标一致（文字、图形）；许可使用注册商标的商品，应当以注册商标核定使用的商品为限；许可合同的期限不得超过注册商标的有效期限,续展后,可继续签订。

3. 商标权诉讼案件律师代理应注意的问题

(1) 查明商标权是否已经取得,或商标权的享有是否超过了法律规定的期限。

(2) 查明侵犯商标权的时间、地点、造成的影响,为此要全面收集证据。

(3) 代理人要及时地向人民法院提出采取强制停止侵权行为的措施。

(4) 确定商标侵权案件的管辖法院。由于商标侵权行为而引起的诉讼,管辖比较复杂,因为我国《民事诉讼法》第29条规定:"因侵权行为提起的诉讼,由侵权行为地或者被告住所地人民法院管辖。"有时商标的侵权行为地既不在原告住所地,也不在被告住所地,而是在第三地,甚至第三地还不止一处。律师选择被告住所地起诉比较合适。

(5) 注意提出赔偿的请求。律师应为当事人提供计算赔偿的计算标准,侵犯商标专用权的赔偿数额,按照权利人因被侵权所受到的实际损失确定;实际损失难以确定的,可以按照侵权人因侵权所获得的利益确定;权利人的损失或者侵权人获得的利益难以确定的,参照该商标许可使用费的倍数合理确定。对恶意侵犯商标专用权,情节严重的,可以在按照上述方法确定数额的一倍以上五倍以下确定赔偿数额。赔偿数额应当包括权利人为制止侵权行为所支付的合理开支。权利人因被侵权所受到的实际损失、侵权人因侵权所获得的利益、注册商标许可使用费难以确定的,由人民法院根据侵权行为的情节判决给予500万元以下的赔偿。

九、专利权诉讼代理实务

律师专利诉讼代理主要是指律师接受专利所有权人的委托,在法律规定的保护范围内,根据委托人的授权,以委托人的名义并为了委托人的利益,代理委托人进行诉讼的行为。专利权纠纷案件主要有以下几种:关于实施强制许可使用费纠纷的案件;关于专利申请公布后,专利权授予前使用发明、实用新型、外观设计的费用纠纷的案件;关于专利侵权纠纷案件;关于转让专利申请权或者专利权的合同纠纷案件;专利权属纠纷案件;专利申请权纠纷案件。

针对不同案件纠纷、情节是否严重,所产生的后果等因素的不同,处理方法也不一样,我国《专利法》常见的保护方法有三种,即民事保护、行政保护以及刑事司法保护(主要针对假冒专利情节严重的行为)。以下分析律师在不同纠纷类型中所需要处理的问题。

（一）专利权诉讼案件的种类

1. 专利侵权纠纷案件

专利侵权也称侵犯专利权,是指在专利有效期内,非法侵犯专利权人依法所享有的权利的行为。《专利法》规定,未经专利权人许可,为生产经营目的制造、使用或者销售其专利产品,或者使用其专利方法的行为以及假冒他人专利的行为,都属于侵犯专利权的行为。专利侵权行为应同时具备以下几个条件:

（1）专利侵权被侵犯的对象,是已被授予专利权,受《专利法》保护的专利产品或专利方法。

（2）侵权行为是指违法制造、使用和销售专利产品以及使用专利方法的行为。发生专利方法侵权纠纷以后,制造同样产品的单位或者个人应当提供其生产制造方法的证明,也就是说,被告有责任提供证据,证明其产品不是用该方法制造的,否则,不需要原告提供证据,被告即被推定为使用了该专利方法。

（3）要以生产经营营利为目的。具有此等性质的行为的违法性才构成专利侵权。

（4）未经专利权人许可。

（5）专利侵权人主观上必须有过错。

（6）实施的专利侵权行为直接或间接给专利权人造成财产和精神上的损害,也就是损害结果客观存在。

对这类案件的处理,律师代理实务中常采取民事保护,向侵权行为地（侵权行为发生地、侵权行为结果地）的中级人民法院起诉,如果案件技术性、专业性强,案件复杂,涉及面广,律师在代理中有一定难度,有专门技术问题,可以请专家顾问对有关的问题进行技术分析和技术鉴定,以便更好地保护当事人的利益。

为了使当事人能够免遭继续侵权或者获取更多的补偿,代理律师在代理过程中尤其需要注意的问题包括以下几个方面:

（1）应及时向法院提出诉前停止侵犯专利权的申请,切实保护专利权人和其他利害关系人的合法权益。

（2）为当事人提供诉前保全措施。专利权作为一种无形财产权,和其他财产权相比有它的特殊性。专利侵权诉讼采取诉讼保全是为了及时制止对专利这种无形资产的侵权行为,也是为了避免损失的扩大。

（3）应当帮助代理人举证,证明被告侵权的事实证据,包括书证、物证;向法院阐明诉讼的目的及理由,请求保护权利的范围和要求停止侵权的范围,说明理由和依据。

(4) 及时提出证据保全申请。在专利侵权纠纷中,产品、设备及有关的技术资料都是非常重要的证据,如不及时采取保全措施,证据就有被毁损、转移的可能。

(5) 为当事人提供专利侵权赔偿数额的计算方式,合理提出赔偿数额。赔偿数额应根据权利人因被侵权所受到的损失,也可以根据权利人的利益损失、侵权人获得的利益或者专利使用许可费的倍数合理计算。

2. 专利申请权纠纷案件

这类案件主要解决专利权的归属问题,主要包括:关于是职务发明创造还是非职务发明创造;关于谁是发明创造的发明人或设计人;关于合作完成或者接受委托完成后的发明创造,谁有权申请专利。

3. 专利权属纠纷案件

专利权属纠纷案件,是指某项发明创造被正式授予专利权后,当事人对谁是真正发明人产生争议,依法向人民法院起诉的案件。如果当事人是对专利授予机关授予专利的行为有异议,则其代理律师可以向人民法院起诉以寻求行政保护。另外对于专利局有关人员在专利公布前的泄露专利内容行为、未经专利局许可实施专利的侵权行为,律师应当首先寻求行政保护。

4. 专利许可合同纠纷案件

专利许可合同的法律特征是双方通过订立合同,专利权人(许可人)将专利交给受让人(被许可人)使用,而受让人因此支付专利使用费,当因一方违约造成纠纷起诉至法院后,对违约责任的划分,应围绕双方基本的权利义务关系确定。对专利许可合同纠纷民事责任的确定及处理,代理律师应注意从以下几个方面去考虑:

(1) 许可人是不是专利权人。如果不是专利权人,而以所有权人的名义与他人订立的专利许可合同是无效的。

(2) 审查许可人提供的专利是否为职务发明。根据《专利法》的规定,执行本单位的任务或者利用本单位的物质条件所完成的职务发明创造,申请专利的权利属于该单位。

(3) 审查专利许可合同的内容和形式是否合法。

(4) 根据专利许可合同双方约定的权利义务,确定谁应该承担违约责任。

5. 专利权转让纠纷案件

专利权转让,是指转让方将其所有的专利权移交受让方所有的行为。关于

专利转让合同在履行过程中产生纠纷而依法起诉到人民法院的案件,律师在代理时应主要抓住三个关键点:

(1)当事人所转让的专利是否属于有效专利;

(2)当事人是否有权转让;

(3)转让协议是否依法经专利局登记公告。

(二)专利权案件律师代理应注意的问题

(1)要明确我国专利权保护的三种方法:①对假冒他人专利者,对侵犯发明人或设计人的非职务发明创造专利申请权和专利局规定的其他权益的行为、对专利局有关人员在专利公布前泄露专利内容的行为、对未经专利局许可实施专利的侵权行为,律师应当首先请求行政保护;②对当事人因专利是否为发明创造而发生的纠纷,关于谁是发明创造的发明人或设计人的纠纷,关于对协作(合作)完成或者接受委托完成的发明创造谁有权申请专利的纠纷案件,对上级主管部门或所在地区专利管理机关处理不服的案件,可以请求民事保护,向人民法院起诉;③对于假冒专利且情节严重的侵权直接责任人,可以请求司法机关追究其刑事责任。

(2)专利侵权纠纷案件技术性、专业性强,案件复杂,涉及面广,律师在代理中有一定难度,遇有专门技术问题可以请专家顾问对有关的问题进行技术分析和技术鉴定。

(3)作为原告的代理人应当帮助其举证,证明被告侵权的事实证据,包括书证、物证;向法院阐明诉讼的目的及理由,请求保护权利的范围和要求停止侵权的范围,说明理由和依据。

(4)专利侵权纠纷案件的管辖一般适用特别地域管辖,即由侵权行为地的中级人民法院管辖。侵权行为地包括侵权行为发生地、侵权行为连续进行地和损害结果发生地。

(5)对专利侵权行为,为当事人提供诉前保全措施。专利权作为一种无形财产权,和其他财产权相比有它的特殊性。专利侵权诉讼采取诉讼保全是为了及时制止对专利这种无形资产的侵权行为,也是为了避免损失的扩大。

(6)及时提出证据保全申请。在专利侵权纠纷中,产品、设备及有关的技术资料都是非常重要的证据,如不及时采取保全措施,证据就有被毁损、转移的可能。

(7)代理人应及时向法院提出诉前停止侵犯专利权的申请,切实保护专利权人和其他利害关系人的合法权益。

(8)侵犯专利权的赔偿数额按照权利人因被侵权所受到的实际损失或者侵权人因侵权所获得的利益确定;权利人的损失或者侵权人获得的利益难以确定的,参照该专利许可使用费的倍数合理确定。对于故意侵犯专利权,情节严重的,可以在按照上述方法确定数额的一倍以上五倍以下确定赔偿数额。

第九节　律师代理民事诉讼应注意的问题

一、律师应在全面掌握案件的基础上,认真审查证据

律师无论代理何种类型的民事案件,都应当根据当事人提供的情况,弄清纠纷的法律事实。根据纠纷的法律事实,决定该由哪一种或哪几种民事实体法来进行调整,确定解决这起纠纷所适用的法律规范。律师要弄清纠纷事实,仅靠同被代理人谈话是不够的,还必须借助调查,并认真收集有关证据材料,才能彻底掌握纠纷的真相。至于如何调查和调查哪些问题,要根据案件的实际需要来决定。不同案件调查的侧重点也不一样。在掌握了事实以后,就要准备证据。这就要求律师做好证据的收集和使用工作。

律师还有必要核对各方面的证据,不带偏见,不先入为主,应去伪存真。当事人因在诉讼中有利害关系,故其所提供的证据往往带有虚伪性和片面性。人民法院收集的证据、鉴定人鉴定的结论,有时难免有偏差。律师一定要实事求是地加以核对、审查、分析、研究和查明真伪。

二、调解贯穿于律师代理的所有程序

调解,是指人民法院在查明事实、分清是非和双方当事人自愿的基础上,依据国家的法律和政策通过说服教育,耐心地做思想工作,促其达成调解协议,使纠纷得到解决。因此,调解必须遵循实事求是、自愿和合法的原则。

《民事诉讼法》第9条规定:"人民法院审理民事案件,应当根据自愿和合法的原则进行调解……"第96条也规定:"人民法院审理民事案件,根据当事人自愿的原则,在事实清楚的基础上,分清是非,进行调解。"第145条又规定:"……判决前能够调解的,还可以进行调解,调解不成的,应当及时判决。"这些规定,充分说明了"着重调解"在民事诉讼中的重要地位。审判人员在主持调解时,作为代理人的律师,代理委托人接受调解结案,必须有委托人的特别授权,只有律师与委托人的意见协商一致后,才能决定是否接受法庭调解,如委托人亲自参加出庭调解,应在代理律师的积极协助下,由委托人对法庭调解表示意见。律师应

积极主动地促成双方达成调解协议,以调解的方式结案。

《民事诉讼法》第 9 条规定:"……调解不成的,应当及时判决"在法院宣判阶段,律师向委托人解释裁判的内容和意义,就其是否上诉或申诉问题,向委托人提供咨询意见。律师对裁判作解释时,应实事求是,不能作歪曲解释,更不能挑拨煽动,影响正确判决执行。如果裁判在认定事实上或适用法律上确有错误,可以向委托人指出正确的处理方式。

三、律师在民事诉讼案件中不是诉讼主体而是诉讼法律关系主体

律师接受当事人的委托,作为代理人参加民事诉讼,其不是诉讼主体,而是诉讼法律关系的主体。

在民事诉讼理论中,诉讼主体与诉讼法律关系主体是两个不同的法律概念。诉讼主体是以自己的名义进行诉讼,并承受法律效力的利害关系人。诉讼法律关系主体,是指在诉讼活动中享有一定的诉讼权利和承担一定诉讼义务的人。诉讼主体与诉讼法律关系主体有着不可分割的紧密联系,只要是诉讼主体,就必定也是诉讼法律关系的主体。但是,反过来,诉讼法律关系的主体并非全是诉讼主体。律师作为代理人参加诉讼,只能是诉讼法律关系的主体,而不可能成为诉讼主体。这是由律师的法律地位所决定的。

在民事诉讼中,律师的权利、义务是从被代理人的权利、义务中派生出来的,是由代理人授予的,不是律师本身所固有的,律师在代理诉讼过程中,应当遵照被代理人的意志,以被代理人的名义进行诉讼活动,这就决定了代理律师不是独立的诉讼主体,必须受被代理人意志的约束,但其在民事诉讼中也具有相对的独立性。代理律师不是被代理人的"代言人"或者"传声机",其在代理活动中必须忠实于国家法律,忠实于事实真相。

四、律师应注意的民事诉讼的关键期限

民事诉讼的关键期限如表 7-1 所示。

表 7-1　民事诉讼的关键期限

一审	
诉讼时效	向人民法院请求保护民事权利的诉讼时效期间为 3 年。法律另有规定的,依照其规定。(《民法典》第 188 条)
	2 年诉讼时效。因产品存在缺陷造成损害要求赔偿的诉讼时效期间为 2 年,自当事人知道或者应当知道其权益受到损害时起计算。

续表

一审	
诉讼时效	因产品存在缺陷造成损害要求赔偿的请求权,在造成损害的缺陷产品交付最初消费者满 10 年丧失;但是,尚未超过明示的安全使用期的除外。(《产品质量法》第 45 条)
	3 年诉讼时效。因环境污染损害赔偿提起诉讼的时效期间为 3 年,从当事人知道或应当知道受到污染损害时计算。(《海洋倾废管理条例实施办法》第 39 条)
	4 年诉讼时效。因国际货物买卖合同和技术进出口合同争议提起诉讼或者申请仲裁的时效期间为 4 年。(《民法典》第 594 条)
	最长诉讼时效。诉讼时效期间自权利人知道或者应当知道权利受到损害以及义务人之日起计算。法律另有规定的,依照其规定。但是,自权利受到损害之日起超过 20 年的,人民法院不予保护,有特殊情况的,人民法院可以根据权利人的申请决定延长。(《民法典》第 188 条)
申请财产保全	诉前财产保全。法院应在 48 小时内作出裁定,裁定保全的,应立即执行(申请人必须提供担保)。申请人应该在采取保全措施后 30 日内起诉。(《民事诉讼法》第 104 条)
	诉中财产保全。情况紧急的,法院应在 48 小时内作出裁定,裁定保全的,应该立即执行。(《民事诉讼法》第 103 条)
	对财产保全或先予执行裁定不服的,可以申请复议一次。(《民事诉讼法》第 111 条)
申请证据保全	在证据可能灭失或者以后难以取得的情况下,当事人可以在诉讼过程中向人民法院申请保全证据,人民法院也可以主动采取保全措施。
	因情况紧急,在证据可能灭失或者以后难以取得的情况下,利害关系人可以在提起诉讼或者申请仲裁前向证据所在地、被申请人住所地或者对案件有管辖权的人民法院申请保全证据。(《民事诉讼法》第 84 条)
立案	法院应在收到起诉状或口头起诉后 7 日内立案。(《最高人民法院关于人民法院登记立案若干问题的规定》第 8 条)
先予执行	法院应当在受理案件后终审判决前采取。(《民诉解释》第 169 条)

续表

一审	
公告送达	国内有住所。适用于受送达人下落不明或用其他方式无法送达的。自发出公告之日起经过30日的,视为送达。(《民事诉讼法》第95条)
	国内无住所。适用于不能用其他方式送达的。自公告之日起满60日。(《民事诉讼法》第283条)
答辩期	法院应在立案之日起5日内将起诉状副本发送被告,被告收到之日起15日内提交答辩状,法院收到答辩状之日起5日内发送原告。(《民事诉讼法》第128条)
管辖权异议	人民法院受理案件后,当事人对管辖权有异议的,应当在提交答辩状期间提出。(《民事诉讼法》第130条)
举证期限	举证期限可以由当事人协商,并经人民法院准许。 人民法院指定举证期限的,适用第一审普通程序审理的案件不得少于15日,当事人提供新的证据的第二审案件不得少于10日。适用简易程序审理的案件不得超过15日,小额诉讼案件的举证期限一般不得超过7日。 举证期限届满后,当事人提供反驳证据或者对已经提供的证据的来源、形式等方面的瑕疵进行补正的,人民法院可以酌情再次确定举证期限,该期限不受前款规定的期间限制。(《民事证据规定》第51条)
简易转普通后举证期限	简易程序转为普通程序的,应该补足不少于30日的举证期限,但在征得当事人同意后可以少于30日。(《最高人民法院关于适用〈关于民事诉讼证据的若干规定〉中有关举证时限规定的通知》第2条)(以下简称《举证时限规定》)
管辖权异议后举证期限	当事人在一审答辩期内提出管辖权异议的,人民法院应当在驳回当事人管辖权异议的裁定生效后,依照《民事证据规定》第33条第3款的规定,重新指定不少于30日的举证期限。但在征得当事人同意后,人民法院可以指定少于30日的举证期限。(《举证时限规定》第3条)
法院调查证据反证期间	人民法院依职权调查收集的证据提出相反证据的举证期限问题。人民法院依照《民事证据规定》第15条调查收集的证据在庭审中出示后,当事人要求提供相反证据的,人民法院可以酌情确定相应的举证期限。(《举证时限规定》第4条)

续表

一审	
增加当事人举证期限	关于增加当事人时的举证期限问题。人民法院在追加当事人或者有独立请求权的第三人参加诉讼的情况下,应当依照《民事证据规定》第33条第3款的规定,为新参加诉讼的当事人指定举证期限。该举证期限适用于其他当事人。(《举证时限规定》第5条)
申请延期举证	应在举证期限内提出,并可再次提出,延长的期限同样适用其他当事人。(《民事证据规定》第54条、《举证时限规定》第6条)
申请证人出庭	当事人申请证人出庭作证的,应当在举证期限届满前向人民法院提交申请书。(《民事证据规定》第69条)
	适用简易程序的案件,应该在举证期限届满前提出。(《适用简易程序审理民事案件的规定》第12条)
申请调查取证	当事人及其诉讼代理人申请人民法院调查收集证据,应当在举证期限届满前提交书面申请。(《民事证据规定》第20条)
	适用简易程序的案件,应该在举证期限届满前提出。(《适用简易程序审理民事案件的规定》第12条)
增加、变更诉讼请求或提出反诉期间	依法理,原告增加变更、诉讼请求或被告提出反诉可以合并审理,因此应在当事人最后行使辩论权前提出,即在法庭辩论终结前提出。
	原告增加诉讼请求,被告提出反诉,第三人提出与本案有关的诉讼请求,可以合并审理。(《民事诉讼法》第143条)
变更诉讼请求或反诉后举证期限	当事人增加、变更诉讼请求或者提出反诉的,人民法院应当根据案件具体情况重新确定举证期限。(《民事证据规定》第55条)
申请增加当事人的期限	对于申请增加当事人,没有明确规定在什么期限内提出,但是鉴于申请增加当事人必然涉及增加、变更诉讼请求。因此,应该在举证期限内提出。
证据交换	人民法院依照《民事诉讼法》第133条第4项的规定,通过组织证据交换进行审理前准备的,证据交换之日举证期限届满。
	证据交换的时间可以由当事人协商一致并经人民法院认可,也可以由人民法院指定。当事人申请延期举证经人民法院准许的,证据交换日相应顺延。(《民事证据规定》第56条)

续表

	一审	
传唤期限	人民法院适用普通程序审理案件,应当在开庭3日前用传票传唤当事人。对诉讼代理人、证人、鉴定人、勘验人、翻译人员应当用通知书通知其到庭。当事人或者其他诉讼参与人在外地的,应当留有必要的在途时间。(《民诉解释》第227条)	
申请回避	案件开始审理前提出,也可在法庭辩论终结前提出。法院应在提出后3日内以口头或书面的形式作出决定,当事人对决定不服的,可以在接到决定时申请复议,法院应在3日内对复议作出决定。(《民事诉讼法》第47条、第48条、第50条)	
罚款、拘留的复议	审理对妨害诉讼的强制措施的民事决定不服申请复议的案件,期限5日。(《最高人民法院案件审限管理规定》第3条)	
一审审限	普通程序。6个月,经本院院长批准可延长6个月,还需延长的,报上级法院批准可以再延长。(《民事诉讼法》第152条)	
	人民法院适用简易程序审理案件,应当在立案之日起3个月内审结。有特殊情况需要延长的,经本院院长批准,可以延长1个月。	
	特别程序。30日,经本院院长批准可以延长30日。(《民事诉讼法》第187条)	
	船舶碰撞、共同海损。1年,经本院院长批准可以延长。	
判决书送达期限	当庭宣判的,应当在10日内发送判决书;定期宣判的,宣判后立即发给判决书。(《民事诉讼法》第151条)	
	二审	
上诉期间	对判决上诉。对判决的上诉期为15日;对裁定上诉。对裁定的上诉期为10日。(《民事诉讼法》第171条)	
	涉外案件。对判决、裁定上诉均为30日,并可申请延长。(《民事诉讼法》第286条)	
上诉后法院移送案件期限	原审法院收到上诉状后,在5日内送达对方当事人,对方在收到上诉状后15日内提出答辩状,法院在收到答辩状后5日内将副本送达上诉人;原审法院在收到上诉状、答辩状后,应在5日内连同全部案卷和证据报送二审法院。(《民事诉讼法》第174条)	
	最迟在提交上诉状后5+15+5=25日。	

续表

	二审
二审审限	对判决的上诉案件,审理期限为 3 个月,经本院院长批准可以延长;对裁定的上诉,审理期限为 30 日。(《民事诉讼法》第 183 条)
	再审
再审申请期限	当事人向法院申请再审,应在判决、裁定、调解书发生法律效力后 6 个月内提出,有新证据足以推翻原判决裁定的;原判决裁定认定事实的主要证据是伪造的;据以作出判决、裁定的法律文书被撤销或变更以及发现审判人员在审理案件时有贪污、受贿、徇私舞弊、枉法裁判行为的,自知道或应当知道之日起 6 个月内提出。(《民事诉讼法》第 211 条、第 216 条) 当事人向人民检察院申请检察建议或抗诉的条件(符合其一):人民法院驳回再审申请的;人民法院逾期未对再审申请作出裁定的;再审判决裁定有明显错误的。检察院审查期限 3 个月,当事人不得再次申请。(《民事诉讼法》第 220 条) 接受抗诉的法院应当在收到抗诉书之日起 30 日内作出再审的裁定。(《民事诉讼法》第 222 条)
法院审查再审申请期限	法院应在收到再审申请书之日起 3 个月内审查是否符合本法第 211 条再审条件,如需延长,应经本院院长批准。(《民事诉讼法》第 215 条)
再审审限	再审案件的审限参照执行第一审或第二审审限规定。(《民事诉讼法》第 218 条)
	执行
申请执行期限	申请强制执行期间为 2 年,适用中止、中断规定,自法律文书规定履行期限的最后 1 日起计算,未规定履行期限的,自法律文书生效之日起计算。(《执法程序解释》第 21 条) 生效法律文书规定债务人负有不作为义务的,申请执行时效期间从债务人违反不作为义务之日起计算。(《执行程序解释》第 21 条)
申请执行中止	在申请执行时效期间的最后 6 个月内,因不可抗力或者其他障碍不能行使请求权的,申请执行时效中止。从中止时效的原因消除之日起,申请执行时效期间继续计算。(《执行程序解释》第 19 条)

续表

执行	
通知被执行人期间	执行通知书的送达，适用民事诉讼法关于送达的规定。 被执行人未按执行通知书履行生效法律文书确定的义务的，应当及时采取执行措施。人民法院采取执行措施，应当制作相应法律文书，送达被执行人。（《最高人民法院关于人民法院执行工作若干问题的规定（试行）》第23条、第24条）（以下简称《执行工作规定》）
执行管辖权异议	应当自收到执行通知书之日起10日内提出。（《执行程序解释》第3条）
次债务人的执行异议期间	执行债务人对第三人的到期债权，第三人应在收到履行通知书后15日内提出异议。（《执行工作规定》第45条）
	第三人在履行通知指定的期间内提出异议的，人民法院不得对第三人强制执行，对提出的异议不进行审查。（《执行工作规定》第47条）
对执行行为书面异议的处理期限	当事人、利害关系人认为执行行为违反法律规定的，可以向负责执行的人民法院提出书面异议，人民法院应当自收到书面异议之日起15日内审查并作出裁定。当事人、利害关系人对裁定不服的，可以自裁定送达之日起10日内向上一级人民法院申请复议。（《民事诉讼法》第236条） 上一级人民法院应当自收到复议申请之日起30日内审查完毕，作出裁定。有特殊情况需要延长的，经本院院长批准，可以延长，延长的期限不得超过30日。（《执行程序解释》第8条）
财产分配方案异议期限	债权人或者被执行人对分配方案有异议的，应当自收到分配方案之日起15日内向执行法院提出书面异议。（《执行程序解释》第17条）
执行措施期限	人民法院冻结被执行人的银行存款的期限不得超过1年，查封、扣押动产的期限不得超过2年，查封不动产、冻结其他财产权的期限不得超过3年。 申请执行人申请延长期限的，人民法院应当在查封、扣押、冻结期限届满前办理续行查封、扣押、冻结手续，续行期限不得超过前款规定的期限。 人民法院也可以依职权办理续行查封、扣押、冻结手续。（《民诉解释》第485条）

执行	
评估报告期限	保留价确定后,依据本次拍卖保留价计算,拍卖所得价款在清偿优先债权和强制执行费用后无剩余可能的,应当在实施拍卖前将有关情况通知申请执行人。申请执行人于收到通知后5日内申请继续拍卖的,人民法院应当准许,但应当重新确定保留价;重新确定的保留价应当大于该优先债权及强制执行费用的总额。 依照前款规定流拍的,拍卖费用由申请执行人负担。(《最高人民法院关于人民法院民事执行中拍卖、变卖财产的规定》第6条)(以下简称《拍卖、变卖规定》)
拍卖公告发布期限	拍卖动产的,应当在拍卖7日前公告;拍卖不动产或者其他财产权的,应当在拍卖15日前公告。(《拍卖、变卖规定》第8条)
提前通知相关人员拍卖期限	法院应当在拍卖5日前以书面或者其他能够确认收悉的适当方式,通知当事人和已知的担保物权人、优先购买权人或者其他优先权人于拍卖日到场。(《拍卖、变卖规定》第11条)
恢复拍卖	暂缓执行期限届满或中止执行的事由消失后,需要继续拍卖的,应该在15日内通知拍卖机构恢复拍卖。(《拍卖、变卖规定》第18条)
拍卖裁定期限	拍卖成交或者以流拍的财产抵债的,法院应当作出裁定,并于价款或者需要补交的差价全额交付后10日内,送达买受人或者承受人。(《拍卖、变卖规定》第20条)
拍卖物移交期间	人民法院裁定拍卖成交或者以流拍的财产抵债后,除依法不能移交的情形外,应当于裁定送达后15日内,将拍卖的财产移交买受人或者承受人。被执行人或者第三人占有拍卖财产应当移交而拒不移交的,强制执行。(《拍卖、变卖规定》第27条)
第二次拍卖限期	拍卖时无人竞买或者竞买人的最高应价低于保留价,应当在60日内再行拍卖。(《拍卖、变卖规定》第23条)
第三次拍卖	第二次流拍的不动产和其他财产权,应当在60日内举行第三次拍卖,第三次拍卖流拍,法院应当于第三次拍卖终结之日起7日内发出变卖公告。自公告之日起60日内没有买受人愿意以第三次拍卖的保留价买受该财产,且申请执行人、其他执行债权人仍不表示接受该财产抵债的,应当解除查封、冻结,将该财产退还被执行人,但对该财产可以采取其他执行措施的除外。动产不能进行第三次拍卖。(《拍卖、变卖规定》第24条、第25条)

续表

	执行
执行审限	被执行人有财产可供执行的案件,一般应当在立案之日起6个月内执结;非诉执行案件一般应当在立案之日起3个月内执结。 有特殊情况须延长执行期限的,应当报请本院院长或副院长批准。 申请延长执行期限的,应当在期限届满前5日内提出。(《最高人民法院关于人民法院办理执行案件若干期限的规定》第1条)
申请上级法院执行期间	人民法院自收到申请执行书起超过6个月未执行的,可向上级法院申请执行。(《民事诉讼法》第237条) (一)债权人申请执行时被执行人有可供执行的财产,执行法院自收到申请执行书之日起超过6个月对该财产未执行完结的; (二)执行过程中发现被执行人可供执行的财产,执行法院自发现财产之日起超过6个月对该财产未执行完结的; (三)对法律文书确定的行为义务的执行,执行法院自收到申请执行书之日起超过6个月未依法采取相应执行措施的; (四)其他有条件执行超过6个月未执行的。(《执行程序解释》第10条)
不受期限限制	法院采取本法第253条、第254条、第255条规定的执行措施后,被执行人仍不能偿还债务的,应当继续履行义务。债权人发现被执行人有其他财产的,可以随时请求人民法院执行。(《民事诉讼法》第265条)
	劳动仲裁
诉讼时效	劳动争议申请仲裁的时效期间为1年。仲裁时效期间从当事人知道或者应当知道其权利被侵害之日起计算。劳动关系存续期间因拖欠劳动报酬发生争议的,劳动者申请仲裁不受规定的1年仲裁时效期间的限制;但是,劳动关系终止的,应当自劳动关系终止之日起1年内提出。(《劳动争议调解仲裁法》第27条)
审查受理	收到仲裁申请之日起5日内决定是否受理,且告知仲裁庭组成情况。(《劳动争议调解仲裁法》第29条、第32条)

续表

劳动仲裁	
答辩期	收到仲裁申请书后,应当在 10 日内提出答辩书,劳动争议仲裁委员会收到答辩书后,应当在 5 日内将答辩书副本送达申请人。(《劳动争议调解仲裁法》第 30 条)
管辖权异议	当事人提出管辖异议的,应当在答辩期满前书面提出。(《劳动人事争议仲裁办案规则》第 10 条)
反申请	被申请人可以在答辩期间提出反申请,仲裁委员会应当自收到被申请人反申请之日起 5 日内决定是否受理并通知被申请人,被申请人在答辩期满后对申请人提出反申请的,应当另行提出,另案处理。(《劳动人事争议仲裁办案规则》第 36 条)
增加、变更请求	申请人举证期限届满前可以提出增加或者变更仲裁请求,仲裁庭对申请人增加或者变更的仲裁请求审查后认为应当受理的,应当通知被申请人并给予答辩期,申请人在举证期限届满后提出增加或变更仲裁请求的,应当另行提出,另案处理。(《劳动人事争议仲裁办案规则》第 44 条)
开庭通知	仲裁庭应当在开庭 5 日前,将开庭日期、地点书面通知双方当事人。(《劳动争议调解仲裁法》第 35 条)
延期开庭	当事人有正当理由的,可以在开庭 3 日前请求延期开庭。(《劳动争议调解仲裁法》第 35 条)
仲裁审理期限	自劳动争议仲裁委员会受理仲裁申请之日起 45 日内结束。案情复杂需要延期的,经劳动争议仲裁委员会主任批准,可以延期并书面通知当事人,但是延长期限不得超过 15 日。(《劳动争议调解仲裁法》第 43 条)
起诉期限	收到仲裁裁决书之日起 15 日内向法院起诉。(《劳动争议调解仲裁法》第 48 条)

第八章 行政诉讼中的律师实务

第一节 律师代理行政诉讼概述

一、行政诉讼的概念及特征

行政诉讼，是指公民、法人、其他组织对行政机关的具体行政行为不服，认为行政机关及其工作人员的具体行政行为，侵犯其合法权益，依法向人民法院起诉，由人民法院对其具体行政行为的合法性、适当性进行审理、裁决的活动。

具体行政行为，是指行政机关和行政机关工作人员，法律、法规授权的组织，行政机关委托的组织或个人，在行政管理活动中行使行政职权，针对特定的公民、法人或其他组织，就特定的具体事项，作出的有关该公民、法人或其他组织权利义务的单方行为。这种行为对公民、法人或其他组织的人身权或财产权都会产生一定的影响。律师代理行政诉讼，首先要把握行政诉讼的以下特点。

（一）行政诉讼所要解决的是行政纠纷

行政纠纷是行政机关之间，行政机关与社会团体、企业事业单位之间，以及行政机关与公民之间，因行政管理而引起的争议。行政纠纷双方当事人争执的焦点是某一具体行政行为是否正确、合法。

行政诉讼的一方必然是行政机关。双方当事人都不是行政机关的纠纷，不是行政诉讼。当然，如果行政法授权某个非行政机关的单位行使某项行政权力，则该单位可能成为行政诉讼的一方当事人。而行政机关的授权，不能排除该行政机关承担有关的法律后果。

行政纠纷是由国家行政机关或特定组织行使行政管理职权而引起的。例如，公安机关对违反治安管理的相对人进行处罚，而被处罚人不服这种处罚，于是行政纠纷就产生了。所以，行政纠纷的起因是行政机关的管理行为，没有这种管理行为，就不可能产生行政纠纷。行政管理行为是产生行政纠纷的前提。

行政纠纷的这一特征,决定了在行政诉讼中实施某种具体的行政管理行为的行政机关为被告的特征。

(二)行政纠纷双方在行政法律关系中地位不平等

行政纠纷由于一方当事人是行政机关,因此双方当事人的地位不平等,行政机关处于主动和优越的地位,以国家强制力使行政相对人服从行政机关的管理。在行政机关和行政管理相对人之间,行政机关始终处于主动和优越地位,享有行政管理的种种权限,可以以国家强制力使相对人服从,接受行政机关的管理。这与民事纠纷不同,民事纠纷的双方当事人在民事法律关系中,地位始终是平等的。正是考虑到行政纠纷这一特点,《行政诉讼法》才规定了不同于民事诉讼的行政诉讼举证责任,以便更有好地保护公民、法人的合法权益。

(三)行政诉讼是人民法院解决行政纠纷的活动

人民法院是行政诉讼的主管机关。这里要强调的一个概念是,人民法院解决具体行政行为引起的争议,只有归人民法院主管的行政纠纷,才属于行政诉讼的范畴。因为有一些行政纠纷的解决并不经过人民法院。例如,法律规定由行政机关最终裁决的具体行政行为不能诉诸法院。所以,虽然行政纠纷可以通过不同机关、不同途径解决,但是只有人民法院主管的行政纠纷案件,才属于行政诉讼的范畴。另一个容易同行政诉讼混淆的概念是行政复议。行政复议是行政机关解决纠纷的制度。由行政复议解决的行政纠纷,往往是由法律、行政法规规定,在提交人民法院解决行政纠纷之前,相对人可以或必须先向作出引起争议决定的上级机关申请复议该决定。行政复议的主管机关是行政机关,它审查并裁决引起争议的行政决定是否合法,是否失当,所遵循的是行政程序,而不是司法审判的诉讼程序。因而行政复议是一种行政活动,不属于行政诉讼范畴。

二、律师代理行政诉讼的概念及特征

律师代理行政诉讼,是指根据《行政诉讼法》的规定,律师接受当事人及其法定代理人的委托,代理他们参加行政诉讼,维护其合法权益的活动。

行政诉讼也被人们称为"民告官"的官司。公民、法人或其他组织作为原告,认为行政机关侵害了其合法权益,提起诉讼。律师代理诉讼的目的在于解决行政机关与行政相对人之间的行政争议。律师代理行政诉讼的特点主要表现在行政诉讼与民事诉讼等其他诉讼制度的不同上。律师要掌握好行政诉讼代理的特点,除须弄清不同于行政复议外,还必须弄清楚行政诉讼与民事诉讼的相同点和不同点。这是因为行政诉讼与民事诉讼在办案程序上有许多相似之处。一般来说,行政诉讼制度都是从民事诉讼制度分离出来的。其发展初期,往往适用民事诉讼程序。我国在《行政诉讼法》制定之前,人民法院受理法律规定可以起诉的行政案件,审理行政案件时,也是适用民事诉讼程序。但两者毕竟是两种不同的法律制度,它们在案件性质、实体法律、法规的适用等一系列方面存在重大差异。因此,要健全法律制度,国家立法机关就必须制定一部独立的《行政诉讼法》来专门调整行政诉讼活动。作为律师,应熟悉和了解行政诉讼不同于民事诉讼的特征。律师代理行政诉讼具有以下特征。

(一)委托人权限的不一致性

由于在行政管理中行政机关和行政管理相对人的地位不平等,因此,在行政诉讼中,为了保护原告即行政管理相对人的合法权益,真正实现当事人双方法律地位平等的原则,《行政诉讼法》对被告行政机关的诉讼权利作了某些限制,如规定被告无起诉权、无反诉权、无自行收集证据权。因此,在行政诉讼中,律师若代理原告进行诉讼,则享有律师代理的全部权利;若代理被告进行诉讼,则其权利与被告的权利一样亦受到相应的限制。

(二)举证责任由被告承担

在行政诉讼中,原告只要举出具体行政行为和侵害事实存在的证据即可。而被告则应就该行政行为的合法性、适当性加以举证,否则,将承担败诉的责任。因此,律师若代理被告进行诉讼,就应当协助被告履行举证责任。

(三)处理行政诉讼案件的法律依据的广泛性

行政行为作出的法律依据大多是行政法规,涉及各行各业,法院审理裁定行政诉讼案件也应适用或参照有关的行政法规、规章,这些行政法规涉及各行业、各部门、各系统。当事人不服行政机关的处罚或其他处理决定可以向人民法院起诉。随着行政管理法治化程度的提高,今后行政管理方面的法规、规章还会不断增加,律师要做好行政诉讼代理工作,必须掌握丰富的行政法规、规章内容,才能有效地维护当事人的合法权益。

第二节 律师代理行政诉讼的范围

律师代理行政诉讼的案件范围,应是人民法院可以进行行政诉讼的案件范围,即受案范围。换言之,只有人民法院可以进行审判的行政案件,律师才能接受当事人、法定代理人的委托代为诉讼。我国《行政诉讼法》对人民法院行政审判的受案范围从肯定和否定两个方面作了明确的规定,从而实际上也就是对律师代理行政诉讼的案件范围作了界定。

一、人民法院可受理的行政案件范围

根据《行政诉讼法》第12条的规定,人民法院可以受理的行政案件具体有以下12种:

(1)对行政拘留、暂扣或者吊销许可证和执照、责令停产停业、没收违法所得、没收非法财物、罚款、警告等行政处罚不服的案件。行政处罚是行政机关根据其职权,对违反法律、行政法规和规章但尚未构成犯罪的公民、法人或者其他组织所进行的制裁。根据《行政处罚法》的规定,行政处罚主要有:警告、通报批评;罚款、没收违法所得、没收非法财物;暂扣许可证件、降低资质等级、吊销许可证件;限制开展生产经营活动、责令停产停业、责令关闭、限制从业;行政拘留;法律、行政法规规定的其他行政处罚。被处罚人对行政机关作出的行政处罚不服的,有权向人民法院提起行政诉讼。

(2)对限制人身自由或者对财产的查封、扣押、冻结等行政强制措施和行政强制执行不服的案件。行政强制措施是行政机关为了查明情况或有效控制违法、危险状态,根据需要依法对有关对象的人身或财物进行暂时限制的强制措施。限制财产流通和使用的强制措施主要有:查封、扣留财产、冻结资金等。对行政强制措施不服的,公民、法人和其他组织有权依法向人民法院起诉。

(3)申请行政许可,行政机关拒绝或者在法定期限内不予答复,或者对行政机关作出的有关行政许可的其他决定不服的案件。许可证和执照是国家行政许可制度的主要表现形式,是公民、法人或者其他组织经行政机关许可而享有某种权利,获得某种资格和能力的法律凭证。许可证是指法律、法规和规章规定应当由主管行政机关根据行政管理相对人的申请,依法核发的准许从事某项活动的证书、批准书等。行政许可既是行政机关的职权,也是行政机关的职责。如卫生部门核发的卫生许可证、文化部门核发的演出许可证、海关部门核发的进出口货物许可证等。执照是指公民、法人或其他组织从事合法活动的凭证。执照有营业执照、驾驶执照等。因此,对于公民、法人和其他组织要求颁发许可证和执照的申请,行政机关必须严格依照法定条件、法定程序予以颁发或者给予答复。根据《行政诉讼法》的规定,行政管理相对人认为自己具备了法律规定的条件,申请遭拒绝的,或对申请拖延不办,不予答复的,公民、法人和其他组织有权依法向人民法院起诉。

(4)对行政机关作出的关于确认土地、矿藏、水流、森林、山岭、草原、荒地、滩涂、海域等自然资源的所有权或者使用权的决定不服的案件。行政确认是指行政主体依法对行政相对人的法律地位、法律关系或有关法律事实进行甄别,并给予确定、认定、证明并予以宣告的具体行政行为。它是一种重要的行政管理手段,涉及行政机关对特定事项的正式认定和证明。公民、法人或其他组织对行政机关作出的行政确认有异议,认为其损害了自身合法利益的,可以依法向人民法院提起行政诉讼。

(5)对征收、征用决定及其补偿决定不服的案件。征收是指国家为了公共利益的需要,依照法律规定的权限和程序,将集体所有或者个人所有的财产变为国家所有的行为。征收通常涉及所有权的转移,即原所有权人丧失所有权,国家依法原始取得该财产的所有权。征用是指国家在紧急状态下,为了公共利益的需要,强制性地使用公民私有财产的行为。与征收不同,征用不涉及所有权的转移,仅是使用权的改变,紧急状态结束后,被征用的财产应当返还给原权利人。公民、法人或其他组织对行政机关作出的征收、征用决定以及相应的补偿决定持有异议的,可以依法向行政机关提起诉讼。

(6)申请行政机关履行保护人身权、财产权等合法权益的法定职责,行政机关拒绝履行或不予答复的案件。"人身权"是指自然人的人身和法人或者其他组织实体不可分离的无直接财产内容的权利。"财产权"是指有直接财产内容的民事权利。根据我国有关法律法规的规定,许多行政机关都有保护公民、法人或其他组织人身权、财产权的法定职责。如工商行政管理机关有保护生产厂家产品专利和消费者利益的职责,专利管理机关有保护生产厂家产品专利和消费者利益的职责,公安机关有保护广大人民群众和企业事业单位生命财产安全的职责等。公民、法人和其他组织在人身权、财产权受到不法侵犯时,有权申请行政机关履行保护职责,如果行政机关拒绝履行或者不予答复,则有权依法向人民法院起诉。

(7)认为行政机关侵犯其经营自主权或者农村土地承包经营权、农村土地经营权的案件。作为市场经济的主体,公民、法人和其他组织依法享有经营自主权,如农民对土地、山林、草原等有承包经营权;企业家对国有、集体企业有承包经营权;国有企业有生产经营决策权、产品劳务定价权、物资销售权、投资决策权、资产处置权等;私营企业、个体经营者对其财产有完全的处分权和受益权等。市场经济主体依法享有的经营自主权,任何机关和个人不得侵犯。行政机关对行政管理相对人的生产经营活动也只能依法进行监督和管理,不得侵犯。否则,行政管理相对人有权依法向人民法院起诉。

(8)认为行政机关滥用行政权力排除或者限制竞争的案件。《中华人民共和国反垄断法》(以下简称《反垄断法》)第五章专章规定了禁止滥用行政权力排除、限制竞争。良好的竞争是商业发展的动力,国家行政机关应当运用法律手段、经济手段等宏观调控调节市场竞争,促使商业良好发展。《反垄断法》第五章规定了政府不得滥用权力限定或者变相限定单位或者个人经营、购买、使用其指定的经营者提供的商品;不得滥用行政权力通过与经营者签订合作协议、备忘录等方式,妨碍其他经营者进入相关市场或者对其他经营者实行不平等待遇,排除、限制竞争;不得滥用行政权力妨碍商品在地区之间的自由流通;不得滥用行政权力,以设定歧视性资质要求、评审标准或者不依法发布信息等方式,排斥或者限制经营者参加招标投标以及其他经营活动;不得滥用行政权力,采取与本地经营者不平等待遇等方式,排斥、限制、强制或者变相强制外地经营者在本地投资或者设立分支机构;不得滥用行政权力,强制或者变相强制经营者从事本法规定的垄断行为;不得滥用行政权力,制定含有排除、限制竞争内容的规定。若公民、法人或非法人组织认为政府有上述行为排除或者限制竞争,可以向人民法院提起行政诉讼。

(9)认为行政机关违法集资、摊派费用或者违法要求履行其他义务的案件。行政机关违法要求履行义务,是指行政机关要求相对人负担法律法规没有规定的义务。行政机关为了有效进行行政管理,有权要求公民、法人或其他组织履行义务,但必须严格依法进行,即必须是法律、法规规定的义务,而且需要按法律、法规规定的程序进行。如果行政机关违法要求履行义务,如乱收费、乱摊派、无偿调取财物、重复要求履行义务等,公民、法人和其他组织有权依法向人民法院起诉。

(10)认为行政机关没有依法发给抚恤金、最低生活保障待遇或者社会保险待遇的案件。抚恤金是国家对某些伤残人员或死亡人员遗属为抚慰和保障其生活而发放的专项费用,包括伤残抚恤金和遗属抚恤金两种。依照有关法律、法规的规定,负有发放抚恤金义务的行政机关应向发放单位发放而未发放的;对依法应发放的数额,行政机关作了扣减的;或者依法应按期发放,行政机关无故拖欠的,抚恤金权利人有权依法向人民法院起诉。

(11)认为行政机关不依法履行、未按照约定履行或者违法变更、解除政府特许经营协议、土地房屋征收补偿协议等协议的案件。行政协议是指行政机关为了实现行政管理或者公共服务目标,与公民、法人或者其他组织协商订立的具有行政法上权利义务内容的协议。行政协议具有协议性和行政性,其中协议性要求当事人双方应当根据诚信原则善意履行协议内容。若行政机关不依法履行、未按照约定履行或者违法变更、解除行政协议,当事人可以向人民法院提起行政诉讼要求行政机关履行协议或承担违约责任。

(12)认为行政机关侵犯其他人身权、财产权的案件。"其他人身权、财产权"是指《行政诉讼法》第12条第1项至第11项规定的有关人身权、财产权以外的其他人身权和财产权。其他人身权是指除上述行政案件所涉及的人身权以外的人身权。由于行政管理领域十分广泛,因此,《行政诉讼法》对行政机关侵犯人身权、财产权的行为难以一一列举。为对公民、法人和其他组织的人身权、财产权予以充分保障,《行政诉讼法》作了本项概括性规定,从而把侵犯公民、法人或其他组织人身权、财产权的具体行政行为全部纳入行政诉讼的受案范围。因此,对于行政机关侵犯人身权、财产权的行为,公民、法人和其他组织都有权依法向人民法院起诉。

除《行政诉讼法》外,我国还有一些法律、法规对可以提起诉讼的其他行政案件也作了规定。这些案件主要有:

(1)不服行政机关确认土地、森林、山岭、草原、滩涂等所有权和使用权归属等处理决定的案件。根据《中华人民共和国土地管理法》《中华人民共和国矿产资源法》《中华人民共和国森林法》《中华人民共和国草原法》等法律法规,不服行政机关确认土地、山岭、滩涂、荒地、矿产、森林、草原等所有权和使用权归属的处理决定的案件,可以向人民法院起诉。

(2)不服确认专利权、商标权处理决定的案件。根据《专利法》的规定,不服确认专利权等处理的案件。具体来讲,有下列三种:是否应授予发明专利权的争议案件;宣布授予的发明专利无效或者维持发明专利权的争议案件;实施强制许可的案件。根据《商标法》的规定,不服确认商标权等处理的案件,具体来讲,也有下列三种:不服商标局驳回申请的商标;不服商标局不予公告的商标;对商标局撤销注册商标的决定,当事人不服的案件。

(3)不服集会游行示威处罚决定的案件。《中华人民共和国集会游行示威法》第31条规定,当事人对公安机关依照本法第28条第2款或第30条的规定给以拘留处罚的决定不服,经申诉,对上一级公安机关裁决仍不服的,可以直接到裁决通知之日起5日内,向人民法院起诉。根据《行政诉讼法》第100条的规定:"外国人、无国籍人、外国组织在中华人民共和国进行行政诉讼,委托律师代理诉讼的,应当委托中华人民共和国律师机构的律师。"据此,律师也可以代理外国人、无国籍人、外国组织作为原告提起诉讼的涉外行政案件。

二、人民法院不予受理的行政争议案件

根据《行政诉讼法》第13条的规定,公民、法人或者其他组织就下列事项向人民法院提起诉讼的,人民法院不予受理,律师对这四类行政行为发生的行政争议不能接受委托代理诉讼。

(一)国防、外交等国家行为引起的争议

国防、外交等国家行为,即国家主权行为。主要分为两大类:一类是行政机关为保卫国家领土、领海、领空主权,防卫外来侵犯所作出的有关军费、军需及其他涉及军事的规章、决定、决议、命令等行为。另一类是行政机关为实现国家对外政策而实行的各种外事活动的决定、命令等行为。国家机关依据宪法和法律的授权而采取的这些行为,属于政治性行为而非司法性行为,故而国家机关及其首脑对这些行为只承担政治责任,而不承担法律责任。因这些行为而产生的争议,也不由司法机关审查并追究法律上的责任,而由人民或政治机关追究政治责任。

(二)行政法规、规章或者行政机关制定、发布的具有普遍约束力的决定、命令

行政机关制定、颁布的行政法规、规定,具有普遍约束力的决定、命令,属于抽象行政行为,对抽象行政行为人民法院无权审查,公民、法人或其他组织也不得向法院提起行政诉讼。根据《宪法》的规定,国务院制定的同宪法、法律相抵触的规章或者其他具有普遍约束力的决定和命令,只有全国人大常委会才有权撤销。人民法院不享有确认行政法规、规章或者具有普遍约束力的决定、命令是否与宪法、法律或行政法规相抵触,以及有无法律效力的权力。

(三)内部行政行为

内部行政行为,是指行政机关作用于内部,或对其有隶属关系的行政工作人员进行管理的行政行为。如行政机关对行政机关工作人员的奖惩、任免等决定。这些决定是行政机关管理其内部事务的行政行为,人民法院对此不能通过审判程序加以干涉。根据有关法律规定,这类行为的监督权,分别由上一级行政机关、监察机关、人事机关行使。律师应告知当事人向上述机关提出申

诉,以寻求补救。

(四)法律规定由行政机关最终裁决的具体行政行为

所谓最终裁决权,是指法律正式授权行政机关的决定为最终决定,也就是只限于全国人大及其常务委员会制定的法律所授予的最终裁决权。规定由行政机关最终裁决的法律,目前主要有《出境入境管理法》。其中规定,对被行政处罚不服的可以向上一级公安机关提出申诉,要求复议,也可以向人民法院提起行政诉讼。如果选择向上一级公安机关申请复议,上一级公安机关的复议裁决是终局裁决。

《最高人民法院关于适用〈中华人民共和国行政诉讼法〉的解释》(以下简称《行政诉讼解释》)补充了以下内容:公民、法人或者其他组织对行政机关及其工作人员的行政行为不服,依法提起诉讼的,属于人民法院行政诉讼的受案范围。但下列行为不属于人民法院行政诉讼的受案范围:

(1)公安、国家安全等机关依照刑事诉讼法的明确授权实施的行为;

(2)调解行为以及法律规定的仲裁行为;

(3)行政指导行为;

(4)驳回当事人对行政行为提起申诉的重复处理行为;

(5)行政机关作出的不产生外部法律效力的行为;

(6)行政机关为作出行政行为而实施的准备、论证、研究、层报、咨询等过程性行为;

(7)行政机关根据人民法院的生效裁判、协助执行通知书作出的执行行为,但行政机关扩大执行范围或者采取违法方式实施的除外;

(8)上级行政机关基于内部层级监督关系对下级行政机关作出的听取报告、执法检查、督促履责等行为;

(9)行政机关针对信访事项作出的登记、受理、交办、转送、复查、复核意见等行为;

(10)对公民、法人或者其他组织权利义务不产生实际影响的行为。

第三节　律师在行政诉讼中的几项代理工作

一、接受委托、了解案情、确定代理

委托合同是当事人与律师事务所确立代理关系的法律依据。当事人委托律

师代理行政诉讼必须签订委托代理合同,明确代理事项和代理权限。律师接受委托时必须谨慎从事,认真了解有关情况,做到心中有数。为顺利完成代理工作,律师接受委托时应做好下列工作。

(一)审查该行政争议是否属于人民法院的受案范围

凡符合《行政诉讼法》第12条规定的12类案件,律师即可接受委托。

1. 原告资格

原告必须是与本案有直接利害关系的公民、法人或其他组织。如果公民、法人或其他组织认为行政机关的具体行政行为侵犯了其合法权益,就有权向人民法院提起行政诉讼;反之,如果行政机关的具体行政行为与公民、法人或其他组织没有直接的利害冲突,该公民、法人或其他组织就不能成为原告,因而也无权起诉。

行政诉讼的原告是认为行政机关和行政机关工作人员的具体行政行为侵犯了其合法权益,而向人民法院起诉的公民、法人或其他组织。行政诉讼的原告限于两种人:行政处理决定的对象和行政处理对象的被侵害人。行政处理决定都是针对一定对象的。例如,纳税决定的对象是纳税义务人;环保处罚决定的处理对象是造成环境污染的单位和个人等。行政处理决定直接影响了处理对象的权利、义务,因此处理对象具有原告资格。而被侵害人之所以具有行政诉讼的原告资格,是因为行政处理决定的对象同时是他的侵害人,行政机关如何处理侵害人,关系到对他的权利是否承认,关系到他的实体权利、义务。如果委托人属于这两种人,则具有行政诉讼的原告资格。

2. 被告资格

有明确的被告。如果原告起诉没有明确的被告,其诉讼请求也就没有承担的对象,也就无的放矢了,法院很难进行审判活动。因此,原告在起诉时必须指明谁侵犯了自己的合法权益,要对谁提起诉讼。根据《行政诉讼法》的规定,以下五种行政机关具有被告资格。

(1)公民、法人或其他组织直接向法院起诉的,作出具体行政行为的行政机关是被告。

(2)经行政复议的案件,复议机关决定维持原行政行为的,作出原具体行政行为的行政机关和复议机关是共同被告;复议机关改变原具体行政行为的,复议机关是被告。复议机关在法定期限内未作出复议决定,公民、法人或者其他组织起诉原行政行为的,作出原行政行为的行政机关是被告;起诉复议机关不作为的,复议机关是被告。

（3）两个以上行政机关作出同一行政行为的,共同作出该行政行为的行政机关为共同被告。

（4）行政机关委托的组织作出的行政行为,委托的行政机关是被告。

（5）行政机关被撤销或者职权变更的,继续行使其职权的行政机关是被告。

（二）审查此案是否为行政裁决后的案件

行政裁决虽然也是行政机关的处理行为,但这种行为是准司法行为,处理的不是行政法律关系中的权利、义务争执,而是民事纠纷。当事人如误以为此案为行政案件,要求律师代理行政诉讼,律师应当告知当事人,并可做其民事诉讼的代理人。

（三）审查该行政争议是否超过诉讼时效

诉讼时效,是指权利人不提起诉讼,就丧失了请求人民法院依诉讼程序强制义务人履行义务的法定期间。代理律师在帮助原告、第三人、法定代理人起诉时,应严格遵守法律规定的起诉时间。当事人必须在法定的诉讼时效内提起诉讼,否则就丧失了胜诉权。关于行政诉讼的期限,《行政诉讼法》对行政诉讼时效作了以下四个方面的规定：

（1）经过复议的案件,一般诉讼时效的时间为15日,即在法律、法规没有特别规定的情况下,申请人从收到复议决定之日起15日内可以向人民法院提起诉讼。此外,具体法律、法规还规定了特殊诉讼时效,主要有30日、3个月等特殊诉讼时效。如《专利法》规定,发明专利的申请人对专利复审委员会驳回复审请求的决定不服的,可以自收到通知之日起3个月内向人民法院起诉。代理律师应注意：具体法律、法规对诉讼时效作出明确规定的,依具体法律、法规的规定；具体法律、法规未作规定的,依《行政诉讼法》第45条关于申请人不服复议决定的,可以在收到复议决定书之日起15日内向人民法院提起诉讼的规定。当事人超过申请复议期限则失去申请权乃至起诉权,复议机关必须在法定的复议期限内作出复议决定,超过复议期限不作决定的,当事人可直接向人民法院起诉。

（2）公民、法人或者其他组织依法直接向人民法院提起诉讼的,一般诉讼时效为3个月。3个月的起算时间是公民、法人或者其他组织知道作出具体行政行为之日。所谓知道作出具体行政行为,一般是指公民、法人或其他组织接到行政处理书之日起算。此外,其他法律、法规还规定了两种特殊诉讼时效：《食品安全法》规定,当事人对食品卫生监督机构给予的行政处罚不服的,在接到处罚通知之日起 15 日内,可以向人民法院起诉;《土地管理法》规定,当事人对行政处罚决定不服的,可以在接到处罚决定通知之日起 30 日内,向人民法院起诉。

(3)公民、法人或者其他组织因不可抗力或者其他不属于其自身的原因耽误起诉期限的,被耽误的时间不计算在起诉期限内。公民、法人或者其他组织因前款规定以外的其他特殊情况耽误起诉期限的,在障碍消除后 10 日内,可以申请延长期限,是否准许由人民法院决定。代理律师应从维护公民、组织的合法权益出发,在已经超过诉讼时效的情况下,积极帮助原告和人民法院判明耽误起诉期限的原因是否属于不可抗力或者其他正当理由。

(4)最长的诉讼时效的规定。《行政诉讼解释》第 64 条规定:"行政机关作出行政行为时,未告知公民、法人或者其他组织起诉期限的,起诉期限从公民、法人或者其他组织知道或者应当知道起诉期限之日起计算,但从知道或者应当知道行政行为内容之日起最长不得超过一年。复议决定未告知公民、法人或者其他组织起诉期限的,适用前款规定。"该解释第 65 条规定:"公民、法人或者其他组织不知道行政机关作出的行政行为内容的,其起诉期限从知道或者应当知道该行政行为内容之日起计算,但最长不得超过《行政诉讼法》第四十六条第二款规定的起诉期限。"

行政诉讼的诉讼期限之所以比民事诉讼短,主要是因为行政诉讼涉及某一行政行为是否违法,虽然起诉并不影响该行政决定继续执行的效力,但为了尽早确定某一行政行为是否违法,所以行政诉讼的期限就比民事诉讼规定的短些。如果委托人的诉讼请求超过了诉讼期限,律师要向其说明,不能接受委托;反之,律师可接受委托,并在尽快的时间内做好起诉准备。

(四)要求委托人提供必要的事实和证据材料

律师在接受原告委托时,应要求原告提供提起诉讼的事实根据。尽管我国《行政诉讼法》规定举证责任由被告承担,但原告也必须提供起诉的事实,否则,法院就不会受理。如果律师作为被告的代理人,则更需要要求委托人提供证据。由于行政诉讼的举证责任由被告承担,被告应当提供作出该具体行政行为的证据和所依据的规范性文件。如果被告无法举出证据和所依据的规范性文件,就可能承担败诉的后果。

(五)审查委托人的诉讼请求是否合理合法

律师的职责是在事实和法律的基础上,运用自己的知识、经验和技巧,维护委托人的合法权益。因此,只有委托人的合法权益,才能得到法院的确认。不合法、不合理的利益当然得不到保护。这就要求委托人的诉讼请求必须合情合理,于法有据。如果委托人的请求部分合理,部分不合理,律师应当认真做好委托人的工作,劝其放弃不合理的诉讼请求。如果委托人的诉讼请求显然是无理的或违法的,律师应拒绝接受委托。

(六)告知委托人律师代理诉讼的原则以及当事人的诉讼权利与义务

律师接受委托时,应明确告知委托人,律师代理诉讼的原则是以事实为根据,以法律为准绳,律师应最大限度地维护委托人的合法权益,但无法保证必然胜诉,委托人对此应有足够的思想准备,以免引起不必要的矛盾。同时,律师还应当向委托人讲明当事人在诉讼中所享有的权利和应承担的义务,以便委托人认真行使自己的权利,履行自己应尽的义务,保证行政诉讼的顺利进行。如果委托人和所委托的案件,符合上述要求,律师就可以接受委托,确立代理关系。律师决定接受委托人的诉讼代理委托后,要起草授权委托书。授权委托书必须说明委托事项和权限,然后由委托人签名或盖章,并提交人民法院。

二、起诉中的律师代理工作

(一)审查该行政争议是否具备起诉的条件

根据我国《行政诉讼法》第49条的规定,起诉案件必须具备下列条件:

1. 有具体的诉讼请求和事实根据

原告在起诉时必须明确写明要求人民法院保护其合法权益的具体内容。例如,请求法院撤销行政机关的具体行政行为,请求法院变更行政机关所作出的显失公正的处理决定,请求行政机关赔偿原告的人身或财产损失或者要求法院责令行政机关履行法定职责。在提出诉讼请求的同时,原告还必须提出其合法权益受到损害或者引起争议的事实,以及证明案件事实的根据,否则就无法判断原告的合法权益是否受到侵害,无法证明起诉能否成立。

2. 属于人民法院受案范围和受诉人民法院管辖

原告起诉的案件必须是根据《行政诉讼法》的规定属于人民法院的主管范围,不属于法院主管的,法院就无法受理,当事人应通过其他途径解决。此外,起诉案件还必须属于受诉人民法院管辖范围。关于管辖,有以下规定:

(1)行政案件由最初作出具体行政行为的行政机关所在地的人民法院管辖;经复议的案件,复议机关改变原具体行政行为的,也可以由复议机关所在地人民法院管辖。

(2)中级人民法院管辖确认发明专利权的案件、海关处理的案件;对国务院各部门或者省、自治区、直辖市政府所作出的具体行政行为提起诉讼的案件;本辖区内重大、复杂的案件。

3. 审查此案是否属于法律、法规规定必须先行复议的案件

凡属此类案件,律师应当告知当事人先行向行政机关申请复议,不服复议决定再行起诉;凡不属此类案件,只要在人民法院的受案范围内,按《行政诉讼法》的规定,当事人可以自行选择先行复议或径行起诉。在后一种情况下,律师可以讲明两者的利弊得失以便当事人选择。行政复议制度和行政诉讼制度是行政法律关系非行政机关一方当事人在自己的合法权益遭到行政机关的侵害时,获得补救的两种不同手段。这两种救济手段之间有着紧密的联系,律师应严格审查:

(1)属于法院受案范围的行政案件,行政管理相对人可以先向行政机关申请复议,对复议决定不服的,再向法院起诉;或直接向法院起诉。《行政诉讼法》第44条规定,对属于人民法院受案范围的行政案件,公民、法人或者其他组织可以先向行政机关申请复议,对复议决定不服的,再向人民法院提起诉讼;也可以直接向人民法院提起诉讼。法律、法规规定应当先向行政机关申请复议,对复议决定不服再向人民法院提起诉讼的,依照法律、法规的规定。

在这种情况下,代理律师应特别注意的是,公民、法人或者其他组织的起诉是否经过复议程序而不影响起诉的成立,原告不会因申请复议或不申请复议而丧失起诉权;如果先申请了行政复议,在复议期间,即复议决定作出之前,其起诉权不能行使,只有在复议决定作出之后,才能提起诉讼;如果法律、法规明确规定必须先经复议才可向法院起诉,则按规定先申请复议;如果法律、法规没有明确规定必须先经复议才可向法院起诉,亦没有明确规定可以先经复议或者直接向法院起诉,公民、法人或其他组织也可以自己选择是否先行复议。

(2)属于法院受案范围的案件,行政管理相对人必须先向行政机关申请复议,对复议决定仍不服的,才可向法院起诉。

(3)属于法院受案范围的案件,行政管理相对人可以向行政机关申请复议,也可以直接向法院起诉。申请复议的,复议决定为最终裁决,当事人仍不服的,不能再向法院起诉。在这种情况下,代理律师应明确告知当事人;如果选择向行政机关申请复议,就丧失了起诉权,要从维护公民、法人或者其他组织的合法权益出发,帮助他们作出正确的选择。

在前两种情况下,代理律师还应该提醒行政管理相对人特别注意申请复议的期限。我国法律对申请复议的期限没有统一规定,而是由具体法律、法规规定的,因而长短不一。主要有5日、10日、15日、30日、3个月五种情况。申请复议期限到底为多长,行政管理相对人应根据行政争议所涉及的法律、法规的规定而定。

(二)认真撰写起诉状

起诉状是人民法院对案件进行审理的基础和依据。起诉状制作的好与坏,关系着法院对案情的了解及案件的处理。因此,代理律师必须根据委托人所讲述的案件事实、证据以及自己掌握的事实材料,认真撰写起诉状,帮助委托人向法院起诉。一般来说,起诉状应包括下列主要内容:原告的基本情况、代理律师的姓名、所在律师事务所的名称、被告的基本情况,如果有第三人,应写明第三人的基本情况、请求事项及理由、案件的具体事实及有关证据等。

律师通过调查,对案件进行分析、判断,对证据进行核实,认为委托人的诉讼请求有理,而且有明确的原告、被告,有具体的诉讼请求和事实根据,属于人民法院主管后,就可以为委托人撰写起诉状。由于《行政诉讼法》实际上规定了单独提出赔偿请求和附带提出赔偿请求两种请求行政损害的方式,所以,如果原告认为该引起争议的行政行为侵害了他的合法权益,其代理律师应在征询原告的意见后,决定是单独在起诉状中提出一个赔偿的诉讼请求,还是在提出一个诉讼请求的同时附带请求行政赔偿。

(三)提出行政赔偿的请求

有些案件中,由于行政机关或行政机关工作人员的具体行政行为不当或违法,往往造成行政相对人的人身或财产损失。对此,律师提起诉讼时,应一并提出请求物质的赔偿要求,以使法院在审理具体行政行为是否合法的同时,对行政相对人所受到的物质损失一并审理。

(四)对被告所举证据进行质疑

在行政诉讼中,法律规定被告对作出的具体行政行为负举证责任。原告代理律师应该对被告所提供的证据进行严格审查,必要时对其提出质疑。原告代理律师在诉讼活动中及时对被告所举证据提出质疑,有利于人民法院审查判断证据,正确处理行政案件,更有利于维护原告的合法权益。原告律师应对被告提供的证据从以下几个方面提出质疑:

(1)证据是否客观、真实,有无伪证、假证和不合情理的证据;

(2)证据是否充分,该证据是否能证明案件的真实情况;

(3)证据之间是否存在矛盾或部分内容不一致,影响案件事实认定的情况;

(4)收集证据是否合法,有无取证时违反法定程序或在诉讼过程中收集的证据的情况;

(5)证据是否有效,有无没有作证能力的人提供证言或非法定行政诉讼证据的情况。

三、应诉中的律师代理工作

《行政诉讼法》第 67 条规定:"人民法院应当在立案之日起五日内,将起诉状副本发送被告。"被告行政机关在接到起诉状副本后,即可以委托律师担任自己的诉讼代理人。代理律师在接到起诉状副本之日起 15 日内(适用简易程序的为 10 日内)将被告作出行政行为的证据和所依据的规范性文件向一审人民法院提交。代理律师可以从以下三个方面针对原告的起诉进行应诉:

(1)向人民法院指出原告的起诉不符合起诉条件。如被告错误,受理的人民法院有无管辖权,如果管辖权不当应该提出异议,依法须经复议的而未经复议等,对原告起诉不符合条件的,应请求人民法院作出驳回起诉的裁定。

(2)向人民法院提交作出具体行政行为的有关资料。在行政诉讼中,举证责任由被告即行政机关承担,被告的代理律师的重要工作就是帮助行政机关提交证据。提供的有关资料主要是指:证明行政处理决定所基于的事实客观存在的材料,即事实根据;证明行政处理决定适用法律正确;其他一切能证明案件的事实材料。

被告向人民法院提交作出具体行政行为的有关资料,既是一种法律责任,又可以通过提交这些证据使自己在诉讼中处于有利的地位。因此,作为被告的代理律师,应积极、全面、慎重地配合被告收集上述材料并按时递交给人民法院。

(3)向人民法院提交答辩状及其副本。答辩状是在行政诉讼中,被告对原告起诉进行答复和辩驳的一种诉讼文书。作为被告行政机关的代理律师,在接到原告的起诉状副本后,应及时提出答辩状。

代理律师应注意,行政诉讼中被告提交答辩状的期限与民事诉讼不同。民事诉讼中被告提交答辩状的期限因审级和案件性质不同而长短不一,行政诉讼则统一规定为 10 日,代理律师应在法定期限内向人民法院提交答辩状。

四、起诉应诉中的暂缓执行问题

由于起诉、应诉阶段涉及具体行政行为的执行问题,因此,有必要在此对具体行政行为的暂缓执行问题一并论述。依照《行政诉讼法》的规定,诉讼期间不停止具体行政行为的执行。但由于行政诉讼从起诉到判决一般都要经过一段时间,如果在此期间没有一定的措施,那么有的当事人就会遭受因具体行政行为不停止执行所造成的不可弥补的损失。对此,《行政诉讼法》对具体行政行为因诉讼需要暂缓执行的几种特殊情况作了规定。代理律师在起诉或应诉及诉讼过程中,应当从法律角度帮助被代理人确定是否作出停止具体行政行为执行的决定或者提出停止具体行政行为执行的申请。具体行政行为在以下四种情况下裁定停止执行:

(1)被告认为需要停止执行的。哪些情况下是需要停止执行的,法律没有规定,由被告行政机关依据案件的具体情况和国家赋予的行政权,对其认为需要停止执行的,作出停止执行的决定。

(2)人民法院认为该行政行为的执行会给国家利益、社会公共利益造成重大损害的。

(3)法律、法规规定停止执行的。根据行政管理的实际情况和需要,有法律、法规明确规定在诉讼期间,停止具体行政行为的执行。

(4)原告或者利害关系人申请停止执行,人民法院认为该行政行为的执行会造成难以弥补的损失,并且停止执行不损害国家利益、社会公共利益的。原告从自己的利益出发,要求暂缓执行具体行政行为的,人民法院也认为该具体行政行为的执行会造成难以弥补的损失,并且停止执行不损害社会公共利益的,裁定停止执行。原告的代理律师从保护原告的合法利益出发,如果该具体行政行为继续执行会造成难以弥补的损失,要以原告的名义申请人民法院裁定暂缓执行。

当事人对停止执行或者不停止执行的裁定不服的,可以申请复议一次。

代理律师应依据法律,帮助被代理人适时提出停止具体行政行为的申请,或要求人民法院制止行政机关违法的执行活动,或与被告具体交涉,提出停止执行具体行政行为的要求。原告代理律师如果发现被告的行为属于以下具体行政行为,应主动与被告进行交涉,向其提出停止执行具体行政行为的要求:①具体行政行为明显属于滥用职权而作出的;②具体行政行为明显属于超越职权作出的;③具体行政行为无法律依据作出的;④具体行政行为明显属于适用法律错误的;⑤纯属行政机关错误认为相对人行为违法并给予处罚。经主动交涉,被告不采纳律师意见时,律师应及时帮助原告申请法院裁定停止执行。

总之,从维护被代理人的合法权益出发,在法律允许的范围内,帮助被代理人采取措施,避免因具体行政行为的执行而给当事人双方继续造成损害。

第四节　法庭审理中律师的主要工作

开庭审理,是审判人员在当事人及其他诉讼参与人的参加下,在法庭上进行全面审查,并以此作出裁判的活动。开庭审理是行政诉讼的中心环节,也是律师在代理行政诉讼中的重要阶段。因此,律师必须熟悉并掌握行政案件开庭审理的程序。

在此阶段,原告的起诉状、被告的答辩状以及作出具体行政行为的材料和有关证据等,都已集中在法院。律师此时应认真阅读有关案卷材料,熟悉双方当事人和案件的情况,在此基础上拟好代理词做好出庭前的一切准备工作。

一、帮助委托人行使申请回避的权利

申请回避权是当事人的一项重要的诉讼权利,但是当事人由于法律知识的欠缺往往不了解回避的内容及法律意义,忽略了申请回避的权利。律师在法庭审理开始时,应密切注意有无需要回避的情况,如果需要回避,则应告知委托人,决定是否申请回避。

二、参加法庭调查

法庭调查,实质上是对诉讼证据的审查,证据经法庭审查属实,才能作为定案的根据,因此,在此阶段,律师应积极、适时地申请审判长向对方当事人、证人、鉴定人等发问。代理律师在法庭调查阶段,应时刻把握调查动向,并针对各种证据的真实性、合法性提出自己的看法,帮助法庭搞清案件事实,以便法庭公正地进行审判,从而真正维护委托人的合法权益。因此法庭调查阶段是开庭审理的核心,是案件进入实体审理的一个重要阶段。法庭调查的任务是听取当事人的陈述,审查核对全部证据,以查清案件,认定事实。法庭调查中律师的主要工作是:

(1)询问当事人。如果被诉行政行为是以职权开始的行为,可以先询问被告;如果有第三人参加诉讼,应在原告和被告之后询问。律师可以为自己的当事人作补充和提示。

(2)询问证人和宣读证言。原则上,证人都应当出庭作证。询问证人,应先告知证人的权利及义务;宣读未到庭证人证言;律师经审判长许可,可以要求证

人补充或解释其证言,并及时发表自己的看法。

(3)询问鉴定人,宣读鉴定结论。询问鉴定人,主要是询问需要鉴定的问题,进行鉴定的科学依据,鉴定的方法和过程以及审判人员对鉴定结论所要了解的有关问题。

(4)出示物证、书证和视听资料。

(5)宣读勘验笔录和勘验结果。

法庭调查,一般是按上述顺序进行,但必要时也可以穿插或反复进行。当事人有权对证据提出疑问,要求重新鉴定或调取新的证据,传唤新的证人到庭。律师应从这方面帮助或代理当事人发表意见。审判人员如认为法庭调查已使案情和证据清楚,可宣布法庭调查结束,转入法庭辩论。

三、参加法庭辩论

法庭辩论是在审判人员的主持下,就已经过法庭调查的事实和证据,由当事人、第三人及其诉讼代理人提出维护自己诉讼请求和对对方提出的主张进行辩论的意见以及反复进行辩论的诉讼行为。律师在法庭辩论阶段的主要任务是:发表代理词和与对方当事人及代理人进行辩论。代理律师应详细阐明委托人的诉讼请求和所依据的事实根据,并针对行政机关所作出的具体行政行为适用法律是否适当,程序是否合法,证据是否确凿、充分等问题进行辩论,从而使法院全面了解案件事实和论据。法庭辩论,需要有综合全案事实证据,运用法律进行论证的能力,这个能力往往是诉讼当事人所缺乏的。因此,法庭辩论阶段是诉讼当事人最需要法律帮助的时候。代理律师在这个阶段,应根据事实和法律,就本案发表全面系统的意见,充分论证被代理方诉讼请求的合理性,反驳对方的论点,为法院查清事实,分清是非,正确裁判奠定基础。由于行政诉讼要解决的是某个行政行为是否违法的争议,而某一具体行政行为合法与否的判断标准无非来自事实和法律两个方面,所以律师在辩论中应注意以下几个问题:

(1)适用法律有关的事实问题。案件的事实,是案件的基础,也是案件能否成立的根据。这方面值得考察的问题总是颇多。例如,某一行政机关针对特定的事或人适用处罚决定是否合法,需要考察下列内容:作出处罚的主体是否合法、是否为有权机关;作出处罚的程序是否合法;被处罚人是否为有完全责任能力人;被处罚的违法行为程度的轻重;应处罚行为有无减轻处罚的情节等。

(2)适用法律的问题。首先,要看行政机关的行为有无法律依据。如果行政机关的行为直接依照规章,要辩论的可能是规章与法律、行政法规是否抵触,不同规章之间是否相互矛盾。其次,要看该具体行政行为适用的法律条款是否合适。也就是说,尽管行政机关针对某一特定的事或人适用某个法律、法规或规章是合适的,但要进一步考察对某一特定对象适用该法的某一条款是否合适。代理律师应围绕适用法律的准确性、完整性和一致性进行辩论。

总之,由于行政案件专业性较强,所以代理律师不仅要有一般的诉讼代理方面的知识,而且要掌握足够的与代理的行政案件相关的法律知识和专业知识。这样,律师在行政诉讼代理中的作用才能充分地发挥出来,从而更好地维护被代理人的合法权益。

由于法庭调查和法庭辩论是代理律师参加诉讼活动的关键阶段,因此,在法庭审理行政案件的过程中,律师代理工作中的重点就应放在法庭调查和法庭辩论阶段。

四、执行中的律师代理工作

所谓执行,即人民法院或者行政机关采取强制措施,迫使义务人履行义务的行为。当事人的合法权益经法院判决或裁定得到确认后,还必须通过义务人履行判决或裁定的义务,才能得到彻底实现。因此,执行对当事人来说,具有极为重要的作用。

在义务人拒不履行义务的情况下,代理律师应帮助委托人提出强制执行的申请。申请执行的期限为2年。申请执行时效的中止、中断,适用法律有关规定。申请执行时必须提交执行书及法院认为必须提交的其他资料,法院将根据申请人的申请,依法采取执行措施。根据《行政诉讼解释》,执行措施分为两种情况。

(一)行政机关拒绝履行判决、裁定、调解书的

行政机关拒绝履行判决、裁定、调解书的一审法院可以采取下列措施:

(1)对应当归还的罚款或者应当给付的款额,通知银行从该行政机关的账户内划拨;

(2)在规定期限内不履行的,从期满之日起,对该行政机关负责人按日处50元至100元的罚款;

(3)将行政机关拒绝履行的情况予以公告;

(4)向监察机关或者该行政机关的上一级行政机关提出司法建议。接受司法建议的机关,根据有关规定进行处理,并将处理情况告知人民法院;

(5)拒不履行判决、裁定、调解书,社会影响恶劣的,可以对该行政机关直接

负责的主管人员和其他直接责任人员予以拘留;情节严重,构成犯罪的,依法追究刑事责任。

(二)公民、法人或其他组织拒不履行判决、裁定的

公民、法人或其他组织拒不履行判决、裁定的,行政机关向一审法院申请强制执行,行政机关本身也可以依法强制执行。

第五节 律师代理行政诉讼应注意的问题

一、提起行政诉讼前的行政复议问题

关于代理律师在代表当事人提起行政诉讼前是否要进行行政复议,《行政诉讼法》规定了两种情况:一种是对某些具体行政行为必须先进行行政复议,对行政复议结果不服,才可以提起行政诉讼,即行政复议为行政诉讼的法定前置程序;另一种是对某些具体行政行为既可以提起行政复议,也可以不经过行政复议,直接提起行政诉讼。在实践中,代理律师和当事人往往不太相信行政机关能够"自纠自过",往往选择直接提起行政诉讼,对于行政前置程序也认为是拖延时间的程序。更有当事人担心行政复议会导致受到的处罚更重。行政复议程序真的没有存在的必要吗?

2007年5月23日,国务院第177次常务会议通过了《中华人民共和国行政复议法实施条例》(以下简称《复议法实施条例》),自2007年8月1日起施行。《复议法实施条例》的规定对上述问题做了积极回应,笔者认为,在《复议法实施条例》施行以后,代理律师应当转变观念,除非特殊情况,为了尽快解决行政纠纷,建议每一行政案件在起诉前都先进行行政复议的程序,具体理由如下:

(1)与行政诉讼二审终审制相比,行政复议时间短,而且《复议法实施条例》对期限都有明确规定,每一部门的具体职责规定得比较清楚,可操作性强,不会出现相互推诿、敷衍塞责的现象,有利于申请人与被申请人行政机关尽快解决矛盾。

(2)《复议法实施条例》在立法上设立了"行政复议调解"制度,行政复议调解是指在行政复议过程中,复议当事人在行政复议机关办案人员的主持和协调下,依法就有关行政争议进行协商,从而达成合意、解决行政争议所进行的活动。这是对《行政诉讼法》的一个突破,因为行政诉讼是没有调解程序的,也不会有行政调解的判决书,这虽然有利于明确具体行政行为究竟是合法还是违法,但对

个案来说,"行政调解"显然能够更快地解决行政争议。

但是代理律师应注意的是,并不是所有的行政纠纷都可以和解,根据《复议法实施条例》的规定,只有以下两种情形,行政复议机关可以按照自愿、合法的原则进行调解:第一,公民、法人或者其他组织对行政机关行使法律、法规规定的自由裁量权作出的具体行政行为不服申请行政复议的;第二,当事人之间的行政赔偿或者行政补偿纠纷。

当事人经调解达成协议的,行政复议机关应当制作行政复议调解书。调解书应当载明行政复议请求、事实、理由和调解结果,并加盖行政复议机关印章。行政复议调解书经双方当事人签字,即具有法律效力。调解未达成协议或者调解书生效前一方反悔的,行政复议机关应当及时作出行政复议决定。

(3)《复议法实施条例》规定了行政复议不利变更禁止原则,即其第51条规定的:"行政复议机关在申请人的行政复议请求范围内,不得作出对申请人更为不利的行政复议决定。"这就是鼓励公民、法人或者其他组织通过行政复议的方式依法解决行政争议,解除了申请人"不敢告"的思想负担。因此代理律师和申请人申请行政复议也就没有了后顾之忧。

二、行政复议申请书的撰写及证明材料的提交

根据《复议法实施条例》的规定,申请人、第三人可以委托1~2名代理人参加行政复议。申请人、第三人委托代理人的,应当向行政复议机构提交授权委托书。授权委托书应当载明委托事项、权限和期限。这也就是说,代理律师应当取得申请人的授权委托书才可以参加行政复议。

申请人书面申请行政复议的,应当在行政复议申请书中载明下列事项:

(1)申请人的基本情况,包括:公民的姓名、性别、年龄、身份证号码、工作单位、住所、邮政编码;法人或者其他组织的名称、住所、邮政编码和法定代表人或者主要负责人的姓名、职务;

(2)被申请人的名称;

(3)复议请求、申请行政复议的主要事实和理由;

(4)申请人的签名或者盖章;

(5)行政复议的日期。

在下列情形中,申请人除提交书面行政复议申请书外,还应当提供证明材料:

(1)申请人不履行法定职责的,提供曾经要求被申请人履行法定职责而被

申请人未履行的证明材料;

(2)申请行政复议时一并提出行政赔偿请求的,提供受具体行政行为侵害而造成损害的证明材料;

(3)法律、法规规定需要申请人提供证据材料的其他情形。

第六节 律师代理原告参加行政诉讼应注意的问题

一、首先应注意起诉的效力问题

律师在审查一项行政争议是否起诉于人民法院时,应特别注意以下问题:

(1)法律、法规的效力范围问题。当某项法律、法规规定当事人不服行政处理决定,可以向人民法院提起诉讼,而行政机关的处理决定不仅没有引用该法律规定,反而引用了没有规定当事人有起诉权的规章或其他规范性文件,在这种情况下,当事人仍享有起诉权。

(2)新颁布的法律、法规规定的行政诉讼的效力问题。由于实际生活中新的法规不断地取代旧的法律、法规,旧的法律、法规没有规定当事人不服行政机关的行政管理决定可以向人民法院提起诉讼,新的法律、法规规定可以向人民法院提起诉讼,针对新旧法律、法规对当事人诉权的不同规定,作为律师应注意的是:如果当事人的行为和行政机关的处理决定都在新法实施之前,行政管理相对人没有起诉权;如果当事人的行为发生在新法实施之前,行政机关的行政处理决定是在新法实施之后作出的,依照新的程序法律规范生效之后须遵循的原则,行政管理相对人依法享有起诉权。

二、注意帮助原告提供证据的问题

《行政诉讼法》第34条规定,被告对作出的具体行政行为负有举证责任。这是负担公平原则的具体体现,但这并不排斥原告的举证责任。在行政诉讼中,原告对自己主张的权利,自然应负举证责任。因为举证责任制度是把举证同法院对案件的裁决联系起来的制度,当事人为了证明自己的主张正确和对立面的主张错误,都享有举证的权利并必须承担举证义务。据此,原告提起行政诉讼后,要积极主动地承担举证责任,原告代理律师应从以下方面予以帮助。

(一)帮助原告向法院提供证明具体行政行为存在的证据

一般来讲,行政机关的具体行政行为都具有书面形式,原告应在起诉时向法院提交正本或复制件;但有时行政机关的具体行政行为以口头形式作出或具体行政行为作出并已执行,可行政机关违反程序规则拒绝给原告人送达裁决、决定文书。在此种情况下,律师应帮助原告向法院提供具体行政行为存在的证人证言、视听资料等证据。如果没有证据证明具体行政行为存在,实施该具体行政为的行政机关工作人员有可能否认,由此有可能导致法院裁决不予受理。

(二)帮助原告积极向法院提供证明自己主张的事实存在的证据

在请求法院判令被告为一定行为(如颁发许可证、执照)的诉讼案件中,律师应帮助原告向法院提供法律规定,原告已具备要求行政机关为一定行为的条件的证据,从而证明自己主张的正确性和被告不为一定行为的违法性。

(三)帮助原告向法院提供证明被告具体行政行为的不当或违法的证据

具体应注意以下两点:

(1)当被告提供原告具有违法事实的证据时,原告代理律师应从该证据的客观性、关联性和合法性等方面提出反证予以反驳;

(2)当被告向法院提供自己作出具体行政行为所依据的规范性文件时,原告代理律师应从该规范性文件是否属于行政法规、规章,其适用范围,是否失效或生效等方面提出反证。

(四)注意适时采取证据保全措施

在诉讼过程中,原告代理律师还需注意根据案件的需要,对那些因某种原因可能会使证据灭失或将来无法收集,以后取证困难的证据及时向法院申请采取证据保全措施,以避免因证据灭失或因种种困难难以收集而造成证据不足,陷入被动的局面。

三、注意对被告的具体行政行为是否合法进行质疑

人民法院审理案件,是对具体行政行为的合法性进行审查。因此,法律要求被告行政机关提供作出具体行政行为的法律文件依据,包括法律、法规、规章及其他规范性文件。根据法律、法规对被告的具体行政行为是否合法进行质疑,是诉讼中十分重要和必要的。因此,原告代理律师应从以下几个方面进行质疑:

(1)被告提供的法律、法规和规章是否适用于本案,看本案是否属于该法调整的对象。

(2)被告提供的法律、法规能否证明自己是本案合法的执法主体,审查有无越权执法。

(3)被告提供的法律、法规何时开始实施,审查其是否对本案情况有溯及力。

(4)被告提供的法律、法规与其他的法律、法规有无抵触和矛盾,审查其是否有效力低的应服从效力高的情况。

(5)被告是否依提供的法律、法规所规定的程序作出具体行政行为,审查其有无违反法定程序的情况。

(6)被告是否依提供的法律、法规所规定的幅度作出具体行政行为,审查其是否有显失公平之处。

四、注意被告是否在法定举证期限内提交证据

行政诉讼中,众所周知,举证责任倒置,作为被告的行政机关应当承担证明其作出的行政行为合法的举证责任。基于被告行政机关的证据均已"在先"取得,且不得事后补充收集,故从程序正义的角度出发,将行政机关逾期举证视为"没有证据"。

依据《行政诉讼法》第67条的规定,被告应当在收到起诉状副本之日起15日内向人民法院提交作出行政行为的证据和所依据的规范性文件,并提出答辩状。可见,行政机关的举证期限是15日,起算时点是收到起诉状副本之日。

行政诉讼中,法律法规对逾期举证的规定:

《行政诉讼法》第34条规定:"被告对作出的行政行为负有举证责任,应当提供作出该行政行为的证据和所依据的规范性文件。被告不提供或者无正当理由逾期提供证据,视为没有相应证据。但是,被诉行政行为涉及第三人合法权益,第三人提供证据的除外。"

《行政诉讼解释》第34条规定:"根据行政诉讼法第三十六条第一款的规定,被告申请延期提供证据的,应当在收到起诉状副本之日起十五日内以书面方式向人民法院提出。人民法院准许延期提供的,被告应当在正当事由消除后十五日内提供证据。逾期提供的,视为被诉行政行为没有相应的证据。"

第七节 律师代理被告参加行政诉讼应注意的问题

一、对具体行政行为合法性的审查

具体行政行为的合法性是行政诉讼争议的核心,被告代理律师应把审查具体行政行为的合法性作为代理工作的重点,对被告所作的具体行政行为予以全面的、客观的、公正的审查评价。具体可从以下几个方面进行审查：

(1)审查被告是否依法取得实施被诉具体行政行为的职权,是否具备行政法律关系主体资格。在审查主体资格问题上,要特别注意审查以法律、法规授权实施具体行政行为的组织主体资格,审查清楚法律、法规是否明确授权及授权范围。还应审查根据委托从事具体行政行为的组织是否依合法有效的委托拥有行使某项具体行政行为的职权。

(2)审查具体行政行为的内容是否合法。具体行政行为内容合法,是由具体行政行为所依据的事实真相存在和适用法律正确无误两个方面构成的。所以,审查具体行政行为的内容是否合法,应从具体行政行为所依据的事实是否真实存在、适用法律是否准确无误两方面进行。

(3)审查具体行政行为是否依据法定程序进行。具体行政行为的实施是遵循一些法律、法规原则或具体的程序规定进行,但是相当一部分具体行政行为没有法律、法规规定的程序规定,通常主要靠各行政部门制定的规章、工作制度、办法等来规范、约束具体行政行为的活动程序。所以,在审查具体行政行为程序是否合法时,要根据有效的法律、法规进行,同时,还要参照行政规章以及行政工作制度、办法等规范性文件。

二、注意审查有无有关法规、规章或法律的相互冲突问题

行政诉讼审查的是具体行政行为的合法性,作为被告诉讼代理人的律师,不仅要调查该具体行政行为有无法律依据,而且要认真审查行政机关所依据的法规、规章是否有相互冲突或与法律相抵触的内容。因为,法律、行政规章以及地方性法规在法律体系中所处的地位和效力等级是不同的。由全国人民代表大会及其常务委员会制定的法律、由国务院制定的行政法规的效力及于全国,而地方性法规、自治条例、单行条例的效力仅限于本地区。在内容上,行政法规不得与法律相抵触,地方性法规不能与法律和行政法规相抵触。法律、行政法规、地方性法规和自治条例、单行条例是人民法院审理行政案件的根据,如果行政规章不合法,人民法院有权拒绝适用；地方性法规与部门规章之间对同一事项的规定不一致,不能确定如何适用时,由国务院提出意见,国务院认为应当适用地方性法规的,应当决定在该地方适用地方性法规的规定；认为应当适用部门规章的,应当提请全国人民代表大会常务委员会裁决。

三、被告的举证责任问题

《行政诉讼法》规定,在行政诉讼中,举证责任由被告承担。首先,举证责任

意味着只有当承担举证一方提供的证据占有优势的时候,举证责任承担者才能胜诉,否则就要败诉;其次,承担举证责任意味着在事实难以查清的情况下,将承担更多的败诉风险。

作为被告的诉讼代理人,在诉讼活动中不得重新取证。律师除享有法律赋予的特有的诉讼权利外,还享有委托人授予的相当于委托人的诉讼权利。根据《行政诉讼法》第35条关于"在诉讼过程中,被告及其诉讼代理人不得自行向原告、第三人和证人收集证据"的规定,律师如果是被告的诉讼代理人,则不能像原告诉讼代理人那样自行取证,而只能收集该被告行政机关作出某具体行政行为时的证据和所依据的法律和规范性文件。如果律师在此期间发现行政机关的行为确属违法或不当,则应积极主动地告知行政机关,帮助行政机关或有关工作人员认识错误。如果行政机关同意撤销或变更所作出的具体行政行为,可通过合法途径通知原告。原告同意撤诉的,则终结诉讼;原告不同意撤诉的由人民法院进行审判。

第八节 行政诉讼案件中的调解

一、不能适用调解的行政诉讼案件类型

根据《行政诉讼法》第60条的规定,"人民法院审理行政案件,不适用调解。但是,行政赔偿、补偿以及行政机关行使法律、法规规定的自由裁量权的案件可以调解。"由此可见,行政案件原则上不适用调解,但存在例外情况。

二、可以适用调解的行政诉讼案件类型

对于行政诉讼调解的范围,必须注意以下几个问题:一是并非所有的行政案件均可以调解,上述规定适用调解的案件有明确的范围。二是《行政诉讼法》规定的行政诉讼的审查对象是行政行为的合法性,对于行政行为合法性的探讨非常必要,即调解不能以违法行政行为存续为代价;如果行政行为的合法性没有问题,则意味着对于合法性以外的事项存有调解之余地。三是根据不适用调解的若干缘由,只有在对不同行政行为的种类进行分析的基础上,才能确定调解的范围。根据上述规定,行政诉讼可以适用调解的范围如下:

(1)行政赔偿案件。行政赔偿是指行政机关违法行使职权侵犯相对人合法权益造成损害时,由国家承担的一种赔偿责任行政赔偿作为国家赔偿的种类之一,虽然有法定的计算标准,但并不妨碍赔偿义务机关与赔偿请求人之间就赔偿

方式等进行协商、调解。

（2）行政补偿案件。行政补偿是指行政机关在管理公共事务过程中，因合法的行政行为给公民、法人或其他组织的合法权益造成损失时，依法由国家给予的补偿。目前我国宪法和一些法律、法规明确规定了行政补偿。例如，《宪法》第13条第3款规定："国家为了公共利益的需要，可以依照法律规定对公民的私有财产实行征收或者征用并给予补偿。"《行政许可法》第8条第2款规定："行政许可所依据的法律、法规、规章修改或者废止，或者准予行政许可所依据的客观情况发生重大变化的，为了公共利益的需要，行政机关可以依法变更或者撤回已经生效的行政许可。由此给公民、法人或者其他组织造成财产损失的，行政机关应当依法给予补偿。"

（3）行政机关行使法律、法规规定的自由裁量权的案件。在行政赔偿、补偿以外的其他行政案件中，行政机关也存在行使裁量权的情况。例如，在行政处罚案件中，行政机关可以在相关实体法规定的罚款幅度内选择自己认为适当的数额作出罚款决定，这属于行政机关的裁量权。当然，行政机关的裁量权也不得滥用，不得徇私舞弊，畸轻畸重。在依法行使裁量权的范围内和人民法院的主持和监督下，行政机关可以与相对人达成调解协议。同时，根据上述规定，调解应当遵循自愿、合法原则，不得损害国家利益、社会公共利益和他人合法权益。

三、律师参加行政诉讼调解时的注意事项

律师要明确适用调解的案件必须满足两个前提条件。

（一）当事人自愿

在行政法律关系中，行政机关和行政相对人在事实上是不平等的。但在行政诉讼关系中，双方在法律上是平等的。调解发生在诉讼过程中，必须确保双方自愿平等，尤其是原告自愿，才不致将矫正后的双方法律上的平等关系扭曲还原为事实上的不平等关系而损害原告的合法权益。原告放弃权利必须是出于真实意思表示，法院或行政机关不能强迫原告违背自己的真实意愿。

（二）行政机关有处分权

处分权是调解的基础。随着研究的深入和对行政权与行政行为认识的深化，行政行为可以分为羁束性行政行为和裁量性行政行为。对于羁束性行政行为，行政机关无权处分自己的职权，但对于裁量性行政行为，法律却赋予了行政机关相应的裁量空间。在法律赋予的裁量空间内，行政机关有一定的处分权。

第九章　刑事诉讼中的律师实务

有犯罪就有辩护,有辩护就有辩护律师。律师通过担任犯罪嫌疑人、被告人的辩护人,对国家法律的正确实施,惩罚犯罪分子,保障无罪的人不受刑事追究,维护社会主义法治,保护公民的人身权利、财产权利、民主权利和其他权利,保障社会主义建设事业的顺利进行,起到了重要作用。刑事辩护是律师业务的重要组成部分,刑事辩护也是培养和造就优秀律师的大熔炉。本章对律师刑事辩护工作进行初步概括,希望对辩护律师有所帮助。律师在刑事辩护领域大有可为,也应大有作为。

第一节　律师代理刑事辩护概述

一、辩护、辩护权与辩护制度

辩护,是指刑事诉讼中犯罪嫌疑人、被告人及其辩护人根据事实和法律反驳控诉人的一项诉讼活动。辩护针对控诉提出,同控诉相对立,没有控诉则无辩护。

辩护权,是刑事诉讼中的犯罪嫌疑人、被告人针对控诉进行辩护、反驳,以维护其合法权益的一项权利。辩护权的内容如下:

(1)针对指控进行辩解。犯罪嫌疑人从开始被指控为犯罪时起,就享有辩护权。在侦查阶段,犯罪嫌疑人有权知道自己被控犯了什么罪,有权进行辩解,提出反证以证明自己无罪或罪轻。有权申请侦查人员回避,有权申请补充鉴定或者重新鉴定。

(2)在检察机关审查起诉阶段,被告人有权要求检察人员回避,有权提出无罪或罪轻的辩解,有权控告侦查阶段的违法行为。

(3)在审判阶段,被告人有权申请法庭组成人员和公诉人、鉴定人或翻译人员回避;有权申请对证人、鉴定人发问;有权辨认物证;有权对证人证言进行质证;有权申请通知新的证人到庭、调取新的物证,申请重新鉴定或勘验。在法庭辩论阶段,被告人有权针对指控进行辩解,与公诉人、被害人进行辩论。

(4)法庭辩论终结后,被告人有权针对全案涉及的各项重要问题作最后陈述。最后陈述权是被告人的一项重要诉讼权利,被告可以依据事实、自己犯罪的原因,对犯罪的认识以及定罪量刑方面的要求和意见,做最后发言。

(5)被告人除自己行使辩护权外,还有权委托他人为其进行辩护。对符合法律规定的,被告人可以请求法院为其指定辩护人。

辩护制度,是为了保证刑事犯罪嫌疑人、被告人的辩护权得以充分实现,而明确辩护权的内容、原则、方式及其体系的法律制度。辩护制度是刑事诉讼制度的重要组成部分,是司法制度中的一项重要内容。辩护制度的核心问题是确保犯罪嫌疑人、被告人的辩护权得以充分行使和实现,离开了辩护权,辩护制度就不复存在。

二、辩护人与辩护律师

犯罪嫌疑人、被告人可以通过两种方式行使辩护权:一是自己行使辩护权,自己为自己辩护;二是委托他人代为辩护。自己进行辩护不影响委托他人代为辩护,两种方式可以同时进行。根据《刑事诉讼法》第33条的规定,犯罪嫌疑人、被告人除自己行使辩护权以外,还可以委托一至二人作为辩护人。下列的人可以被委托为辩护人:

(1)律师;

(2)人民团体或者犯罪嫌疑人、被告人所在单位推荐的人;

(3)犯罪嫌疑人、被告人的监护人、亲友。

正在被执行刑罚或者依法被剥夺、限制人身自由的人,不得担任辩护人。

被开除公职和被吊销律师、公证员执业证书的人,不得担任辩护人,但系犯罪嫌疑人、被告人的监护人、近亲属的除外。

辩护人是在刑事诉讼中,受犯罪嫌疑人、被告人委托或经法院指定为犯罪嫌疑人、被告人对被控告的犯罪依法进行申诉、辩解、反驳,帮助嫌疑人、被告人行使辩护权,维护其合法权益的人。根据《刑事诉讼法》第37条的规定:"辩护人的责任是根据事实和法律,提出犯罪嫌疑人、被告人无罪、罪轻或者减轻、免除其刑事责任的材料和意见,维护犯罪嫌疑人、被告人的诉讼权利和其他合法权益。"辩护人是为了保护被告人的合法权益参加诉讼的,辩护人在诉讼中的一切行为和活动,都是针对控诉而提出的有利于犯罪嫌疑人、被告人的材料和意见。

辩护人进行辩护时要根据事实和法律提出有利于犯罪嫌疑人、被告人的材料和意见,批驳不正确的指控。辩护人参加诉讼是为了维护犯罪嫌疑人、被告人的合法权益,但辩护人不是代言人。辩护人进行辩护时不受犯罪嫌疑人、被告人的意志左右,不能完全按照犯罪嫌疑人、被告人的要求进行辩护。

律师接受犯罪嫌疑人、被告人的委托或法院的指定而成为辩护人。但律师本身不具有辩护权,律师辩护是犯罪嫌疑人、被告人行使其辩护权的一种方式。辩护律师为辩护人之一。与其他辩护人相比,律师担任辩护人具有以下优势:

(1)律师是从事法律工作的专业人员,有一定的法律专业知识和比较丰富的诉讼经验,对各种案件所涉及的有关法律条文和犯罪嫌疑人、被告人的各项诉讼权利比较熟悉,能够从诉讼上保证被告人各项权利的行使。在实体方面,律师能够正确分析案情,抓住罪与非罪、此罪与彼罪、罪重与罪轻等问题的关键,依法维护犯罪嫌疑人、被告人的合法权益。

(2)辩护律师享有法律规定的特定的权利,可以通过阅卷、通信、会见犯罪嫌疑人、被告人了解案情,而其他辩护人则必须经检察机关、人民法院的许可,才能与犯罪嫌疑人、被告人进行会见、通信和阅卷。辩护律师享有调查取证权,还可申请司法机关协助收集、调取证据,这些都是其他辩护人难以做到的。

三、辩护律师的诉讼地位和诉讼职能

(一)辩护律师在刑事诉讼中具有独立的诉讼地位

具体表现在以下几个方面:

(1)律师在刑事诉讼中担任辩护人时,享有法律规定的特殊权利。根据《刑事诉讼法》第39条、第40条的规定,辩护律师享有查阅、复制、摘抄案卷权,同在押的被告人会见、通信权,而其他辩护人则需经人民检察院和人民法院许可,才能享有上述权利。此外,律师享有调查取证权,可以申请司法机关协助收集、调取证据权,而其他辩护人则不享有这些权利。

(2)辩护律师根据事实和法律为被告人进行辩护,独立形成其辩护意见,不受被告人左右。辩护律师虽是根据被告人的委托或法院指定参加刑事诉讼,但其行使辩护权时具有相对独立性,不完全以被告人的授权为基础。在享有被告授予的权利的同时,又享有法律所赋予的特定权利。

(3)与公诉人行使控诉职能相对应,辩护律师在刑事诉讼中行使辩护职能,诉讼地位平等。根据《刑事诉讼法》第191条的规定,公诉人可以讯问被告人;根据《刑事诉讼法》第194条的规定,公诉人经审判长许可,可以对证人、鉴定人发问。而根据上述同条法律规定,辩护人经审判长许可,可以向被告人发问,可以向证人发问,在法庭辩论阶段,公诉人发表公诉词,辩护人发表辩护词,并可以展开辩论。这体现了辩护人与公诉人诉讼地位是平等的。特别需要指出的是,辩护律师独立于公诉人,辩护律师不得实施任何带有追诉性质的诉讼行为。辩护律师应尽最大努力提出有利于被告人的材料和意见。除危害国家、社会利益的现行重大犯罪事项外,辩护律师应保守在执业中知悉的被告人的秘密。

(二)辩护律师的诉讼职能

根据《刑事诉讼法》第2条的规定,《刑事诉讼法》的任务是保证准确、及时地查明犯罪事实,正确应用法律,惩罚犯罪分子,保障无罪的人不受刑事追究,维护社会主义法制,保护公民的人身权利、财产权利、民主权利和其他权利,保障社会主义建设事业的顺利进行。根据法律的规定,认定被告人罪与非罪,确定如何对被告人实施刑罚是人民法院的诉讼职能,审判人员执行的是审判职能;而对犯罪嫌疑人、被告人依法提起控诉,监督刑事诉讼程序的开展则是公诉机关的职能,检察人员履行的是控诉职能和监督法律正确实施的职能;为了有效保障诉讼的公平和正义,维护诉讼当事人的合法权益,允许被告人委托辩护人,包括委托律师担任辩护人。担任被告人的辩护人的律师,其基本职能在于根据事实和法律,提出被告人无罪、罪轻或者减轻、免除其刑事责任的材料和辩护意见,维护被告人的合法权益。由此,辩护与控诉形成相互依存、相互联系、相互对立的矛盾双方,审判人员则行使审判职能。审判职能、控诉职能、辩护职能的三位一体,构成了我国刑事诉讼职能的完整框架。

辩护职能要求律师在整个诉讼过程中,只能实施有利于被告人的行为,辩护律师正是通过对控诉方控诉的辩驳,提供有利于被告人的材料和证据,批驳控诉方的起诉,从而达到法律的正确适用和保证被告人合法权益受到保护。明确律师的辩护职能,有利于律师更好地履行其辩护职责。律师为犯罪嫌疑人、被告人进行辩护,提供其无罪、罪轻或减轻、免除其刑事责任,不是律师为犯罪嫌疑人、被告人开脱,也不是律师放弃公平与正义。相反,这正是律师本身的诉讼职责所在,是律师为了保障整个法律制度的公平而实施的法律行为,是为了更好地实现法律的公平和正义。

四、律师在刑事辩护中的权利和义务

(一)律师在刑事辩护中的权利

辩护律师享有的权利包括两方面的内容:一是律师可以做什么,以利于执行职务；二是律师可以要求他人做什么和不得做什么，以利于有效地履行职能。

《刑事诉讼法》、《律师法》以及其他相关司法解释、部门规章等明确规定了辩护律师在刑事诉讼中享有的权利。这些权利主要包括以下几种：

(1) 依法独立执业权。律师有权根据法律和事实，依法独立进行辩护，不受人民法院、人民检察院和其他机关、团体或个人的非法干涉。

(2) 查阅承办案件有关材料权。律师有权到人民检察院、人民法院查阅所承办的案卷材料；有权摘抄、复制有关的诉讼案卷材料。人民检察院、人民法院应当给予必要的方便，并提供律师阅卷场所。

(3) 同在押的犯罪嫌疑人、被告人会见、通信权。除危害国家安全犯罪、恐怖活动犯罪、特别重大贿赂犯罪案件，在侦查期间辩护律师会见在押的犯罪嫌疑人，应当经侦查机关许可外，其他案件辩护律师持律师执业证书、律师事务所证明和委托书或者法律援助公函要求会见在押的犯罪嫌疑人、被告人的，看守所应当及时安排会见，至迟不得超过48小时；明确了律师会见时不被监听的权利；律师与犯罪嫌疑人、被告人的合法通信，看管人员应及时转交给犯罪嫌疑人、被告人。对犯罪嫌疑人、被告人的复信也应及时转出，不得随意扣押。

(4) 调查取证权。律师持律师事务所的调查函，可以向有关单位和个人调查承办案件的事实情况，收集证据；律师可以申请人民检察院、人民法院收集、调取证据；申请人民法院通知证人出庭作证；律师经检察院或法院许可，并且经被害人或其近亲属、被害人提供的证人同意，可以向他们收集承办案件的材料。

(5) 律师有权得到司法机关的通知，律师出庭准备时间受保障。检察机关在审查公诉案件时，应当通知律师到检察院，听取律师的辩护意见；法院应当将出庭通知书最迟在开庭3日以前送达律师；法院应当用通知书通知律师到庭履行职责，不得使用传票传唤律师；律师因案情复杂或其他合理事项，不能如期出席法庭的，以及在庭审过程中发现有可能影响定罪量刑的证据线索，需要进一步调查取证或申请新的证人出庭作证的，有权申请法院延期审理；法院改期审理案件，在再次开庭前，应给律师留有开庭所需的准备时间。

(6) 律师有权获取起诉书、判决书、裁定书等诉讼文书的副本。检察机关、审判机关应履行义务。

(7) 律师在侦查阶段享有下列权利：会见犯罪嫌疑人，了解有关案件情况；为犯罪嫌疑人提供法律咨询；代理犯罪嫌疑人申诉、控告，申请取保候审；对强制措施超过法定期限的，有权要求解除强制措施。

(8)律师在法院审理阶段享有下列权利:在法庭调查阶段,经审判长许可,律师有权直接向证人、鉴定人、被告人、被害人等发问;有权提请传唤证人、鉴定人出庭作证;有权出示、宣读证人证言、鉴定结论及勘验、检查笔录、物证;对法庭宣读的未到庭的证人证言、鉴定结论、勘验笔录和其他作为证据的文书,发表质证意见;律师有权提出新的证据,申请新的证人到庭,调取新的证据,申请重新鉴定或勘验;在法庭辩论阶段,律师有权对证据和案件情况发表意见,与公诉人辩论。

(9)拒绝辩护权。在下述情形下,律师可以提出解除委托,拒绝辩护:一是犯罪嫌疑人、被告人隐瞒事实,提出无理或非法的要求,导致律师无法提供服务;二是犯罪嫌疑人、被告人有严重侮辱、诽谤等针对律师的违法犯罪行为。

(10)言辞豁免权。律师在法庭发表意见的权利受法律保护。任何机关、团体、个人不得因律师在法庭上的言辞而对律师进行追究。

(11)代行上诉权。律师认为法院一审裁判不公,在得到被告人同意或授权后,可以代行上诉。

(12)代行申诉权。对已经发生法律效力的判决、裁定,可以代当事人向人民法院或者人民检察院提出申诉。

(二)律师在刑事辩护中的义务

律师在享受权利的同时,必须承担相应的义务。律师的义务包括两个方面:一是律师依法执行职务时,"应当"做哪些,以及"必须"怎么做;二是执行职务时,"不得"做什么,以及"责任"是什么。律师在依法执行职务时,除应当忠实于事实真相、忠实于法律以外,还应当履行下列义务:

(1)依法维护犯罪嫌疑人、被告人的合法权益。这是律师进行刑事辩护活动所应承担的核心义务。它包括:律师应根据事实和法律,提出犯罪嫌疑人、被告人无罪、罪轻或者减轻、免除其刑事责任的材料和意见;律师应告知犯罪嫌疑人、被告人享有的诉讼权利,并帮助他们正确行使这些权利。当犯罪嫌疑人、被告人的诉讼权利受到侵犯时,律师有义务提出意见;律师应为犯罪嫌疑人、被告人提供其他法律上的帮助,包括:律师为其提供法律咨询;对检察机关作出的不起诉决定代理申诉;对侦查人员、检察人员、审判人员侵犯犯罪嫌疑人、被告人诉讼权利和人身的行为代理控告;为被羁押的犯罪嫌疑人、被告人申请取保候审和对各级人民法院已经发生法律效力的判决、裁定,代理申诉;律师接受委托后,无正当理由的,不得拒绝辩护;律师不接受委托的,应当及时告知委托人,否则会损害委托人的利益。即使是在律师拒绝辩护的情形下,律师也应当及时将拒绝辩护的事项告知委托人,以便委托人另行委托他人进行辩护。

(2)律师应当保守秘密。在刑事辩护活动中,律师应当保守知悉国家秘密和当事人的商业秘密,不得泄露当事人的隐私。但危害国家安全、公共安全以及严重危害他人人身安全犯罪的除外。

(3)不得在同一案件中担任双方当事人的代理人。在刑事诉讼中,律师不得在同一公诉案件中,既担任辩护人,又担任被害人的代理人或附带民事诉讼原告人的代理人;不得在同一自诉案件中,担任被告人的辩护人的同时担任自诉人的代理人;也不得在依法解除委托关系后,在同一案件中担任公诉案件被害人的诉讼代理人;不得在未征得犯罪嫌疑人、被告人同意的情况下接受被害人办理其他事务的委托。

(4)在刑事诉讼中,律师应当正当执业。律师不得私自接受委托,私自收取费用,收受委托人财物。律师办理刑事辩护案件时,应当由律师事务所统一接受委托、统一收案、统一收费。律师不得利用其提供法律服务的便利争取当事人争议的权益,或者接受对方当事人的财物。律师不得违反规定会见侦查人员、检察人员、审判人员。律师会见侦查人员、检察人员、审判人员时,必须以正当合法的方式在办公场所会见,在向他们提出法律意见时,必须忠于案件事实,忠于法律。律师不得向侦查人员、检察人员、审判人员请客送礼或者行贿,或者指使、诱导当事人行贿。曾担任法官、检察官的律师,从人民法院、人民检察院离任后2年内不得担任辩护人。律师不得提供虚假证据,或者威胁、利诱他人提供虚假证据,隐瞒事实及妨碍对方当事人合法取得证据。

(5)律师不得扰乱法庭秩序,干扰诉讼活动的正常进行,不得违反法庭秩序。律师在接到人民法院的要求提供证据目录的通知后,应当向法庭提供申请出庭作证的证人身份、住址、通信处及明确的证人、鉴定人名单以及不出庭作证的证人、鉴定人名单、理由和拟当庭宣读、出示的证据复印件、照片。律师在接到人民法院的开庭时间、地点的通知书后,应当按人民法院的通知出庭依法履行职务,不得无故妨碍诉讼的正常进行。律师应当对审判人员表示应有的尊重,服从审判长的指挥,遵守法庭调查和法庭秩序。遵循询问证人的规则。依照法律的规定出示、宣读证据。申请重新鉴定或者勘验时,应当提供证人的姓名、证据的存放地点,说明所要证明的案件事实,要求重新鉴定或者勘验的理由。律师不得违反法庭秩序,严厉禁止律师哄闹、冲击法庭或者侮辱、诽谤、威胁、殴打司法工作人员或者诉讼参与人。

第二节 律师在刑事辩护中的工作流程

一般而言,律师在刑事辩护中的完整流程一般有收案、阅卷、会见、调查访问、确定辩护论点、出庭辩护、庭后总结归档等阶段。

(一)律师事务所统一收案

律师事务所可以接受犯罪嫌疑人、被告人,或者他们的法定代理人、亲属或者犯罪嫌疑人、被告人委托的人的委托,或者接受人民法院的指定,指派律师为犯罪嫌疑人或被告人提供法律帮助或担任辩护人。律师事务所收案应符合下列条件:

(1)为犯罪嫌疑人提供法律帮助,须在侦查机关第一次讯问后或者采取强制措施之日起;

(2)担任辩护人,须在犯罪嫌疑人已被人民检察院审查起诉或者被告人已被提起公诉;

(3)担任二审辩护人,须在一审判决宣告后;

(4)涉及国家秘密的案件,在侦查阶段聘请律师的,须取得侦查机关的批准;

(5)犯罪嫌疑人、被告人的亲属或者其他人代为委托的律师,须在会见时得到犯罪嫌疑人、被告人的确认。

律师事务所应与委托人签订委托协议,一式两份,由委托人、律师事务所各持一份;由委托人签署授权委托书,一式三份,由委托人、律师事务所各持一份,交人民检察院或人民法院一份。

(二)律师阅卷

案卷材料是侦查、起诉、审判活动的记录,既是控诉、审判的依据,也是律师辩护的依据之一。查阅案卷材料的方法是:

(1)查阅案卷材料的顺序,可以根据不同案件的具体情况来确定。首先,以案件材料形成先后为顺序,先阅侦查预审卷,再阅证据卷,最后阅起诉卷等。其次,以案件内容主次为顺序,先阅主卷,后阅副卷。主卷是控诉所依据的事实、证据以及诉讼程序,副卷一般只是记载被告人前科劣迹及其他情况,先阅被告人口供,后查其他证据。最后,全面判断起诉书所认定的事实是否确凿。对事实相对比较简单的案件,可以先阅起诉卷、再阅预审卷和证据卷,这样查阅可以直接抓住主要问题,以提高阅卷效率。

(2)在阅卷时,应边阅读、边记录、边综合分析。特别要注意对起诉书的内容、被告人口供和各种证据的证明情况进行分析对照;对被告人、犯罪嫌疑人被拘留和逮捕前后的口供进行分析对照;对共同被告人的各自先后口供进行分析对照。

(3)律师应做好阅卷笔录:查阅案卷应记录的内容,主要应找出有利于犯罪嫌疑人、被告人的事实、情节、证据以及适用法律方面的问题,要重点记录,对一般问题作摘记即可。对不利于犯罪嫌疑人、被告人的事实、情节可采取简要概括记录。阅卷记录应包括下列内容:犯罪嫌疑人、被告人的口供;被害人的陈述;主要证人证言;事实之间的矛盾点;证据之间的矛盾点;注重从轻、减轻或免于处罚及不构成犯罪等方面的事实、证据和法律依据;实际危害后果的证据;有关鉴定材料;程序上的违法之处;被告人的自然情况等。律师及时对主要事实、关键证据记录原文,对内容基本一致的同类证据可综合归纳记录,对证人证言、物证可索引记录。无论采取何种记录方法,必须标明材料的出处,包括卷宗名称、册数、页数、证据的来源等。律师通过阅卷,对全案有了基本的了解,应进一步综合分析,对案件做出初步的小结。这个小结应能初步回答下列问题:对起诉书中所认定的犯罪事实,从重情节是否得到证实;对犯罪嫌疑人、被告人具有从轻、减轻、免除处罚和不追究刑事责任的情况,是否给予认定;有哪些事实缺乏证据,需进一步调查取证;有哪些证人证言、物证,需进一步核实;有哪些互相矛盾点,需进一步排除;在适用法律上,有哪些不当之处;应从哪些方面为犯罪嫌疑人、被告人进行辩护;初步列出会见犯罪嫌疑人、被告人的询问提纲,并为下一步形成辩护意见做好准备。

(三)会见犯罪嫌疑人、被告人

会见犯罪嫌疑人、被告人是律师了解案情的一种特殊的调查方式,目的在于发现对犯罪嫌疑人、被告人有利的材料或线索。律师应视案件的具体情况确定会见的时机。通常是先阅卷,后会见犯罪嫌疑人、被告人。先阅卷可掌握案件的全面情况,会见时心中有数,工作主动。有的案件是先会见犯罪嫌疑人、被告人,然后阅卷。对于在押的犯罪嫌疑人、被告人的近亲属委托律师和法院指定律师辩护的案件,律师应征求本人是否同意律师作为其辩护人,如同意,犯罪嫌疑人、被告人应签字。对于案情复杂,涉及技术方面问题的案件,一般在查阅起诉书,粗阅案卷后,去会见犯罪嫌疑人、被告人,了解案件的基本情况和有关技术问题,然后再去详细阅卷。必要时,可反复多次会见犯罪嫌疑人、被告和查阅案卷材料,直到弄清全部事实为止。

律师会见时应听取犯罪嫌疑人、被告人的意见。让犯罪嫌疑人、被告人陈述为什么被采取强制措施,其具体事实、罪名,有关案件情况,有无申辩理由,是否申请取保候审,有无对办案人员违法行为的控告等。听取被提起公诉的被告人的意见,让被告人就起诉书认定事实发表意见,对事实存在与否及有无出入、哪些有利的事实和情节未予认定,对案件定性、定罪和诉讼程序等适用法律问题发表意见。律师要向被告人询问和核对下列问题:犯罪事件是否发生;犯罪事件是否被告人所为;被告人有无从轻、减轻、免除处罚的情节;被告人是否达到刑事责任年龄和有无刑事责任能力以及有无自首、坦白、立功等情节。

律师应询问犯罪嫌疑人、被告人能否提出证明自己无罪、罪轻或免除刑事责任的证据,或者有无检举他人犯罪事实的证据线索。案件如有附带民事诉讼,应征询犯罪嫌疑人、被告人对民事损害事实是否存在的意见以及处理的意见。

对已初步形成的辩护观点,应向犯罪嫌疑人、被告人进行说明,征求他们的意见。如犯罪嫌疑人、被告人对律师辩护观点有不同意见,双方可以进行研究。

律师应向犯罪嫌疑人、被告人告知在诉讼中的权利和义务,对他们宣传法律知识,教育他们遵守看管场所的规章制度。

(四)调查取证

律师通过阅卷、审查起诉书和会见,认为案件已经查清,一般不必再进行调查取证。如果发现案件基本事实不清、基本证据不足,除可以建议人民法院或人民检察院退回补充侦查或对案件自行侦查外,律师只对涉及关键性的、影响到定罪量刑的案件事实,进行必要的调查取证。在刑事诉讼中,出现下列情况时,律师应进行调查取证:①案件中基本证据之间存有矛盾;②鉴定缺乏科学根据,证人证言前后有矛盾,物证没有关联性等涉及证据效力情况;③涉及被告人、犯罪嫌疑人犯罪的动机、正当防卫、中止、自首、立功的认定、实际危害后果的认定以及赃物价值的计算等问题。

律师进行调查取证主要有以下手段:

(1)会见访问。会见或访问有关人员时,要制作询问笔录和谈话记录,注明时间、地点、询问人、被询问人及询问的主要内容。询问笔录和调查笔录,要由被询问人、被调查人核对无误后签名或盖章。

(2)抄录、复印。律师对可作为证据的文件、信件、图片等书面材料可以抄录或复印,并由持件人核对无误后签名或盖章。

(3)拍照。对案件事实具有证明意义的文件,因犯罪行为而引起的外界变化的物证和犯罪分子实施犯罪的地点、遗留的痕迹及物体的现场等进行拍照。

(4)录音、录像。

(5)鉴定。对应鉴定而未进行鉴定的案件,或对已经鉴定、但对鉴定结果持异议的案件,应进行鉴定或重新鉴定。

(6)勘验。现场勘验,要制作笔录。

(7)实验。根据案情进行实地验证或模拟实验。应制作实验笔录,记录实验的时间、地点、参加人员、实验方式以及实验的结果等。以上方法,律师根据案情,可以单独使用,也可以选择或综合使用。

(五)确立辩护意见

律师应根据事实和法律,提出犯罪嫌疑人、被告人无罪、罪轻或者减轻、免除刑事处罚、不予起诉的辩护意见。一般而言,辩护意见应落实在以下方面。

1. 针对案件事实确立辩护意见

如起诉书所指控的事实不存在,应作无罪辩护。如起诉书所指控的事实存在,但不属于犯罪事实,如公诉机关将"正当防卫"、"情节显著轻微、危害不大的行为"以及一般违法行为作为犯罪行为起诉的,应作无罪辩护。起诉书指控的事实在主要情节上有重大的出入,可作从轻、减轻罪责辩护。起诉书在指控共同犯罪案件中,错误认定各被告人的责任,则应从各被告人在共同犯罪中的地位、作用不同而应负不同的刑事责任方面辩护,起诉书指控事实不清、证据不足,可建议法庭、检察院将案件退回侦查机关或检察机关。

2. 针对案件性质确立辩护意见

辩护律师应从犯罪构成及各罪的主要特征着手,划清罪与非罪、此罪与彼罪的界限。

3. 律师针对犯罪事实、犯罪的性质、情节和对社会的危害程度确立适用刑罚的辩护意见

(1)在法定的从轻、减轻和免除刑罚的情节方面辩护。有的案件存在或减轻或从轻或免除刑罚的情节之一,有的案件则存在三种情形并存的情节。如对不满18周岁的人,应当从轻或者减轻处罚;如犯罪后自首且所犯罪行又较轻,则既存在减轻的情节又存在免除刑罚的情节;而又聋又哑的人或盲人犯罪,则从

轻、减轻或者免除刑罚的情节同时存在。

（2）针对酌情从减情节进行辩护。酌定情节是从审判实践经验中总结出来的,在量刑时灵活掌握酌情适用的情节,是法定情节的必要补充。酌定情节不是法律上明文规定的,律师应围绕以下酌定情节提出辩护意见:犯罪的动机不卑鄙、不恶劣的;犯罪的手段不残忍、不狡猾的;犯罪的时间、地点的选择不特定的;犯罪造成的损害后果不严重的;被告人、犯罪嫌疑人一贯表现较好的;犯罪后认罪坦白态度好的。

（3）针对不属于法定从重情节进行辩护。如不是共同犯罪中的主犯;不属于累犯。此外,律师还可针对是否适用数罪并罚等方面进行辩护。

4. 律师针对诉讼程序中侦查、检察、审判人员的不法行为提出辩护意见

如侦查机关在侦查过程中采取刑讯逼供、诱供、指供等方法所取得的证据,律师应明确指出其系非法证据,是无效的;如在开庭前或审理过程中发现审判人员、公诉人、书记员需要回避而未回避,律师应当向法院明确提出意见。

（六）撰写辩护词

律师在确立了辩护意见后,应将辩护意见系统化和书面化。这项工作的结果就是辩护词。辩护词是律师在法庭上为维护被告人的合法权益针对指控或裁判所发表的辩解性演说词。它是比较全面、系统地向法庭阐明被告人无罪、罪轻或减轻、免除刑事处罚的材料和意见。撰写辩护词应达到以下基本要求:必须坚持以事实为根据,以法律为准绳的原则,绝不歪曲事实和曲解法律;根据起诉书或裁决书指控或裁决的具体事实,有针对性地进行反驳和辩解;必须做到论点明确、论据可靠、论证充分。

辩护词一般可分为序言、事实与理由、结论三部分。

第一部分为序言。应说明受谁委托或指定为谁辩护,做了哪些工作,律师的职责,辩护的基本论点。例如:

  我和某律师依法接受本案被告人吴某某的委托,并由某某律师事务所指派,担任被告人吴某某的辩护人。为了履行职责,我们查阅了案卷材料,会见了被告并参加了法庭审理,辩护人认为本案被告人吴某某不构成受贿罪。

第二部分为事实与理由。律师要坚持以事实为根据,以法律为准绳的原则

认定案件事实,不能毫无根据地否认不利于被告人的事实和证据。对于被告人有利的事实的认定要有根据,律师的辩护意见要符合法律政策的有关规定,正当维护被告人的合法权益,不能曲解法律和政策。辩护词理由部分的叙述要论点突出,论据充分,层次分明,符合逻辑。辩护词的语言要使用法律语言,准确、简洁,论证有说服力。

例如,辩护人认为本案被告吴某某不构成受贿罪,具体事实和理由如下:

1. 被告吴某某受贿数额较少。

(1)起诉书指控被告人吴某某受贿彩电差价款1700元不能成立,最高人民法院、最高人民检察院的有关司法解释规定:"国家工作人员利用职务上的便利,为他人谋取利益,收受物品,支付少量现金,这往往是行贿受贿双方掩盖犯罪行为的一种手段,情节严重,数量较大的,应认定为受贿罪。"

据此,要认定吴某某受贿彩电差价款成立,必须同时具备以下两个条件:

①受贿人明知是受贿而予以接受。

②受贿人接受贿赂,以付少量现金作为掩盖。

辩护人认为:被告人吴某某购买张某某彩电不具备以上两个要件,起诉书指控受贿差价款1700元不能成立,理由是:

①××××年××月××日,张某某被原某某县领导引进某某县,在人们的眼里是位"大能人",而且"专做彩电生意"。因而,在被告人吴某某看来,张某某搞几台国家牌价彩电是不困难的。更何况,被告人张某某开了税务机关的发票,并亲口告诉吴某某"彩电是平价卖的,反正我以后在某某县开店要处理一批优惠价彩电",所以,被告人吴某某当时绝对不会意识到彩电差价是贿赂,所以不具备第一个要件。

②被告吴某某购买彩电并非仅付少量现金,而是按国家牌价付款的,不存在付少量现金掩盖受贿的情况。买价为每台1550元,经辩护人向某某市物价局调查,属国家牌价。在存在价格双轨制的情况下,我们不能说某甲按国家牌价把彩电卖给乙,就认定乙接受了市场议价和国家牌价的差价款是受贿。因此,被告吴某某的行为也不符合第二个要件。

(2)起诉书指控被告吴某某接受高档烟酒是事实,但折价644元是不正确的,应折价273.08元法庭调查证实:被告吴某某收受张某某赠送的万宝路牌香烟2条，中华牌香烟2条及五粮液酒和汾酒2瓶，收受云烟牌、牡丹牌香烟各1条。烟价未放开之前，国家牌价是唯一合法的价格，市场上高价则为不合法的价格，名酒的价格也是如此。然而，起诉书却是按市场高价这种不合法的价格进行折价的，辩护人认为不正确，应按价格放开前的名烟、名酒的价格折算受贿数额，再加上价格放开后吴某某收受的一条牡丹牌(44元)、一条云烟(50元)，合计价格为273.08元，而不是644元。

2. 被告吴某某收受高档烟酒情节较轻，可由其所在单位或者上级主管机关酌情给予行政处分，可从以下两方面进行分析：

(1) 被告吴某某受贿273.08元，这个数字远远低于2000元，受贿情节较轻；

(2) 对被告吴某某在200万元被骗案中所应负的责任应具体分析。

辩护人认为，在张某某诈骗的整个过程中，被告吴某某根据领导的批示做了一些事，客观上为张某某的诈骗行为提供了方便，但不是出于吴某某的主观故意，也就是说，并不是吴某某收受贿赂而为张某某提供了方便。请关注以下事实：

①县长从杭州打电话把张某某引进某某县。吴某某向副县长作了汇报，根据他的指示，由吴某某召集农行、工商、商业局等5位同志商议，但无结果。

②会议由常务副县长主持，亲自落实了县长的三点批示：成立"五金家用电器分公司"，由张某某经营，归口五金公司领导；1000万元资金由农行出面拆借；拆借后给张某某做彩电生意。这次会议对以后的巨款被骗起了十分重要的作用。吴某某参加了这次会议，但不是召集者和决策者。

③被告吴某某去杭州向省国际信托公司及省融资公司联系拆借资金，这是县长指派的。之后，吴某某又根据县长指示分别到农业银行、中国银行、工商银行联系拆借资金的落实和发放，但由哪个银行发放无结果。后来县长确定由城市信用社办理。

④从省融资公司拆借200万元资金的手续已办妥。关于如何发放问题，吴某某根据常务副县长的指示，召集农行、信用社、商业局同志开会。第二天，信用社、商业局同志办妥了手续，其间常务副县长在会上讲了话，第二天的会议吴某某基本上未参加。

以上是吴某某在张某某诈骗过程中的主要行为,首先,我们不难看出吴某某的行为是与领导的指示分不开的,其行为没有超出领导的指示而另搞一套为张某某诈骗提供方便。吴某某是县政府办公室副主任,他的职务就是落实领导的意图,是联系领导与具体经办单位及人员的桥梁,做的具体事情自然多些,但是不能说他的责任就比别人重。

其次,我们注意到,被告吴某某的出发点是好的,目的是发展某某县的经济。但是,由于对张某某的轻信,导致 200 万元被骗,这轻信首先根源于领导干部对张某某的轻信。

最后,200 万元被骗的关键环节并非出自被告吴某某之手。

分析 200 万元巨款被骗的过程,可分为三个阶段。

第一个阶段:从张某某被介绍给县长,到县长将张某某引进某某县。

第二个阶段:从张某某到某某县,至吴某某与张某某持汇票去杭州。

第三个阶段:汇款准备解入某某农行某某营业所至巨款被瓜分。

分析上述三个阶段,辩护人认为各阶段在巨款被骗过程中的地位和有关人员的责任是不同的。应该看到,三个阶段是互有联系的。没有县长"引进能人",则不会有第二个阶段的拆借资金和借贷。没有第二个阶段的借贷,则不会有第三个阶段的巨款被骗。但是,我们应该看到第一、二个阶段的有关人员的出发点是好的,是为了发展某某县的经济建设。这不仅包括被告吴某某,也包括本案的其他三个被告及县政府原领导,他们的行为是不违法的。第三个阶段就不同了。法庭调查证实,汇票到杭州后,占某某得知彩电无货,便打电话向被告叶某某请示,如果叶某某立即批示将汇票带回某某县,则不会发生巨款被骗的事,然而叶某某却指示占某某将汇票通过某某营业所转汇到家电分公司的杭州户头,占某某则依叶某某的指示,立即去某某地,与农业银行支行副行长联系,得到了该领导的表面支持。然而,正在这个时候,农业银行的有关人员设好了圈套让占某某上当,在某某营业所办好了手续后,200 万元巨款被瓜分,张某某参与了瓜分的整个过程。

根据上述事实和法庭调查宣读的有关证据,可以充分地说明农业银行有关人员与被告张某某的恶意串通,导致了巨款被骗。通过上述三个阶段的比较,可以看出最后一个阶段的关键作用。

第三部分为结论。律师对整个辩护工作意见的总结,要求律师对自己的辩护观点进行归纳总结,并对法庭如何判决提出具体要求。对于不构成犯罪的,请求判决无罪并立即释放；对于符合免除刑事责任的，请求免除刑事责任；对于应该减轻或从轻处罚的，提出减轻或从轻处罚。但不应提出具体的刑期。例如：

  综上所述，辩护人认为被告吴某某不构成受贿罪，根据《刑法》第××条的规定，应宣告被告吴某某无罪，请法庭予以采纳。

(七)律师出庭辩护

律师出庭辩护工作，在整个辩护工作中处于中心地位，律师出庭前的一切准备工作，都将要接受法庭审判的考验。一般而言，法庭审判过程分为开庭、法庭调查和辩论、被告人最后陈述、评议和宣判阶段。律师出庭辩护工作在各个阶段有不同的侧重。

(1)律师在开庭阶段应做好以下工作：注意有关诉讼参与人是否到庭，特别要注意在开庭前申请通知的证人是否到庭；法庭组成人员是否合法，如被告人申请回避，应协助法庭查明其提出的理由是否充分，如被法庭驳回，可以建议法庭复议；法庭向被告人交代其应当享有的诉讼权利是否全面且清楚，如没有交代全面、清楚，可建议法庭加以补充和解释；法庭审理未成年人案件，注意法庭是否通知其监护人到庭，如未通知，律师可提请法庭通知；律师应注意法庭审判是否公开，不公开审判的理由是否成立。

(2)律师在法庭调查和辩论阶段，要做到一事一证一质一辩，使每件事实都能得以查清，证据确实且充分，以维护被告人的合法权益。

在法庭调查中，律师应做好以下工作：认真听取公诉人或自诉人宣读起诉状或自诉状，注意起诉内容是否有变化；认真听取公诉人对被告人的讯问，注意倾听被告人的供述或辩解。如果公诉人对起诉书认定的有关犯罪事实或重要情节没有问到，经审判长允许，律师应及时向被告人发问，并应把握以下几个问题：针对公诉人没有问到的事实，被告人也没有辩解的，律师应向被告人发问；认真听取证人的陈述，发现证人证言有矛盾的，应对其进行询问，让其作解释，排除矛盾。发现证人作伪证时，应建议法庭调查并依法处理；认真听取鉴定人的陈述，对于不确切、不科学的鉴定结论，律师应申请重新进行鉴定；对当庭宣读未到庭证人的证言、笔录、勘验笔录、被害人陈述、书证，律师应发表意见，律师如认为证据之间有矛盾或不可采信，可申请法庭通知证人到庭，调取新的物证，申请重新勘验。律师在开庭前通过调查取证取得的有利于被告人的证据材料，应在法庭进行宣读和出示。

(3)在被告人最后陈述阶段,律师应把握以下问题:有的审判人员或公诉人认为被告人认罪态度不老实,而当庭制止被告人发言或予以批驳时,律师应根据不同情况,建议法庭予以制止,让被告人把话讲完或者要求法庭恢复法庭辩论阶段;被告人在最后陈述时,提出了新的事实或新的证据且足以影响对案件的定性或适用刑罚,律师应建议法庭恢复法庭调查。对提出的重要的新事实或新证据,法庭一时难以查清的,应申请法庭延期审理。

(4)在法庭宣判时,律师应认真听取法院判决的内容,再听取公诉人、被告人对法院判决的意见;在宣判后,律师应择日会见被告人,征询被告人对判决的意见,并提供法律帮助。除判处死刑立即执行的以外,被告人服判,律师认为判决正确的案件,应教育被告人认罪服法,接受改造;对被告人认为判决不当不服原审法院的判决,律师也认为判决不当的,可征得被告人同意,在法律上协助其上诉,但需经被告人重新委托,担任二审辩护人;被告认为判决不当,而辩护律师认为判决正确,律师应建议被告人服判。如果被告人坚持要上诉,律师应尊重被告人的意见;被告人服判,而律师认为判决不当的案件,应建议被告提起上诉。

(八)庭后总结归档

律师承办每件案件结案后,应写出结案报告,总结办案经验教训和今后改进的意见,并及时立卷归档。归档卷宗材料的顺序,应按照诉讼程序时间为序。其具体内容包括:委托书、起诉书、出庭通知书、阅卷笔录、会见被告人笔录、调查询问材料、庭审记录、辩护词、判决书、办案报告等。刑事辩护卷,应一案一卷,装订成册,以便保管、查阅。

第三节 律师在刑事辩护中的具体工作

一般而言,根据提起追诉的主体是国家检察机关或非国家检察机关,可将刑事案件分为公诉案件和自诉案件两类。而公诉案件又可分为侦查阶段、审查起诉阶段、一审庭审阶段、二审和再审阶段。自诉案件则与公诉案件有所不同。在公诉案件的各个不同阶段,律师的具体工作不同。

(一)律师在侦查阶段的工作

《刑事诉讼法》第34条规定:"犯罪嫌疑人自被侦查机关第一次讯问或者采取强制措施之日起,有权委托辩护人;在侦查期间,只能委托律师作为辩护人。

被告人有权随时委托辩护人。侦查机关在第一次讯问犯罪嫌疑人或者对犯罪嫌疑人采取强制措施的时候,应当告知犯罪嫌疑人有权委托辩护人。"这意味着犯罪嫌疑人、被告人在整个诉讼过程中均享有辩护权,律师在侦查阶段便可行使辩护权。该条第3款规定:"犯罪嫌疑人、被告人在押的,也可以由其监护人、近亲属代为委托辩护人。"允许"亲友"代为聘请律师会拓宽犯罪嫌疑人、被告人聘请律师的渠道,改变了过去因为没有明确规定,有的办案机关要求必须有犯罪嫌疑人的授权委托书律师才能参与案件、会见犯罪嫌疑人,而律师因为见不到犯罪嫌疑人又无法获取犯罪嫌疑人委托书,导致犯罪嫌疑人委托律师的权利无法行使的情形;有利于律师尽快进入刑事诉讼程序,切实保障辩护权的实现。根据《刑事诉讼法》的规定,律师在侦查阶段可以从事以下具体工作:

(1)会见犯罪嫌疑人,向其了解有关案件情况。律师持律师事务所会见手续和律师执业证会见犯罪嫌疑人。律师可向侦查机关了解犯罪嫌疑人涉嫌的罪名。

(2)为犯罪嫌疑人提供法律咨询。会见犯罪嫌疑人时,律师应向其说明律师在侦查阶段的职责,说明可为其提供法律咨询,代理申诉和控告,应当告知其享有的诉讼权利,并就其提出的有关法律事务的询问作出解释和说明。

(3)代理申诉、控告、申请取保候审。对侦查人员侵犯犯罪嫌疑人诉讼权利和人身权利的,律师有权代为提出控告。对被羁押的犯罪嫌疑人,符合取保候审条件的,在其提出保证人或具备缴纳保证金条件的,律师可以代为向侦查机关提出取保候审的申请。

(4)对侦查机关采取强制措施超过法定期限的,律师有权要求解除强制措施。侦查机关如果对犯罪嫌疑人取保候审超过12个月,监视居住超过6个月,律师可申请解除强制措施。

(5)《刑事诉讼法》第161条规定:"在案件侦查终结前,辩护律师提出要求的,侦查机关应当听取辩护律师的意见,并记录在案。辩护律师提出书面意见的,应当附卷。"

(二)律师在审查起诉阶段的具体工作

侦查机关在侦查终结后将案件移送审查起诉机关,律师可接受犯罪嫌疑人或者其法定代理人、近亲属的委托,担任辩护人,参加刑事诉讼活动,律师的具体工作如下:

(1)收案。律师只有接受委托才能担任犯罪嫌疑人的辩护人。律师不能私下收案收费,而应由律师事务所统一收案收费后,指派承办律师。

(2)与检察机关取得联系。承办律师接案后,应向委托人了解有关案情,未发现应当拒绝辩护之情形的,即可办理有关手续。律师在接受委托后,应向承办案件的检察机关提交授权辩护委托书、律师事务所出具的刑事辩护函等有关手续,以确定律师在审查起诉阶段参加刑事诉讼的资格。

(3)查阅、摘抄、复制案件有关材料。根据《刑事诉讼法》第39条、第40条的规定,律师可以查阅与案件有关的诉讼文书和技术性材料,诉讼文书具体包括以下几种:公安机关、人民检察院的立案决定书、回避决定书、驳回申请回避决定书、拘传传票、取保候审决定书、监视居住决定书、变更或解除强制措施决定书等;公安机关、人民检察院侦查部门的提请批准逮捕书、起诉意见书,以及拘留证、逮捕证,对不批准逮捕提请复议、复核书,对不起诉提请复议、复核书等;人民检察院的批准或不批准决定书、纠正违法通知书、批准延长羁押期限通知书、起诉书、不起诉决定书、复查决定书等。技术性鉴定材料包括法医鉴定、司法精神病鉴定、物证技术鉴定等由有鉴定资格的机构、人员对人身、财产及其他有关证据进行鉴定所形成的记载鉴定情况和鉴定结论的文书。

(4)与犯罪嫌疑人会见和通信。律师会见在押的犯罪嫌疑人应向检察机关提出。律师持检察机关出具的允许律师会见函、专用介绍信、律师执业证等到羁押场所会见在押的犯罪嫌疑人。律师可以同犯罪嫌疑人通信。会见与通信的内容包括涉嫌案件的事实及犯罪嫌疑人参与事实的情形,侦查阶段的供述和辩解以及侦查机关的侦查手段和程序是否合法等。

(5)律师进行调查取证工作。律师享有调查取证权。律师在调查收集材料的过程中应制作调查笔录,记录调查人、被调查人、调查时间、地点等基本情况,并要特别真实、全面地反映被调查人陈述的事实和情况。调查笔录应经被调查人确认无误后签名或盖章。以下为律师事务所调查笔录举例:

(范例)

律师事务所调查笔录

时间:××××年××月××日

地点:新村×路×

调查人:胡××、陶××

记录人:张××

被调查人:黄×× 性别:男 年龄:45 岁 政治面貌:党员

工作单位、职务:××校办工厂工人

现在住址:××新村××路××

问:我们是××律师事务所的胡××、陶××,是涉嫌贪污罪的周××的辩护律师。检察机关指控周××用单位公款非法购买你家住房已构成贪污罪,今天来向你了解一下你家的房子问题,希望你实事求是讲清楚,不要隐瞒,你听明白了吗?

答:我明白了。

问:你这幢房子是什么时候造的?

答:我这幢房子是××××年××月造好的。这幢房子的总造价还没有结算。

问:你是这房子的主人?

答:是的,我是这房子的主人。我这房子是小百花剧团给我造的,总的造价还没结算,但我已交 3 万元了。

问:你这幢房子多大?

答:有 165 平方米的面积。

问:现在你这房子有几户人家住?

答:除了我外,还有周××的一个研究所。

问:周××研究所是何时住进来的?

答:在××××年××月××日我这房子完工后他就搬进来了。

问:他住进来时,具体手续是什么?

答:周××来住时与我谈妥月租金 180 元,租三楼一层,后他又租一、二楼层各一房间,于是,月租金提高到 450 元,我与周××还签订一个租房协议。

问:协议呢?

答:协议在我这儿,是××××年××月××日签订的。

问:周××是在×月搬进来的,怎么协议是×月签订的?

答:我这房子×月之前还没造好,周××怕我租出去所以与我讲妥租房协议先签好,所以,就先签协议。

问:这房子所有权究竟是谁的?

答:这房子所有权是我的,不是周××的,我是拿租金的。

问：周××除了房租外，其他还有什么？

答：他没有另给过我钱，他付的就是月租金。

问：周××付你的租金是从哪里来的？

答：我不知道。

问：周××有没有向你提起房子的事？

答：他讲过的。他想花 10 万元向我买他租的房子，当时我不肯。他与我商量了多次，我都推却了。因为如果我把房子卖给他，那么我以后这财产就无法使子女继承了，况且我现在又不缺钱。

问：这是什么时候？

答：这是在××××年××月左右，我拒绝周××的要求后，周××后来就没提起过。

问：周××除了住家外，还有无其他实验厂房？

答：我不清楚。

问：今天就谈到这里。请你看看，刚才的笔录是否有误，你有无补充？

答：以上笔录我看过，对的。

黄××
××××年××月××日

（6）提出辩护意见。《刑事诉讼法》第 88 条规定："人民检察院审查批准逮捕，可以询问证人等诉讼参与人，听取辩护律师的意见；辩护律师提出要求的，应当听取辩护律师的意见。"本条使律师拥有向批捕部门提出辩护意见的权利，扩大了律师的刑事诉讼权利，使律师辩护权在审查批捕阶段得到体现。

（7）撰写辩护意见，为犯罪嫌疑人进行辩护。在审查起诉阶段，律师提出的辩护意见主要从以下几方面进行：侦查机关移交审查起诉的认定犯罪嫌疑人构成犯罪的材料是否真实、充分；与案件有关的鉴定材料是否充分；侦查程序是否合法、适当；根据本案事实和法律对犯罪嫌疑人是否应提起公诉。对人民检察院依据《刑事诉讼法》作出的不起诉决定，律师可以代理被不起诉的犯罪嫌疑人提出申诉。

（三）一审庭审阶段的律师辩护工作

我们将一审庭审阶段的律师辩护工作按时间先后、工作重点不同划分为出庭准备工作、参加法庭审理及庭审后的工作三个阶段。

1. 第一阶段,开庭审理前的律师出庭准备工作

一审庭审阶段的律师应做好以下辩护工作:

(1)律师审查法院有无管辖权。律师对已提起公诉的刑事案件应审查受诉人民法院有无管辖权,若发现人民法院管辖不当之情形,应及时向人民法院提出。

(2)律师应当与承办案件的法官取得联系,向其提交辩护委托书、律师事务所刑事辩护出庭函等文件。

(3)人民法院应当向参加刑事案件审理的律师提供起诉书副本,否则律师应当向人民法院索取。

(4)律师应当到人民法院查阅案卷材料。根据《刑事诉讼法》第40条的规定,辩护律师自人民检察院对案件审查起诉之日起,可以查阅、摘抄、复制所指控的犯罪事实的材料。这些材料是指公诉人指控被告人犯罪的相关的证据材料,主要是指拟在法庭上出示的作为定案根据的证据材料,如被告人供述、被害人陈述、证人证言、物证、书证、鉴定结论、视听资料、勘验、检查、侦查实验笔录等。

律师在审阅起诉书时,应当注意以下事实和情况:被告人的基本情况,起诉书指控的犯罪事实、人民检察院对案件性质的认定是否准确,所适用的法律条文是否恰当,是否附带民事诉讼。

律师在查阅有关证据材料时,应当把握以下几个方面的问题:审阅证据材料的来源,包括提供的实物证据是否真实,提供的言词证据是否真实以及侦查、检察人员收集证据的手段是否正确、合法,保全证据的方法是否科学;审阅证据材料的内容,即查明证据材料所反映的事实与待证的案件事实是否存在客观的内在联系;审阅各种证据材料之间的联系,律师通过对案内各种证据材料的比较、鉴别,才能站在综合考虑全案证据材料的高度上确定单个证据的真实性与关联性。

对于必要的案卷材料,律师应当准确地摘抄、复制,并注明案卷页数、材料形成的时间、地点及材料制作人员。律师应将摘抄、复制的有关材料装订入卷。

(5)律师会见被告人。律师应当会见被告人。会见被告人应做好以下工作:听取被告人对起诉书的意见,尤其是对起诉书指控的犯罪事实和情节的陈述和辩解;听取被告人对辩护意见的看法,对于被告人的不同辩护意见,律师应认真总结;为被告人提供其他法律帮助,比如,对被告人享有的诉讼权利,律师应做耐心地解释。律师会见被告人应做好会见笔录。

(6)通知证人和整理证据、申请法院协助取证。对需要出庭作证的证人,律师应当编制证人名单,附列相关材料,于开庭前5日将证人名单提交人民法院。此外,有关鉴定人名单和应出庭作证的证人、鉴定人名单、理由以及其他拟当庭宣读的证据均应在开庭前5日提交人民法院。律师对所有收集的证据材料编制证据目录,附列相关材料,于开庭前将证据目录提交人民法院。对于可以证明被告人无罪、罪轻或者有利于对被告人宽大处理及对案件有重大影响的证据,但收集调取有客观上的障碍时,律师可以申请人民法院收集调取证据。

(7)律师拟定辩护词。辩护词不仅要能起到反驳公诉人不正确指控的作用,而且要能促使法庭审判人员全面了解案情,作出公正、合法的裁判。

(8)律师应做扎实细致的出庭准备工作。律师至少应在开庭前3日得到人民法院的开庭通知书。律师应做好如下出庭准备工作:如果遇到特殊情形不能按时出庭,如因不可抗力,律师同时收到两个以上的开庭通知书,无法参加后接到的开庭通知书的开庭,律师应及时与人民法院取得联系,争取法庭延期开庭审理。

律师应当将所有材料系统化、固定化。如对起诉书有关内容的摘抄、复制,对发现的问题、疑点和矛盾,尤其是律师同公诉机关在认定事实或证据材料上的分歧,要重点对待;对被告人供述、被害人陈述、证人证言、鉴定结论以及勘验、检查笔录等证据材料的摘录、复制,要重点编制;草拟对被告人、证人、鉴定人、被害人等的发问提纲;草拟辩论、答辩提纲;摘抄、复制有关的法律、法令。

律师在开庭前应向法庭了解拟通知出庭的证人。如有对案件起关键作用的证人未到庭,应及时与审判人员进行协商解决。

律师应了解出庭的公诉人和法庭的组成人员,确定被告人是否具有行使申请回避权的事由。

2. 第二阶段,法庭审理阶段的律师辩护工作

法庭审理是刑事诉讼中的重要环节,是律师发挥辩护作用的关键阶段,律师必须亲自到庭参加辩护。律师在法庭审理过程中应当做好以下工作:

(1)认真听取公诉人宣读的起诉书,注意起诉书中指控的罪名、事实等与获得的起诉书副本是否一致,随时修改法庭询问提纲和辩护意见。

(2)经审判长的许可,向被告人发问。尤其是被告人不承认公诉人指控的犯罪,要问明其理由和证据;被告人认为公诉人指控的犯罪事实不属实,要问清哪些不属实以及理由和根据。

(3)针对公诉人对被告人的威逼性、诱导性发问和与本案无关的发问,律师要提出反对意见。

(4)经审判长的许可,对控诉方的证人或控诉方出示的证人证言质证。律师应当结合有关案件材料评价证人证言,发表是否采信的意见及理由。对于无正当理由不出庭接受质证的证人的证言,律师可以建议法庭对其不予采信。对于公诉机关向人民法院提交的证人名单和证据目录以外的证人证言,律师有权要求法庭延期审理或建议法庭不予采信。

(5)经审判长的许可,对出庭的鉴定人和公诉人出示的鉴定结论质证。律师在质证后应当对鉴定材料和鉴定结论发表意见。对于鉴定结论不完整的,律师可以申请法庭重新鉴定;认为鉴定结论不能成立的,可以申请法庭重新鉴定。

(6)经审判长的许可,对公诉人出示的物证、书证、视听材料等证据质证。律师在质证后应当对证据能否采信发表自己的意见并阐明理由。律师认为证据的内容不真实,或证据本身与本案无关,或收集证据的方法、程序违法,应当提出不予采信的意见和理由;对于公诉人出示的证据目录以外的证据,律师有权要求法庭延期审理或建议法庭不予采信。

(7)经审判长的许可,律师可以出示自己调查、收集的证据,并就证据能否采信与公诉人展开辩论。

(8)律师认为需要通知新的证人到庭、调取新的物证或者重新鉴定、勘验,有权向人民法院提出申请,必要时可以申请休庭。

(9)参与法庭辩论,律师应认真听取公诉人发表的公诉意见,注意听取被告人的自我辩护,并发表律师的辩护意见。控、辩双方经过第一轮辩论发言后,控诉方提出新的观点、新的问题,律师应当进行第二轮或多轮辩论发言。在法庭辩论过程中,律师若发现尚有某些事实没有查清,或者仍然需要调查、收集证据,可以向法庭提出恢复法庭调查或暂时休庭、延期审理的申请。

(10)律师应认真做好庭审笔录。

3. 第三阶段,庭审后的律师工作

庭审后律师应做好以下工作:

(1)阅读法庭笔录,发现有遗漏或者差错的,可以请求补充或更正,经确认无误后在法庭笔录上签名或盖章。

(2)整理证据和辩论意见,将在法庭审理过程中出示的证据和书面的辩护意见提交法庭审判人员。

(3)人民法院作出一审判决后,律师有权获得判决书。律师应了解判决内容,了解被告人、公诉人对判决的意见。对判决正确的,应说服被告人服刑;对被告人不服判决,但辩护律师认为判决正确的,可以拒绝为其进行二审辩护,但应告知被告人有另行委托二审辩护人的权利。对于判决书认定的事实和内容与犯罪事实有重大出入或量刑不当,且被告人要求上诉的,律师应协助被告人上诉。如果被告人坚持不上诉,或被告人不授权辩护律师提出上诉,辩护律师不享有独立的上诉权。

(四)二审庭审阶段的律师辩护工作

我国刑事审判实行两审终审制。两审终审制是指地方各级人民法院审理第一审刑事案件所作的判决或裁定,在法定期限内,被告人可以依法上诉,人民检察院可以依法抗诉,上一级人民法院对上诉或抗诉案件所作的第二审判决或裁定,是终审的判决、裁定。律师在上诉案件程序中的辩护工作基本上可参照在一审中的做法,其职责与一审辩护人的职责相同。在此仅就刑事上诉状、辩护词两部分内容作说明。

(1)律师可以为上诉人代书刑事上诉状。刑事上诉状应具有针对性,即只针对原审判决中的不当部分提出,并具有辩驳性和规范性。下面为刑事上诉状举例:

(范例)

刑事上诉状

上诉人:霍×,男,26岁,汉族,原在××区委开车。

上诉人不服××区人民法院××××年××月××日(××)×法刑×字第×号刑事判决,现提出上诉。

上诉请求:

请求二审法院撤销原审法院对我的刑事判决,给予重新审理,纠正原审法院认定事实、适用法律的错误,作出公平合理的判决。

上诉理由:

××区人民法院认定我在营业室内和距离营业室50米公路东沿沟坡处,两次对被害人李××进行强奸。法院这样认定,一是照抄起诉书上的内容,二是片面听信李××的陈述。实际上不存在强奸的事。因买烟发生吵骂,进而厮打是事实。当夜李××领着她的母亲和3个哥哥去我家,扬言是公了还是私了。私了让我拿钱,我不答应。他们才告我强奸,此事有魏××作证。

判决书所列的证据,没有一个能证明我强奸了李××。法庭调查时宣读的被害人陈述的内容中有多处自相矛盾。说我强奸时用胸压着她的双手,同时又说她用手打我的脸,不知李××长了几只手?她又说用嘴咬了我的舌头,当晚公安人员检查没有发现任何伤痕,从而说明李××讲的都是谎言。可是,法院、检察院和公安机关却对李××的叙述信以为真;对于我的辩解,就认为态度不老实,企图抵赖。……《刑事诉讼法》第50条规定,被告人的供述是证据,被告人的辩解也是证据。

由于原审法院把事实认定错了,适用法律自然不当,判我有期徒刑4年,实为无辜,恳求上级法庭明察。

上诉人:霍××
××××年××月××日

(2)对于二审法庭开庭审理的案件,律师应当撰写辩护词。辩护词的撰写应根据不同的情况进行。

(五)律师在审判监督程序中的具体工作

对于已生效的判决和裁定,罪犯及其法定代理人、近亲属可以向人民法院或者人民检察院提出申诉,但不能停止判决、裁定的执行。律师可以接受已决罪犯及其法定代理人、近亲属的委托代理申诉。律师接受委托代理申诉,应当向人民法院或者人民检察院提出。根据《刑事诉讼法》第256条的规定,人民法院按照审判监督程序重新审判的案件,如果原来是第一审案件,应当依照第一审程序进行审判;如果原来是第二审案件,或者是上级人民法院提审的案件,应当依照第二审程序进行审判。所以,律师参加再审案件的辩护工作与一审、二审中的辩护工作大体相同。

(六)律师在自诉案件中的辩护工作

律师担任自诉案件被告人的辩护人,是指律师接受自诉案件被告人的委托,担任被告人的辩护人,参加刑事诉讼。根据《刑事诉讼法》有关规定,"人民法院自受理自诉案件之日起三日以内,应当告知自诉人及其法定代理人、附带民事诉讼的当事人及其法定代理人有权委托诉讼代理人"。此时,自诉案件的被告人与律师事务所共同订立辩护委托,由律师事务所指派律师担任被告人的辩护人,参加刑事诉讼,其履行的职责是依据事实和法律为被告人辩护,维护被告人的合法权益。

自诉案件被告人的辩护律师与公诉案件被告人的辩护律师在刑事诉讼过程中享有同样的诉讼权利,履行同样的辩护职责。

第四节 律师代理刑事辩护应注意的问题

一、律师在侦查阶段应注意的问题

我国《刑事诉讼法》及相关的司法解释对律师在侦查阶段享有的诉讼权利做了相应的限制,律师应注意这些限制:

(1)律师不能为犯罪嫌疑人传递物品。

(2)侦查人员讯问犯罪嫌疑人时,律师没有在场权。

(3)律师没有调查取证权,也没有申请侦查机关调取证据的权利。

(4)律师没有查阅案卷的权利。

二、律师阅卷时应注意的问题

阅卷权是辩护律师的重要权利,辩护律师阅卷无须办案机关批准,而其他辩护人需要批准方可查阅、复制、摘抄。但辩护律师在阅卷时对于阅卷的时间、地点、内容等需要注意以下事项:

(1)律师可以在人民检察院审查起诉之日起阅卷。侦查阶段禁止阅卷,但可以了解案件情况。

(2)阅卷应凭介绍信和律师执业证在指定的场所进行。从审查起诉之日起,辩护律师可以在人民检察院进行阅卷,人民检察院提起公诉至人民法院后,辩护律师则应该到人民法院进行阅卷。

(3)辩护律师可以查阅诉讼文书和证据材料,对于法院合议庭、审判委员会、监察委员会的讨论记录以及其他依法不公开的材料不能查阅。

(4)律师在摘抄、复印案卷材料时,要注意说明出处,要准确无误。律师可以根据需要带律师助理协助阅卷,但应在办案机关核实律师助理的身份。

(5)对于犯罪嫌疑人、被告人有利或不利的关键证据材料,摘抄、复制时要全面,不要断章取义,要注意证据的内在联系。

(6)在阅卷时要注意发现问题,列出向犯罪嫌疑人、被告人核实发问的提纲和调查提纲。

三、律师在调查取证时应注意的问题

律师自犯罪嫌疑人被移交审查起诉之日起,享有调查取证权。广义的调查取证权包括律师自行取证和申请法院、检察院取证。在取证过程中律师应注意以下问题:

(1)律师的调查取证工作不具有司法强制性质,而是访问的性质。律师向证人或者其他与案件有关单位和个人取证,无须经过检察院或者法院许可。律师向被害人及其近亲属、被害人提供的证人取证,应当向人民法院申请准许调查书。

(2)律师进行调查取证时,必须由两人进行,持有律师事务所的调查函,出示律师执业证。

(3)律师进行调查取证时,最好事先取得有关单位的支持,必要时请有关单位协助调查。

(4)律师进行调查取证时,应当首先向被调查人说明律师的身份以及调查取证的目的和要求,并经被调查人同意,可以向他们收集有关证据材料。对于被调查人是本案被害人或者其近亲属,被害人提供的证人的,律师应当经人民检察院或者人民法院许可,然后再向其收集有关材料。

(5)律师进行调查取证时,对谈话的记录不宜强令被调查人签名、盖章,应当本着实事求是的态度向被调查人说明律师调查取证的目的和意义。如果被调查人坚持不愿签名、盖章,律师可以向人民检察院、人民法院提出收集、调取证据的申请,不宜向被调查人强行取证。

(6)辩护律师进行调查取证时,应当根据不同的对象采用不同的方式,循循善诱。对于处于激愤状态的被害人,律师应当冷静地分析,要求被害人尊重客观事实,从而获得与事实相符的结论。对于有利于辩护方的证人,律师应当调查清楚证人在法庭上将要证明的事实,以及证人证言是否与被告人口供一致。对于不满18周岁的证人,律师在询问时,应当通知其法定代理人、监护人到场,并在证言笔录上注明在场人的姓名、职业、工作单位、与证人的关系。

四、律师会见在押犯罪嫌疑人、被告人时应注意的问题

在法律实践中,律师与在押犯罪嫌疑人或被告人的会见是一个敏感而重要的环节。它不仅涉及法律程序的遵循,还关系当事人权益的保护。因此,律师在执行这一职责时必须格外小心,严格遵守相关法律规定。以下是律师在会见过程中应当注意的几个关键问题:

(1)律师凭律师执业证、律师事务所证明和委托书或法律援助公函在看管场所会见犯罪嫌疑人、被告人,律师每次会见,由律师两人进行并在看管场所指定的房间进行。

(2)犯罪嫌疑人、被告人委托两名律师担任辩护人的,两名律师可以单独会见也可以共同会见。辩护律师可以带一名律师助理会见。

(3)律师会见在押的犯罪嫌疑人、被告人时,要提高警惕,严防犯罪嫌疑人、被告人逃跑、行凶、自杀等事件的发生。

(4)律师不得帮助犯罪嫌疑人、被告人隐匿、毁灭、伪造证据或者串供,妨碍刑事诉讼的顺利进行。

(5)犯罪嫌疑人、被告人涉嫌构成危害国家安全犯罪、恐怖活动犯罪的,律师会见前需要经过侦查机关许可。

(6)辩护律师会见犯罪嫌疑人、被告人时应不被监听,办案机关不得派员在场。

第五节 刑事诉讼中的律师代理业务

一、刑事诉讼中的律师代理概述

(一)刑事诉讼中的律师代理的特征

我们把刑事诉讼中的律师代理称为律师刑事诉讼代理。《刑事诉讼法》、《律师法》及相关司法解释为律师刑事诉讼代理提供了法律依据。如《律师法》第28条第3项中规定了律师"接受自诉案件自诉人、公诉案件被害人或其近亲属的委托,担任代理人,参加诉讼"。

律师刑事诉讼代理,是指在刑事诉讼中,律师依法接受刑事自诉案件自诉人或反诉人、公诉案件被害人、刑事附带民事诉讼当事人、刑事申诉案件的申诉人的委托,担任代理人,在委托权限内代理诉讼,维护委托人的合法权益的活动。从广义上讲,刑事诉讼代理是诉讼代理的一种,它与民事诉讼代理、行政诉讼代理及非诉讼法律事务代理有许多相同和不同之处,与刑事辩护更有显著区别。

(二)刑事诉讼中的律师代理业务的分类

按照委托人委托的时间、案由、权限的不同,一般将律师刑事诉讼代理业务分为以下几类:

(1)接受公诉案件被害人或者其近亲属的委托,担任被害人的代理人参加诉讼；

（2）接受自诉案件自诉人委托，代理自诉人参加诉讼；

（3）自诉案件中被告人提起反诉的，律师可以接受自诉案件反诉人的委托，担任代理人参加诉讼；

（4）接受刑事附带民事诉讼的当事人的委托，担任代理人，参加诉讼；

（5）接受刑事申诉人的委托，担任代理人。

（三）律师刑事诉讼代理工作的意义

（1）代理律师参加诉讼活动，依据事实和法律发表代理意见，从而协助司法机关及时、正确地惩罚犯罪，保护公民的合法权益；

（2）代理律师参加诉讼活动，代为当事人行使各项诉讼权利，提出代理意见，充分反映被代理人的诉讼请求，从而维护和保障当事人的合法权益；

（3）代理律师参加诉讼，为当事人提供法律服务，正确行使其各项诉讼权利，避免行使诉讼权利不当而延误正常的诉讼活动，从而可以有效地保证各项诉讼活动的顺利进行。

二、刑事公诉案件被害人的律师代理业务

刑事公诉案件被害人的律师代理，是指律师接受公诉案件中的被害人及法定代理人或者近亲属的委托，以代理人的身份参与刑事诉讼，以维护被害人的合法权益的活动。

（一）公诉案件被害人律师代理的特征

（1）代理关系的产生源于被害人及其近亲属的委托。在社会生活中，遭受犯罪行为直接侵害的人，所遭受的侵害程度是多种多样的，有的被害人在遭受犯罪行为侵害后当场死亡，也有的遭受侵害后，丧失了生理或精神上的某些机能，为了及时惩罚犯罪分子，维护被害人的合法权益，法律不仅规定被害人有委托律师代理的权利，而且被害人的近亲属也有委托的权利。

（2）代理律师的权限，是委托人对律师的授权。律师是在委托人的授权范围内，为维护委托人的合法权益，进行诉讼活动。

（3）代理关系存在于刑事诉讼过程之中。一般而言，公诉案件被害人的律师代理只能在移交审查起诉后发生，并随着诉讼的终结而终止。

（二）律师在担任公诉案件被害人代理人时的诉讼地位

（1）律师担任被害人的诉讼代理人，他的责任是根据事实和法律追究被告人的责任，维护受害人的合法权益。他履行与公诉人相似但侧重点不同的职责。

律师担任被害人的诉讼代理人,在法庭审理过程中与公诉人同属控诉方,应当与公诉人相互协作、密切配合。公诉人代表国家控告被告人的犯罪行为对国家和社会造成的危害,侧重维护国家利益和社会利益;而律师代表的只是被害人个体,其责任是依据法律赋予律师的诉讼权利和被害人委托的代理权限维护被害人的合法权益。

(2)律师担任被害人的诉讼代理人,是独立的诉讼参与人,但不是独立的诉讼主体。公诉案件中被害人虽然是诉讼的当事人之一,但被害人既不能提起诉讼,也不能撤回起诉,更不能与被告人达成和解协议了结案件,被害人在诉讼中的主要任务在于向法庭陈述事实、揭露和证实犯罪。作为被害人的代理律师除了指导、协助、代理被害人行使刑事诉讼当事人的诉讼权利,同时因其律师的特殊身份,享有被害人所不享有的一些诉讼权利。他与辩护律师虽然在诉讼角色中是对立的,但都是为了法律的正确实施,在刑事诉讼中具有同等的诉讼地位。人民法院应当保障代理律师在法律和被害人的授权范围内独立行使代理职责。

(三)律师在担任公诉案件被害人代理人时的权限

律师在担任公诉案件被害人代理人时的权限分为两个部分:一是《刑事诉讼法》、《律师法》及相关司法解释规定律师享有的特定的权利,主要包括查阅、摘抄、复制案卷材料权,调查取证权等,在此不多叙述;二是被害人授予的权利。根据《刑事诉讼法》及相关司法解释的规定,被害人在刑事诉讼中作为诉讼当事人,具有独立的诉讼地位,享有广泛的诉讼权利。被害人委托代理律师后,接受委托的律师即取得被害人所享有的各项权利,为被害人代为行使。一般而言,被害人享有以下诉讼权利:

(1)在审查起诉中,被害人有权对案件事实的认定和法律适用提出意见,人民检察院应当予以听取。

(2)对人民检察院决定不起诉的案件,被害人不服,可以向上一级人民检察院申诉,请求提起公诉,人民检察院应当将复查结果告知被害人;对于人民检察院维持不起诉决定的,被害人可以向人民法院起诉。被害人也可以不经申诉,直接向人民法院起诉。

(3)对于有证据证明对被告人侵犯自己人身、财产权利的行为应当依法追究刑事责任,而公安机关或人民检察院不予追究的案件,被害人有权向人民法院提起自诉。

(4)对审判人员、检察人员、侦查人员侵犯其诉讼权利和人身侮辱的行为,有权提起控告。

(5) 有权申请有关人员回避,对驳回申请回避的决定,有权申请复议。

(6) 在法庭调查阶段,有权就起诉书指控的犯罪事实进行陈述;有权向被告人、证人、鉴定人发问;有权对公诉人向法庭出示的物证、书证、宣读的书面证言及其他证据发表意见;有权申请通知新证人到庭,并就书证、宣读的书面证言及其他证据发表意见;有权申请调取新的物证,申请重新鉴定或勘验。

(7) 在法庭辩论阶段,有权对证据和案件情况发表意见,并与公诉人、其他当事人、辩护人相互辩论。

(8) 被害人不服人民法院的第一审判决裁定的,有权提请人民检察院提起抗诉,人民检察院应将是否抗诉的决定告知被害人。

(9) 对已经发生法律效力的判决裁定,有权向人民法院申诉。

(四) 律师担任公诉案件被害人代理人的具体工作

(1) 收案。被害人委托律师代理,应当与律师事务所办理委托代理手续,包括订立委托代理协议,由委托方单方签署的委托授权书。在委托授权书中应明确代理律师的代理权限,对凡是涉及实体权利处分的都必须有被害人的特别授权。对于没有委托行使的诉讼权利,律师不能越权代理。

(2) 提供法律咨询。律师接受代理委托后,首先应为被害人提供法律咨询,帮助分析案情,告知被害人为指控犯罪应当做哪些工作,以及被害人的诉讼权利。

(3) 查阅案卷、调查取证。律师担任刑事案件代理人,可以查阅案卷材料。特别要注意对检察机关的起诉书的查阅,查看对被告人的犯罪事实和情节的认定是否准确,有无遗漏罪行。所认定的犯罪事实的证据是否确实、充分。对被告人犯罪性质的认定,适用法律是否准确等。代理律师通过查阅案卷后,根据自己掌握的事实和法律知识作出评价,如果在认定事实上、适用法律上确有重大出入,代理律师应当忠实于事实,忠实于法律,深入有关单位、个人进行调查,进一步查清有关案件事实,认真做好代理工作。

(4) 做好庭前准备工作,拟写代理词。庭审前,代理律师应向人民法院了解是否公开审理,对涉及被害人个人隐私的,可以建议人民法院不公开审理。在开庭前,律师应拟写代理词,代理词内容应包括以下几点:①配合公诉人揭露、控诉被告人的犯罪行为,特别是由于被告人的犯罪行为,对被害人及其近亲属所造成的严重危害。②用事实和证据来反驳被告人的无理狡辩、辩护人不正确的辩护意见。③提出对被告人适用法律的意见,表述委托人的其他诉讼请求。

(5)代理律师应出庭,参加法庭调查和法庭辩论。代理律师应当按时出庭,接到出庭通知书后因故不能出庭应与人民法院协商延期审理或改换其他律师出庭。在法庭审理过程中,代理律师应指导、协助或代理被害人行使其诉讼权利,如被害人因受犯罪行为致伤、致残等原因不能出庭,经其授权,可由代理律师出庭参加诉讼。在法庭调查阶段,律师应注意公诉人、审判人员对被告人的讯问,公诉人和辩护人对证人的询问及控辩双方出示或宣读的证据。代理律师可以对被告人、证人、鉴定人发问并对证据进行质证,协助法庭查明事实。在公诉人、被害人发言之后,代理律师应发表代理词,全面阐述自己的意见和主张。一般情形下,公诉人和被害人的代理律师是处于同盟状态,同属控诉一方,双方应积极默契地配合,依法惩罚犯罪,维护法律的尊严和当事人的合法权益。但如果出现代理律师和公诉人在事实认定和法律适用上不一致的情形,代理律师也可以和公诉人互相辩论,人民法院应保障代理律师依法行使自己的职权,从客观公正的角度听取各方的意见,作出审判。

(6)庭审后工作。代理律师应告知被害人阅读法庭笔录,发现差错或遗漏,可以补充、更正,经确认无误后签名盖章。应当征询委托人对一审判决的意见,如委托人对一审判决不服,代理律师可以应委托人的要求,在收到判决书的5日内代为向人民检察院提交抗诉申请书,请求人民检察院提起抗诉。人民检察院经过审查决定不予抗诉的,代理律师可以建议被害人及其法定代理人提出申诉。

三、刑事自诉案件中的律师代理业务

(一)刑事自诉案件中的律师代理业务概述

1.刑事自诉案件的特征

刑事自诉案件,是指被害人和他的法定代理人或者近亲属,为追究被告人的刑事责任,自行向人民法院提起诉讼,由人民法院直接审理的案件。根据《刑事诉讼法》第210条的规定,自诉案件的范围如下:第一,法律规定的告诉才处理的案件。如以暴力干涉婚姻自由罪,虐待罪,侮辱罪及诽谤罪等与人身权利有关的案件。第二,被害人有证据证明的轻微刑事案件。如轻伤害罪、重婚罪、遗弃罪、破坏军婚罪等罪行轻微的案件。第三,被害人有证据证明对被告人侵犯自己人身、财产权利的行为应当依法追究刑事责任,而公安机关或人民检察院不予追究被告人刑事责任的案件。

刑事自诉案件具有如下特征:

(1)自诉案件的起诉权,由受害公民自行行使。自诉案件犯罪行为所侵犯的一般是公民的名誉、人身和其他权益,犯罪情节轻微,而且危害不大。有些案件的双方当事人存有亲属关系。同时,这些案件的性质均属于人民内部矛盾。因此,对这些案件是否追究加害者的刑事责任,由受害公民自行决定。

(2)自诉案件应由人民法院直接受理,而不需要经过侦查和提起公诉的诉讼程序。

(3)自诉案件可以调解、和解和允许撤诉。

(4)自诉案件的被告人在诉讼中,可以对自诉人提起反诉。

根据《刑事诉讼法》第213条的规定,自诉案件的被告人在诉讼过程中,可以对自诉人提起反诉。反诉适用自诉的规定。

2.刑事自诉案件中的律师代理特征

自诉案件律师代理,是指律师接受自诉人、反诉人的委托,以自诉人或反诉人的名义进行诉讼,在诉讼中为其提供法律服务,以维护委托人的合法权益,正确实施法律的行为。自诉案件的律师代理分为两种:一是律师接受自诉人的委托,担任自诉人的代理人;二是律师接受反诉人的委托,担任反诉人的代理人。根据《刑事诉讼法》第213条反诉适用自诉的规定,以下我们仅叙述律师代理自诉人的工作和特征,该工作和特征也适用于律师代理反诉人的情形。

自诉案件律师代理具有如下特征:

(1)律师接受刑事自诉案件自诉人的委托,担任代理人参加诉讼时,只是代理自诉人行使诉讼权利,其行使诉讼权利的范围,受自诉人授予的代理权限的限制。它与律师作为刑事案件辩护人有明显不同。第一,诉讼地位不同。律师作为刑事案件的辩护人,是一个独立的诉讼主体,他虽然为被告人的合法权益进行辩护,但不受被告人意志的约束。而作为自诉人的代理人时,必须根据自诉人授予的代理权限进行诉讼活动,自己没有独立的诉讼地位。第二,诉讼职能不同。律师作为刑事案件辩护人,执行的是辩护职能,他的诉讼活动是反驳错误的指控,证明被告人无罪、罪轻,以达到减轻或免除被告人刑事责任的目的。而自诉人的代理人,执行的是控诉职能,他的诉讼活动是要求追究被告人的刑事责任,维护自诉人的利益。

(2)律师接受刑事自诉案件自诉人的委托,担任代理人参加诉讼时,只能担任原告代理人,它与律师在民事诉讼中的代理,既有共同点,又相互区别。第一,共同点。自诉案件中的律师代理与民事诉讼中的律师代理,其代理都必须得到当事人的授权委托或人民法院的指定,代理人的活动受委托人授权的限制,代理中所产生的法律后果,均由被代理人承担。第二,区别点。律师作为民事诉讼的代理人,可以是民事原告人、第三人的代理人,也可以是被告人的代理人,而在刑事自诉案件中作为自诉人的代理人,则只能是原告代理人。

(3)律师接受刑事案件自诉人的委托,担任代理人参加诉讼,它与公诉案件中被害人的律师代理,也既有共同点,又相互区别。第一,共同点。自诉案件中的律师代理与公诉案件中被害人的律师代理,都是行使控诉职能,维护被害人的合法权益。第二,区别点。律师作为自诉案件的代理人,应做反诉的准备,而在公诉案件中被害人的代理律师,则无须做反诉的准备。

(二)律师担任刑事自诉案件代理人时的诉讼地位

根据《刑事诉讼法》和《律师法》及相关司法解释的规定,自诉案件的自诉人及其法定代理人"有权随时委托诉讼代理人",人民法院自受理自诉案件之日起3日以内应告知自诉人有权委托代理人。律师接受自诉人及其法定代理人的委托担任诉讼代理人参加刑事诉讼,律师应承担两项职责:一是代理律师应当根据事实,依据法律,提出有利于被代理人的意见,一切代理诉讼行为,都要有利于被代理人的利益,而不能做出有损于被代理人利益的行为。二是代理律师的根本任务,是维护法律的正确实施,维护国家和集体利益,维护被代理人的合法权益,而不是所有权益。

律师担任刑事自诉案件的代理人,其诉讼地位如下:

(1)自诉人的代理律师在刑事诉讼中不具有独立的诉讼地位,律师只是在自诉人授权范围内开展工作,代表自诉人意志,维护自诉人的合法权益。代理律师在履行自己的职责时,受自诉人意志的约束,不具有独立的诉讼地位。

(2)律师代理诉讼时又具有相对的独立性。当自诉人的要求不符合法律规定,提出的证据不符合客观事实时,代理律师可以帮助他们变更诉讼请求,如本人不予接受,代理律师可以拒绝代理。即使自诉人的请求和诉讼行为都是合法的,代理律师也要根据事实和法律,运用自己的法律专业知识,独立地提出有利于被代理人的意见。代理律师具有这种相对的独立性,既符合法律规定,又有利于自诉人的利益。

(三)律师担任刑事自诉案件代理人时的权限

律师在担任刑事自诉案件代理人时的权限分为两个部分:一是《刑事诉讼法》、《律师法》及相关司法解释规定律师享有的特定的权利,主要包括查阅、摘抄、复制案卷材料权,调查取证权等;二是自诉人授予的权利。根据《刑事诉讼法》的规定,自诉人是案件中的一方当事人,行使控诉权,自诉人具有独立的诉讼地位,享有广泛的诉讼权利,自诉人委托代理律师后,代理律师一般即取得自诉人所享有的各项权利,为自诉人代为行使。一般而言,自诉人享有以下诉讼权利:

(1)自诉人对审判人员、检察人员和侦查人员,侵犯其诉讼权利和对其进行人身侮辱的行为,有提出控告的权利。

(2)在开庭审理案件时,有申请审判人员、书记员、翻译人员或鉴定人回避的权利;经审判长许可,有向被告人发问、质证的权利;有参加法庭辩论的权利;法庭调查结束后,有发言的权利。

(3)自诉人由于被告人的犯罪行为,而遭受物质损失的,在刑事诉讼中,有提起附带民事诉讼的权利。

(4)在人民法院宣告判决前,有同被告人和解或撤诉的权利。

(5)自诉人如果不服地方各级人民法院的第一审判决或者裁定,有在法定时限内提出上诉的权利。

(四)律师担任刑事自诉案件自诉人代理人的具体工作

1.律师事务所接受委托,与自诉人签订代理合同

律师事务所在与委托人签订代理合同时,应注意以下事项:

(1)审查委托人是不是自诉案件的被害人,或者法定代理人或者其近亲属,其他人不能委托律师。

(2)请求代理的案件必须是属于《刑事诉讼法》规定的自诉案件范围,而且不能将已对社会有重大危害的案件仍当自诉案件对待。

(3)请求代理的自诉案件应当基本事实清楚并具备基本证据。所谓基本事实清楚,是指自诉人所指控的对方加害行为和应负的刑事责任基本清楚。所谓基本证据,是指能够证明双方当事人之间具有一定法律关系,被告人侵权及其后果有证可查。

上述三个方面条件具备后,律师可以请委托人到律师事务所办理委托手续,并交纳必要费用。自诉人应当与律师事务所订立委托代理协议,并由自诉人签署授权委托书,对委托的事项及权限作出明确的规定。应该指出,律师作为自诉案件代理人,不是必须立案以后才能接受委托,而是在立案前就可以接受委托。因为公诉案件是公安、检察机关取证的,而自诉案件全靠原告人。法院一般不去收集、调取证据。这就需要律师多做一些工作,如果立案以后再请律师就会失去取证机会,最后可能因证据不足而败诉。接受代理时,委托人必须出具授权明确

的委托书。由于自诉人的请求直接涉及其切身利益,所以律师不宜做全权代理人。在委托书中,律师除了代为一般诉讼行为外,其他权利均应由委托人以特别授权,尤其是涉及自诉人实体权利的撤诉、变更、和解、放弃诉讼请求等权利,更应特别授权。

2. 调查证据,提起诉讼

律师接受委托后,应积极协助自诉人收集有关证据。如果自诉人尚未起诉,则代理律师应向自诉人解释法律赋予他的有关诉讼权利,并代写刑事自诉状,向有管辖权的人民法院提起诉讼。刑事自诉状主要由三部分组成,即首部、正文和尾部。下面为刑事自诉状举例:

(范例)

刑事自诉状

自诉人王×,女,27岁,汉族,××市人,系××市×厂工人,现住该厂职工家属楼。

被告人李××,男,30岁,汉族,××市人,系××市××学校工人,现住该学校单身宿舍。

被告人丁×,女,25岁,汉族,××市人,系×市×工厂工人,住该工厂家属院。

被告人李××与自诉人王×,于××××年××月结婚,婚后感情较好。××××年××月被告人李××调到××市××学校工作,后来与被告人丁×相识。由于被告人李××存在喜新厌旧思想,便与丁×相好,并采用欺骗手段从单位开出证明信于××××年××月与丁×登记结婚。根据《中华人民共和国刑法》第258条的规定,已构成重婚罪。根据《中华人民共和国刑事诉讼法》第210条的规定,请求人民法院依法追究被告人李××与丁×重婚罪的刑事责任。

此致
××县人民法院

具状人:王×
××××年××月××日

附:

(1)本诉状副本3份。

(2)书证一份(单位证明信)。

(3)证物一份(结婚证书)。

代理律师在起诉时,应携带以下文件:自诉人身份证明;刑事自诉状一式二份;相关证据材料及目录、证人名单;自诉人与律师事务所签订的委托代理协议;自诉人签署的授权委托书;律师事务所出具的律师代理函;律师执业证等。自诉人同时要求民事赔偿的,代理律师应制作刑事附带民事诉状。

3. 出庭准备及参与庭审

自诉人提起诉讼后,代理律师应当帮助自诉人做好出庭前的准备工作。代理律师必须向自诉人详细解释有关自诉案件开庭的法律规定,避免发生自诉人未准时出庭又未委托律师出庭或擅自中途退庭导致自动撤诉等法律后果。

代理律师在刑事自诉案件开庭审理时,应指导、协助或代理自诉人控诉犯罪,并运用相关证据证明被告人犯罪事实的成立;指导、协助或代理自诉人行使诉讼权利,保证法庭调查各个阶段的顺利进行;法庭调查结束后,与被告人及其辩护律师展开法庭辩论,发表代理词指控犯罪,论证被告人依法承担刑事责任的依据,提出对被告人应当如何处罚的意见。下面为代理词举例:

(范例)

代 理 词

审判长、陪审员:

我接受了本案自诉人梁×的委托,担任他的××一案的第一审的诉讼代理人。在接受委托后,进行了调查和阅卷工作,又参与了法庭调查,认为自诉人诉被告人曹×触犯《刑法》第246条之规定,构成诽谤罪,事实清楚,证据充分。现就本案发表以下意见,请合议庭在合议时给予考虑。

被告人曹×捏造散布自诉人梁×与他人有不正当男女关系的行为,已经触犯《刑法》第246条,构成诽谤罪。诽谤罪是指捏造并散布某种事实,足以损害他人人格和名誉,情节严重的行为。构成这个罪从刑法理论上要求具备四个特征:(一)必须有捏造并散布某种事实的行为;(二)散布的方式应是公然的;(三)诽谤是对特定人的,在主观方面具有直接故意;(四)情节严重。情节严重指手段恶劣,后果严重,捏造的事实足以损害他人的名誉。本案被告人曹×对自诉人梁×的诽谤完全具备上述特征。

(一)自诉人梁×与他人不存在不正当的男女关系,被告人多处散布纯属无中生有的捏造。法庭调查的肖×、刘×、牛×的证言充分证明了自诉人与××所谓有不正当男女关系是不存在的。被告人自己讲"仅是凭着怀疑,我没有任何证据"就在澡堂向卢×散布,有卢×的证言在卷宗;在18层大楼下,当着上下班的众多人散布,有张×、李×、田×等七份证言在卷证实;还在办公室、楼道多处散布自诉人与他人有不正当男女关系。被告人捏造、散布自诉人的行为是清楚的,证据是充分的。

(二)被告人散布的方式是公然的。在澡堂、在18层大楼下、在办公室、在楼道、当着多人,多处公开地说自诉人不检点,使本单位几乎人人皆知。

(三)被告人是成年人,公然地捏造事实、诽谤自诉人,主观故意是很明确的。因自诉人的丈夫得到了提拔,主观推定自诉人与总经理有不正当关系,到处予以散布,败坏自诉人名声,主观故意是清楚的。

(四)后果、情节是严重的。被告人在多处当着多人公开散布自诉人同他人有不正当男女关系,情节是恶劣的,后果是严重的,自诉人由于气愤,精神受到很大刺激,患自主神经功能紊乱,住院治疗;其爱人受不了别人的白眼,与其离婚;自诉人由于觉得有口难辩而两次自杀,以上均有医院诊断证明、离婚证书、证人××证言所证实。

综上所述,被告人的行为构成诽谤罪,请求依法判决被告人承担刑事责任。

××律师事务所
×××律师

4. 配合法庭调解

根据《刑事诉讼法》的有关规定,人民法院对告诉才处理的案件、被害人有证据证明的轻微案件等自诉案件,可以进行调解。律师代理自诉人参加这两类自诉案件的诉讼活动,应当配合人民法院做调解工作。

5. 告知自诉人和解或撤诉

对于自诉案件,自诉人可以在宣告判决前同被告人自行和解或者撤回起诉。代理律师应当将此事项告知自诉人,由自诉人依据自己的意志作出选择。

6. 休庭后的工作

(1)告知自诉人阅读法庭笔录,发现其中遗漏或差错时,可以予以补充或更正,经确认无误后签名或盖章。

(2)整理证据和辩论意见,向法庭提交在法庭审理过程中出示的证据材料和书面律师代理意见。

(3)人民法院作出一审判决、裁定后,自诉人如果不服,告知自诉人在法定期限内可以提出上诉,请求上一级人民法院重新审理。

(五)律师担任自诉案件被告人的辩护人时应注意的问题

(1)根据《刑事诉讼法》第213条的规定,自诉案件的被告人在诉讼过程中,可以对自诉人提起反诉,反诉适用自诉的规定。

(2)自诉案件的被告人有权进行答辩。在刑事诉讼活动中,自诉案件的被告人以刑事答辩的形式行使辩护权,对自诉人的诉讼请求以及所依据的事实和理由进行有的放矢的反驳和辩解,有利于维护自己的合法权益,也有利于人民法院全面了解案情和对案件作出公正的处理。辩护律师应当告知被告人享有答辩的权利。如果被告人要求进行答辩,辩护律师应当帮助被告人制作刑事答辩状,并于法定期限内向受理自诉案件的人民法院递交。

(3)自诉案件可以调解或者和解。人民法院审理自诉案件,可以进行调解。自诉案件的当事人在人民法院作出判决宣告之前也可以自行和解。为使自诉案件尽早顺利得到解决,辩护律师应当积极配合人民法院做好当事人之间的调解工作,或者促成当事人之间自行和解。

(4)自诉案件的被告人可以申请取保候审。被羁押的刑事自诉案件被告人可以向人民法院提出变更强制措施的申请,申请取保候审。辩护律师接受自诉案件被告人的委托后,如果被告人被羁押,经被告人授权,可以代其申请取保候审。

四、刑事附带民事诉讼中的律师代理业务

(一)刑事附带民事诉讼的特征

根据《刑事诉讼法》第101条、第102条的规定,刑事附带民事诉讼,是指司法机关在刑事诉讼过程中,在解决被告人刑事责任的同时,解决因被告人的犯罪行为所造成的物质损失的赔偿而进行的诉讼活动。由于这种损害赔偿的诉讼请求是在刑事诉讼中提出的,又是在刑事诉讼中附带解决的,因此称作刑事附带民事诉讼。

刑事附带民事诉讼的成立必须具备以下条件:

(1)以刑事诉讼的存在为前提。刑事附带民事诉讼是在刑事诉讼过程中提起的,又是在刑事诉讼中附带解决的,因此,只有刑事诉讼已经进行,才有可能进行附带民事诉讼。被害人直接向人民法院提起损害赔偿请求,则成为独立的民事诉讼。

(2)被告人的犯罪行为对被害人或国家、集体造成了物质损失,应当负赔偿责任。

(3)具有赔偿请求权人在刑事诉讼过程中向司法机关提出了损害赔偿的诉讼请求。

刑事附带民事诉讼和一般的民事诉讼相比,具有以下特征:

(1)刑事附带民事诉讼,是伴随刑事诉讼的存在而提起的民事诉讼;

(2)刑事附带民事诉讼的原告人,一般是刑事案件中的被害人;

(3)刑事附带民事诉讼的被告人,一般是刑事案件的被告人,但在特殊的案件中不是刑事诉讼中的被告人。

(二)律师担任刑事附带民事诉讼代理人的诉讼地位和权限

刑事附带民事诉讼的双方当事人都可以委托律师代理。公诉案件的刑事附带民事诉讼当事人及其法定代理人可以"自案件移送审查起诉之日起委托代理人",自诉案件的刑事附带民事诉讼的当事人及其法定代理人"有权随时委托诉讼代理人"。律师作为刑事附带民事诉讼当事人的代理人,与民事诉讼代理人并无多大区别。二者均无独立诉讼地位,都是在代理权限内完成一定的法律行为,也都由当事人承担律师代理行为所产生的一切后果。两种代理人均不得无权代理或越权代理。其诉讼权利和义务也并无二致。相关内容请参见本书第四章。

(三)律师担任附带民事诉讼原告人的代理人的具体工作

根据《刑事诉讼法》的规定,律师接受公诉案件被害人及其法定代理人、自诉案件自诉人及其法定代理人的委托,担任其所提起的附带民事诉讼的代理人,即取得了附带民事诉讼原告人的代理人的诉讼地位,履行附带民事诉讼原告人的代理人的职责。

1. 律师接受附带民事诉讼原告人委托前的审查

律师接受附带民事诉讼原告人的委托之前,应就以下内容进行审查:

(1)作为提起附带民事诉讼前提的刑事诉讼是否已经提起。

(2)附带民事诉讼的被告人是否正确。一般来说,附带民事诉讼的被告人就是刑事诉讼中的刑事被告人,但有时还可能包括以下人员:①未被追究刑事责任的其他共同致害人;②未成年刑事被告人的监护人;③已被执行死刑的罪犯的遗产继承人;④刑事案件审结前已死亡的被告人的遗产继承人;⑤对刑事被告人的犯罪行为造成的损害依法应当承担民事赔偿责任的单位和个人。

(3)被害人的物质损失是否由被告人的犯罪行为所引起。

(4)该附带民事诉讼提起的时间是否在刑事案件立案以后,人民法院作出一审判决宣告以前。

在对上述问题均得到肯定的回答后,律师才能接受公诉案件被害人及其法定代理人或者自诉案件自诉人及其法定代理人的委托,以诉讼代理人的身份代理其提起附带民事诉讼。

2. 律师接受附带民事诉讼原告人的代理委托

公诉案件被害人及其法定代理人、自诉案件自诉人及其法定代理人委托律师担任附带民事诉讼代理人参加刑事诉讼,应当与律师事务所订立委托代理协议,并由委托人出具授权委托书。在委托代理协议和授权委托书中,必须明确委托的事项和权限,并由委托人签名或盖章。特别需要注意的是,委托人委托律师代为提出、承认、放弃、变更诉讼请求、进行和解、调解等,需要委托人的特别授权。代理律师在委托人的授权范围内进行的诉讼行为,同委托人自己实施的诉讼行为具有同等的效力,而代理律师超越代理权限所为的行为则是无效的。

3. 律师接受委托后的主要工作

(1)帮助委托人撰写附带民事起诉状。其基本内容包括:①附带民事诉讼原告人、被告人的自然情况;②提起附带民事诉讼的具体诉讼请求;③基本的事实与理由,尤其是原告人诉请赔偿的事由与被告人应当承担赔偿责任之间的因果关系;④相关的证据材料、证人姓名和地址等目录;⑤致送的人民法院名称和时间。

(2)向人民法院提起附带民事诉讼。代理律师可以协助或经委托人授权代理委托人向人民法院提起附带民事诉讼,起诉时应当携带原告人身份证明、附带民事诉讼起诉状、相关证据材料、委托代理协议、授权委托书等必要文件材料。对于人民法院决定不予立案的附带民事诉讼,代理律师经委托人授权后可以代理申请复议,或者建议委托人另行提起民事诉讼。

(3)指导、帮助委托人收集证据,展开调查,申请鉴定。

(4)代理律师在案件审查起诉阶段接受委托,可以持授权委托书、律师事务所函及律师执业证到人民检察院查阅、摘抄、复制本案的诉讼文书和技术性鉴定材料。

(5)为保证将来判决的顺利执行,代理律师可以建议或者帮助委托人向人民法院提出采取财产保全措施的申请。

(6) 参加法庭审理,指导、协助或代理委托人行使诉讼权利。

(7) 指导委托人参加法庭调解,帮助准备调解意见,但人民检察院提起的附带民事诉讼除外。

(8) 告知委托人对一审人民法院作出的判决、裁定中的附带民事诉讼部分有权提起上诉,不受相关刑事判决、裁定是否上诉、抗诉的影响。

(四) 律师担任附带民事诉讼被告人的代理人

根据《刑事诉讼法》的有关规定,律师接受公诉案件附带民事诉讼被告人及其法定代理人或者自诉案件附带民事诉讼被告人及其法定代理人的委托,参加诉讼活动,以解决附带民事诉讼被告人是否承担民事责任、如何承担民事责任的问题,就具有了附带民事诉讼被告人的代理人的资格。

附带民事诉讼的被告人如果同时是刑事诉讼的被告人,既可以委托其辩护律师兼任附带民事诉讼的代理人,也可以另行委托代理律师。

需要注意的是,附带民事诉讼的被告人委托律师担任诉讼代理人,应当在委托代理协议、授权委托书中明确代理律师的代理权限,涉及承认、放弃、变更诉讼请求、进行和解、调解等权利的行使时,需要由委托人特别授权。

代理律师接受附带民事诉讼被告人的委托后,应当帮助被告人撰写附带民事答辩状,并指导、协助或经委托人授权代理其行使诉讼权利。附带民事诉讼被告人的代理律师在附带民事诉讼中应做的工作以及所享有的诉讼权利与附带民事诉讼原告人的代理律师基本相同。

第三编

非诉律师实务

第十章 调和解律师实务

第一节 法院主持下调解中律师的工作

调解制度作为中国司法的传统,已经有几千年的历史。抗日战争时期,"马锡五审判"将调解制度引入诉讼程序中,确立了审判形式以"调解为主"的方针。经过多年的发展,调解制度已成为我国民事诉讼制度的一大特色,在国际上被誉为"东方经验"。调解作为民事诉讼的基本原则,被广泛运用于基层法院审理的民事纠纷中。统计数据显示,我国基层法院受理审结的民事案件,70%以上以调解的方式结案。司法调解的目的是高效、便利、合理地化解矛盾,调处纠纷。

在法院支持下的调解中,律师可以通过以下方式规范调解程序:

(1)充分了解相关法律法规:律师应熟悉民事诉讼法等关于调解的规定,确保调解过程符合法律要求。

(2)遵循调解原则:调解要遵循自愿、合法、公正和效率的原则。自愿原则要求尊重当事人的意愿,不得强迫调解;合法原则确保调解程序以及调解协议的内容均符合法律规定;公正原则需在查明事实、分清是非的基础上,依法保护当事人的合法权益;效率原则坚持能调则调,调解不成的应及时判决,避免久调不决。

(3)协助法院明晰案件事实:在调解前,帮助当事人整理相关证据和事实,确保调解基于客观真实的情况进行。

(4)按照规定的程序进行调解:例如,在诉前调解时,对于当事人同意调解的案件,应转入诉前调解程序,编立特定字号并统一管理,同时向相关当事人发送调解通知书、诉状副本和证据复印件等。法院对诉前调解的程序和各个环节给予指导、规范和监督,也可以参与调解。需注意的是,诉前调解期限一般为30日,双方当事人书面同意延长的,可不受此期限限制。调解不成或不同意调解的,应及时转登记立案,坚决杜绝以调解为名拖延立案或变相不立案。

(5)保障当事人权利义务:调解过程中充分保障当事人的权利,如在诉前调解阶段,可依法进行诉前保全,起诉时间从当事人向法院提交起诉状之日起算。

(6)制作调解记录:用书面形式记录调解过程中的重要信息,包括争议事项、各方意见、调解方案等,并经双方当事人签字确认。

(7)注意调解的时机和方式:根据案件具体情况和当事人的情绪状态,选择合适的时机进行调解,并采取适当的调解方式,因人而异、刚柔并济,以提高调解的效果。

(8)与法院保持良好沟通:及时向法院反馈调解进展情况,接受法院的指导和监督。

(9)遵循回避制度:如果律师与案件存在利害关系,可能影响公正调解,应主动回避。

(10)对调解协议进行合法性审查:确保调解协议的内容不违反法律、政策,不损害国家利益、社会公共利益和他人合法权益。

不同地区的法院可能会有一些具体的规定和操作流程,律师需遵循当地法院的要求开展调解工作。同时,律师自身也应秉持职业道德,以专业、公正的态度参与调解,促进调解程序的规范进行。

在法院调解中,律师可以发挥重要的作用:

(1)提高调解成功率:律师作为专业的法律工作者,具备法律知识和诉讼经验,其提出的调解方案更容易获得当事人的认可。而且双方律师能够从公正、合理的角度考虑双方当事人利益与义务的平衡,促进达成双赢的调解方案。

(2)保证调解自愿原则:律师可以帮助当事人充分了解调解的益处和可能的结果,使其在明确自身权益的基础上,自愿接受调解,而不是被迫参与。

(3)确保调解合法合规:律师能够依据专业知识,保证调解的程序以及调解协议的内容符合法律规定,避免出现违法或损害他人合法权益的情况。

(4)提高审判效率:律师可以协助当事人分清利害关系,促使双方更快地达成调解协议,减少案件久调不决的情况,避免诉讼拖延,节省司法资源。

(5)促进调解协议的履行:调解协议达成后,律师能基于当事人的信任,指导其自觉履行协议。通过分析各种行为的法律后果,让当事人明白自觉履行的重要性,有效缓解执行难的问题。

(6)发挥桥梁沟通作用:当事人通常对自己的律师有较强信任感,律师可以在双方当事人之间、当事人与法官之间搭建沟通的桥梁。将双方的想法进行正确传递,促进意见交流和统一,并及时与法官沟通,使法官全面了解当事人的诉求。

(7)提供专业法律意见:帮助当事人分析案件的优势和劣势,预测诉讼可能的结果,为当事人提供合理的建议和解决方案,使其在调解中做出更明智的决策。

(8)疏导调解困难:在调解遇到僵局或困难时,律师可以通过分析案情、理顺法律关系、辨析得失,做当事人的思想工作,推动双方意见的归结。

律师在调解中也可能存在一些局限性,例如,部分律师可能因激励机制不足或收费制度等原因,对调解缺乏积极性。为了更好地发挥律师在调解中的作用,需要加强律师行业的职业道德教育、完善律师收费制度等。同时,法官也应保持中立,正确行使释明权,与律师形成良好的互动和配合,共同推动调解工作的顺利进行。

第二节 庭外和解中律师的工作

在庭外和解过程中,律师发挥着重要作用,主要包括以下几个方面:

(1)法律分析与评估。对案件事实和相关法律进行深入研究,评估案件的胜算和潜在风险。为当事人分析对方的主张和证据,预测法院可能的判决结果。

(2)策略制定。根据案件情况和当事人的需求,制定庭外和解的策略。确定和解的底线和目标,以及可能的让步范围。

(3)沟通协调。作为当事人的代表,与对方当事人或其律师进行沟通和协商。传递当事人的和解意愿和条件,同时接收对方的反馈。

(4)证据收集与整理。协助当事人收集和整理有利于和解的证据,以增强谈判的筹码。

(5)起草和解协议。负责起草和解协议的初稿,明确和解的具体内容,包括赔偿金额、履行方式、期限等。确保协议条款清晰、准确、无歧义,符合法律法规和当事人的意愿。

(6)提供法律咨询和建议。在整个和解过程中,为当事人解答法律问题,提供专业的意见和建议。帮助当事人做出明智的决策。

(7)维护当事人利益。始终以维护当事人的最大利益为出发点,在和解谈判中争取有利的条件。防止当事人在和解过程中受到不公正的对待或做出不利的妥协。

(8)促进和解达成。运用谈判技巧和策略,努力促成双方达成和解协议。解决和解过程中出现的争议和分歧,推动和解进程。总之,律师在庭外和解中通过专业的法律知识和丰富的经验,为当事人提供全方位的服务,争取以和平、高效的方式解决纠纷。

第三节 律师在调解中的作用

随着我国法治建设的不断发展,法律、法规也日益健全,解决民事纠纷的途径和具体适用案件的范围都有了相应的法律规范。目前,关于民事纠纷的解决途径就有诉讼、仲裁、调解和当事人自行和解。纠纷调解是一种非诉讼纠纷解决方式,通过第三方的介入,协助当事人解决纠纷,达成和解。作为法律行业的一员,律师不仅要参与法院的诉讼程序,还要承担纠纷调解的工作。

律师在纠纷调解实务中发挥着重要作用。律师需要详细听取各方当事人的陈述,收集相关证据和文件,明确争议焦点和各方诉求,充分了解纠纷情况。律师需要在调解过程中保持中立和客观的立场,不偏袒任何一方,以公正的态度评估各方的优势和劣势,为合理的解决方案奠定基础。在调解过程中,律师要善于沟通和倾听。运用有效的沟通技巧,引导当事人清晰表达观点,理解对方立场,缓解紧张气氛,促进理性对话。律师还需依据法律法规和相关案例,为当事人分析纠纷的可能走向和潜在后果,帮助当事人形成合理的预期。制定切实可行的调解方案是关键一步。综合考虑各方利益,提出多种解决方案,并与当事人共同探讨其可行性和优劣性。最后,促成调解协议的达成和履行。确保协议条款明确、具体、具有可操作性,并监督协议的执行,以彻底解决纠纷。

在纠纷调解实务中,律师需要掌握一定的技巧,以提高调解的效果。律师要善于沟通与协商,了解当事人的真实需求,引导双方进行对话,并帮助他们找出解决问题的共同点。律师还需要具备良好的分析能力和判断力,对案件进行合理的评估和预判,制定合理的解决方案。此外,律师还应该善于引导双方探讨利害关系,加强交流和合作意识,最大限度地促进当事人之间的和解。

律师在调解过程中,凭借专业知识、沟通技巧和客观立场,为化解矛盾、解决纠纷发挥着积极而重要的作用。律师在调解中的实务工作主要包括以下几个方面。

（1）调解前的准备。全面了解案件事实：收集相关证据，与当事人充分沟通，掌握案件的来龙去脉和关键细节。法律分析与研究：对案件所涉及的法律问题进行深入研究，明确法律适用和当事人的权利义务。制定调解策略：根据案件情况和当事人的需求，确定调解的目标和基本策略。

（2）与当事人沟通。解释调解程序：向当事人说明调解的性质、流程和可能的结果。了解当事人诉求：倾听当事人的真实想法和期望，明确其核心诉求和底线。提供法律建议：基于法律分析，为当事人提供客观、专业的法律建议，帮助其形成合理的预期。

（3）与对方当事人或其律师交流。尝试建立沟通渠道：通过适当的方式与对方取得联系，建立初步的沟通。交换意见：就案件的争议点和可能的解决方案进行初步的交流和探讨。

（4）参与调解会议。陈述己方观点：清晰、准确地向调解人员和对方当事人阐述己方的立场和理由。回应对方观点：针对对方的陈述和主张，进行有理有据的回应和反驳。提出调解方案：根据事先制定的策略，适时提出合理的调解方案，并解释其合理性和可行性。

（5）协助达成调解协议。参与方案协商：与对方当事人及其律师协商调解方案的具体内容，寻求双方都能接受的妥协点。审核协议条款：对达成的调解协议条款进行仔细审核，确保其合法、明确、可执行。

（6）调解后的工作。督促协议履行：协助当事人跟踪调解协议的履行情况，如有必要，采取相应的法律措施。提供后续法律服务：根据当事人的需求，为其在调解后的相关事务提供法律支持和建议。

总之，律师在调解中需要充分发挥专业优势，以理性、客观、公正的态度，为当事人争取最大的合法利益，推动调解工作的顺利进行和有效达成。

第十一章　商事仲裁律师实务

第一节　律师代理仲裁概述

从我国法律规定来看,我国的仲裁主要可分为国内民商事仲裁、劳动争议仲裁和涉外仲裁三种。相应地,我国律师从事仲裁代理也可分为国内民商事仲裁代理、劳动争议仲裁代理和涉外仲裁代理。在本章仅叙述国内民商事仲裁代理,劳动争议仲裁代理参见第十三章,涉外仲裁代理参见第二十五章。

根据《仲裁法》的规定,国内民商事仲裁,是指我国公民、法人和其他组织之间发生争议后,按事前或事后达成的仲裁协议,自愿将争议提交我国仲裁机构裁决的一种仲裁。国内民商事仲裁按照国际上通行的做法,对当事人之间的合同纠纷和其他财产权益纠纷的处理,实行或裁决或审判和一裁终局制度,即纠纷发生后,当事人只能在仲裁和诉讼中选择一种解决方式;仲裁裁决一经作出即发生效力,不允许对仲裁裁决的事项再行仲裁或提起诉讼。国内民商事仲裁在我国仲裁体系中占主导地位。

国内民商事仲裁与涉外仲裁、劳动争议仲裁相比,具有以下特征:

(1)仲裁机构是国内各地依法设立的仲裁委员会。

根据《仲裁法》的规定,仲裁委员会可以在直辖市和省、自治区人民政府所在地的市设立,也可根据需要在其他设区的市设立,但不按行政区划层层设立。

(2)当事人是国内的公民、法人或其他组织,当事人双方都是我国平等主体的公民、法人或其他组织。这是国内民商事仲裁区别于涉外仲裁的一个显著特征。

(3)当事人之间有提交国内民商事仲裁机构仲裁的仲裁协议。提交仲裁必须有仲裁协议。当事人若要采用仲裁方式解决纠纷,应当双方自愿,达成仲裁协议。没有仲裁协议,一方申请仲裁的,仲裁委员会不予受理。

(4)仲裁只适用于仲裁机构有权管辖的争议。

根据《仲裁法》的规定,国内民商事仲裁管辖争议的范围是国内平等主体的公民、法人和其他组织之间的合同纠纷和其他财产权益纠纷。合同纠纷的范围主要包括:经济合同纠纷、技术合同纠纷、知识产权合同纠纷、房地产合同纠纷等。其他财产权益纠纷,主要是指由于财产侵权所引起的纠纷。而有关婚姻、收养、监护、抚养、继承纠纷以及应当由国家行政机关处理的行政争议,不属于仲裁范围。

(5)仲裁依据我国仲裁程序进行。

《仲裁法》规定了国内民商事仲裁的法定程序,必须严格遵守,该程序包括:仲裁申请和受理、仲裁庭的组成、开庭仲裁和裁决。

根据《律师法》第 28 条的规定,律师可以接受当事人的委托,参加仲裁活动。律师代理当事人参加国内民商事仲裁活动,适用代理的一般原理和规定,但律师要掌握国内民商事仲裁的特点,熟悉相关的法律法规。第一,律师要熟悉、掌握仲裁规则。仲裁规则应由中国仲裁协会依照《仲裁法》和《民事诉讼法》的规定制定。但目前我国尚无适用于全国范围的统一仲裁规则。各仲裁委员会可制定自己的仲裁规则。代理律师参与仲裁活动,应熟悉当事人协议选定的仲裁委员会及其仲裁规则。第二,要了解当事人之间有无仲裁协议。当事人之间没有合法有效的仲裁协议,任何仲裁都无从开始。第三,办理委托手续。律师代理当事人参与仲裁活动,应由律师事务所统一接受委托,统一收费。第四,认真做好各项代理工作。国内民商事仲裁实行一裁终局的制度,即裁决作出后,当事人就同一纠纷既不能向仲裁委员会申请仲裁,也不能向人民法院提起诉讼。律师要尽力尽职做好代理仲裁工作,最大可能地维护当事人的合法权益。

第二节　律师代理仲裁的主要程序和主要工作事项

一、律师审查仲裁协议

律师事务所接受委托后,代理律师应首先审查当事人有无仲裁协议。当事人之间若没有仲裁协议,仲裁机构则不受理仲裁申请,律师也就无法代理。如果当事人之间有仲裁协议,律师应当审查以下内容:

(1)仲裁协议的形式是否合法。根据《仲裁法》第 16 条第 1 款的规定,仲裁协议主要有合同中规定的仲裁条款和当事人双方以其他形式达成的书面协议。

书面协议既可在纠纷发生前达成,也可在纠纷发生后达成。

(2)仲裁协议是否具备法律规定的必备内容。根据《仲裁法》第 16 条的规定,仲裁协议应当具备请求仲裁的意思表示、仲裁事项、选定的仲裁委员会三项内容。请求仲裁的意思表示,是指当事人请求仲裁的意愿非常明确,并且以书面形式表示,即应明确表示将今后可能发生的争执或已经发生的争执提交仲裁机构仲裁,并愿意遵守一裁终局制,积极履行仲裁协议。仲裁事项,是指提交仲裁的范围,一般来说,仲裁事项应尽可能定得广泛。仲裁机构的选定必须具备两方面的内容,即仲裁地点和仲裁委员会。根据仲裁实践,仲裁协议一般还应包括以下两项内容:①仲裁条款必须规定仲裁裁决具有终局的效力;②仲裁条款一般应规定仲裁费用由败诉方承担。

(3)仲裁协议的内容是否明确。仲裁协议的内容不全,约定的内容不明确,协议内容与仲裁原则相悖等情形构成仲裁协议内容不明情形。律师应说服当事人补充协议,否则可能导致仲裁协议无效。

(4)是否具有法定无效仲裁协议的情形。根据《仲裁法》第 17 条的规定:约定的仲裁事项超出法律规定的仲裁范围,无民事行为能力人或者限制民事行为能力人订立的仲裁协议,一方采取胁迫手段迫使对方订立的仲裁协议系无效协议。

二、律师代理提起仲裁或代理答辩

当事人要通过仲裁解决争议,必须提交仲裁申请书,律师代理仲裁申请人时应代理当事人向仲裁委员会提交仲裁申请书和仲裁协议书。仲裁委员会收到仲裁申请书之日起 5 日内,认为符合受理条件的,应当受理,并通知申请人;认为不符合申请条件的,应当书面告知申请人不予受理,并说明理由。仲裁委员会受理仲裁后,应当在仲裁规则规定期限内将仲裁规则和仲裁员名册送达申请人,并将仲裁申请书副本及仲裁规则、仲裁员名册送达被申请人。《仲裁法》第 23 条对仲裁申请书内容有明确规定,现举一例。

(范例)

仲裁申请书

申请人:××市物资公司,地址:×××胜利路 7 号

法定代表人:马××,总经理

委托代理人:朱××,×律师事务所律师

被申请人:××羊毛衫厂,地址:×××康复路30号

法定代表人:贾××,厂长

案由:购销合同货款纠纷

仲裁请求:立即付清所欠货款并支付违约金×××万元

事实和理由:××××年××月××日,被申请人的业务员持单位授权委托书来我公司看样订货,双方签订了一份羊毛购销合同,合同中对羊毛的规格、质量、品名、数量、价款等作了详细的约定,详见合同。

合同签订后,我公司按照合同约定的交货时间及方式分三次将羊毛发送被申请人。但被申请人接到羊毛及发票后,以单位资金周转不灵为借口迟迟不还款,经多次催要,至今仍未付款。由于被申请人久欠货款不还,给我公司造成严重的经济损失。

为了维护我公司的合法权益,现根据双方购销合同中的仲裁条款向贵仲裁委员会申请仲裁。

此致

××仲裁委员会

申请人:××市物资公司(盖章)

法定代表人:马××(签字)

委托代理人:朱××(签字)

××××年××月××日

附:

1. 申请书副本1份。
2. 合同副本1份。

如果律师代理被申请人一方,当被申请人接到申请书副本后,律师应当阅读和分析申请书,了解申请人的要求和理由,然后向被申请人了解争议情况,写出答辩书。律师在写答辩书时要紧紧围绕违约的事实是否成立,谁有过错,谁应承担违约责任,用法律进行全面分析,力争维护被申请人的合法权益。被申请人应在仲裁规则规定的期限内将答辩书及其副本、有关证据材料和委托书提交仲裁委员会。以下为仲裁答辩书范例。

（范例）

仲裁答辩书

答辩人：××商贸公司

地址：×××新华南路甲9号

法定代表人：郑××，总经理

委托代理人：杨××，×××律师事务所律师

案由：因申请人××省第二纺织机械厂诉我公司拒付建杆织机货款一案，现提出答辩。

答辩意见：合同未成立，拒付货款有理。理由如下：

申请人认为自己通过报纸向社会发出的建杆织机销售广告是一种要约，而我公司要货电报是一种承诺，至此，双方合同即已成立。这种说法没有道理。

首先，从本案事实来看，××××年××月××日，我公司从报上得知，申请人××省第二纺织机械厂有新型建杆织机现货供应，并代办运输。我公司便于××月××日发电报给申请人，同意报上刊载的销售条件，要求申请人接电后即以快件发运建杆织机20台至××站。××月××日，申请人回电："建杆织机有现货，但快件不能发，只能发慢件，请见电10日内回电。"在我公司未回电的情况下，申请人即以慢件向我公司发来建杆织机20台，并办理了托收。××月××日货才运到约定站，我公司拒收货物，也拒付货款。

其次，从本案涉及的法律问题来看，本案中申请人在报纸上向社会公开发出的建杆织机现货销售的广告，由于没有特定的对象，因而只能视为一种要约邀请，其本身并不是要约。我公司见广告后，向申请人发出以快件寄送形式要货的电报才是真正的要约。后申请人回电只能以慢件寄送，由于不是完全同意的意思表示，故也不是承诺，而只能视作新的要约。对此，在我公司未作回复的情况下，申请人即擅自做主以慢件发货。综上，申请人说我公司发出的要货电报为我公司的承诺是没有事实和法律依据的，没有承诺，合同即无法成立，因此，我公司既无权利接收货物，也没有义务付款。

另外，还需说明的一点是，我公司之所以要求申请人以快件发货，是因为我公司拟与某单位约定供应该型号建杆织机，时间为××月××日前交货，申请人以慢件发货，势必影响我公司后一合同的履行，故我公司对申请人的

新要约没有作出承诺。

此致

××仲裁委员会

答辩人:××商贸公司(公章)

法定代表人:郑××(签字)

委托代理人:杨××(签字)

××××年××月××日

附:

(1)答辩书副本×份。

(2)书证×件。

三、代理律师应进行调查,收集证据材料

调查取证是贯穿整个仲裁程序全过程的重要代理活动。律师代理仲裁时可以独立的身份进行调查取证。律师调查取证的主要范围包括:

(1)对证明案件真实情况的书证、物证等客观存在的实物,应当收集;

(2)对知情的证人应进行调查,尽量安排证人出庭作证;

(3)对其他有助于查明争议事实的证据,律师也应当收集(具体调查、收集证据的工作步骤及方法见第七章民事诉讼中的律师实务有关内容)。

四、律师代理参加仲裁活动过程的主要工作

仲裁委员会受理申请人的申请后,律师应做好以下工作:

(1)代理当事人选定仲裁员;

(2)代理当事人行使申请回避权;

(3)代理当事人选择公开仲裁审理或者不公开仲裁审理,如果律师和当事人认为不公开审理更有利于当事人或为了保守当事人的商业秘密,当事人双方可以协议不公开仲裁审理;

(4)代理当事人向仲裁庭提供证据并就证据进行质证;

(5)律师在证据可能丢失或以后难以取得的情形下,向仲裁庭申请证据保全;

(6)在仲裁过程中,为避免造成更严重的损失或防止裁决的执行困难,律师可代为向仲裁庭申请财产保全;

(7)根据当事人的特别授权,律师可代理当事人达成和解协议,或参加调解

达成协议;

（8）代理当事人行使其他权利。律师在仲裁活动中,除上述主要代理活动外,凡当事人享有的其他一切程序上和实体上的权利,律师均可在授权范围内予以代理。

五、律师代理仲裁裁决执行

仲裁裁决自仲裁机构作出之日起发生法律效力。若当事人和律师认为仲裁裁决事实清楚、证据确实充分、适用法律正确,在对方当事人不履行裁决时,律师经当事人授权可代理仲裁裁决执行。申请执行期限的起算自裁决书规定的履行期限届满时起。申请人应向被执行人住所地或被执行人财产所在地的人民法院申请执行。代理律师可代为提交申请执行书。举例如下：

（范例）

申请执行书

一、执行主体

申请人：××市供销公司

地址：××市×路21号

法定代表人：×××,经理

委托代理人：×××,××律师事务所律师

被申请执行人：××啤酒厂

地址：××市××街30号

法定代表人：×××,厂长

二、执行依据

作出执行依据单位：北京市××区人民法院

申请执行依据：(20××)京××××民初××××号

执行依据生效日期：20××年××月××日

申请执行标的金额暂计：人民币××万元

执行依据裁判主文：

1. 被申请人向申请人偿还借款本金××万元;

2. 被申请人向申请人支付利息××元;

3. 被申请人向申请人支付罚息（截至20××年××月××日为××××元;自20××年××月××日起至借款本金实际清偿之日止,以尚欠借款本金××万元为基数,按照年利率×%的标准计算)。

三、申请执行事项

1. 被申请人向申请人偿还借款本金××××万元;

2. 被申请人向申请人支付利息××万元;

3. 被申请人向申请人支付罚息(截至20××年××月××日为××××元;自20××年××月××日起至借款本金实际清偿之日止,以尚欠借款本金××万元为基数,按照年利率×%的标准计算);

4. 被申请人加倍支付迟延履行期间的债务利息;

5. 本案执行费用由被申请人承担。

(以上金额暂计为人民币××××元)

事实及理由:

申请人与被申请人××啤酒厂纠纷一案,北京市××区人民法院已于20××年××月××日作出(20××)京××××民初××××号民事判决。

该判决现已生效,然被申请人未按该判决内容履行给付义务,为了维护法律的尊严及申请人的合法权益,依据《仲裁法》和《民事诉讼法》的相关规定,特向贵院申请强制执行,盼望准许!

四、申请执行依据的诉讼案件保全状况

(　)无

(√)有,请填写诉讼案件案号或保全实施案号,已查封扣押冻结财产清单及期限。

诉讼案件案号:(20××)京××××民初××号

保全实施案号:(20××)京××××民初××号

五、财产线索

(　)无

(√)有,请填写财产线索具体情况。

被申请人名下位于北京市××区××街道××路××号××楼××室的合法房产[京(20××)××××不动产权第×××××号]

第十二章　劳动仲裁律师实务

第一节　律师代理劳动仲裁案件前的准备工作

(一)明确主体、诉求,确定管辖的仲裁委员会

无论是代理劳动仲裁申请人一方,还是代理劳动仲裁被申请人一方,都要先明确主体与仲裁申请。主要是作为申请人一方,应当确认是否存在混同用工、连续用工情形,确认是否存在主体不适格;是否存在变更、增加仲裁、诉讼请求的事项;管辖仲裁或法院的确定。

(二)制作案件详情单

案件详情单可以包含以下信息:

(1)涉诉主体及相关信息(注册地、办公地、法定代表人信息等);

(2)员工个人信息(入职时间、岗位、工作内容、社会工龄、联系方式等);

(3)劳动合同签订情况(时间、次数等);

(4)工资发放(主要了解解除前12个月实发平均工资);

(5)社保缴纳情况;

(6)工资支付截止日;

(7)目前劳动关系状态;

(8)年休假问题:应休天数(法定与福利)、实休天数、制度规定、时效问题等;

(9)加班费问题:制度规定(是否有加班审批制度)、加班费基数是否有约定、加班费的实际支付情况等;

(10)是否有调解方案。

(三)组织证据、起草代理意见

(1)筛选证据。因为当事人不清楚如何整理证据,会抛给律师一堆材料,需

要律师根据上述案件详情单的各个方面分门别类整理。

(2)制作证据目录。根据证据的重要性排列证据种类,并适当对证据进行分组。

(3)起草代理意见。起草证据目录的时候,经过前述的筛选证据、制作证据目录的过程,我们已经对案件有了大致的把握和思路,起草代理意见的过程也是对案件思路的再一次整理,形成自己对案件的思维逻辑的过程。

第二节 劳动仲裁程序中的基本流程和注意事项

劳动仲裁的基本流程:

(1)提出申请劳动争议发生后,劳动者可以向当地劳动争议仲裁委员会提交劳动仲裁申请。仲裁委员会立案窗口一般都备有仲裁申请书模板和填写式样。

(2)受理申请仲裁委员会收到申请书后,会对其进行审查。符合受理条件的,会在规定时间内正式受理并通知双方当事人。对于不符合受理条件的申请,会通知申请人并说明理由。

(3)仲裁前的调解在仲裁程序启动前,仲裁委员会通常会进行调解,促使双方达成和解协议。如果调解成功,双方签署调解协议,并由仲裁委员会确认其效力。如果调解不成功,案件进入正式仲裁程序。

(4)仲裁审理是劳动仲裁的核心环节,包括以下几个步骤:①仲裁委员会向双方当事人发出开庭通知,告知开庭时间和地点;②由仲裁庭主持,双方当事人可以陈述事实、举证、质证,并进行辩论;③仲裁庭在庭审结束后,根据事实和法律作出裁决,并向双方送达仲裁裁决书。

(5)仲裁裁决的执行仲裁裁决书生效后,双方应当自觉履行。如果一方不履行裁决,另一方可以向人民法院申请强制执行。

劳动仲裁的常见注意问题:

(1)劳动仲裁和劳动诉讼的区别:劳动仲裁是解决劳动争议的必经程序,劳动者必须先申请仲裁,才能提起劳动诉讼。如果对仲裁裁决不服,双方可以在规定时间内向人民法院提起诉讼。

(2)仲裁费用:劳动仲裁一般不收取费用,但如果需要进行鉴定、评估等,相关费用由提出申请的一方承担。劳动者可以申请费用减免或缓交。

(3)仲裁裁决的效力:仲裁裁决书生效后,对双方当事人具有法律约束力。如果一方不履行裁决,另一方可以申请法院强制执行。

第三节　劳动仲裁中的举证问题

劳动关系的认定究竟如何分配举证责任,以及初步举证完成到什么程度,才能在法官的自由心证中得到认可。

首先看《劳动和社会保障部关于确立劳动关系有关事项的通知》关于举证责任分配的规定,该通知第2条规定:"用人单位未与劳动者签订劳动合同,认定双方存在劳动关系时可参照下列凭证:

(一)工资支付凭证或记录(职工工资发放花名册)、缴纳各项社会保险费的记录;

(二)用人单位向劳动者发放的"工作证"、"服务证"等能够证明身份的证件;

(三)劳动者填写的用人单位招工招聘"登记表"、"报名表"等招用记录;

(四)考勤记录;

(五)其他劳动者的证言等。

其中,(一)、(三)、(四)项的有关凭证由用人单位负举证责任。"

根据举证责任分配原则结合上述规定,我们认为,劳动关系的认定通常可以按以下步骤进行:首先,由劳动者进行劳动关系的初步举证,提供工作证、服务证等能够证明身份的证件,配合同事的证人证言,以证明双方存在劳动关系。其次,由用人单位就不存在劳动关系进行抗辩,提供职工工资发放明细、社保缴纳记录、考勤登记表等材料,用于反驳劳动者的主张。最后,由法官、仲裁员根据上述举证作出判断。

因最终对证据的判断主要是法官、仲裁员,所以需要考虑,初步举证责任应当完成到何程度才能被法庭或仲裁庭采信。我们认为,下列认定原则可作为初步举证标准,用以认定双方是否存在劳动关系:

(1)用人单位与劳动者是否确实存在管理与被管理的事实;

(2)用人单位是否向劳动者支付工资,且工资支付连续稳定;

(3)劳动者从事的工作是否与用人单位的业务范围重合,存在密切关联;

(4)劳动者是否被编入用人单位的生产组织体系中进行工作;

(5)劳动者是否在用人单位指定的工作时间、场所工作；

(6)劳动者是否亲自完成工作，不存在分包或由他人替代完成的情况；

(7)劳动者工作是否连续稳定而非一次性或临时工作。

在劳动关系中，劳动者处于弱势地位，例如，就加班而言，用人单位安排劳动者加班是常态，同时，不支付加班工资也是常态，但是举证证明加班事实对于劳动者来说，有时确实存在取证难度。根据《最高人民法院关于审理劳动争议案件适用法律问题的解释(一)》第 42 条的规定，劳动者主张加班费的，应当就加班事实的存在承担举证责任。但劳动者有证据证明用人单位掌握加班事实存在的证据，用人单位不提供的，由用人单位承担不利后果。为充分保障劳动者的权益，法律仅要求劳动者提供基本证据，证明存在加班的事实即可，但该规定不是将所有的举证责任倒置于用人单位，同样是在"谁主张，谁举证"的原则上，合理地对举证责任进行分配。

第四节 劳动仲裁中的关键事实认定与法律适用

在要求确认劳动关系的仲裁案件中，劳动者必须明确被申请的主体，即具体的用人单位，包括单位详细名称、法定代表人或经营者，特别是包含关联公司、多家公司为同一法定代表人及劳务派遣公司等特殊情形，否则败诉风险大大提高。除此之外，劳动关系的构成也要考虑长期、稳定等其他特性，可结合工资发放的周期、时间、金额等细节进行审查。

劳动仲裁中的法律适用：

(1)法律：《劳动法》《劳动合同法》《劳动争议调解仲裁法》《社会保险法》等；

(2)行政法规：《劳动合同法实施条例》《工伤保险条例》《职工带薪年休假条例》《劳动保障监察条例》《事业单位人事管理条例》等；

(3)部门规章：《企业职工带薪年休假实施办法》《劳动部关于贯彻〈企业职工患病或非因工负伤医疗期规定〉的通知》《劳动和社会保障部关于确立劳动关系有关事项的通知》《工伤认定办法》《劳动和社会保障部关于职工全年月平均工作时间和工资折算问题的通知》(现已废止)《劳动人事争议仲裁办案规则》等。

第十三章　公司律师实务

第一节　法律顾问业务

一、法律顾问业务概述

（一）法律顾问的概念

法律顾问是指依法接受公民、法人或者其他组织的聘请，以自己的专业知识和技能为聘请方提供多方面的法律服务的专业人员。

法律顾问，有广义和狭义之分。广义的法律顾问，是指为聘请单位或个人，就法律上的问题，提供法律服务的人员，其不仅限于律师，只要具有法律知识，能够为聘请单位和个人提供法律服务的人，均可应聘担任法律顾问。狭义的法律顾问，是专指应聘的取得律师资格的律师。

（二）法律顾问的分类

1. 企事业单位的法律顾问

律师担任企事业单位法律顾问，提供法律服务，保证企事业单位的经济、文化、教育、科技等活动纳入法律轨道，使其合法权益受法律保障，最终取得更大的社会效益和经济效益。律师担任企事业单位法律顾问的主要工作：一是协助企事业单位依法建立一套科学的生产、行政、经营管理制度，提高工作效率和工作效益，不断地提高企事业职工的素质和竞争能力；二是协助企事业单位建立健全各种规章制度，加强合同管理工作，预防纠纷；三是代理企事业单位参与经济纠纷的调解、仲裁和诉讼活动，维护聘方的合法权益，使企事业单位得以正常发展；四是要求企事业单位领导，认真学习法律知识，培养运用法律的观念观察和处理问题的习惯，把依法办事贯彻到各项业务活动中去；五是协助企事业单位做好法治宣传工作，增强企事业单位职工法治观念，提高干部职工遵纪守法的自觉性，使企事业职工人人懂得合法行使权利，合理承担义务。

2.各级政府及其行政管理部门的法律顾问

律师担任政府的法律顾问,是为了实现将经济、建设、文化、科学、教育、文艺及社会生活等方面的国家管理,纳入法制轨道,把管理国家的行政手段、经济手段上升为法律手段,实现依法治国。政府及行政管理部门法律顾问的任务:一是协助聘方运用法律手段,转变和实现国家的管理职能,做到统而不死、管而不乱;二是协助聘方严格根据法律规定进行管理,为各级政府及其主要领导人,在国家管理方面,提供法律咨询和科学的决策,这样有助于提高领导人决策民主化、科学化、法律化的水平;三是侧重协助聘方根据法律规定,制定和完善国家管理的实施细则,实现国家行政管理上的规范化、制度化。

3.一般社会团体的法律顾问

律师担任工会、妇联、侨联、作协、记协等团体的法律顾问,其工作侧重点是:向聘方提供有关的法律咨询和其他法律服务,运用法律手段防止和排除非法侵害,维护聘方机构本身和聘方所属成员的合法权益。

4.公民个人的法律顾问

律师担任个体工商户、农村承包经营户、专家、学者、文艺、体育等各界的知名人士和其他一般公民聘请的法律顾问。其主要任务和侧重点是:协助聘方不断地增强法律意识,指导履行合同,解决和防止纠纷,代理起诉、应诉,搞好合法、正当经营,维护其合法权益。

5.公民家庭的法律顾问

随着时代的不断发展进步,公民的法律意识加强,以家庭名义聘请的法律顾问,已走进百姓家中。律师担任公民家庭法律顾问,其主要任务:一是依法卫民,运用法律武器来保护公民的合法权益不受侵害,为聘方排忧解难;二是防微杜渐,将家庭中存在的矛盾解决在萌芽状态,防止矛盾激化;三是讲法入户,举案说法,使公民不断增进法律知识,提高守法、执法的自觉性,促进社会安定团结。

(三)企事业单位法律顾问的工作内容

1.法律风险管理

企业法律风险管理是现代化企业管理制度以及现代化公司治理结构的重要组成部分,对于公司长期稳健发展至关重要。企业法律风险管理包括企业法律风险尽职调查、企业法律风险识别和分析、企业法律风险管理方案设计以及企业法律风险解决。

(1) 企业法律风险尽职调查

企业法律风险尽职调查是法律风险管理的首要步骤。这一过程涉及对企业内外部环境中与法律风险相关的信息进行收集、分析、整理和归纳。尽职调查的目的是识别企业法律风险提供基础资料，发现企业的管理制度及经营行为中存在的法律风险。调查清单的设计对于个别项目至关重要，需要详细列举所需内容，以一次性解决问题。例如，在合同法律风险的尽职调查中，可以包括企业的法定代表人及对外签订合同的授权情况、合同审查、审批流程等。

(2) 企业法律风险识别和分析

法律风险识别是在尽职调查的基础上，通过访谈、调查问卷等手段，准确识别对企业实现目标可能产生负面影响的法律风险因素，并列出具体的风险清单。分析方法包括信息甄别法、流程图分析法和风险事故树法等。信息甄别法通过律师收集企业的历史和现状信息，进行专业分析，得出有助于识别法律风险的资料。流程图分析法则通过绘制流程图来表明法律风险的范围，使法律风险评估者对隐性法律风险有系统化的认识。

(3) 企业法律风险管理方案设计

在识别和分析了法律风险之后，企业需要设计解决方案和管理体系。这包括明确法律风险环境信息、法律风险评估、法律风险应对、监督和检查等活动。管理方案设计需要考虑企业的整体目标、法律法规要求、管理便利性以及信息系统的支持。方案设计还应包括预防措施，如建立法律合规部门、培训机制、审查流程和监测机制。

(4) 企业法律风险解决

企业法律风险解决涉及决定是否运用法律风险应对方案来预防、减少或减轻风险。解决方案可能包括法律风险回避、降低法律风险、分担法律风险和承受法律风险等方式。控制活动是企业实现经营目标的重要组成部分，通过制定和执行政策和程序实现法律风险应对的有效实施。此外，风险管理监控是对企业法律风险、法律风险管理应对、控制方式等进行实时评估，通过持续的监控活动、个别评价及其结合，使企业法律风险管理系统更加完善。

2. 法律培训

随着改革开放的深入发展，国家机关、企事业单位，有了更多的行政管理权和经营权，企事业单位之间的经济来往频繁，越来越多地需要运用法律手段进行管理，在行政管理、生产经营工作中，必然会发生更多的法律关系。而一个单位只能聘请一两名律师,显然是不够的,此时,建立法律事务机构,培养一些专门从事法律事务的人才,可以更及时全面地保障这些机关企事业单位依法决策、依法经营管理、依法维护合法权益,是其加强法治建设、建立健全法律风险防范机制的现实需要。因此,《国有企业法律顾问管理办法》规定国有的大中型企业,必须建立企业法律顾问机构。而协助单位建立法律事务机构,培养从事法律事务的人才也自然是法律顾问的工作内容之一。具体内容包括:

(1)协助单位建立法律事务机构,主要包括制定机构规章、确认机构职责范围及各项工作制度,协助制定法律意见书等文书格式以确立日常办公流程,并制定人员奖惩机制以及外界监督指导机制。

(2)培养从事法律事务的人才,主要包括聘请或选拔合适的人员作为重点培养对象,并通过"传、帮、带"的方式培养他们在合同、劳动和知识产权管理保护等方面的法律专业人才,同时增强他们的法律专业知识和意识,与法律事务机构密切配合,指导这些法律人才的工作,共同推进聘方单位的法律事务工作顺利进行。

除对专门人员进行培训,提高法律素养外,也要注重对公司全体员工的培训,使法律意识融入员工的日常工作,就此可以开展法治宣传。根据聘方安排,确立宣传工作计划,协助其开展普法活动,并将宣传效果向聘方反馈,并根据其要求调整宣传内容。

(3)进行法律培训。和聘方沟通,确立法律培训的内容和时间,制作培训宣传单和课程表予以公布。摘取每个法律部门中与聘方联系较为密切的内容,精心制作讲演稿或者PPT。

3. 参与商务谈判

谈判的内容、范围十分广泛,这里所说的谈判是指经济合同谈判或者投资项目的谈判。在经济活动中,任何一宗交易都需要通过谈判才能实现。因此,从经济活动的角度上讲,谈判的表现将是经济合同或投资项目能否成功的关键。重大经济合同或者经济项目的谈判程序一般应经过三个阶段,即确定谈判目标、商定基本条款的准备阶段;对合同进行实质性谈判阶段;合同的签订和正式文本制定、签订阶段。企业法律顾问参加谈判,通常是作为谈判班子的成员而开展工作的,企业法律顾问应在谈判的不同阶段做好相应工作。

(1)准备阶段

企业法律顾问应从谈判的准备阶段介入工作,以便及时、全面地了解和掌握

情况,适时地为谈判工作提供法律服务,保证谈判工作合法、有效地进行。在这一阶段应做的工作是:

①了解谈判的项目和委托人的意图,明确具体的工作目标。

②根据谈判项目的实际需要,收集有关的技术资料、情报,国家有关法律、法规和政策,弄清谈判对手的经济状况、经营状况、信誉好坏和对此项谈判的态度。

③根据掌握的资料和情况,明确谈判项目在双方经营中的位置,分析己方和对方进行这个项目合作的优劣条件。从法律的角度分析谈判项目的可行性,以保证不超出法律许可的范围。同时还要注意与经济、技术顾问配合,对该项目各方面进行考察,使其形成一个整体。

④制定己方的谈判目标、方式和策略,分析双方谈判目标的差异和主要分歧,制定解决每个差异和分歧的具体方案。

⑤与委托人商定法律顾问在谈判中的位置,是主谈还是辅谈,在哪些问题上需要法律顾问直接与对方交换意见。

⑥根据委托人的意图,有意识地与对方进行意向接触,进一步了解情况,探明对方的目标、计划和动机。

⑦与委托人商定合同的基本条款,拟定合同草案。以上工作做得是否充分,关系到谈判是否能够顺利进行。

(2)实质性谈判阶段

在进行实质性谈判时企业法律顾问的主要任务是:

①要力争提出谈判的方案和委托方草拟的合同,掌握谈判的主动权;

②法律顾问要充分发挥熟悉法律、了解项目等优势,对谈判中涉及或谈判对方提出的有关法律问题,法律顾问应作出准确回答并加以说明解释;

③当谈到对方提出的条件不符合法律规定时,及时向委托方主谈提供要求对方纠正的对策和法律依据;

④根据谈判的实际需要,及时向主谈提出变换或修订原定谈判方略的建议,并提供相应的新方案、新对策;

⑤采取有效措施,选择适当时机,弥补主谈出现的偏差和失误;

⑥在谈判中,对于涉及己方合法权益的原则性条款,在对方表示接受又可能发生僵局的情况下,法律顾问要在不损害委托人利益的原则下,提出折中条款或"暂挂",以备在新一轮谈判中继续磋商;

⑦谈判取得一致意见,而且内容对己方有利时,应及时制作合同条款加以

确认。

(3) 合同的签订阶段

在此阶段,企业法律顾问要综合谈判双方的意见,制作正式合同。主要工作是:

①在双方达成统一意见之后,归纳双方的意见,起草正式合同。通过起草、修改审查等工作,保证合同的内容和形式符合我国法律的规定,并能准确客观地反映谈判的结果。

②正式合同起草后,要交对方认可。对方认可后按规定由法定代表人签名盖章。法律顾问在此之前要严格审查对方代理人、代表人的资格,防止出现代理人越权或代表人无资格的情况。

③法律规定需要经上级主管机关批准才能生效的合同或合同规定需要公证的,应协助有关部门办理审批或公证手续。

④对一些需要备案的合同,法律顾问也要协助备案,防止履行中发生问题。

总之,对于经济项目的谈判,法律顾问一定要严肃、认真,切实维护委托人的合法权益。

4. 资信调查

资信调查是指企业法律顾问对另一方当事人的资格、信用和信誉进行了解、核实。企业在生产经营过程中,与他方联营、合作投资或签订经济合同时,应对他人的资信进行严格的调查。企业法律顾问在对他方当事人进行资信调查时,应从以下几个方面考虑。

(1) 调查对方当事人的资格

调查对方当事人资格的内容包括:

①调查企业是否合法存在,企业是否注册登记,防止非法组织和已注销的企业招摇撞骗;

②调查企业的法定名称、地址、法定代表人姓名等。

(2) 调查对方当事人的信用

调查信用的目的是了解确定对方当事人在经济上是否具有履约能力。内容包括:调查企业注册的情况,注册资本是表明企业承担责任能力的重要标志。签订合同的标的一定要与他方当事人注册资本相适应。

调查企业资产负债情况,以了解其实际经济能力。

调查企业的生产经营状况,即企业的产品、设备、技术力量、销路是否畅通,过去的产销情况和经营效果以及新产品开发能力,以确定其经济实力。

(3)调查对方当事人的商业信誉

调查对方当事人的商业信誉即了解对方企业的产品质量状况是否在市场上有良好信誉,了解对方企业的合同履行以及对外发生纠纷的情况等。企业法律顾问对他方当事人资信调查的方式,既可以通过国家有关工商、税务、金融等部门进行,也可以通过产品使用客户或者通过新闻媒介(报纸、杂志)调查对方当事人的资信情况。为企业作出正确决策奠定基础,当好参谋和助手。

二、法律顾问的工作方式

根据目前各地律师担任法律顾问工作的实践,这些工作制度应包括以下几个方面:

(1)建立法律顾问的工作制度。律师担任常年法律顾问,在工作中具有它的特点:被指派的律师,经常要深入到聘请单位,独立地进行工作。律师所遇到的问题,往往是没有经历过的,有的问题又是较复杂的,如果处理不好,不仅会影响聘请单位的工作,甚至还会给聘方带来不必要的损失。因此,为了提高法律顾问工作的服务质量,建立法律顾问的工作制度是非常必要的。

(2)建立工作日志制度。为提升工作效率和质量,应制定工作日志制度。法律顾问在工作过程中须使用专用记事本详细记录日常事务,包括但不限于咨询问题的详细情况及答复、合同审查的具体内容及修改建议、参与项目谈判的关键点及结果。日志记录应遵循一日一记、一次一记、一事一记的原则,确保信息的及时性和准确性,以便于后续的总结和分析。

(3)建立请示汇报制度。聘方的日常法律事务由法律顾问负责处理。对重大的决策,涉及面广影响较大或性质比较严重的问题,法律顾问在提出具体法律意见之前,不要擅自做主,应及时向律师事务所请示汇报,避免差错。

(4)建立集体讨论制度。法律顾问建立集体讨论制度,可采取两种形式,一种是在内部进行集体讨论;另一种是与聘请单位的有关人员进行集体讨论。采取哪种形式,取决于问题大小、难易程度。通过集体讨论,集思广益,尤其是涉及专业的问题,律师应向聘请单位的专家进行请教,听取专家们的意见,达到统一的认识,求得正确的解决。

(5)建立与聘方业务联系制度。法律顾问应定期向聘请单位的法人代表报告工作情况,在工作中发现问题,提出改进工作的措施和建议。通过业务联系制度,达到互通情况、密切协作,为聘方提供优质法律服务。同时,双方还应该约定联系的具体时间,并指定具体联系人,只有这样才能将这一制度坚持下去。

(6)建立资料的汇集、整理制度。资料汇集,包括有关法律、法规、政策、司法解释和主管机关的文件,以及与本单位业务有关的技术资料、文献和年鉴,外国有关资料的汇集。整理,指进行综合性的专题分析研究,借以总结工作,以方便后来者在工作中参考借鉴。

(7)建立档案制度。法律顾问对每个聘方都要建立一份档案,档案资料的内容,是自签订合同时起的全部活动材料、资料和记录。特别是法律顾问为聘方提供的法律意见书和成文的其他诉讼或非诉讼文书,都应及时地装入档案。

(8)建立总结制度。担任法律顾问的律师,应当在本年度内,对法律顾问工作,进行一次比较系统的工作总结。总结存在的问题,分析今后开展工作的设想。对发生的重大问题,应做专题总结。分别交聘方和所内各一份,以存档备查。

三、股份制企业法律顾问的工作要点

股份制是当前我国企业改制或组建所普遍选择的一种企业组织形式,法律顾问为其提供法律服务时,要灵活掌握和运用法律手段,目前我国股份制存在有限责任公司、国有独资公司、股份有限公司、股份合作公司等组织形式。因此,律师应根据实践中各企业的不同情况,为企业的设立者或经营者提供最佳服务方案。

企业实行股份制,既要产权明晰,所有权与经营权相分离,又要建立相应的利益激励机制和风险机制,因此,法律顾问必须按照股份制企业的特点及要求为其提供法律服务。

(一)对实行股份制的方案进行论证

对于新建股份制企业以及企业实行股份制改革的,应当召开论证会进行论证,论证会一般由上级主管部门、企业经营管理者、法律顾问、注册会计师及其他有关的社会专家、学者参加。法律顾问着重从法律的角度对自主经营、自负盈亏、财产所有权的享有、民主管理、风险承担、利益分配、独立承担民事法律责任等方面进行说明、分析、论证,在广泛发扬民主的基础上达成共识。

(二)草拟企业章程、提交申请材料

法律顾问为企业股份制的筹建提供法律顾问服务,其首要任务就是草拟企业章程。企业章程是股份制企业组织及其活动的根本准则,一经股东签字及有关部门批准,即成为对企业具有法律约束力的重要文件。法律顾问为该类企业草拟企业章程,务必要从企业的实际情况出发,严格依照法律、法规及政策的有

关规定,确保形式及内容上的合法性,并使章程具备较强的可操作性。法律顾问草拟的企业章程经过讨论通过后,则应准备好企业设立申请书、可行性研究报告、企业章程草案等材料,及时向政府主管部门提交。

(三)参与清产核资、评估资产

法律顾问要参与企业资产评估小组的工作,对拟投资人的股东资产或企业原有存量资产进行清理、核实、分类登记造册,然后向会计师事务所申请立项评估。在清资评估的过程中,法律顾问要坚持实事求是和现值有效性原则,配合会计师事务所核实资产,在账物相符的基础上对全部应当评估的资产的合法性进行审查,然后进行评估确值。此间,法律顾问工作的重点是对企业债权、债务的清理,能及时清结的,则督促有关股东和企业尽快清结;不能及时清结的,应附材料说明不能清结的原因,从而保证企业清产核资结果的真实性。另外,法律顾问要对清产核资有关材料的合法性和真实性进行审查,确保验资报告的合法有效。

(四)送审报批

股份制企业的设立或改制如需经国家授权的机构批准的,还须报批。报批的材料主要有:设立或改制申请书;可行性研究报告;企业章程;资信证明;审批部门要求报送的其他文件。法律顾问审查上述文件时若发现材料错误或短缺,则应及时修正补齐后送审报批。

(五)保障企业股东大会顺利召开,协助办理工商登记手续

董事会一经成立,法律顾问要立即协助企业向当地工商行政管理部门办理注册登记手续或变更登记手续。股份制企业经核准登记,领取营业执照后即宣告成立。股份制企业建立后,法律顾问为董事会服务的主要内容,是保证其所制定的企业重大决策的合法性,并提供相应的法律依据,从法律角度对各项决策的可行性作出预测。法律顾问为董事会的具体执行机构,为总经理及其领导班子服务的主要内容,是协助其制定生产、经营、管理各个环节的规章制度,使董事会的各项决策、企业内部的实施细则符合国家法律、法规,促使企业管理规范,行为合法,切实维护企业的合法权益,保障其各项生产经营目标的实现。同时法律顾问务必认真对待企业向股东大会提交的各类报告,如对股息分配(分红)方案、企业年度报告、资产负债表、损益表以及其他会计报表等进行真实性和合法性审查,以保护全体股东的合法利益。

四、私营企业法律顾问的工作要点

私营企业是指由私人投资经营,以营利为目的的各种经济实体。根据我国

的有关规定,私营企业要在国家法律、法规和政策允许范围内,从事工业、建筑业、交通运输业、商业、饮食业、服务业、修理业、科技资料业以及营利性的旅游、体育、食品、医药、文化教育、技术培训、文化娱乐、种植养殖业等的生产经营。私营企业不得从事军工业、金融业的生产经营,不得生产经营国家明令禁止经营的商品。

律师接受私营企业的聘请担任法律顾问,是一项新的业务,其主要职责是保证私营企业正当、依法进行生产经营活动。具体应做好以下几项工作:

(1)协助私营企业依法办理工商、税务登记,包括开业登记、变更登记,按照登记主管机关的要求,如实提供有关的文件、证件;

(2)参与对经济合同的起草、审查和签订,参与经济合同的谈判等;

(3)制定和完善私营企业内部的各种规章制度,接受私营企业负责人法律询问,并予以解答;

(4)代理私营企业进行专利申请、商标注册申请等事宜;

(5)接受私营企业法定代表人的委托,参与民事、经济纠纷的调解、仲裁和诉讼活动,切实维护私营企业的合法权益。

第二节　企业合规业务

合规管理是指企业通过制定合规政策,按照外部法规的要求统一制定并持续修改内部规范,监督内部规范的执行,以实现增强内部控制,对违规行为进行持续监测、识别、预警、防范、控制、化解合规风险的一整套管理活动和机制。合规管理,与业务管理、财务管理并称企业管理的三大支柱,是内部控制的一个重要方面,也是风险管理的一个关键环节。

一、企业主体资格合规

这一部分可继续分为企业主体选择合规和主体资格审查合规。

企业作为一个法律实体,在设立前需要有良好的制度设计和法律准备,比如,初始股权的设置、注册资本的缴付、字号的选择、企业章程的制定、组织机构和议事规则的设计,在清算乃至注销流程中也要做到合法合规。

企业主体是指自主经营、自负盈亏、自我发展、自我约束的商品生产和经营单位,是具有自身独立的经济利益,拥有作为商品生产经营者应有的权利,并承担相应责任的经济实体。主体资格是指能成为民事主体的条件,该主体享有完全民事权利能力和民事行为能力,能独立承担民事义务。

譬如,公司合规,首先就要从规范公司主体资格开始。注册一家公司,需要先确定公司类型,如何在纷繁复杂的公司类型中选择适合自己的公司类型,是注册公司面临的重要课题,直接影响公司的长期发展。

选择设立的公司类型时,应当综合考虑实际情况,并分析优劣势进行抉择。首先,应当考虑个人投资还是与他人合作投资:个人投资的,可以选择个体工商户、个人独资公司、一人有限责任公司;合作投资的,可以选择合伙企业、公司。其次,是要考虑公司的规模大小:规模小,可以考虑个体工商户、个人独资公司、合伙企业;规模大,应当考虑有限责任公司甚至股份有限责任公司。再次,要考虑公司经营风险的大小以及投资人承担风险的能力或预期:风险大或投资人承担风险的能力较差的,宜选用公司或有限合伙公司;风险小,可以选择个体工商户、个人独资公司、普通合伙企业。最后,要考虑公司管理与控制能力的差异:对公司的管理与控制能力强的,可以选择风险较大的个体工商户、个人独资公司、合伙企业等。否则,应当选择有限责任公司。

选择适当的形式设立企业后,在进行商事活动时,进行主体资格审查,能够有效防范合同签约主体法律风险、并促进交易。可通过以下三步来实现主体资格合规审查。

(一)审查合同主体资格

审查中要区分自然人、代理人、法人、法人分支机构及其他民事主体,避免发生影响合同效力的情形。以代理人为例,审查要点如下:

(1)是否提交授权委托书原件或者有其他委托授权证明;

(2)属于特别授权的事项还是概括授权的事项;

(3)签约行为是否发生在授权期限内;

(4)签字人是否为法定代表人,若为法定代表人,应核查核实其身份是否合法、有效,其行为是个人行为,还是代表法人进行的行为;

(5)是否存在其他影响合同效力的情况。

在签约初期,就要审慎检查其是否存在无权代理、越权代理或逾期代理等,并在企业内形成诚信档案,对内做好内控审计,对外实现风险防范措施。

(二)审查合同主体经营范围或经营资质

民法实践中的部分主体需要特殊资质,如建筑施工企业、设计勘察企业、金融资产管理机构等,在取得相关资质后可在被允许的范围内从事相关民商事活动,若超越资质开展民商事法律行为,其效力通常会受到影响。因此,对合同主体是否具备经营资质、资质是否有效、资质等级是否匹配等应该在签约初期予以审查。

(三)审查合同主体履约能力

核查合同主体的履约能力,是合同能够有效执行的关键点。合同审查中应重点关注法人的履约能力,必要时实地考察合同相对方的经营规模、技术水平、产品质量等情况,如有可能可以参阅合同主体的审计报告、财务报表、信用报告等财务会计报告,核查合同主体的经营情况及涉诉情况,对合同主体在同行业及上下游行业的商誉进行深入了解,通过专业合法渠道,对接合同主体主管部门,进行函证、访谈、网络核查等多维度、全方位的清晰合同主体的履约能力。

二、企业治理合规

现代企业的有限责任公司与股份有限公司都应注重和提高企业本身的治理结构,在合理化的治理结构和规范化的治理机制之下合规有序地运行。

企业治理主要是指一整套管理体系,包含股东会、董事会、监事会议事机制、运行规则、制约机制,公司内部管理体系、监督运行机制,管理层、员工层相互的运行流程及模式,风险防控的机制及管理规范等。一个企业要走得长远、走得稳健就必须建立较为科学和完备的企业治理体系,同样企业合规也必须先从企业治理的根本方面进行合规及风险防范。

(一)企业的合规应首先建立合规制度体系及规范机制

谈到企业合规,首先就应该遵守国家法律法规规范、行业规范,免受刑事、行政处罚,免于国际组织追责、免受法律责任风险等。依据相关法律法规及行业规范建立企业自身的管理制度及规范化管理运行机制就是最基础和重要的内容。按照和参考2022年8月23日国务院国有资产监督管理委员会令第42号公布的《央企合规管理办法》的规定,企业应设立合规委员会,可以与法治建设领导机构等合署办公,统筹协调合规管理工作,定期召开会议,研究解决重点难点问题。应当结合实际设立合规岗位,或由法务兼任,或进行单独设置,对企业主要负责人负责,领导合规管理部门组织开展相关工作,指导所属单位加强合规管理。公司董事会应发挥定战略、作决策、防风险作用,主要履行以下职责:审议批准合规管理基本制度、体系建设方案和年度报告等;研究决定合规管理重大事项;推动完善合规管理体系并对其有效性进行评价。

公司应当针对反垄断、反商业贿赂、生态环保、安全生产、劳动用工、税务管理、数据保护等重点领域，以及合规风险较高的业务，制定合规管理具体制度或者专项指南。要形成有效而较为全面的制度模型，从公司所涉及的各个领域及维度建立完善的合规管理制度，让公司有规可依，有序可循。另外，在建立合规制度的同时也要建立管理机制和流程，从股东会、董事会、监事会议事规则到各部门分工规范、岗位职责等整个体系搭建有效的流程化、体系化的运行机制。让上令下达，下意上通，信息对称，机制规范。

（二）企业合规应着力打造风险防控识别、风险应对、风险决策体系及管理机制

合规与合规风险，风险防控是一个问题的两个方面，两者相辅相成又相得益彰。因此在建立合规体系的同时必然要求打造风险识别、风险应对、风险防范的一整套流程体系与管理机制。

应当建立合规风险识别评估预警机制，全面梳理经营管理活动中的合规风险，建立并定期更新合规风险数据库，对风险发生的可能性、影响程度、潜在后果等进行分析，对典型性、普遍性或者可能产生严重后果的风险及时预警。应当将合规审查作为必经程序嵌入经营管理流程，重大决策事项的合规审查意见应当由首席合规官签字，对决策事项的合规性提出明确意见。

业务及职能部门、合规管理部门依据职责权限完善审查标准、流程、重点等，定期对审查情况开展后评估企业发生合规风险，相关业务及职能部门应当及时采取应对措施，并按照规定向合规管理部门报告。

企业因违规行为引发重大法律纠纷案件、重大行政处罚、刑事案件，或者被国际组织制裁等重大合规风险事件，造成或者可能造成企业重大资产损失或者严重不良影响的，应当由首席合规官牵头，合规管理部门统筹协调，相关部门协同配合，及时采取措施妥善应对。

（三）企业合规还应关注各自企业的特点建立适应各自企业本身的合规体系

企业合规也得因自身情况不同而针对各自企业特点进行相应的符合企业自身情况的合规规范及防控。因各自企业所处的行业不同、自身体量不同、发展阶段不同、公司类型不同等多方面因素，在合规的机制建立、制度内容等方面必然也会有着各自的特点和适应性。

比如生产型企业要针对自身所生产产品的特性进行相应的规范，要充分考虑行业规范、操作标准、绿色环保、污染防治、人身安全等多方面，针对相关环节

进行制度的规范和设置。而商业零售行业则更多的会关注公平交易、商品安全、商品质量、流通规范、价格规范、避免虚假宣传等内容。如果是医药类企业，则可能要考虑遵守的规范和制度会更加烦琐，要区分是医药类的还是医疗器械类的，是需要审批类的还是需要强制认定的等。因此，作为企业合规应当首先对各自所在的行业、领域有充分的了解，全面梳理所在行业所应注意的合规规范和制度法规，根据具体的情况制定自身的合规制度及合规体系。

随着2021年发布的《关键信息基础设施安全保护条例》和《中华人民共和国数据安全法》、《中华人民共和国个人信息保护法》等法律法规的相继实施，数据合规以及个人信息、商业秘密保护等方面的合规要求也是在不断地完善，相关的合规领域也成为新兴的关注焦点。因此，这也给互联网企业、数据类企业、电信企业等相关领域企业的合规规范提出了要求，该类企业及律师也应当适应新的发展，做好相关方面的合规事宜、搭建相应的合规体系。

三、企业监管合规

如何理解合规中的"规"？合规中的"规"涉及合规义务的来源，根据GB/T 35770—2022《合规管理体系要求及使用指南》附录A.4.5对合规义务的划分，合规义务总体而言包括两方面，一是企业强制遵守的外部要求，二是企业自愿遵守的内部承诺。此处重点介绍外部合规。

GB/T 35770—2022《合规管理体系要求及使用指南》附录A.4.5将企业外部合规规范列举如下："法律法规；许可、执照或其他形式的授权；监管机构发布的命令、条例或指南；法院判决或行政决定；条约、公约和协议。"

企业外部合规规范是指企业在对外活动中需强制遵守的规则或规范，违反外部规范的最严厉后果通常是"资格剥夺"，当企业某些特殊的从业资格被剥夺，则等同于企业被迫退出特定领域的市场竞争，这对以营利性为目标经营的企业而言无疑是致命的。参考GB/T 35770—2022《合规管理体系要求及使用指南》附录A.4.5的划分标准，可以将外部合规来源归纳如下。

（一）法律、法规、规章、规范性文件

我们通常理解的"企业依法依规经营"，往往是特指企业正常经营应遵循法律、法规、规章的规定，这也是合规的基本要求。具体而言，法律是经全国人大及其常委会制定并修改的规范性文件，法规包括行政法规和地方性法规，规章包括部门规章和地方政府规章。从效力层面上来说，法律的效力最高，其次是行政法规，而后是地方性法规、部门规章，最后是地方政府规章。

《国务院办公厅关于加强行政规范性文件制定和监督管理工作的通知》(国办发〔2018〕37号)指明,行政规范性文件是除国务院的行政法规、决定、命令以及部门规章和地方政府规章外,由行政机关或者经法律、法规授权的具有管理公共事务职能的组织依照法定权限、程序制定并公开发布,涉及公民、法人和其他组织的权利义务,具有普遍约束力,在一定期限内反复适用的公文。笔者认为,基于我国的特殊国情,合规也应涵盖规范性文件的要求,比如各地市场监督管理局在工商行政管理、质量技术监督、知识产权保护、食品安全监管、价格监督检查等职权范围内发布的规范性文件,是企业在地方合规经营的重要规则。

(二)监管规定

除《公司法》《证券法》外,规制上市公司的主要规范是证监会及各交易所出台的各类监管规定,各类监管规定属于上市公司合规审查的必要事项,如证监会发布的《上市公司治理准则》、《上市公司章程指引》、《上市公司信息披露管理办法》、《上市公司股东大会规则》(现已废止)、《上市公司重大资产重组管理办法》、《上市公司分拆规则(试行)》、《监管规则适用指引——上市类第1号》、《推动提高上市公司质量三年行动方案(2022—2025)》等,深交所发布的《深圳证券交易所股票上市规则》《深圳证券交易所上市公司重大资产重组审核规则》《深圳证券交易所上市公司自律监管指引第3号——行业信息披露》等,上交所发布的《上海证券交易所股票上市规则》《上海证券交易所上市公司证券发行上市审核规则》《上海证券交易所上市公司自律监管指引第1号——规范运作》《上海证券交易所上市公司自律监管指引第5号——交易与关联交易》等。

(三)行业准则、行业规范

合规经营还需符合企业所处行业协会的准则及规范,违反行业准则或行业规范可能会导致企业遭受行业或协会的抵制或处罚。不少行业都有明文的行为准则及行业规范,如中国银行业协会发布的《中国银行业保理业务规范》《理财产品业绩比较基准展示行为准则》,中国旅游饭店业协会发布的《中国旅游饭店行业规范》。

(四)外国法律法规、国际条约、国际规则、国际惯例、宗教习惯

如果企业需要在海外开展经营业务,其合规范围将包含域外法律法规、国际条约、国际规则、国际惯例、宗教习惯等,我国对此也有相应的合规指引,以提升企业境外经营的合规性,如《企业境外经营合规管理指引》《企业境外反垄断合规指引》。

（五）商业惯例

各行各业中普遍存在不成文的商业习惯，这也是合规审查中会涉及的方面。例如，在山东国子软件股份有限公司北交所上市委审议第三轮问询中，要求发行人说明其大规模雇佣实习生的商业合理性，以及该做法是否符合行业惯例。

（六）职业道德

如果说商业惯例是社会层面对合规的要求，则职业道德是合规在社会层面的另一要求。西方普遍将合规管理部门命名为"道德与合规部门"，体现西方社会将职业道德作为合规的重要一环。从我国实践来看，不少领域对从业人员的职业道德有明文要求，如《证券从业人员职业道德准则》《会计人员职业道德规范》《中国新闻工作者职业道德准则》《中国汽车工业协会行业职业道德准则》。

第三节 律师尽职调查业务

一、尽职调查概述

律师尽职调查是指律师接受委托，对委托人拟议的商业计划或交易事项（如股权并购或资产并购）进行的调查和了解，并依据法律法规对调查结果进行法律分析和论证，向委托人提供尽职调查报告，为委托人经营或交易决策提供依据的活动。

律师尽职调查的范围通常包括但不限于目标企业的主体合法性存续、资产情况、债权债务、对外担保、业务开展、重大合同、税务、环保、劳动关系、关联关系、诉讼仲裁及可能涉及的行政处罚等一系列法律问题。

二、尽职调查的流程

公司律师尽职调查的一般程序是一个系统性、多步骤的过程，旨在全面评估目标公司的法律状况、财务健康和业务运营。以下是尽职调查的详细程序。

（一）准备阶段

在准备阶段，律师需要完成以下工作：

(1) 组建项目组：成立专门的法律尽职调查项目组，明确分工，通常包括懂财务、懂经济的律师、知识产权律师以及总策划和总协调的律师。

(2) 确定尽职调查方案：明确调查目标、重点内容、对象、途径和目的。

(3) 拟定尽职调查清单：根据项目的性质和目的，制定详细的资料需求清单，包括但不限于公司设立文件、财务报告、重大合同、诉讼记录等。

(4)与委托人沟通:了解委托人的项目实施方案,并与尽职调查各团队进行沟通。

(5)草拟保密协议:与委托人沟通资料准备情况,并草拟委托人与目标公司之间的保密协议。

(二)实施阶段

实施阶段是尽职调查的核心,包括:

(1)收集资料与信息:通过多种途径收集资料与信息,包括但不限于审阅文件资料、参考外部信息、相关人员访谈和企业实地调查。

(2)原件核对:对于重要的文件资料,需要核对原件,确保资料的真实性和准确性。

(3)访谈:对目标公司的管理人员、员工进行访谈,并制作访谈笔录。

(4)编制工作底稿:记录尽职调查过程中的所有发现和结论,为后续的分析和报告提供基础。

(5)资料分析:对收集到的资料进行分析,确定是否需要补充调查。

(6)与各团队交换意见:就共同涉及的问题与尽职调查的其他团队交换意见。

(三)报告阶段

(1)在收集足够的相关资料后,律师应进行法律分析,并形成结论性的法律意见。

(2)撰写尽职调查报告:根据调查所获取的信息,撰写详尽的尽职调查报告。

(3)沟通与完善报告:就尽职调查报告与委托人进行沟通,根据反馈进一步完善报告。

(4)出具法律意见书:为收购方出具并购法律意见书,提供关于交易合法性、风险和建议的专业法律意见。

通过上述程序,律师能够为委托人提供一个全面、深入的尽职调查报告,帮助委托人了解目标公司的真实情况,评估潜在的法律和商业风险,从而做出明智的投资或并购决策。

三、尽职调查的方法

律师进行尽职调查的方法是多方面的,涉及对目标公司或资产的全面审查。以下是尽职调查的主要方法。

(1)审阅文件资料。通过公司工商注册、财务报告、业务文件、法律合同等各项资料审阅,发现异常及重大问题。

(2)参考外部信息。通过网络、行业杂志、业内人士等信息渠道,了解公司及其所处行业的情况。

(3)相关人员访谈。与企业内部各层级、各职能人员,以及中介机构的充分沟通。

(4)企业实地调查。查看企业厂房、土地、设备、产品和存货等实物资产。

(5)小组内部沟通。调查小组成员来自不同背景及专业,其相互沟通也是达成调查目的的方法。

(6)文件审阅。包括原件核对、文件审阅、文件摘抄。

(7)管理层访谈。制定访谈清单,核验身份,管理层签署。

(8)现场查看。包括现场照片、物理状态核实、经营场所查看。

(9)独立调查。进行工商调查、产权调查(不动产、车辆、知识产权)、信用调查(央行征信、法院执行案件)。

(10)中介意见。参考会计师、审计师、税务师的意见,以及背景调查机构、环保调查机构的意见。

这些方法构成了尽职调查的框架,律师根据具体情况设计不同的调查文件,通过勤勉、认真地分析研究得出结论。尽职调查的目的是帮助投资人尽可能地了解公司的真实情况,解决信息不对称的问题,并从法律层面对拟投资公司是否符合其并购或投资的战略目的作出专业性判断。

四、尽职调查过程中的注意事项

(一)明确尽职调查的目的和范围

在尽职调查开始之前,必须明确调查的目的和范围。这包括了解交易的性质、目标公司的业务领域、行业特点以及可能影响交易的关键因素。明确目的和范围有助于制订详细的尽职调查计划,确保调查工作有的放矢。

(二)制定详细的尽职调查清单

尽职调查清单是指导调查工作的基础文件,应包含所有需要审查的文件和信息。清单应根据目标公司的具体情况和交易特点定制,通常包括但不限于:

(1)公司注册文件和营业执照;

(2)组织结构和治理文件;

(3)财务报表和审计报告;

(4)重大合同和协议;

(5)法律诉讼和仲裁记录;

(6)知识产权清单和相关文件;

(7)环境合规性和许可证;

(8)人力资源政策和员工合同;

(9)税务记录和合规性文件。

(三)确保信息的准确性和完整性

尽职调查的准确性和完整性至关重要。律师和调查团队必须确保所收集的信息是最新的,并且与目标公司的实际情况相符。这可能需要与目标公司的关键人员进行访谈,以及与外部顾问(如会计师、审计师)进行沟通。

(四)重视法律和合规性问题

法律和合规性问题是尽职调查的核心。律师需要仔细审查目标公司的法律结构、合同义务、潜在的法律诉讼以及合规性问题。这包括:

(1)审查公司章程和股东协议;

(2)评估公司治理结构和内部控制;

(3)检查环境、健康和安全合规性;

(4)审查反垄断和反贿赂法律的遵守情况。

(五)环境和社会治理(ESG)因素

ESG因素在现代商业环境中越来越受到重视。尽职调查应考虑:

(1)公司的环境保护政策和实践;

(2)社会责任和社区参与;

(3)公司治理和透明度。

第十四章　知识产权律师实务

第一节　知识产权的概念和范围

知识产权是人们基于自己的智力活动创造的成果和经营管理活动中的经验、知识的结晶而依法享有的权利,它涉及文学、艺术、科技、工商领域的智力成果及相关权利。

知识产权法是调整因创造、使用智力成果而产生的,以及在确认、保护和行使智力成果所有人的知识产权过程中所发生的各种社会关系的总称。

知识产权法律体系一般包括以下几种法律制度：

(1)著作权法律制度。这是保护文学、艺术、科学作品的创作者的权利和传播者的权利(邻接权)的法律法规。目前,很多国家(包括中国)还将计算机软件列入著作权法的保护范围。

(2)商标权法律制度。这是保护商品商标和服务商标使用者的权利的法律制度。

(3)专利权法律制度。这是保护各个技术领域的发明创造者,因完成智力成果而获得专有权利(包括发明专利权、实用新型专利权、外观设计专利权)的法律制度。

(4)商号权法律制度。这是保护工商企业名称或者工商企业字号的专用权的法律制度。

(5)产地标记权法律制度。这是保护商标原产地名称或者货源标记或者产地标记权利的法律制度。

(6)工业版权法律制度。这主要是保护集成电路布图设计权等新型知识产权的法律制度。

(7)商业秘密权法律制度。这主要是保护未公开的技术信息和经营信息权的法律制度。

（8）反不正当竞争法律制度。这是制止生产经营者以不正当手段进行市场竞争损害同行业竞争对手合法权益的法律法规。

（9）其他保护知识产权的法律制度。这是指目前世界上只有少数国家已经制定的、另一些国家主张应当制定的保护新的技术领域的智力成果权的法律制度。

这里我们着重介绍商标权、专利权和著作权律师实务。

第二节　商标权非诉律师实务

商标是指在商品服务项目上所使用的，用以识别不同经营者所生产、制造、加工、拣选、经营的商品或者提供的服务的，由显著之文字、图形或者其组合构成的标志。名牌商标能够给商品的生产者带来丰厚的经济收益。因此，为了保护商标的专用权，我国制定并颁布施行了《商标法》。商标法主要是调整因商标注册、使用、管理和保护商标专用权所发生的各种社会关系。通过对这些社会关系的调整，保护商标专用权，维护商标所有权人的利益。商标律师实务包括诉讼代理和非诉讼代理律师实务。

律师非诉讼商标代理主要是指律师接受当事人的委托，以委托人的名义并为了委托人的利益，在委托人的授权范围内，代理委托人办理商标注册申请、转让注册商标申请、商标使用许可以及代为办理被撤销注册商标后的复审申请等法律事务的行为。

律师商标非诉讼代理，一般主要进行以下工作：接受委托。根据以上规定，委托人在办理商标注册申请、转让注册商标申请、商标使用许可以及办理被撤销注册商标后的复审申请等非诉讼法律事务过程中，需要律师提供法律帮助的，可以委托律师。根据委托人委托代理的非诉讼法律事务的不同情况，由委托人向代理律师出具授权委托书。委托代理合同和授权委托书是律师代理委托人办理非诉讼法律事务的凭证，表明律师与委托人之间的委托代理关系正式确立。代理律师根据非诉代理的内容的不同，可以从事如下代理工作。

（一）律师代办商标注册申请

商标注册是指商标使用人为了取得商标专用权，将其使用的商标依照《商标法》规定的注册条件、原则和程序，向商标管理机关提出注册申请，经商标管理机关审查批准,授予申请人商标专用权的活动。律师代办商标注册申请的程序包括以下步骤：

(1)填写《商标注册申请书》。注册商标申请书应当写明以下内容：申请注册商标的名称；使用商标的商品类别和商品名称；使用商标商品的主要用途；商品生产所执行的技术标准类别；申请人的名称或姓名、地址和营业执照号，并加盖申请人的印章。

(2)附送10张商标图样。在送交正式图样前，律师应当就商标设计草图，附函说明注册的商品类别，向工商行政管理机关查询。查询后，如果没有混同，再迅速将设计的正式商标图样送交。

(3)附送有关证件。如果申请人申请药品商标注册，应当附送卫生行政部门发给的证明文件。申请卷烟、雪茄烟和有包装烟丝的商标注册，应当附送国家烟草主管机关批准生产的证明文件。

(4)向当地工商行政管理机关交纳商标申请费和商标注册费。我国主要实行商标自愿注册的原则，但根据《商标法》的规定，符合条件的商标申请才能获准注册，商标注册的条件包括商标注册申请人应当具备的条件和申请注册的商标应当具备的条件两个方面。申请商标注册，应当按规定的商品分类表，填报使用商标的商品类别和商品名称。同一申请人在不同类别的商品上使用同一商标的，应当按商品分类表提出申请。注册商标需要在同一类的其他商品上使用的，应当另行提出申请。

(二)律师代办转让注册商标的申请

注册商标转让是指商标注册人在有效期内，依法定程序，将商标专用权转让给另一方的行为。律师接受当事人的委托，代办转让注册商标的申请时，应当注意相关的程序和相关的问题。律师代办转让注册商标申请的程序包括：

(1)要求转让人和受让人双方共同向商标局提出申请，共同填写《转让注册商标申请书》。申请书的内容包括商标的名称、转让人和受让人的地址、营业执照号等，并加盖双方的印章。

(2)附送原《商标注册证》正本，即交回原《商标注册证》。

(3)向当地工商行政管理机关交纳转让申请费和转让注册费。

同时，律师代办转让注册商标申请应注意以下的问题。

(1)转让的形式有两种：合同转让和继受转让。合同转让是指转让人与受让人通过签订合同的方式转让注册商标专用权。继受转让是指受让人通过法律上的承继关系而享有注册商标专用权的行为。

(2) 转让注册商标的,商标注册人对其在同一种或者类似商品上注册的相同或近似的商标,必须一并登记。

(3) 转让国家规定必须使用注册商标的人用药品、烟草制品及其他商标的,受让人应当提供有关主管部门的批准证明文件。

(三) 律师代办商标使用许可法律事务

商标使用许可是指商标注册人以订立书面合同的形式,允许他人使用其注册商标。律师代办商标使用许可法律事务的程序包括:

(1) 要求许可人、被许可人双方签订《商标使用许可合同》。该合同应当包括以下条款:许可使用的形式;许可使用的注册商标的名称、注册证号、许可使用的注册商标的商品范围和名称;许可使用期限和产品销售区域;许可使用费的数额和支付方式;商品质量的保证和监督办法及违约责任。

(2) 要求许可人、被许可人双方填写《商标使用许可合同备案表》。

(3) 将《商标使用许可合同》与《商标使用许可合同备案表》报国家商标管理机关备案和当地工商行政管理局存查。

同时,律师代办商标使用许可应注意以下问题:

(1) 明确商标使用许可的范围,不得超出商标注册的核定使用范围,被许可使用人只能自己使用,而无权再许可给第三人使用。

(2) 对于被许可使用人使用许可人商标的商品质量,许可人享有质量控制权。被许可人如果不能保证商品质量,许可人有权制止被许可人出售使用该商标的商品。

第三节 专利权非诉律师实务

专利是指经专利主管机关依照法定程序审查批准的、符合专利条件的发明创造。我国《专利法》规定了三种专利:发明专利、实用新型专利和外观设计专利。专利权是指就一发明创造的申请人向专利行政管理部门提出申请,经专利行政管理部门依法审查合格后,向申请人授予的在一定期限内对该发明创造享有的专有权利。

专利权律师实务分为专利权诉讼代理和专利权非诉讼代理。

专利权非诉讼律师实务是指律师接受当事人的委托,按照《专利法》及《专利法实施细则》的有关规定,以当事人的名义,代理当事人向专利管理机关办理专利事务的一种法律行为。律师在非诉讼活动中的律师专利代理,具体包括专利申请中的律师代理、专利授权过程中的律师代理和律师对专利权人的法律服务等。

(一)律师代理提出专利申请

这是专利代理律师的一项重要任务。律师代理提出专利申请,主要是负责办理申请专利的各种手续。在专利申请中,代理律师的责任主要是,将发明的有关事实正确地、准确无误地,按照法律的要求表述出来。提出专利申请必须迅速及时。专利代理律师应当注意,在任何情况下,都不能错过规定的时间限制,否则延误专利申请的提出,会给发明人带来无法弥补的损失。主要应当做好以下工作:

(1)提交有关文件。专利代理律师代理申请人,按照《专利法》及其实施细则规定的内容、式样、文字、书写方式和其他有关规定的要求,填写专利请求书、说明书、说明书摘要及权利要求书,提供外观设计的图片或照片等文件。

(2)依法请求专利局审查专利申请。专利审查的目的在于,确定专利申请是否符合《专利法》规定的形式要件和实质要件,从而决定是否批准授予专利权。专利代理律师应当在法律规定的期限内,请求专利局对发明专利的申请进行实质审查,以免逾期后造成被动。

(二)律师代理转让专利权

专利权转让,是指专利权人将其获得的专利所有权转让给他人。律师代理专利权转让应当注意:

(1)专利权转让必须符合法律规定,并依法办理转让手续;

(2)中国的单位或者个人向外国人转让专利权的,必须经过国务院有关部门的批准;

(3)转让专利权时,当事人必须订立书面合同,并经专利局登记和公告后,才能正式生效。

(三)专利代理律师的服务

专利代理律师应当根据自己具有的法律专业知识、专业技能和丰富的实践经验,在法律规定的范围内,充分维护委托人的合法权益。专利代理律师的任务主要分为以下几个方面:

(1)提供法律咨询。律师应当根据实际情况,权衡利弊,向发明人提出切实可行的选择意见,供发明人参考。如果申请专利比保守专利秘密对发明人更有利,那么专利代理律师还应当考虑取得发明专利的适当时机,并帮助发明人判定申请专利的可行性和价值等问题。

(2)为委托人取得专利权的服务。专利代理律师在法律规定的范围内,应当充分保护发明人的合法权益。在申请取得专利权的过程中,律师必须严格保守发明人申请专利发明的内容,及时提出实质性审查的请求,协助申请人修改发明说明书和权利要求书,答复审查员的审查意见。总之,专利代理律师在专利的审批阶段,应当随时了解审查的情况,并按专利局的要求采取积极有效的措施,争取使专利申请获得批准,使发明人获得专利权。

第四节　著作权非诉律师实务

著作权是指作者及其他著作权人依法对文学、艺术、科学作品所享有的人身权利和财产权利的总称。著作人身权,又称精神权利,是指作者对其作品所享有的各种与人身相联系而又无直接财产内容的权利。著作人身权具体包括发表权、署名权、修改权和保护作品完整权四项权利。著作财产权包括使用权和获得报酬权,具体包括复制权、发行权、出租权、展览权、表演权、放映权、广播权、信息网络传播权和演绎权(摄制、改编、翻译、汇编)9项权能。著作权律师实务分著作权诉讼律师实务和著作权非诉讼律师实务。

律师非诉讼著作权代理主要是指律师接受当事人的委托,以委托人的名义并为了委托人的利益,在委托人的授权范围内,代理委托人办理著作权登记、转让、许可使用等法律事务的行为。律师的著作权实务主要有:

(1)代理版权登记。著作权人对自己的作品在行政机关进行登记,能够在形式上给予确认,使其归属明确,可以减少和防止纠纷的发生。各省、自治区、直辖市版权局负责本辖区作者或其他著作权人的作品登记工作。我国对计算机软件著作权实行特别的登记制度,根据《计算机软件著作权登记办法》的规定,申请软件著作权登记的原则是,一项软件著作权的登记申请只限于一个独立发表的、能够独立运行的软件。合作开发的软件进行登记时,可以由各著作权人协商确定一个著作权人作为代表办理。

(2)版权代理。代理著作权人进行国内外的版权贸易洽谈;代理商谈合作出版业务;为著作权人提供转让版权的信息;帮助签约,维护著作权人的合法权益。

(3)版权法律服务。对著作权及相关法律、法规的咨询服务,出具相关的法律意见书;对专项著作权进行相关的法律服务;代为对著作权侵权行为进行调查、取证;代理著作权及其相关纠纷的调处;为各类出版、新闻单位及网络服务商和个人提供法律顾问服务。

(4)协助委托人签订著作权许可使用合同,具体包括出版合同、表演合同、录制合同、播放合同、改编合同等,该类合同应当具备以下条款:①许可使用作品的方式,使用的方式可以是一种,也可以是多种;②许可使用的权利是专有使用权还是非专有使用权,如果未作约定,或约定不明,一旦发生纠纷,法律通常只能认为被许可人取得的是非专有使用权;③许可使用的范围、期间,合同的有效期限不超过10年,合同期满可以续订;④付酬标准和办法;⑤违约责任;⑥双方认为需要约定的其他内容。

(5)协助委托人签订著作权转让合同。该类合同应当包括以下内容:①作品的名称;②转让的权利种类、地域范围;③转让价金;④交付转让价金的日期和方式;⑤违约责任;⑥双方认为需要约定的其他内容。

第十五章 公司并购重组律师实务

第一节 并购重组的一般法律规定

一、并购重组概述

一个企业由小到大的发展不外乎采用两种发展模式。第一种模式：企业采用内部扩张的方式，通过企业的产品经营所获取的利润，将其中的一部分或全部追加投资以利生产及经营规模的扩大使企业发展壮大。第二种模式：企业采用外部扩张的方式，表现为战略联盟、技术转让、吸收外来资本及兼并收购等，使企业能在短时间内迅速地扩大生产规模和经营规模形成巨型企业。

两种发展模式各有其优缺点，并且各自需要不同的内部条件和外部条件。从现代企业发展的历史来看，企业以外部扩张的方式发展所需的内部条件和外部条件均比企业采用内部扩张方式要求高。外部扩张发展模式要求在市场体系中有较为发达的资本市场、劳动力市场、技术市场、信息市场、房地产市场以及产权交易市场等生产要素市场。

纵观中西方企业发展的历史，我们会发现企业并购在促进资源配置效率的提高及工业的飞速发展方面作出了极为重要的贡献。现代工业社会里的每一个大型企业其成长历程都离不开企业并购这种手段。从对企业并购发展的历史可以看到，在市场经济条件下企业发展模式与企业并购手段互为依存。美国著名经济学家、诺贝尔经济学奖得主乔治·斯蒂伯格对此有过精辟的描述，"一个企业通过兼并其竞争对手的途径成为巨型企业是现代经济史上的一个突出现象""没有一个美国大公司不是通过某种程度、某种方式的兼并而成长起来，几乎没有一家大公司主要是靠内部扩张成长起来"。

由此可见，企业并购是市场经济发展的一种必然现象，对生产的社会化和劳动生产率的提高起着积极的推动作用。企业并购是资本运营的一种表现形式。资本运营的基本条件是资本的证券化,如股权。资本运营一方面表现为股权转让的运作,另一方面表现为对收益股权和控制股权的运作。因此,并购与重组是资本运营最普通的形式也是资本运营的核心。

企业并购,一般指兼并、收购概念的统称,是一个公司通过产权交易取得其他公司的控制权,以增强自身经济实力,实现自身目标的一种经济行为。国际上习惯将兼并和收购合在一起使用,统称为 M&A,在我国称为并购,即企业之间的兼并与收购行为,是企业法人在平等自愿、等价有偿基础上,以一定的经济方式取得其他法人产权的行为,是企业进行资本运作和经营的一种主要形式。

"并"有四层含义:①不同企业控制权的合并;②不同企业主营业务的合并;③公司运营资产的重组;④公司日常经营管理的再造。"购"是指购买公司的股权,进而取得公司的实际控制权,附带购买公司的有形资产。通常是优势企业通过资金或者有价证券等方式购买另一家或者多家企业的资产或股票,以获得目标公司的全部或部分所有权。企业往往通过内部扩张和企业并购实现发展,但内部扩张要经历漫长、复杂和不确定性的过程,企业并购则能迅速达成预期。

并购的实质是在企业控制权运动过程中,各权利主体依据企业产权作出的制度安排而进行的一种权利让渡行为。并购活动是在一定的财产权利制度和企业制度条件下进行的,在并购过程中,某一或某一部分权利主体通过出让所拥有的对企业的控制权而获得相应的收益,另一部分权利主体则通过付出一定代价而获取这部分控制权。企业并购的过程实质上是企业权利主体不断变换的过程。

二、企业并购理论

由于企业所处经济的不同时代以及研究的切入点不同而形成企业并购的七大理论,他们分别是:

(1)效率理论。企业并购能提高企业经营绩效,增加社会福利。公司管理层改进效率及形成协同效应即"1+1>2"的效应。包括5个子理论:①规模经济理论:经营规模扩大可以降低平均成本,从而提高利润。②管理协同理论:强调管理对经营效率的决定性作用,企业间管理效率的高低成为企业并购的动力。③互补理论(又称多种化经营理论):通过企业并购,将收益相关程度较低的资产和各自的优势融合在一起,在技术、市场、专利、管理方面产生协同效应,分散经营风险,稳定收入来源,从而形成不同行业间的优势互补。④交易费用理论

(又称内部化理论):为节约交易成本,用企业来代替市场交易,通过企业并购将外部的市场交易内在化为企业可控制的调配。⑤财务协同理论:不同时间的现金流量差异及合理避税手段产生并购动机。

(2)代理理论。由于存在道德风险、逆向选择、不确定性等因素的作用而产生代理成本,包括3个子理论:①降低代理成本理论:公司代理问题可由适当的组织程序来解决,企业并购则提供了解决代理问题的一个外部机制。②经济理论:所有权和控制权分离后,企业不再遵循利润最大化原则,而选择能使公司长期稳定和发展的决策。代理人的报酬由公司规模决定并借此提高职业保障程度。③闲置现金流量理论:闲置现金流量的减少有利于减少公司所有者和经营者之间的冲突。

(3)市场价值低估理论。目标公司股票市场价格低于其真实价格时企业并购便会发生,衡量指标为托宾(Tobin)Q值。

(4)市场势力理论。借并购活动达到减少竞争对手以增强对企业经营环境的控制力,增大市场份额提高市场占有率,增加长期获利的机会。

(5)财富重新分配理论。由于投资人所掌握的信息与评估不一致,导致对股票价值不同的判断,从而引起并购公司股价的波动,发生并购公司与目标公司财富的转移。

(6)竞争战略理论。采用领先一步的竞争战略,企业并购是实施此战略的较好手段,企业因此获得高效率的扩张。

(7)控制权增效理论。所谓控制权增效,是指由于并购取得了公司的控制权,而使公司效率增进和价值增大的效果,并以此为依据来解释和预测参与企业并购活动的买卖双方在不同条件下的行为选择。

三、企业并购分类

企业并购从行业角度划分,可将其分为以下三类:

(1)横向并购。横向并购是指同属于一个产业或行业,或产品处于同一市场的企业之间发生的并购行为。横向并购可以扩大同类产品的生产规模,降低生产成本,消除竞争,提高市场占有率。

(2)纵向并购。纵向并购是指生产过程或经营环节紧密相关的企业之间的并购行为。纵向并购可以加速生产流程,节约运输、仓储等费用。

(3)混合并购。混合并购是指生产和经营彼此没有关联的产品或服务的企业之间的并购行为。混合并购的主要目的是分散经营风险,提高企业的市场适应能力。

按企业并购的付款方式划分,并购可分为以下多种方式:

(1)用现金购买资产。是指并购公司使用现金购买目标公司绝大部分资产或全部资产,以实现对目标公司的控制。

(2)用现金购买股票。是指并购公司以现金购买目标公司的大部分或全部股票,以实现对目标公司的控制。

(3)以股票购买资产。是指并购公司向目标公司发行并购公司自己的股票以交换目标公司的大部分或全部资产。

(4)用股票交换股票。此种并购方式又称"换股"。一般是指并购公司直接向目标公司的股东发行股票以交换目标公司的大部分或全部股票,通常要达到控股的股数。通过这种形式并购,目标公司往往会成为并购公司的子公司。

(5)债权转股权方式。债权转股权式企业并购,是指最大债权人在企业无力归还债务时,将债权转为投资,从而取得企业的控制权。中国金融资产管理公司控制的企业大部分为债转股而来,资产管理公司进行阶段性持股,并最终将持有的股权转让变现。

(6)间接控股。主要是指战略投资者通过直接并购上市公司的第一大股东来间接地获得上市公司的控制权。例如,北京万辉药业集团以承债方式兼并了双鹤药业的第一大股东北京制药厂,从而持有双鹤药业17524万股,占双鹤药业总股本的57.33%,成为双鹤药业第一大股东。

(7)承债式并购。是指并购企业以全部承担目标企业债权债务的方式获得目标企业控制权。此类目标企业多为资不抵债,并购企业收购后,注入流动资产或优质资产,使企业扭亏为盈。

(8)无偿划拨。是指地方政府或主管部门作为国有股的持股单位直接将国有股在国有投资主体之间进行划拨的行为。有助于减少国有企业内部竞争,形成具有国际竞争力的大公司大集团,带有较强的政府色彩,如一汽并购金杯的国有股。

从并购企业的行为来划分,可以分为善意并购和敌意并购。善意并购主要通过双方友好协商、互相配合,制定并购协议。敌意并购是指并购企业秘密收购目标企业股票等,最后使目标企业不得不接受出售条件,从而实现控制权的转移。

四、公司并购的基本流程

公司并购基本流程包括以下几个阶段。

(1)并购决策阶段。企业通过与财务顾问合作,根据企业行业状况、自身资产、经营状况和发展战略确定自身的定位,形成并购战略,即进行企业并购需求分析、并购目标的特征模式,以及并购方向的选择与安排。

(2)并购目标选择。并购目标选择有以下两个模型:①定性选择模型,结合目标公司的资产质量、规模和产品品牌、经济区位以及与本企业在市场、地域和生产水平等方面进行比较,同时从可获得的信息渠道对目标企业进行可靠性分析,避免陷入并购陷阱。②定量选择模型,通过对企业信息数据的充分收集整理,利用静态分析、ROI 分析以及 Logit、Probit 还有 BC(二元分类法)最终确定目标企业。

(3)并购时机选择。通过对目标企业进行持续的关注和信息积累,预测目标企业进行并购的时机,并利用定性、定量的模型进行初步可行性分析,最终确定合适的企业与合适的时机。

(4)并购初期工作。根据中国企业资本结构和政治体制的特点,与企业所在地政府进行沟通,获得支持,这一点对于成功的和低成本的收购非常重要,当然如果是民营企业,政府的影响相对会小一些。应当对企业进行深入的审查,包括生产经营、财务、税收、担保、诉讼等的调查研究。

(5)并购实施阶段。与目标企业进行谈判,确定并购方式、定价模型、并购的支付方式(现金、负债、资产、股权等)、法律文件的制作,确定并购后企业管理层人事安排、原有职工的解决方案等相关问题,直至股权过户、交付款项完成交易。

(6)并购后的整合。对于企业而言,仅仅实现对企业的并购是远远不够的,最后对目标企业的资源进行成功的整合和充分调动,才能产生预期的效益。因此,寻求资本增值,增加公司价值是并购行为的基本动因。假设 A 公司拟收购 B 公司,其公司价值分别为 VA 和 VB(对于上市公司一般是指两公司独立存在时股票的市场价值),两公司合并为 AB 公司,其价值为 VAB,如果 VAB>(VA+VB),那么其间的差额即为协同效益。

五、并购的协同效益

1. 规模收益

公司通过并购后的重组、整合和一体化经营,可以取得规模经济收益,主要包括生产规模收益和管理规模收益两部分。

通过并购活动,公司在整体产品结构不变的条件下,可充分利用大型设备实现单一化、专业化生产,增加产量,扩大生产规模,从而降低单位固定费用;在管理费用的绝对量不随公司规模扩大而同比例增加的情况下,可以将管理费用在更大范围内分摊,从而降低单位产品所含的管理费用;通过合理布局专业化生产的各个生产和销售流程,可以降低运输费用;通过对仓库的合理化利用和科学管理,合理确定各个环节的仓储量,进而节约仓储费用;通过有效规划、整合市场销售网络,合理布局售后服务网点,科学设计广告策略,以一个品牌支撑系列产品,可以扩大市场占有率、节约营销费用;通过集中人力、物力、财力用于新产品、新技术的开发加快技术商品化进程,可以节约科研开发支出等。这些因素都是合理预计规模收益所要考虑的主要内容。

2. 节税收益

主要包括:

(1) 利用税法中的税收递延条款合理避税;

(2) 利用支付工具延迟纳税;

(3) 利用支付工具合理避税。

3. 财务收益

主要包括:

(1) 当并购一方的产品生命周期处于成熟期、拥有充足的财务资源未被充分利用,而另一方产品生命周期处于成长发展期、拥有较多投资机会而急需现金的情况下,可以通过并购的财务互补和协同效应,充分利用并购双方现有的财务资源,避免资本的闲置和浪费,节约筹资成本。此外,当并购一方产品的生产销售周期与并购另一方不同时,通过并购可以充分利用不同产品生产销售周期的差异,相互调剂资本余缺,同样可以减少资本闲置,节约筹资成本。

(2) 公司并购一般随着公司规模的扩大、实力的加强、知名度的提高,不但增强了公司抵抗风险的能力,而且也提高了公司的信用等级和筹资能力,可以使并购后的公司取得更加有利的信用条件和筹资便利。

(3) 非上市公司通过并购上市公司,可以取得上市公司宝贵的"壳"资源。"借壳上市"不但可以迅速取得上市资格提高公司知名度,而且通过向上市公司注入优质资产以获取配股以及发行新股的资格,较为便利地通过证券市场募集资本,并节约上市费用。

4. 新的利润增长点

对并购公司来说,通过并购活动可以快速进入新的产品市场、跨入新的地域、获得新的技术;可以通过生产经营方式的转变、并购双方资源的重组,最大限度地发挥未曾充分利用经济资源的使用价值,从而取得增量收益。

通过并购活动,可以使并购双方通过生产、经营、管理、技术、市场等方面的一体化,重组和整合并购双方的有形和无形资源,实现资源共享,促使资本和劳动力在不同公司之间合理流动。

可以快速进入某一垄断行业、某一地域、某一新兴市场、获得某一关键技术、取得某一品牌,打破行业、地域、市场、技术的封锁和限制,实现收益增值。

六、资产重组

资产重组与公司并购是两个不同的概念。资产重组侧重资产关系的变化,而并购则侧重于股权、公司控制权的转移。对于公司来说,即使公司的控股权发生了变化,只要不发生资产的注入或剥离,公司所拥有的资产就未发生变化,只是公司的所有权结构发生变化,发生了控股权的转移。例如,A公司收购了B公司的股权,取得了对B公司的控股地位之后,可能用B公司的股权进行抵押融资,或利用B公司进行担保贷款,而B公司本身并没有重大资产收购或出售行为,那么,对A公司而言,其资产进行了重组,而对B公司而言,仅是更换了股东而已,可以称其被收购了,却与资产重组无关。

企业重组,是企业资源优化配置的过程,通常有股份的分拆、合并、资本的缩减以及名称的改变等。企业内部或企业之间的要素流动与组合,通过改组、联合、剥离、出售、转让、参股与控股、对外并购等方式,即通过部分或全部企业的财产所有权、股权、经营权、财产使用权等的让渡,对企业的存量资产和增量资产进行调整,达到资源的最优配置,优化资本结构,提高企业资产的经营绩效。

但是,资产重组与并购常常是交互发生的,先收购后重组,或先重组,再并购,再重组在资本运作中也是经常采用的方式。

对于企业自身而言,通过对企业自身各要素资源的整合、再利用,不但可以提高企业的运营效率,还可以实现社会资源在不同企业间的优化组合,提高经济的整体运行效率。

资产重组方式主要分为:

(1)主要围绕固定资产和子公司进行的资产型重组模式,如固定资产的重组,流动资产的重组,长期投资的重组,子公司的重组,项目的重组,专利权的重

组,商标权的重组,业务产品的重组等;

(2)以资本运作为手段的资本型重组模式,如债权重组和债务重组等;

(3)股权型的重组模式,所持股权的整合与转让等。

企业并购中资产重组包括两个方面和两个时段。两个方面是指并购公司的资产重组与目标公司的资产重组。两个时段是指并购发生前进行资产重组及并购发生后的资产重组。

并购后的资产重组包含资产的剥离和分立及再次筹资。剥离是指公司将其现有的某些子公司、部门、产品生产线、固定资产等出售给其他公司,并取得现金或有价证券的回报。

分立可以看作一种特殊形式的剥离,是指在法律上和组织上将一个公司划分为两个独立的实体。剥离和分立的形式一般有以下几种:

(1)资产分割,即将不适合本公司长期发展战略的被并购公司的资产或业务分割出去,成立一家或数家独立公司,并允许外来资本介入。

(2)资产出售,即将资产转卖给其他公司,在这里资产剥离是前提。在出售有关资产时,应综合考虑风险、长短期投资等有关因素,有时也可套利出售,赚取利润。

剥离和分立与并购业务之间存在一定的联系,其主要表现在以下几个方面:

(1)并购业务完成之后,通过出售部分非核心或非相关资产或业务,以取得所需要的现金回报或筹措所需要的资本。在杠杆收购中经常会发生这种情况。

(2)分立可以帮助公司纠正一项错误的并购业务。

(3)公司出售资产是为了改变公司的市场形象,提高公司股票的市场价值。

(4)消除负协同效应。有时一个公司的某些业务对实现公司整体战略目标来说可能是不重要的,或者这些业务不适合公司的其他业务发展,这时就会产生所谓的"负协同效应",即"1+1<2"。在这种情况下,就应尽快剥离掉这些不适宜的业务。

尽管剥离和分立与并购业务之间存在上述种种联系,且两者之间也有一些共同的特征,但是剥离和分立绝不是并购的相反过程。与并购业务相比,剥离和分立还有一些其他动因和目的。例如,为了适应经济环境的变化,其经营方向和战略目标也要随之做出调整和改变,而剥离或分立则是实现这一改变的有效手段。

第二节　上市公司并购重组

并购重组是上市公司做大做强的最重要途径之一。近年来,我国上市公司并购重组风起云涌,日趋增多。但是,在上市公司并购重组的过程中,也凸显了诸多亟须解决或者明确的法律实务问题。

一、上市公司收购中的法律实务问题

(一)"收购"的法律界定问题

1."收购"的法律含义

收购是指收购人持有或者控制上市公司的股份达到一定比例或者程度,"导致其获得或者可能获得对该公司的实际控制权的行为",主要包括上市公司控制权转让、资产重组、股份回购、合并、分立等对上市公司股权结构、资产和负债结构、利润及业务产生重大影响的活动。

目前,在监管实务中,证监会和证券交易所均持"收购是指取得或者巩固对上市公司控制权的行为"的观点,并按此理解与适用《证券法》《上市公司收购管理办法》的相关规定。

2. 投资者取得一上市公司股份比例低于30%但成为第一大股东的情形是否构成收购和适用《证券法》第75条规定的问题

《证券法》第75条规定,"在上市公司收购中,收购人持有的被收购的上市公司的股票,在收购行为完成后的十八个月内不得转让",旨在保证公司控制权变化后保持相对稳定,避免公司控制权的频繁变化,导致公司管理层不断变动,公司经营陷入混乱,特别是防范收购人利用上市公司收购牟取不当利益后金蝉脱壳。因此,对于投资者取得一上市公司拥有权益的股份比例低于30%,但成为上市公司第一大股东的情形,由于该投资者可能已经能够对上市公司经营决策施加重大影响,甚至已经取得公司的实际控制权,因此属于收购行为。

3. 收购完成时点的认定问题

《证券法》第75条和《上市公司收购管理办法》第74条均规定,收购人持有的被收购的上市公司的股票,在收购行为完成后的18个月内不得转让。因此,收购完成时点的认定对于正确适用上述规定尤为重要。

(1)收购人通过集中竞价交易方式增持上市公司股份的,当收购人最后一笔增持股份登记过户后,视为其收购行为完成。自此,收购人持有的被收购公司的股份,在18个月内不得转让。

(2)在上市公司中拥有权益的股份达到或者超过该公司已发行股份的30%的当事人,自上述事实发生之日起1年后,拟在12个月内通过集中竞价交易方式增加其在该公司中拥有权益的股份不超过该公司已发行股份的2%,并拟根据《上市公司收购管理办法》第63条第1款第4项的规定申请免除发出要约的,当事人可以选择在增持期届满时进行公告,也可以选择在完成增持计划或者提前终止增持计划时进行公告。当事人在进行前述公告后,应当按照《收购管理办法》的相关规定及时向证监会提交豁免申请。

根据《证券法》第62条的规定,"投资者可以采取要约收购、协议收购及其他合法方式收购上市公司"。也就是说,除了集中竞价交易收购外,还存在要约收购、协议收购及其他收购方式。上述《证券期货法律适用意见第9号》虽然只规定了集中竞价交易收购方式下收购完成时点的认定原则,但我们认为,该认定原则同样适用于要约收购、协议收购及其他收购方式。

如果投资者采取了集中竞价交易收购、要约收购、协议收购或其他收购方式中的一种或者多种方式对一上市公司进行收购时,当收购人最后一笔增持股份登记过户后,视为其收购行为完成,其所持该上市公司的所有股份在之后18个月内不得转让。

(二)"一致行动人"的法律界定问题

1. 上市公司股东减持股份是否适用"一致行动人"问题

《上市公司收购管理办法》第83条规定:"本办法所称一致行动,是指投资者通过协议、其他安排,与其他投资者共同扩大其所能够支配的一个上市公司股份表决权数量的行为或者事实。"

按《证券法》第63条规定,投资者持有或者通过协议,其他安排与他人共同持有一个上市公司已发行的有表决权股份达到5%后,其所持该上市公司已发行的有表决权股份比例每增加或者减少1%,应当在该事实发生的次日通知该上市公司,并予以公告。《上市公司收购管理办法》第12条、第13条、第14条以及第83条进一步规定,投资者及其一致行动人持有的股份应当合并计算,其增持、减持行为都应当按照规定履行相关信息披露及报告义务。《上市公司收购管理办法》称一致行动情形,包括《上市公司收购管理办法》第83条第2款所列举的12种情形,如无相反证据,即互为一致行动人,该种一致行动关系不以相关持股主体是否增持或减持上市公司股份为前提。如同有关法律法规对关联关系的认定,并不以相关方发生关联交易为前提。

2. 关于配偶、兄弟姐妹等近亲属是否界定为"一致行动人"问题

按照《上市公司信息披露管理办法》第63条的有关规定,与自然人关系密切的家庭成员,包括配偶、父母、兄弟姐妹等近亲属为其关联自然人。因此,自然

人与其配偶、直系亲属、兄弟姐妹等近亲属,如无相反证据,则应当被认定为一致行动人。

3.控股股东通过协议与其他投资者达成"一致行动"后解除"一致行动"协议的时间间隔问题

在实务中,出现了控股股东为了巩固其控制权或者对抗敌意收购等原因,通过协议与其他投资者达成"一致行动",后在其控制权稳固后(如1个月后)上述一致行动人要求解除"一致行动"协议的情况。

(三)要约豁免问题

《上市公司收购管理办法》第62条和第63条分别对收购人可以通过一般程序或者简易程序申请要约豁免的情形进行了规定。

第62条规定:"有下列情形之一的,收购人可以免于以要约方式增持股份:(一)收购人与出让人能够证明本次股份转让是在同一实际控制人控制的不同主体之间进行,未导致上市公司的实际控制人发生变化;(二)上市公司面临严重财务困难,收购人提出的挽救公司的重组方案取得该公司股东大会批准,且收购人承诺3年内不转让其在该公司所拥有的权益;(三)中国证监会为适应证券市场发展变化和保护投资者合法权益的需要而认定的其他情形。"

第63条规定:"有下列情形之一的,投资者可以免于发出要约:(一)经政府或者国有资产管理部门批准进行国有资产无偿划转、变更、合并,导致投资者在一个上市公司中拥有权益的股份占该公司已发行股份的比例超过30%……(四)在一个上市公司中拥有权益的股份达到或者超过该公司已发行股份的30%的,自上述事实发生之日起一年后,每12个月内增持不超过该公司已发行的2%的股份;(五)在一个上市公司中拥有权益的股份达到或者超过该公司已发行股份的50%的,继续增加其在该公司拥有的权益不影响该公司的上市地位……"

(四)权益变动报告书和收购报告书的披露时点问题

《上市公司收购管理办法》第12条规定:"投资者在一个上市公司中拥有的权益,包括登记在其名下的股份和虽未登记在其名下但该投资者可以实际支配表决权的股份。投资者及其一致行动人在一个上市公司中拥有的权益应当合并计算。"

《上市公司收购管理办法》第13条第1款规定:"通过证券交易所的证券交易,投资者及其一致行动人拥有权益的股份达到一个上市公司已发行股份的5%时,应当在该事实发生之日起3日内编制权益变动报告书,向中国证监会、证券交易所提交书面报告,抄报该上市公司所在地的中国证监会派出机构(以下简称派出机构),通知该上市公司,并予公告;在上述期限内,不得再行买卖该上市公司的股票,但中国证监会规定的情形除外。"第14条第1款规定:"通过协议转让方式,投资者及其一致行动人在一个上市公司中拥有权益的股份拟达到或者超过一个上市公司已发行股份的5%时,应当在该事实发生之日起3日内编制权益变动报告书,向中国证监会、证券交易所提交书面报告,通知该上市公司,并予公告。"第48条规定:"以协议方式收购上市公司股份超过30%,收购人拟依据本办法第六十二条、第六十三条第一款第(一)项、第(二)项、第(十)项的规定免于发出要约的,应当在与上市公司股东达成收购协议之日起3日内编制上市公司收购报告书,通知被收购公司,并公告上市公司收购报告书摘要。收购人应当在收购报告书摘要公告后5日内,公告其收购报告书、财务顾问专业意见和律师出具的法律意见书;不符合本办法第六章规定的情形的,应当予以公告,并按照本办法第六十一条第二款的规定办理。"

(五)投资者违规超比例增持或者减持上市公司股份问题

我国《证券法》和《上市公司收购管理办法》对投资者增持或者减持上市公司股份时相关当事人的信息披露义务及其他义务作了明确的规定。《上市公司收购管理办法》第13条规定,通过证券交易所的证券交易,投资者及其一致行动人拥有权益的股份达到一个上市公司已发行股份的5%时,应当在该事实发生之日起3日内编制权益变动报告书,向中国证监会、证券交易所提交书面报告,通知该上市公司,并予公告;在上述期限内,不得再行买卖该上市公司的股票,但中国证监会规定的情形除外。前述投资者及其一致行动人拥有权益的股份达到一个上市公司已发行股份的5%后,通过证券交易所的证券交易,其拥有权益的股份占该上市公司已发行股份的比例每增加或者减少5%,应当依照前款规定进行报告和公告。在该事实发生之日起至公告后3日内,不得再行买卖该上市公司的股票,但中国证监会规定的情形除外。前述投资者及其一致行动人拥有权益的股份达到一个上市公司已发行股份的5%后,其拥有权益的股份占该上市公司已发行股份的比例每增加或者减少1%,应当在该事实发生的次日通知该上市公司,并予公告。违反本条第1款、第2款的规定买入在上市公司中拥有权益的股份的,在买入后的36个月内,对该超过规定比例部分的股份不得行使表决权。第24条规定:"通过证券交易所的证券交易,收购人持有一个上市公司的股份达到该公司已发行股份的30%时,继续增持股份的,应当采取要约方式进行,发出全面要约或者部分要约。"

(六)持股30%以上的投资者继续增持股份的信息披露问题

《上市公司收购管理办法》第49条规定,依据前条规定所作的上市公司收购报告书,须披露本办法第29条第(1)项至第(6)项和第(9)项至第(14)项规定的内容及收购协议的生效条件和付款安排。已披露收购报告书的收购人在披露之日起6个月内,因权益变动需要再次报告、公告的,可以仅就与前次报告书不同的部分作出报告、公告;超过6个月的,应当按照本办法第二章的规定履行报告、公告义务。根据该条规定,我们认为,对于持股30%以上的投资者继续增持股份的信息披露问题,应该按以下原则进行简化处理:

(1)增持前投资者已经为上市公司第一大股东的情形。投资者及其一致行动人目前持有上市公司股份比例已超过30%,且为上市公司第一大股东,拟继续增持的,只需编制权益变动报告书或者进行简单公告,无须编制收购报告书。

(2)增持前投资者不是上市公司第一大股东的情形。投资者及其一致行动人目前持有上市公司股份比例已超过30%,但并非上市公司第一大股东或实际控制人的,增持股份后成为公司第一大股东或实际控制人的,只需编制详式权益变动报告书,而不必编制收购报告书。

(七)特殊机构投资者持股变动的信息披露和交易限制问题

在当前我国证券市场上,活跃着诸如全国社会保障基金、证券投资基金、合格境外机构投资者、境外BVI公司等一大批特殊的机构投资者。这就引发了如果这些特殊机构投资者买卖上市公司股票触及了我国《证券法》和《上市公司收购管理办法》的权益变动或者收购披露标准时,如何进行监管和处理的问题。

二、上市公司重大资产重组中的法律实务问题

(一)上市公司重大资产重组中的程序性问题

1. 股东大会决议有效期内终止执行重大重组方案的程序问题

《上市公司重大资产重组管理办法》第24条对股东大会审议重大资产重组方案应该履行的程序作了明确规定:"上市公司股东大会就重大资产重组事项作出决议,必须经出席会议的股东所持表决权的2/3以上通过。"

2. 重大资产重组方案未获得证监会核准再次启动重大资产重组程序的时间间隔问题

对于由证监会发审委审核的IPO和上市公司再融资,根据《首次公开发行股票注册管理办法》和《上市公司证券发行注册管理办法》的规定,发行申请未获核准的上市公司,自中国证监会作出不予核准的决定之日起 6 个月后,可再次提出证券发行申请。也就是说,需有 6 个月的间隔期。

3. 重大资产重组方案被重组委否决后的处理程序问题

根据中国证监会的有关规定,上市公司重大资产重组方案被重组委否决后,应该按照以下程序办理:

(1)上市公司应当在收到中国证监会不予核准的决定后次一工作日予以公告。

(2)上市公司董事会应根据股东大会的授权在收到中国证监会不予核准的决定后 10 日内就是否修改或终止本次重组方案做出决议、予以公告并撤回相关的豁免申请的材料(如涉及)。

(3)如上市公司董事会根据股东大会的授权决定终止方案,必须在以上董事会的公告中明确向投资者说明。

(4)如上市公司董事会根据股东大会的授权准备落实重组委的意见并重新上报,必须在以上董事会公告中明确说明重新上报的原因、计划等。

4. 涉及房地产业务的重大资产重组终止的同时启动新的重大资产重组程序问题

国务院发布了《关于坚决遏制部分城市房价过快上涨的通知》,明确要求对存在土地闲置及炒地行为的房地产开发企业,商业银行不得发放新开发项目贷款,证监部门暂停批准其上市、再融资和重大资产重组。

为了坚决贯彻执行上述《通知》的精神,证监会已暂缓受理房地产开发企业重组申请,并对已受理的房地产类重组申请征求自然资源部意见。一方面要从有利于公司发展的角度推动公司进行改善经营状况的重大资产重组,另一方面要限制随意变动重组方案的行为。

(二)拟购买(注入)资产的相关问题

1. 拟购买(注入)资产存在被大股东及其他关联方非经营性资金占用情形的处理问题

《上市公司重大资产重组管理办法》第 3 条规定:"任何单位和个人不得利用重大资产重组损害上市公司及其股东的合法权益。"上市公司向大股东及其他关联方以发行股份或其他方式认购资产时,如果大股东及其他关联方对拟认购资产存在非经营性资金占用,则本次交易完成后会形成大股东及其他关联方对上市公司的非经营性资金占用。

2. 拟购买(注入)资产自评估基准日至资产交割日的期间损益的相关处理问题

上市公司重大资产重组,将涉及交易双方对拟购买资产自评估基准日至资产交割日的损益(以下简称期间损益)归属进行约定。根据中国证监会的相关规定,拟购买资产自评估基准日至资产交割日的期间损益按以下原则进行处理:

(1)对于以收益现值法、假设开发法作为主要评估方法的拟认购资产的期间损益为盈利的,期间盈利原则上全部归上市公司所有。理由是如果以上述方法评估拟购买资产,其评估结果已包含了自评估基准日至资产交割日的收益。

(2)如以发行股份购买资产,期间损益如为亏损,资产注入方应向上市公司以现金补足亏损部分,否则将导致出资不实。

(3)如以发行股份购买资产,期间损益如为盈利,期间盈利原则上应约定归上市公司所有。

(4)如以发行股份购买的资产无法独立核算,资产出售方应相应在资产交割日补足期间计提的折旧、摊销等(以评估值为计提基数)。

3. 拟购买(注入)或者出售资产的比例计算问题

《上市公司重大资产重组管理办法》第14条第1款第(4)项规定,"上市公司在12个月内连续对同一或者相关资产进行购买、出售的,以其累计数分别计算相应数额"。

为了正确理解与适用《上市公司重大资产重组管理办法》第14条的规定,上市公司在12个月内连续购买、出售同一或者相关资产的比例计算的规定,中国证监会发布了《〈上市公司重大资产重组管理办法〉第十四条、第四十四条的适用意见——证券期货法律适用意见第12号》,明确规定:在上市公司股东大会作出购买或者出售资产的决议后12个月内,股东大会再次或者多次作出购买、出售同一或者相关资产的决议的,应当适用《上市公司重大资产重组管理办法》第14条第1款第(4)项的规定。在计算相应指标时,应当以第一次交易时最近一个会计年度上市公司经审计的合并财务会计报告期末资产总额、期末净资产额、当期营业收入作为分母。

(三)借壳上市的审核标准问题

借壳上市是利用资本市场并购重组制度实现上市的一种方式,通常指收购人取得上市公司控制权的同时或者之后对上市公司实施重大资产重组的行为。境外成熟市场对借壳上市均无禁止性规定,通常是根据首次公开发行股票

(IPO)标准和程序对借壳上市设定监管要求,由于各国 IPO 标准不同对于借壳上市的监管要求也不同。

中国证监会发表《关于修改上市公司重大资产重组与配套融资相关规定的决定》,借鉴境外成熟市场的监管理念和经验,结合我国经济社会发展和资本市场的实际情况,统筹考虑适用范围的适当性、监管标准的适度性,进一步规范、引导借壳上市行为。

按照在产权清晰、治理规范、业务独立、诚信良好、经营稳定和持续经营记录等方面执行 IPO 趋同标准,要求拟借壳资产(业务)持续两年盈利的总体要求,《关于修改上市公司重大资产重组与配套融资相关规定的决定》从借壳上市的监管范围、监管条件以及监管方式三方面进行了明确规范,有利于遏制市场绩差股投机炒作和内幕交易等问题,有利于统筹平衡借壳上市与 IPO 的监管效率,有利于市场化退市机制改革的推进和出台。

(四)上市公司并购重组中的股份协议转让问题

1. IPO 公司的控股股东和实际控制人所持股份的转让

对于 IPO 公司的控股股东和实际控制人所持股份的转让,《深圳证券交易所股票上市规则》第 3.1.10 条规定:"发行人向本所提出其首次公开发行的股票上市申请时,控股股东和实际控制人应当承诺:自发行人股票上市之日起三十六个月内,不转让或者委托他人管理其持有的发行人股份,也不由发行人回购其持有的股份。本条所指股份不包括在此期间新增的股份。发行人应当在上市公告书中公告上述承诺。"

2008 年 10 月 1 日,《深圳证券交易所股票上市规则》正式实施,为鼓励上市公司并购重组,《深圳证券交易所股票上市规则》放宽了对 IPO 后控股股东和实际控制人所持股份的转让限制,允许在重大资产重组和在同一实际控制人控制的主体间转让这两种情况下,可以豁免遵守 3 年锁定期的规定。

《深圳证券交易所股票上市规则》第 3.1.10 条规定:"发行人向本所申请其首次公开发行的股票上市时,其控股股东和实际控制人应当承诺:自发行人股票上市之日起三十六个月内,不转让或者委托他人管理其直接或者间接持有的发行人首发前股份,也不由发行人回购其直接或者间接持有的发行人首发前股份。发行人应当在上市公告书中公告上述承诺。

自发行人股票上市之日起一年后,出现下列情形之一的,经上述承诺主体申请并经本所同意,可以豁免遵守上述承诺:

（一）转让双方存在实际控制关系，或者均受同一控制人所控制，且受让人承诺继续遵守上述承诺；

（二）因上市公司陷入危机或者面临严重财务困难，受让人提出的挽救公司的方案获得该公司股东大会审议通过和有关部门批准，且受让人承诺继续遵守上述承诺；

（三）本所认定的其他情形。"

2. 上市公司并购重组完成后控股股东所持股份的转让

《上市公司收购管理办法》第62条规定："有下列情形之一的，收购人可以免于以要约方式增持股份：（一）收购人与出让人能够证明本次股份转让是在同一实际控制人控制的不同主体之间进行，未导致上市公司的实际控制人发生变化；（二）上市公司面临严重财务困难，收购人提出的挽救公司的重组方案取得该公司股东大会批准，且收购人承诺3年内不转让其在该公司中所拥有的权益；（三）中国证监会为适应证券市场发展变化和保护投资者合法权益的需要而认定的其他情形。"此外，《上市公司重大资产重组管理办法》第47条规定："特定对象以资产认购而取得的上市公司股份，自股份发行结束之日起12个月内不得转让；属于下列情形之一的，36个月内不得转让：（一）特定对象为上市公司控股股东、实际控制人或者其控制的关联人；（二）特定对象通过认购本次发行的股份取得上市公司的实际控制权；（三）特定对象取得本次发行的股份时，对其用于认购股份的资产持续拥有权益的时间不足12个月。"

这里要特别提请注意的是，《上市公司收购管理办法》第62条中规定的"收购人承诺3年内不转让其在该公司中所拥有权益"的股份，该处所称"其在该公司中所拥有权益"的股份既包括本次取得的股份，也包括之前取得的股份。也就是说，收购人直接或者间接持有上市公司的所有股份而不是本次新增股份，均应该锁定3年。

（五）破产重整问题

《企业破产法》确立了破产重整制度，为挽救处于困境中的上市公司提供了很好的法律机制。然而，由于上市公司破产重整属于新生事物，现行《公司法》《证券法》对此未做具体规定，导致破产重整中的很多事项无法可依。目前，上市公司破产重整中亟待通过最高人民法院司法解释来规范的问题主要有四方面。

1. 出资人组会议网络投票问题

《企业破产法》第85条规定："债务人的出资人代表可以列席讨论重整计划

草案的债权人会议。重整计划草案涉及出资人权益调整事项的,应当设出资人组,对该事项进行表决。"

重大资产重组股东大会审议环节,按要求要提供网络投票。但是,破产重整股东权益调整时,《企业破产法》等法律法规并没有要求提供网络投票。

2. 破产重整或者破产和解成功后各地法院的协调问题

目前,某些上市公司在进入破产重整或者破产和解程序后,在受理法院的主持下,通过重整计划草案或者达成和解协议并且履行完毕,受理法院因此裁定终结破产程序,上市公司通过破产重整或者破产和解重组成功。然而,其他地方的法院由于诸多原因,罔顾《企业破产法》的规定,之后又受理该上市公司原债权人的起诉并冻结了该上市公司的财产,破坏了上市公司来之不易的破产重整成果,也损害了法律的尊严。因此,此种局面亟待最高人民法院及时协调解决。

3. 对破产重整计划草案强制裁定权问题

《企业破产法》第 87 条规定了人民法院对破产重整计划草案的强制裁定权:部分表决组未通过重整计划草案的,债务人或者管理人可以同未通过重整计划草案的表决组协商。该表决组可以在协商后再表决一次。双方协商的结果不得损害其他表决组的利益。

未通过重整计划草案的表决组拒绝再次表决或者再次表决仍未通过重整计划草案,但重整计划草案符合下列条件的,债务人或者管理人可以申请人民法院批准重整计划草案:

(1) 按照重整计划草案,本法第 82 条第 1 款第 1 项所列债权就该特定财产将获得全额清偿,其因延期清偿所受的损失将得到公平补偿,并且其担保权未受到实质性损害,或者该表决组已经通过重整计划草案;

(2) 按照重整计划草案,本法第 82 条第 1 款第 2 项、第 3 项所列债权将获得全额清偿,或者相应表决组已经通过重整计划草案;

(3) 按照重整计划草案,普通债权所获得的清偿比例,不低于其在重整计划草案被提请批准时依照破产清算程序所能获得的清偿比例,或者该表决组已经通过重整计划草案;

(4) 重整计划草案对出资人权益的调整公平、公正,或者出资人组已经通过重整计划草案;

(5) 重整计划草案公平对待同一表决组的成员,并且所规定的债权清偿顺序不违反本法第 113 条的规定;

(6)债务人的经营方案具有可行性。

人民法院经审查认为重整计划草案符合前款规定的,应当自收到申请之日起30日内裁定批准,终止重整程序,并予以公告。

强制裁定批准破产重整计划是对债权人自治的一种限制或否定,法院更深地介入当事人之间的债权债务的调整,其对债权人利益的影响比正常批准破产重整计划的影响要大得多,所以《企业破产法》第87条设定了6项非常严格的条件。

基于此,法院强裁是破产重整中最为慎用的条款,使用强裁必须有十分充足、令债权人和出资人信服的证据和理由,并对债权人和出资人的合法权益采取了充分的保护措施。但是,2010年7月和8月东北某省有关法院相继对两家破产重整上市公司采取了强制裁定批准破产重整计划草案措施,且未给债权人和投资者救济手段,引起了社会的质疑和有关债权人的不满。这种涉嫌扩大化使用强制裁定权的动向,值得引起最高人民法院的关注。

4. 滥用破产重整制度问题

上市公司破产重整实施过程中,出现了两种滥用破产重整制度的动向:一是滥用破产重整制度逃废债务;二是滥用破产重整制度降低重组成本。

(1)滥用破产重整制度逃废债务。一些债务人、控股股东、重组人利用破产重整程序的漏洞,上演假重整、真逃债大戏,严重损害债权人、出资人(非控股股东)、关联企业乃至债务人职工的合法权益的新情况、新问题,亟待从法律程序上完善。

(2)滥用破产重整制度降低重组成本。《上市公司重大资产重组管理办法》第46条规定:"上市公司发行股份的价格不得低于市场参考价的80%。市场参考价为本次发行股份购买资产的董事会决议公告日前20个交易日、60个交易日或者120个交易日的公司股票交易均价之一。"

为了推动严重资不抵债但在停牌或者暂停上市前股价畸高的破产重整公司的重组,《上市公司重大资产重组管理办法》第24条规定:"上市公司股东大会就重大资产重组事项作出决议,必须经出席会议的股东所持表决权的2/3以上通过。"

目前,一些资产质量尚可,尚未资不抵债的上市公司滥用破产重整制度,主动申请进入破产重整程序,目的是规避适用上述《上市公司重大资产重组管理办法》第46条关于定向发行定价制度,从而适用上述《上市公司重大资产重组管理办法》协商定价的规定,重组方以极低的价格取得上市公司股份,大大降低了重组成本。陕西某上市公司破产重整和甘肃某上市公司破产重整便是两个典型案例,值得引起最高人民法院和中国证监会的关注和重视。

5. 信息披露义务履行问题

进入破产重整程序的上市公司,绝大多数采用管理人管理模式,根据深沪《股票上市规则》的规定,采用管理人管理模式的破产重整公司,信息披露义务人为管理人,但是,部分当地法院却裁定信息披露义务人为董事会。此外,由于管理人对证券法律、法规、规则的了解不足和管理人普遍存在信息披露意识淡薄等原因,导致破产重整上市公司经常出现信息披露不及时、欠完整等问题,值得引起最高人民法院的关注和重视。

(六)重大资产重组方案被证监会重组委否决的主要原因

笔者对《上市公司重大资产重组管理办法》发布实施以来的被否案例进行了认真的研究,发现上市公司重大资产重组方案被证监会重组委否决的主要原因有如下几方面。

1. 拟注入的资产权属存在瑕疵

《上市公司重大资产重组管理办法》第11条第4项规定,上市公司实施重大资产重组,应当符合下列要求:……(4)重大资产重组所涉及的资产权属清晰,资产过户或者转移不存在法律障碍,相关债权债务处理合法……此外,《上市公司监管指引第9号——上市公司筹划和实施重大资产重组的监管要求》第4条第2项也规定:"上市公司拟购买资产的,在本次交易的首次董事会决议公告前,资产出售方必须已经合法拥有标的资产的完整权利,不存在限制或者禁止转让的情形。上市公司拟购买的资产为企业股权的,该企业应当不存在出资不实或者影响其合法存续的情况;上市公司在交易完成后成为持股型公司的,作为主要标的资产的企业股权应当为控股权。上市公司拟购买的资产为土地使用权、矿业权等资源类权利的,应当已取得相应的权属证书,并具备相应的开发或者开采条件。"由此可见,上市公司重大资产重组方案中,拟注入的资产必须权属清晰,不存在法律上的瑕疵。

2. 拟注入的资产定价不公允(预估值或评估值过高)

《上市公司重大资产重组管理办法》第11条规定:"上市公司实施重大资产重组,应当就本次交易符合下列要求作出充分说明,并予以披露:……(三)重大资产重组所涉及的资产定价公允,不存在损害上市公司和股东合法权益的情形……"

也就是说，上市公司重大资产重组方案中，拟注入的资产必须定价公允，预估值或评估值应适当，不存在损害上市公司和股东合法权益的情形。否则，方案可能会被证监会重组委否决。

3. 拟注入资产的评估方法不符合规定

《上市公司重大资产重组管理办法》第 20 条规定："重大资产重组中相关资产以资产评估结果作为定价依据的，资产评估机构应当按照资产评估相关准则和规范开展执业活动；上市公司董事会应当对评估机构的独立性、评估假设前提的合理性、评估方法与评估目的的相关性以及评估定价的公允性发表明确意见。"此外，深交所发布的《信息披露业务备忘录第 16 号——资产评估相关信息披露》也规定，预估值或评估值与账面值存在较大增值或减值，或与过去 3 年内历史交易价格存在较大差异的，上市公司应当视所采用的不同预估（评估）方法分别按照要求详细披露其原因及预估（评估）结果的推算过程。上市公司董事会或交易所认为必要的，财务顾问应当采用同行业市盈率法等其他估值方法对预估（评估）结论进行验证，出具意见，并予以披露。

4. 重组方案未有利于上市公司提高盈利能力和解决同业竞争及关联交易

《上市公司重大资产重组管理办法》第 11 条规定："上市公司实施重大资产重组，应当就本次交易符合下列要求作出充分说明，并予以披露：……（六）有利于上市公司在业务、资产、财务、人员、机构等方面与实际控制人及其关联人保持独立，符合中国证监会关于上市公司独立性的相关规定；（七）有利于上市公司形成或者保持健全有效的法人治理结构。"此外，《上市公司监管指引第 9 号——上市公司筹划和实施重大资产重组的监管要求》第 4 条第 4 项也规定："本次交易应当有利于上市公司增强持续经营能力，不会导致财务状况发生重大不利变化；有利于上市公司突出主业、增强抗风险能力；有利于上市公司增强独立性，不会导致新增重大不利影响的同业竞争，以及严重影响独立性或者显失公平的关联交易。"

第三节　非上市公司并购重组

企业并购即企业之间的兼并与收购行为，是企业法人在平等自愿、等价有偿的基础上，以一定的经济方式取得其他法人产权的行为，是企业进行资本运作和经营的一种主要形式。其重要性主要有以下几个方面：

（1）获取战略机会。并购者的动因之一是购买未来的发展机会。当一个企业决定扩大其在某一特定行业的经营时,一个重要战略是并购那个行业中的现有企业,直接获得正在经营的发展研究部门,获得时间优势,避免了工厂建设延误的时间;减少一个竞争者,并直接获得其在行业中的位置。

(2)发挥协同效应。企业并购重组可产生规模经济性,可接受新技术,可减少供给短缺的可能性,可充分利用未使用生产能力;同样,可产生规模经济性,是进入新市场的途径,扩展现存分布网,增加产品市场控制力;充分利用未使用的税收利益,开发未使用的债务能力;吸收关键的管理技能,使多种研究与开发部门融合。

(3)提高企业管理效应。企业现在的管理者以非标准方式经营,当其被更有效率的企业收购后,更替管理者而提高管理效率。当管理者自身利益与现有股东的利益更好地协调时,则可提高管理效率。如采用杠杆购买,现有的管理者的财富构成取决于企业的财务成功,这时管理者集中精力于企业市场价值最大化。

(4)降低进入新市场、新行业的门槛。为在某地拓展业务,占领市场,企业可以通过协议以较低价格购买当地的企业,达到控股目的而使自己的业务成功地在该地开展;还可以利用被并购方的资源,包括设备、人员和目标企业享有的优惠政策。出于市场竞争压力,企业需要不断强化自身竞争力,开拓新业务领域,降低经营风险。

在我国,企业的兼并与收购一般均在中介机构,如产权交易事务所、产权交易市场、产权交易中心等的参与下进行。在有中介机构的条件下,企业并购的程序如下:

(1)并购前的工作。并购双方中的国有企业,兼并前必须经职工代表大会审议,并报政府国有资产管理部门认可;并购双方中的集体所有制企业,并购前必须经过所有者讨论,经职工代表会议同意,报有关部门备案;并购双方的股份制企业和中外合资企业,并购前必须经董事会(或股东大会)讨论通过,并征求职工代表意见,报有关部门备案。

(2)目标企业在依法获准转让产权后,应到产权交易市场登记、挂牌。交易所备有《买方登记表》和《卖方登记表》供客户参考。买方在登记挂牌时,除填写《买方登记表》外,还应提供营业执照复印件,法定代表人资格证明书或受托人的授权委托书、法定代表人或受托人的身份证复印件。卖方登记挂牌时,应填写《卖方登记表》,同时,还应提供转让方及被转让方的营业执照复印件、转让方法人代表资格证明书或受托人的授权委托书以及法定代表人或受托人的身份证复印件、转让方和转让企业董事会的决议。如有可能,还应提供被转让企业的资产评估报告。对于有特殊委托要求的客户,如客户要求做广告、公告,以招标或拍卖方式进行交易,则客户应与交易所订立专门的委托出售或购买企业的协议。

(3)洽谈。经过交易所牵线搭桥或自行找到买卖对象的客户,可在交易所有关部门的协助下,就产权交易的实质性条件进行谈判。

(4)资产评估。双方经过洽谈达成产权交易的初步意向后,委托经政府认可的资产评估机构对目标企业进行资产评估,资产评估的结果可作为产权交易的底价。

(5)签约。在充分协商的基础上,由并购双方的法人代表或法人代表授权的人员签订企业并购协议书,或并购合同。在交易所中,一般备有两种产权交易合同,即用于股权转让的《股权转让合同》和用于整体产权转让的《产权转让合同》,供交易双方在订立合同时参考。产权交易合同一般包括如下条款:交易双方的名称、地址、法定代表人或委托代理人的姓名、产权交易的标的、交易价格、价款的支付时间和方式、被转让企业在转让前债权债务的处理、产权的交接事宜、被转让企业员工的安排、与产权交易有关的各种税负、合同的变更或解除的条件、违反合同的责任、与合同有关的争议的解决、合同生效的先决条件及其他交易双方认为需要订立的条款。

(6)并购双方报请政府授权部门审批并到工商行政管理部门核准登记。目标公司报国有资产管理部门办理产权注销登记,并购企业报国有资产管理部门办理产权变更登记,并到工商管理部门办理法人变更登记。

(7)产权交接。并购双方的资产移交,需在国有资产管理局、银行等有关部门的监督下,按照协议办理移交手续,经过验收、造册,双方签证后,会计据此入账。目标企业未了的债权、债务,按协议进行清理,并据此调整账户,办理更换合同债据等手续。

(8)发布并购公告。将兼并与收购的事实公诸社会,可以在公开报刊上刊登,也可由有关机构发布,使社会各方面知道并购事实,并调整与之相关的业务。

基本流程可归纳如下:

(1)收购方与目标公司或其股东进行洽谈,初步了解情况,进而达成收购意向,签订收购意向书。

(2)收购方在目标公司的协助下对拟收购的目标公司资产及其上权利进行

清理,进行资产评估,对目标公司的管理构架进行详尽调查,对职工情况进行造册统计。

(3)收购双方及目标公司债权人代表组成小组,草拟并通过收购实施预案。

(4)债权人与被收购方达成债务重组协议,约定收购后的债务偿还事宜。

(5)收购双方正式谈判,协商签订收购合同。

(6)双方根据公司章程或公司法及相关配套法规的规定,提交各自的权力机构,如股东大会,就收购事宜进行审议表决。

(7)双方根据法律、法规的要求,将收购合同交有关部门批准或备案。

(8)收购合同生效后,双方按照合同约定履行资产转移、经营管理权转移手续,除法律另有规定外,应当依法办理产权变更手续。

双方签署的并购协议应包含如下主要内容:

(1)陈述与保证。在合同中,双方都要就有关事项作出陈述与保证。其目的有二:一是公开披露相关资料和信息;二是承担责任。由于这些资料和信息有些具有保密性质,实践中,卖方往往要与买方就此达成专门的保密协议。需要披露的事项就卖方来说,包括目标公司的组织机构、法律地位、资产负债状况、合同关系、劳资关系以及保险、环保等重要内容;就买方来说,陈述与保证则相对简单,主要包括买方的组织机构、权力无冲突及投资意向等。通过上述约定,保护双方、主要是买方后期调查阶段发现对方的陈述与保证和事实有出入时,可以通过调整交易价格、主张赔偿或退出交易等方式避免风险。

(2)卖方在交割日期前的承诺。在合同签订后到交割前一段时间里,卖方则应作出承诺,准予买方进入与调查、维持目标公司的正常经营,同时在此期间不得修改章程、分红、发行股票及与第三方进行并购谈判等。卖方如不履行承诺买方同样有权调整价格、主张赔偿或者退出交易。

(3)交割的先决条件。在并购协议中有这样一些条款,规定实际情况达到了预定的标准或者一方实质上履行了合同约定的义务,双方就必须在约定的时间进行交割;否则,交易双方才有权退出交易,即我们常说的合同解除。

可以这样说,烦琐的公司并购程序的唯一目的是交割,即使双方或其中一方并没有完美无缺地履行合同,但只要满足特定的要求,交割就必须完成。这样的规定对于交易双方都有益处,避免了因一方微小的履行瑕疵而被对方作为终止合同的理由。

(4)赔偿责任。对于交易对手的履行瑕疵,并非无可奈何。合同还可以专设条款对受到对方轻微违约而造成的损失通过减扣或提高并购价格等途径来进行弥补或赔偿,对于目标公司的经营、财务状况等在交割日与签约日的客观差异,也可以通过上述途径来解决。这样做的好处,不仅使交割能够顺利进行,达到并购目的,而且使双方在客观情况发生变化时仍能保持交易的公平,排除了因客观情况改变以及一方为达到使自己有利的价格隐瞒部分真实情况而嫁祸于另一方的交割风险。

至于非因恶意而疏于披露某些信息,不加限制的赔偿就会随时置责任人于不确定的失衡状态,从而加大其风险。鉴于此,我们还可以在合同中加入限制赔偿条款,即把诸如环保、经营范围等政策性风险以及善意隐瞒的责任限制在特定的时间或项目内,将并购过程中不可预知的风险降到最小。

签订企业兼并协议之后,并购双方就要依据协议中的约定,履行兼并协议,办理各种交接手续,主要包括产权交接、财务交接、管理权交接、变更登记、发布公告等事宜。

(一)产权交接

并购双方的资产移交,需要在国有资产管理局、银行等有关部门的监督下,按照协议办理移交手续,经过验收、造册,双方签字后会计据此入账。目标企业未了的债权、债务,按协议进行清理,并据此调整账户,办理更换合同债据等手续。

(二)财务交接

财务交接工作主要在于,并购后双方财务会计报表应当依据并购后产生的不同的法律后果作出相应的调整。例如,如果并购后一方的主体资格消灭,则应当对被收购企业财务账册做妥善的保管,而收购方企业的财务账册也应当做出相应的调整。

(三)管理权移交

管理权移交工作是每一个并购案例必需的交接事宜,其是否能顺利实现完全有赖于并购双方签订兼并协议时就管理权的约定。如果并购后,被收购企业还照常运作,继续由原有的管理班子管理,管理权的移交工作就很简单,只要对外宣示即可。但是如果并购后要改组被收购企业原有的管理班子,管理权的移交工作则较为复杂。这涉及原来管理人员的去留、新的管理成员的入驻,以及管理权的分配等诸多问题。

(四)变更登记

这项工作主要存在于并购导致一方主体资格变更的情况:存续公司应当进

行变更登记,新设公司应进行注册登记,被解散的公司应进行解散登记。只有在政府有关部门进行这些登记之后,兼并才正式有效。兼并一经登记,因兼并合同而解散的公司的一切资产和债务,都由续存公司或新设公司承担。

(五)发布并购公告

并购双方应当将兼并与收购的事实公布社会,可以在公开报刊上刊登,也可由有关机关发布,使社会各方面知道并购事实,并调整与之相关的业务。

随着新公司法对注册资本数额的降低,广大投资人通过兴办公司来实现资产增值的热情不断高涨。但是,注册资本在500万元以下的公司都存在一些注册资本问题。所以,在计划进行收购公司时,收购人应该首先在工商行政管理局查询目标公司的基本信息,其中应该主要查询公司的注册资本的情况。在此,收购方需要分清实缴资本和注册资本的关系,要弄清该目标公司是否有虚假出资的情形;同时还要特别关注公司是否有抽逃资本等情况出现。

在决定购买公司时,要关注公司资产的构成结构、股权配置、资产担保、不良资产等情况。同时,公司的负债和所有者权益也是收购公司时所应该引起重视的问题。公司的负债中,要分清短期债务和长期债务,分清可以抵消和不可以抵消的债务。

财务会计制度方面,实践中,有许多公司都没有专门的财会人员。只是在月末以及年终报账时才从外面请兼职会计进行财会核算。有的公司干脆就没有规范和详细的财会制度,完全由公司负责人自己处理财务事项。由于这些原因,很多公司都建立了对内账簿和对外账簿。所以,收购方在收购目标公司时,需要对公司的财务会计制度进行详细的考察,防止目标公司进行多列收益而故意抬高公司价值的情况出现,客观、合理地评定目标公司的价值。

因为很多小公司都没有依法纳税。所以,若收购注册资本比较小的公司时,一定要特别关注目标公司的税务问题,弄清其是否足额以及按时缴纳了税款。

在可能的诉讼风险方面,收购方需要重点关注以下几个方面的风险:

(1)目标公司是否合法地与其原有劳动者签订有效的劳动合同,是否足额以及按时给员工缴纳了社会保险,是否按时支付了员工工资;

(2)明确目标公司的股东之间不存在股权转让和盈余分配方面的争议;

(3)确保目标公司与其债权人不存在债权债务纠纷,即使存在,也已经达成了妥善解决的方案和协议。

统计数据显示,在广东省,一年中发生的罢工次数大概在80起,在大连经济技术开发区,一年中发生罢工次数也有 70 余起。通过观察我们发现,这些罢工行为的背后往往隐藏着不全面的并购交易,那么在并购项目中,如何避免重大劳动问题的发生,也应引起我们足够的重视。

在股权并购项目中,其员工安置和费用安排根据《劳动合同法》和《公司法》的解释如下:《劳动合同法》第 33 条规定,用人单位变更名称、法定代表人、主要负责人或者投资人等事项,不影响劳动合同的履行。这里谈到投资人、股东的变更,在股权并购过程中,仍要继续履行劳动合同,这意味着投资方并购的目标公司只要存在,其内部股东的变化并不影响员工与这家公司签署的合同。《公司法》第 17 条规定,公司研究决定改制、解散、申请破产以及经营方面的重大问题、制定重要的规章制度时,应当听取公司工会的意见,并通过职工代表大会或者其他形式听取职工的意见和建议。我们看到的表述是"应当听取公司工会的意见",而非接受,那么在现实的并购交易中,工会和职工代表大会往往变成一种程序性的要求。但是不同国家的《公司法》会有不同的区别。比如,在德国,会有共同决定权,即公司做出重大决定时,须连同工人委员会共同决定方可进行。如某一公司希望在中国设厂,其德国工会将提出意见,对该设厂行为会不会对其在德国的公司职工所在的工作岗位产生负面影响,随后进行评估。只有评估能够满足工人委员会的要求,其方可同意在中国设厂的决定。

正因为有这样的规定存在,导致一些在并购交易中看似简单的问题,存在巨大的潜在风险,因此需要从劳动法的视角去看待这些法律问题。几年前,K 集团要收购 B 公司在中国所有工厂的全部股权。在整个交易进程中,B 聘请的律师按照股权收购协议去做,仅告知员工,根据《劳动合同法》第 33 条,你们的合同继续履行,没有丧失,只是工作企业由 B 变成 K,如果对于身份转变不满,可以辞职,但是拿不到补偿金。这引发了员工的强烈不满,他们采取封厂静坐的方式,对企业造成了巨大损失,当地政法委也介入了此事。

B 在中国的工厂拥有几千名员工,有的员工在此工作了几十年,这一笔安置经费是极其巨大的。由于 B 聘请的并购律师在签约前没有考虑这些问题,买卖双方都不愿意负责,导致客户整体的商业决策中缺了一部分费用,没有将其放到商业定价中,使客户处于非常被动的局面。

笔者在介入后,为了防止事态的扩大,首先同商务部领导和中华全国总工会的领导见面并进行沟通。拿出一套解决方案,如果员工愿意继续留在厂房,那么他的工龄会延续计算;如果他们不愿意,将得到一笔法定补偿金加当地额外补偿金(N+X)；如果他们希望获得补偿，但同时保留工作，那么可以先结算补偿，再重新签订合同，但是需归零工龄。最终妥善解决了问题。

在另一起并购案中，笔者代表法国的某一公司收购国内一家钢铁厂。假如单纯按照调查所得出的股权价格，大概在4亿元。但是该钢铁厂拥有5万余名员工，在人员安置费用上，将存在8亿元的巨额资金，因此整个收购价格应该是12亿元左右，在12亿元的成本下，收购方是否愿意继续进行交易，客户将会重新决策。但是对于律师而言，我们需要将各方面的信息汇总到一起，做出一个完整的方案，以便帮助客户全面看清交易。在之前的一些并购项目中，很多人都没有考虑这方面的问题，因为侥幸没有出事。但随着中国对于劳资关系的越发重视，K公司与B公司并购项目中发生的不良事项可能会频繁发生，需要引起我们的重视。

那么在资产并购下的员工安置原则和费用安排是怎样的？员工安置的一般原则有两种方式：一种是人随资产走；另一种是以并购交易完成日为界，卖方负责交易完成日之前的费用，买方负责交易完成日后的费用。

在国有交易中，经常提到人随资产的概念。比如，A公司收购B公司的一项业务，合同中规定的设备和业务均转移到A公司，B公司专门做这项业务的员工，在客观上不会继续留在B公司工作。在这种情况下，买卖双方的心态不一，A公司在收购的时候，会提出交割日之前所产生的费用应由B公司承担，那么，这些员工是否必然随着资产的转移而来到A公司？法律上没有对人随资产走的定义，正因为没有这样的要求，对于买方来讲，他的选择余地相对较大，可以分为三种。第一种是不接收员工，第二种是选择性接收部分员工，第三种是接收全部员工。这三种方式的选择取决于A公司在资产转移后，需要多少人员与业务相匹配。律师应当建议客户对于匹配人员人数按照劳动生产率进行评估，并告知客户。但是，这种选择也受制于商业谈判。B公司也可能要求A公司必须全部接收员工，方可达成项目收购。对于A公司而言，最有利的方式是挑选人员，不负担这些员工在交割日前的经济补偿，在转移至A公司后，与他们重新建立劳动关系，这样会将此处的法律风险，经济负担给原来的卖家。对于卖方最有利的情况是人随资产走，将全部员工转移给买方，由买方全部认可员工的合同年限，在合同中做一个转移协议，其经济补偿金、工资拖欠、税务补偿金问题尽量不要提及，模模糊糊地转移出去。在实际过程中主要依靠双方的谈判来实现。

那么，如果员工不接受转移怎么办？因为人的需求是多样化的，律师设计的方案不可能满足每一个人对于工作的需求。这里存在以下几种方式。

（1）协商解除：如果公司没有强有力的理由让员工离开，就需要提供一份N+X的补偿金。由于各个地方的情况不同，导致X数量的差异比较大。我们需要注意的是，X的数量可能是由于该地区历史并购交易中的突发事件所决定的。我们在给出X之前，要与当地的政府部门进行很好的沟通，假如当地普遍情况是X=1，那么我们财大气粗地给X=3，可能会搅乱市场秩序。至于N的数量，需要取决于谈判。

（2）劳动合同到期终止：这是一种比较简单的方式，只要我们在做尽职调查时列出这部分人员的数量即可。

劳动合同订立时所依据的客观情况发生重大变化：这种变化包括兼并、迁址、资产转移等。比如，由于资产转移，导致员工的工作岗位没有客观存在的基础。那么在此条件下，公司应当首先在内部为其安排别的岗位，假如双方不能达成一致，才可以解除合同。

（3）经济性裁员：这一点更加困难，虽然《劳动合同法》中规定了这一部分，但是在实际中各家公司均很难实现。首先其在人数上的限制是20人以上或者达到整个企业员工总数的10%。法定理由包括：

依照企业破产法规定进行重整的；实际中，破产重整往往处在非常靠后的时间点，有的企业利润增长开始下降初期，便试图进行裁员，在这一点上法律是不会赋予权力的。

生产经营发生严重困难的；实践中，我们国家对此的定义是要求企业连续3年亏损，连续6个月无力支付最低生活费，即最低工资的75%。

企业转产、重大技术革新或者经营方式调整，经变更劳动合同仍需裁减人员的；实际中，国家将要求企业先对员工进行变更，如变更无法实现，方可批量裁员。其他因劳动合同订立时所依据的客观经济情况发生重大变化，致使劳动合同无法履行的。实际中，这一条是在2008年国际金融危机中启用的，由于大部分企业订单减少，因此国家赋予企业裁员的权利。但是在如今的环境下，不能再作为批量裁员的理由。

经济性裁员在程序上首先要向工会和全体职工说明情况，并听取工会和职工的意见，将裁员人员方案向劳动行政部门报告。一旦企业报告，政府将启动预警系统，委派劳动监察进驻企业调查。假如企业存在人力资源管理的历史遗留问题，将全部被查出。

正因为存在这种情况,很多企业在进行经济性裁员时,会制订人员安置和补偿方案。我们在帮助企业做方案的过程中,需要考虑以下几个方面的关系:

(1)员工方面:考虑员工是否可能产生集体性的不满情绪,导致罢工行为的出现。我们需要同员工中的领袖、核心圈建立很好的沟通渠道,运用恰当的谈判技巧。

(2)政府方面:要处理好包括商务部门,人力资源和社会保障部门,工商管理部门,地方政法部门的关系。一旦发生集体罢工问题,当地政府会视其为影响社会稳定的突发问题,这意味着公检法司及电信部门都将介入。

(3)工会方面:近几年工会的形态发生了很大的变化,我们可以看到,全国总工会做了许多呼吁保护员工的事情。在中国,工会作为一个准政府机构,依靠并与它合作,会是利大于弊。因此,我们强烈要求企业要同工会及时沟通,争取到工会的理解与支持。

近年来,随着并购交易的增多,越来越多的劳动问题被摆上了台面,对于我们的律师来说,这是发挥自身专业特长的良好机会,同样也是巨大的挑战。

企业改制重组的内容包括业务重组、资产重组、债务重组、股权重组、人员重组和管理体制重组,其中资产重组是企业改制重组的核心环节,也是其他重组的基础。企业重组的要点包括:

(1)业务重组。股份公司应该制定明确的主业发展方向和经营发展目标,强化其业务标准,即公司必须具有集中突出的主营业务、明确的主导产品、详尽严密的业务发展计划、完整清晰的业务发展战略和巨大的主业成长潜力。因此,要将与主营业务无关且对公司利润影响不大,甚至起副作用的业务剥离出来。在主营业务的确定上,除了考虑公司的经营现状外,还需要考虑公司的发展规划和发展战略、业务的发展前景和成长潜力、新的利润增长点的培育和业务空间的拓展等因素。

(2)资产重组。资产重组应遵循的原则是资产划分与业务划分相匹配、资产与负债相匹配、净资产规模与股本结构相匹配、净资产规模与业绩相匹配。按照重组方案对进入股份公司的资产以原企业的报表数为基础,进行相应的资产划分。凡能明确某项资产的使用部门,如果该部门划归股份公司,则相应的资产(主要指固定资产)也划入股份公司,否则划归改制后存续的非上市主体。凡能明确与某类经济业务相关的资产,如该项业务属于股份公司,则相应资产也投入股份公司,否则划归改制后存续的非上市主体。依据股份公司和集团公司的资产分别独立运作的要求,对集团公司的非生产经营性资产进行剥离。由于此类资产不会产生利润,会增大资产规模,减少资产利润率,降低资产营运质量,因此应予以剥离。当然,对剥离出来的非经营性资产要明确管理单位,充分考虑社会的承受能力等因素。同时,应规范股份公司与其主要股东和各个关联企业之间的关系,避免同业竞争,减少关联交易,并确认已存在的关联交易的合理性,以切实维护投资者的合法权益。

(3)债务重组。债务划分应遵循的原则是:控股股东与股份公司双方合理分担,并尽可能保证同一银行账户资金的独立完整性;保证股份公司的资产负债比例合理(不得高于70%),且符合上市要求;与进入股份公司的资产和机构相关的债务一并划入股份公司;应付工资、应付福利费按进入股份公司的职工人数比例进行划分;正在进行及潜在的诉讼和第三者索赔,所形成的负债由控股股东承担;债务处理的方式和程序符合法律规定,不得损害原债权人的利益。按照重组方案对进入股份公司的资产以原企业的报表数为基础,进行相应的债务划分。凡能明确为取得某项资产而产生的负债,若该项资产划入股份公司,其负债也一并划入,否则划归改制后的非上市主体。凡能明确为某项业务而发生的债务,若该业务属于股份公司经营范围,则相应负债也划入股份公司,否则划归改制后存续的非上市主体。

(4)股权重组。通过股权重组,促使股份公司产权清晰,权责明确。具体来说,就是要做到产权关系明晰化,产权主体人格化,产权结构多元化。要设计公司科学合理的股权结构,应考虑以下几个方面的因素:保证股权结构必要的稳定性;最大限度地提高资本的运作效率;根据公司的实际需要作出灵活安排;增强公司股本的后续扩张能力。

(5)人员重组。在重组中人员与机构或业务是紧密相连的。股份公司与控股股东都必须设置的机构所需人员,在原相关机构的人员中进行合理的分配;对股份公司新设置的机构所需人员,尽量在控股股东或发起人股东的职工中选择调配;依据股份公司和集团公司的人员相互独立的原则,董事、经理等高级管理人员严禁双重任职;财务人员不能在关联公司中兼职;股份公司的劳动、人事及工资管理与股东单位分离。

(6)管理体制重组。股份公司应制定严格的管理标准,具备高质量的管理团队和高效、完善的管理系统,同时建立健全公司法人治理结构,形成有效的制衡、约束机制。

律师在公司并购重组过程中还有一项重要的工作即开展尽职调查。律师尽职调查是化解资产交易风险的需要，围绕资产交易经济活动特性，尽职调查工作具备了相应特征，与特征相适应，在尽职调查的具体工作中，尽职调查有着自身的调查方式及各类资产具体的调查要点。

资产交易律师尽职调查是律师工作中一项传统业务，随着资产交易复杂程度的提升，尽职调查的广度和深度得以扩展，其具体作用体现在以下五个方面：

(1)评判交易主体的合法性，力求交易主体能从法律的角度得到确认。

(2)评判交易对象的合法性，任何一个理智的交易主体都不会选择不合法的资产作为交易对象，交易的资产获取方必须了解该资产是否属于可以合法转让的资产，转让方是否合法持有并有权将交易对象转让给己方。

(3)评判交易项目中可能存在的法律障碍，为确定交易成本和设计交易方案提供依据。律师尽职调查，发现并评估交易资产本身的特性、法律状况或者存在的瑕疵等，为交易双方最终确定交易提供依据或通过某种交易方案解决法律上的障碍，避免不利因素的存在造成交易成本的增加或导致交易无法进行。

(4)促使交易主体对交易对象及相关情况进行真实的陈述和保证。在资产交易中，律师尽职调查并不免除对方保证其提供的文件、资料和信息的真实性、完整性的义务。相反，通过尽职调查，对交易对象资产有一定了解，将有助于促使交易对方如实就交易对象及相关情况作出陈述与保证，并在交易协议中予以明确。

(5)律师提交的调查报告构成委托方交易决策依据之一。律师调查报告是委托方重要的分析评估材料，调查报告中关于交易对象合法性以及存在的法律上的瑕疵等内容将影响交易商务目的的实现、是交易双方评估交易方案、交易成本的主要资料。

第四节　涉及国有产权的并购法律实务

一、国有资产并购概述

所谓企业国有资产转让，是指国家出资企业的国有资本所有人或授权使用人经许可依法将企业国有产权转移给他人的行为。转让是法律上的处分行为的最主要方式。由于国家公产原则上不可自由处分，故转让主要是国家私产尤其国家出资企业的处分行为，同时也是国家私产乃至整个国有财产处分制度中的

最主要内容,其有着重大意义:

(1)盘活国有资产存量,重组优化企业结构。同20世纪八九十年代利用外资组建合资企业(建立一个新企业)相比,吸引外资、民资并购国有企业,重在盘活国有资产存量,并通过重组国企,进而实现产业结构的调整和优化升级。重组国企包括调整国企的产品结构、技术结构、资本结构和组织结构。在明晰产权关系后,外资、民资并购国企会主动注入优质资本、先进技术、设备、资金等,改善国企管理,优化资本结构和企业组织,以快速实现提高效率和资本增值的目的。

(2)弥补国有企业资产重组的资金不足。一国经济发展的最初动力源于资本投入的增长,资本稀缺是阻碍一国经济增长和发展的关键因素。作为占国民经济主导地位的国有经济更需要不断地资本投入,从过去十几年国有企业的资本投入看,基本上投入的是债务资本,即依靠债务融资。因此,利用外资、民资参与国有企业,有利于资本市场的发展和资本配置的优化。

(3)扭转国有企业低效和亏损局面、提升行业的国际竞争力。我国加入世界贸易组织后,国企面临严峻挑战。在一些国企依靠自身力量无法扭转亏损的情况下,通过把全部或部分股权出售给外资、民资,经过外部资金的注入和优质资本,进行改组改造,可以迅速实现扭亏为盈。同时外资、民资并购国企,也为国有资产和国有股退出提供了有效途径。可借此机会推动某些行业的重组与整合,改变国企难以从行业退出,从而导致的行业集中度低,过度竞争和单个企业规模较小等问题。这对于提高行业的整体素质,提高整个行业的国际竞争力很有意义。

目前调整国有资产的法律、法规、规章包括《企业国有资产法》《企业国有资产评估管理暂行办法》《企业国有资产监督管理暂行条例》《企业国有产权交易操作规则》等。国有资产的并购重组同样也存在诸多风险,主要有以下几个方面:

(1)并购重组带来的财务风险。财务信息是上市企业最核心的信息,也是国有控股上市公司判断被并购企业经营状况的最主要依据,对重组并购财务风险的识别与防范直接决定了并购重组业务的成败。目前国有上市公司并购重组业务所带来的财务风险主要有以下两个方面:第一,对被并购企业的财务信息了解不充分,使企业以较高的价格并购了盈利能力不强的企业,增加了企业的资产负债率。第二,资金压力风险。对外实施并购和重组业务对企业的资金能力提出了很高的要求,在并购重组业务完成之后还需要国有控股上市公司投入一定的资金来改善被并购企业的经营活动,这就给国有控股上市公司现金流的安全带来了很大的危机。

(2) 并购重组带来企业管理不善风险。我国国有企业与一般的民营企业在生产和运营的目的上有着明显的不同,民营企业生产运营的目的是获取更多的利润,而国有企业生产运营的目的不仅仅是创造利润,还需要实现国有资产的保值增值,激活整体国民经济的发展。因此,企业规模和营业额成为考核国有企业高层管理者的重要指标。部分国有企业管理者为了追求企业资产规模的扩大,盲目地并购重组,导致企业的规模超出企业管理的能力,造成企业经营管理不善,企业的管理成本激增,企业内部失控,给企业的安全稳定运行带来了巨大的风险。

(3) 并购重组给企业带来文化和理念的冲突。目前国有企业并购的中小企业大多与本企业的经营理念和企业文化有一定的冲突,特别是国有企业的管理机制与民营企业的管理机制存在巨大的差别。一旦国有企业通过并购和重组的方式将部分民营企业纳入本企业之内,国有企业的企业文化与被并购企业的企业文化可能存在一定的区别,甚至存在一定的冲突,这就给国有企业的人力资源管理提出了新的挑战,也给国有企业的团队管理带来了新的危机和风险。

(4) 并购重组带来企业规模不经济效应风险。众所周知,在经济学理论里面有著名的规模经济效应理论,指的是企业通过逐步扩大规模可以充分有效地利用固定资产投入,降低企业整体运营成本,提高企业的运行效率,这也是很多国有上市企业进行并购和重组的主要动因。但是需要指出的是,在实际经营管理过程中,企业的运营成本并不是一定随着规模的扩大而一直降低,在某些情况之下企业的运营成本甚至会随着规模的扩大导致运营成本的增加,这也就是企业规模不经济效应。盲目的并购和重组行为很可能会导致国有控股上市公司的规模不经济现象的出现。

转让分为有偿转让和无偿转让,有偿转让即买卖或产权交易,无偿转让即过去常说的无偿划转或无偿划拨。无偿划转是计划经济体制下的产物,也是国有产权转移经常使用的做法。这与当时国有企业等单位缺乏法人所有权及其经营自主权有关。

但随着市场经济体制的建立和健全,确立了企业法人所有权及其经营自主权后,国有产权转移就不能采取简单的行政划转做法。国家出资企业等国家私产如同私有财产一样,也应遵循市场原则进行产权流转。

二、关于收购方式的选择

收购可分为股权收购和资产收购。收购方和被收购方可以共同制定收购方案。

股权收购是指收购方通过与被收购方股东进行有关股权的交易,使收购方成为被收购方股东的行为。股权收购无须办理资产过户手续,可以节省费用和时间,同时能直接承继被收购方的原有资质,能规避资产收购中关于资产转移(如专利等无形资产)的限制。此种收购需要注意的是收购方要承继被收购方的各种法律风险,如负债、法律纠纷等。企业并购一般通过两种方式实现:一是收购目标公司的资产;二是收购目标公司的股权(产权)或对目标公司增资扩股最终达到控股目标公司的目的。

资产收购是指收购方通过受让被收购方的资产和业务的方式实现收购被收购方的目的。资产收购的优势在于收购资产是被收购方的实物资产或无形资产的受让,被收购方的主体资格不发生任何变化,收购方对被收购方自身的债权债务也无须承担任何责任。与股权收购方式相比,资产收购可以有效规避被收购方所涉及的各种问题如债权债务、劳资关系、法律纠纷等。实践中,国有企业转让资产时应当根据具体情况作出具体的分析,选择一种风险小、收益大的收购方式。

(一)通过协议收购上市公司非流通股直接控股上市公司

我国上市公司流通股比例较小、国有股居控股地位、外资进入A股市场的限制尚未完全放开以及非流通股价格低于流通股价格等因素,决定了外资要成为上市公司的控股股东或大股东,协议受让低价格的国有股或法人股仍是其主要途径。中国第一例外资并购上市公司案——"1995年日本五十铃和伊藤忠联合收购北旅汽车案"即是以此方式进行的。协议并购方式主要应注意遵守我国国有资产转让的审批、评估程序以及产业政策的有关规定。

(二)通过协议收购上市公司流通股直接控股上市公司

我国证券市场上存在一定数量的"三无"概念股。对于此类公司,外资通过QFII直接收购流通A股就可能实现对公司的并购。同时,由于我国允许上市公司向境外投资者发行B股和H股,因此在B股或H股占公司股权比例相对较大的情况下,外资也可以通过直接收购B股或H股来实现并购上市公司的目的。1999年"皮尔金顿收购耀皮玻璃案"即属此例。采用收购流通股方式主要应注意遵守我国信息披露、外汇管理以及要约收购的有关强制性规定。

(三) 上市公司向外资定向增发 B 股以使其达到并购目的

对于外资来讲,取得定向增发的 B 股不仅价格比二级市场流通股的价格低,且可在一定程度上规避二级市场收购严格烦琐的信息披露要求和协议收购方式要通过的严格的审批和评估程序。如果定向增发 B 股的比例较高,外资还可能成为公司的控股股东,因此这也是外资并购的方式之一。1995 年福特并购江铃汽车和 2002 年上工股份向德国 FAG 公司增发就是典型案例。对于监管层而言,应强化定向增发 B 股方式中的信息披露义务,除了要求上市公司发布必要的增发公告外,还应要求上市公司对定向增发对象的有关信息进行及时充分的披露。

(四) 通过换股的方式直接并购上市公司

换股是国外比较通行的大公司并购方式,其最大的特点在于股权的价值以对方股权而不是现金的形式体现出来,因此可以避免大公司并购时巨大的资金压力。《上市公司收购管理办法》原则上开放了换股并购方式。换股的关键在于依据双方净资产值、资产质量以及主营业务的市场前景等因素来确定换股的比例。这往往涉及艰苦的谈判和复杂的计算过程,其结果对双方公司的投资者利益影响巨大。因此,对于换股,监管层应强化其全过程尤其是换股比例确定方法的信息披露义务,以保证投资者获取充分及时的投资信息。

(五) 上市公司向外资发行定向可转换债券以达到收购目的

此种方式是我国证券市场的创新。优点是既可以使国内企业及时获得紧缺的资金与管理资源,又可以避免股本迅速扩张带来的业绩稀释问题,有利于保护中小股东的利益。2002 年青岛啤酒向美国 AB 公司发行 1.82 亿美元的定向可转换债,约定在 7 年内分 3 次按约定价格强制性转为可流通 H 股,从而开创了这一并购方式的先河。我国公司法对可转换债只作了原则性规定,证监会和《上市公司证券发行注册管理办法》等规定仅适用"中国境内的上市公司申请在境内发行以人民币认购的可转换公司债券",而缺乏向外资定向发行可转债的规定。在实践已经先行的情况下,应迅速展开立法和监管工作。鉴于向外资定向发行可转换债涉及外资并购范畴,故建议除了强化信息披露监管外,还可在发债审批程序上进行严格把关。

(六) 外资通过收购上市公司的核心资产实现并购目的

实践中,外方往往通过与上市公司组建由外方控股的合资公司来反向收购上市公司的核心业务和资产,从而间接实现并购目的。米其林公司通过与轮胎橡胶组建由其控股的合资公司,并反向收购轮胎橡胶的核心业务和资产,就是一个典型的案例。收购资产可以实现实质控制,避免收购股权所面临的审批程序,但无法获得珍贵的"壳"资源,且核心资产被收购后,上市公司的独立性也存在问题。我们认为,此种收购行为首先应遵守我国有关关联交易的法律规定,同时为了实现对外资并购的规制,应对上市公司出售核心资产课以严格的信息披露要求,发现涉及外资并购,应要求外资履行特定的审批手续。

(七)利用债转股市场并购国有企业

债转股目前已经成为国企改革的一项重大突破性举措,具体做法是将商业银行原来对符合条件的国有企业的债权转化为资产管理公司对企业的债权,由资产管理公司作为投资主体,成为企业股东。但是,由于债转股本身并没有化解业已存在的风险,而是将原来企业与银行承担的风险转移到资产管理公司身上,因此资产管理公司持有企业股份并非一种长期投资行为,其负担的主要任务和目的在于尽快运用市场划分的方式促使其所持有的企业股份,通过出售、回购、证券化等形式收回资金,化解金融风险,同时起到减轻企业负担,优化企业投资组合的目的。通过收购公司债权而间接获得其股权,即"债转股",从而获得对国有企业的控制权。

(八)通过拍卖方式竞买上市公司股权

现在很多上市公司的大股东由于到期债务不能清偿而被起诉,其所抵押的上市公司股权将通过人民法院的强制执行程序被拍卖。

三、关于资产转让的原则

如果选择资产收购的方式,那么,根据《企业国有资产法》第52条的规定,国有资产转让应当有利于国有经济布局和结构的战略性调整,防止国有资产损失,不得损害交易各方的合法权益。实践中,不同收购主体在收购的条件、收购价款、职工安置、债权债务的处理等方面会存在较大的差异。国有资产转让应当严格按照法律规定的程序。因此,应当做好可行性研究,按照内部程序进行审议,并形成决议,将该决议提交主管部门批准,主管部门批准后方可进行资产的转让。

四、关于清产核资及财务审计

国有资产管理部门对企业内部资产转让决议进行审核和批准后,应当进行清产核资。清产核资应编制资产负债表和资产移交清册,核实和界定国有资本金及其权益,其中国有企业借贷资金形成的净资产必须界定为国有资产。财务审计由委托的会计师事务所实施,包括对企业法定代表人的离任审计。清产核资的目的是真实反映企业的资产及财务状况,为科学评价国有资产保值增值提供依据。

五、关于评估机构的评估

由转让方按照《企业国有资产评估管理办法》聘请具备资格的资产评估事务所进行评估,评估报告经核准或者备案后,作为确定企业国有产权转让价格的参考依据。评估是在清产核资的基础上进行的,以清产核资的结果作为依据,因此,清产核资的数据必须做到准确、权威。实践中,民营企业之间的并购一般在评估价值的基础上由双方协商确定最终收购价格。国有企业作为收购方时,收购价格一般不高于评估价值;作为转让方时,转让价格一般不低于评估价值。如高于或低于评估价值,应经特殊程序批准。

六、关于挂牌竞价

根据《企业国有产权交易操作规则》规定,企业国有产权转让主体在履行相关决策和批准程序后,应通过产权交易机构发布产权转让信息,公开挂牌竞价转让企业国有产权。转让方应当发布转让公告,首次信息公告的期限应当不少于20个工作日,从而广泛征集受让方。经公告产生两个以上受让方时,以拍卖或招投标方式进行产权交易。只有一个受让方的,可采取协议方式转让。此时受让方的资质、商业信誉、经营情况、财务状况、管理能力、资产规模都将成为转让是否成功的必要条件,转让方应综合考虑相关因素做出最佳的选择。

七、关于转让合同的签订

转让成交后,转让方和受让方签订国有资产转让合同,取得产权交易机构出具的产权交易凭证。如果是以协议方式转让,应当将双方草签的协议提交公司决策层审议。如国有独资企业由总经理办公会审议;国有独资公司由董事会审议,没有设立董事会的由总经理办公会审议。

八、关于国有企业的职工安置

目标公司的管理人员与职工通常把公司的并购看成一种威胁,并购对他们来说充满了不确定性和不安全感。因为企业并购后,随之而来的就是减员增效,这将造成大量的富余人员失业。按照有关方面的统计,目前我国国有企业的富余人员占职工总数的20%~30%。而我国长期以来形成的身份观念(国有企业之间的相互并购为职工所接受,但如果被非公有制企业并购,职工往往在心理上无法接受),职工安置是我国企业并购特别是并购国有企业中一个比较复杂的问题。并购方一般强调职工应当进入市场,由市场重新配置,但政府要求由并购方或并购后的企业承担。我国现行的法律政策虽然对并购的职工安置问题作了要求,但是,并没有提出比较好的解决方法,因此,职工安置问题仍然是困扰民资、外资并购国有企业的一个障碍。

如果选择股权收购方式,原则上并购后企业应继续履行原企业和职工签订的劳动合同。须支付经济补偿金、解除劳动合同的,相关职工安置费用应分段计算,并购前应发生的费用以原股东权益承担,并购后发生的费用由新老股东权益共同承担。

如果选择资产收购方式,由于国有企业法人资格仍然存在,其与原职工所签订的劳动合同仍应该公司继续履行;因资产收购导致国有企业与原职工无法履行原劳动合同的,该企业应向职工支付经济补偿金、解除劳动合同;收购方或其设立的新公司需要聘用原企业职工的,另行签订劳动合同。

九、特定程序

公司并购重组涉及国有资产情况下,须履行特定的程序:

(1)产权转让及改组申请的审批。被收购公司所在地的政府国资部门(产权人)编制产权出让及改组申请。改组申请材料应当附可行性研究报告、改组方和被改组企业的情况、外国投资者的情况(包括经注册会计师审计的最近3年的财务报告和在中国境内拥有实际控制权的同行业企业产品或服务的市场占有率)、改组方案(包括职工安置、债权债务处置和企业重整方案)、改组后的企业(包括其直接或间接持股的企业)的经营范围和股权结构等文件。

(2)资产清查、财务审计。国有产权持有人组织被收购的国有公司进行资产清查、产权界定、债权债务清理,编制清查日资产负债表、财产清册和债权债务清单,聘请具备资格的中介机构进行财务审计。

(3)评估立项。被收购公司提交资产评估立项申请书,经主管部门签署意见后,报国资管理部门。资产评估立项申请书包括以下内容:资产占有单位名称、隶属关系、所在地址;评估目的;评估资产的范围;申报日期;其他内容。资产评估立项申请书,须附产权出让及改组行为审批机关的批准文件和国有资产管理行政主管部门颁发的产权证明文件。国资管理部门收到立项申请书后,应在10日内下达是否准予评估立项的通知书,超过10日不批复自动生效,并由国资管理部门补办批准手续。

(4)资产评估。受委托的资产评估机构,对被评估资产的价值进行评定和估算,并向委托单位提出资产评估结果报告书。

(5)评估结果的验证确认。收到资产评估机构的资产评估结果报告书后,报主管部门审查;主管部门审查同意后,报同级国资管理部门确认资产评估结果。经国资管理部门确认的资产评估价值,作为资产经营和产权变动的底价或作价的依据。

(6)签订转让协议,聘请律师出具法律意见书。在获得国家经济贸易主管部门对产权转让的申请的批复及完成资产评估后,签订转让协议。转让协议应包括以下主要内容:协议各方的状况,包括名称、住所、法定代表人姓名、职务、国籍等;购买股权的份额和价款;协议的履行期限、履行方式;协议各方的权利、义务;违约责任、争议解决;协议签署的时间、地点。转让协议应当附国有产权登记证、被改组企业的审计及资产评估报告核准或备案情况、职工安置方案、债权债务协议、企业重整方案、改组方案及被改组企业的有关决议、被改组企业职工代表大会的意见或决议等文件。

(7)转让协议逐级报批。在转让协议签订后,由被收购公司所在地的地方政府将协议连同相关材料逐级上报至中华人民共和国国有资产监督管理委员会审批。

第十六章 咨询和代书律师实务

第一节 法律咨询律师实务

一、律师的法律咨询概述

狭义的律师法律咨询,是指律师针对社会大众就日常生活和工作中所发生的各种与法律有关的问题给予解答、提供意见和建议。而广义的律师法律咨询涵盖范围更为宽广,是指律师以口头或者书面形式,为已经确立委托关系的客户以及尚未确立委托关系的社会大众解答法律问题,提供自己意见和建议的全部咨询活动。

在律师提供的法律咨询中,狭义的法律咨询活动仍然占有一定的比例。此类咨询具有以下特点:

(1)所涉及的法律问题十分广泛,而且贴近普通大众的日常生活和工作。其中,关于婚姻、家庭关系,劳动关系,消费者权益保护,医疗事故,交通事故,人身尊严和基本权利,购房纠纷,邻里关系,各种诉讼程序的基本常识等与普通大众息息相关的问题占绝大部分。

(2)所提问题大都与特定的纠纷有关,涉及商务活动的问题即使有,也通常比较简单。还要特别注意,有些问题如果已经多年没有得到解决,非常棘手,就不是通过咨询本身可以解决得了的。

(3)在通常情况下,提问者与律师之间没有委托关系,而且一般也很难收取费用。

(4)律师进行口头咨询的比例相当大。虽然在少数情况下,也有律师通过回函,或者通过报纸进行回复的,但是,这种回复在法律专业性和针对性方面较之律师给自己的客户提出书面回复还是有很大差别。

在律师进行的各种形式的法律咨询中,商务咨询,即律师为其客户(包括潜

在的客户)就商务问题提供的咨询服务,则表现出与狭义的法律咨询所不同的另外一些特点。这些特点包括:

(1)对律师咨询的专业性和完整性有较高的要求。客户通常不满足于律师只是泛泛地谈及一般的法律规定或者法律原则,而是要获得具有针对性的、可操作性的答案。律师在回复咨询时,常常要对整个事件作出详细的分析,对所有适用法律作出细致的介绍,对于可能发生的后果作出具体的预测,并且对于各种解决方案的利弊得失作出完整的归纳和总结。

(2)提问者中的很多人和单位已经成为律师的客户,或者很有可能与律师建立委托关系。

(3)回复客户咨询以书面形式为主。在很多情况下,完成口头咨询后,律师还要跟着进行书面总结或者补充。

二、律师的法律咨询工作

(一)律师回复法律咨询的方式

律师回复法律咨询的方式主要有口头和书面两种方式。

1. 口头咨询

口头咨询,是指律师通过面谈、电话,以及通过电台、可视电话等方式进行的咨询和回复。在进行口头咨询时,要注意以下问题:

(1)一定要听清当事人的问题和意图,准确把握问题的基本情况。对于有口音或者患有口吃的当事人需要特别耐心。在实践中,因为口音造成的张冠李戴事件经常发生,所以,要反复核对当事人所说词语,避免似是而非。对于一些说话没有逻辑的当事人,可以以提问题的方式将自己没有听懂的问题仔细加以确认,但是要注意,在听的过程中不要随意打断当事人的话,应该在当事人充分完整论述一个阶段后,再适时地提问确认自己没有听懂的部分,在听的过程中,要态度真诚,做一个认真的倾听者,让当事人有告知的欲望。

(2)在回复问题时,尤其是在回复普通大众提出的问题时,律师除应严肃认真,思路敏捷,口齿清晰之外,还要特别注意不要故弄玄虚,故意玩弄法律词语。对于一些难以避免的词汇,也要以通俗的语言加以解释。当事人没有听懂时,要复述或者换一种更简洁的说法。当事人询问法律具体依据的时候,要注意自己说话的方式是否能够让当事人信任,并且应该清晰地将法律的具体依据告知。

(3)有些时候,限于时间和经验的原因,律师在进行口头咨询时难免遇到某些一时难以圆满回复的问题。如果你认为需要回复,不妨把问题记录下来,以后再以口头或者书面形式进行回复或者补充说明。

2. 书面咨询

律师可以通过很多方式进行书面咨询,其中包括书面留言、信函、传真、电子邮件,以及通过报纸杂志刊登回复等。关于如何完成书写工作,我们在以下"法律文书写作"中作较为完整的阐述,在这里我们特别提醒律师在进行书面咨询时要注意所承担的法律责任。

在各种书面回复中,全面的分析报告和正式的法律意见书或者类似的法律文件往往是用户开展重大行动的依据,有时甚至是上呈政府审批的必要文件。如果存在重大错误表述,或者隐瞒重大事实则可能会给客户造成重大损失,甚至将律师陷入法律纠纷之中。因此,在回复之前,一定要仔细分析案情,认真研究法律,需要进行独立调查的一定要进行调查。完成初稿后要请更资深的律师审阅,确保所发表的意见和建议准确无误。

(二) 律师进行法律咨询需要遵循的原则

1. 以事实为根据,以法律为准绳

律师在进行法律咨询时要恪守以事实为根据,以法律为准绳的原则。一定要在准确、全面和深入掌握客观事实和分析适用法律的基础上,客观、公正地表达自己的法律意见和建议。一方面,要理清当事人陈述事实的逻辑和内容,找到问题点,有时需要进行事实调查,在进行事实调查中,要提醒当事人讲实话,不要只表述对自己有利的事实和只提供对自己有利的证据。需要律师自己进行独立调查时一定要独立完成。另一方面,根据事实,严谨、准确、中立、客观地遵循法律的相关规定向当事人陈述观点和建议。在进行法律分析时,要准确适用法律,既不能一味迎合,甚至助长客户的错误观点和主张;也不能因为忌讳各种压力,避重就轻,敷衍了事。实践证明,只要坚持这个原则,律师就会立于不败之地;也只有坚持这个原则,客户的合法权益和法律的公正性才能最终得到保证。

2. 最大限度地维护当事人的合法权益

为维护当事人的合法权益,律师应当在法律允许的范围内做出最大的努力。在进行法律咨询时,凡是涉及当事人合法权益的地方,律师都应当着重强调,对于当事人合法权益受到侵犯后能够得到的救济,无论是经济补偿还是精神补偿,律师都应该正确告知,并且提出尽可能有利且可以付诸实施的建议,当然,对于不利于当事人的问题,律师也不能隐瞒;相反地,律师应当在可能的范围内提出尽可能优质的解决方案。

3. 避免激化矛盾,尽量减少当事人的诉讼之累

在现实生活中,有些律师有时为了自己的利益,迎合当事人一时的难平之气,将并不严重的事情说得严重,夸大当事人受到的伤害,故意激化原本并不十分激烈的争议,希望从中获得赚取更多名利的机会。这种做法严重违反了律师的职业道德,不符合当事人的根本利益,应当坚决杜绝。因此,律师应该公正客观地解释当事人遇到的问题并提出理性的建议,不可以一味地劝说当事人诉讼,而是要将诉外解决和起诉解决问题的各方利弊向当事人解释清楚,由当事人自己决定,不能为了代理费用而成为"荐讼师",而是应该在可能的范围内,积极采取措施,避免激化矛盾,尽量减少当事人的诉讼之累。

4. 为当事人提供高质量的法律服务

律师提供的服务是职业服务,职业服务应当是高质量的。高质量的法律服务意味着所提供的法律咨询在内容上做到准确、客观、全面、细致;在语言表达上做到主旨明确,用词准确,语言简练流畅,并且富有逻辑性;在形式上做到口齿清晰,文字无误,材料打印/印刷清晰,装订整齐。

第二节　法律文书写作

一、律师代写法律文书概述

律师代写法律文书,又称律师代书,是指律师根据当事人的委托,以当事人的名义,或者虽然签署自己的姓名,但是由当事人承担有关责任,旨在表达当事人对有关法律问题的意见的文书。在律师向当事人所提供的各种法律服务中,代写法律文书是一项对律师的法律功底、逻辑思维、文字表达能力等均有较高要求的工作,是衡量律师法律专业素质的一个重要尺度。

律师代写法律文书具有以下特点:

(1)律师代写法律文书之前,需要经过当事人特别委托,或者是在当事人已经给予的委托范围之内。没有当事人的授权,或者超越当事人的授权,尤其在所撰写的内容不符合当事人的利益的时候,律师本人就要自行承担相应的法律责任。

(2)这些法律文书虽然由律师撰写,甚至由律师本人签署,但基于律师与当事人之间的委托关系,法律文书体现的是当事人的意志,因此,由法律文书所引发的所有法律责任也要由当事人承担。

（3）由于律师是法律专业人士，熟悉法律，在代写法律文书时，不仅要考虑当事人的意志和愿望，还要融入自己的见解和知识，发挥律师本人的才智，用法律的语言将当事人的意志和愿望完整地甚至是创造性地表达出来。事实上，由律师代写法律文书通常比当事人自己撰写有关文书更能保护当事人的合法权益。这也正是在起草重要法律文件时，当事人希望由律师代为起草的主要原因之一。

（4）由律师代写的法律文件往往比较重要，比较正式，专业要求也较高，对于律师的专业素质要求也就比较高，律师本人因此而遭受的法律风险也就较大。

二、律师代写法律文书工作

（一）律师代写法律文书要遵循的基本原则

（1）要充分领会当事人的意图和目的（当然是受到法律认可和保护的意图和目的），注意加强与当事人的沟通，不能自以为是。没有充分表达或者错误表达了当事人意图和目的的法律文书，无论写得多么完美，都是南辕北辙，毫不足取，甚至还要给律师本人招惹麻烦。

（2）在文书内容上，一定要以事实为依据，以法律为准绳。在内容上努力做到准确、全面、深刻。尤其注意在法律上一定要经得起推敲和考验。切忌事实表述错误、法律适用错误或者存有重大缺陷。

（3）在文书表述上，要做到主题突出，尽量直接、明确地表达当事人的意图，切忌言而无物；要做到法律逻辑清晰，有理有据，切忌自相矛盾，逻辑混乱；要做到表达流畅，行文简练，切忌文辞怪僻冷涩、啰唆重复。

（4）在文书书写上，要使用钢笔、签字笔、毛笔进行书写或者签字。提交打印文件的，要注意打印清晰。所有书面文件切忌涂抹。

（5）在文书格式上，尤其是向各级人民法院呈送的诉讼文书和正式的合同协议、遗嘱等一定要注意遵循法定的，或者通行的格式。在一般情况下，不要自创一套，闭门造车。最高人民法院曾经专门颁布了《法院诉讼文书格式》，律师代写诉讼文书时需要特别参考。

（6）还要注意有关部门对于文书纸张、份数等问题的特别要求，避免在这些技术问题上耽误时间。

（二）律师代写法律文书的范围

律师代写法律文书的范围非常广泛，凡是当事人需要撰写的法律文件几乎都可以由律师代为起草。按照一般的分类方法，可以将律师代写法律文书的范围分为诉讼类的法律文书和非诉类的法律文书两类。

1. 诉讼类的法律文书

诉讼类的法律文书,包括当事人在进行民事、刑事和行政诉讼时需要撰写和向人民法院提交的各种诉讼文书,以及在诉讼过程中撰写的各种相关资料和文件。由于仲裁文书与诉讼文书具有一定的相似性,所以也有将仲裁文书归并到诉讼文书类别的。

诉讼类的法律文书主要包括:起诉状、答辩状/仲裁答辩书、反诉状/仲裁反诉请求、上诉状、撤诉状、各种申请书,包括仲裁申请、管辖异议申请、回避申请、延期开庭申请、证据保全申请、先予执行申请、执行申请、查扣财产申请、刑事鉴定申请、要求传唤证人的申请等,以及围绕诉讼/仲裁进行,当事人需要撰写的各种汇报材料。

2. 非诉类的法律文书

非诉类的法律文书同样种类繁多,大体可以分为商务文件和一般民事法律文件。前者包括各种当事人在经济往来中,为建立、执行、变更和消灭相关法律关系而签署的各种合同和协议(包括与之相关的附件、补充协议),以及当事人为完成一定的商业目的,或者在商务活动中需要出具的各种申请、信件、通知、公告、指示等,如公司注册、变更、注销申请,各种知识产权登记,债务催缴通知,董事会决议,为制止侵权而发表的声明等。而后者则更多地围绕普通民事关系的建立、执行、变更和撤销。比如遗嘱、收养协议、析产协议、赠与声明等。

(三) 律师代写法律文书需要特别注意的问题

(1) 实践中,很多律师对自己所写的法律文书过于自信,不愿听取别人的建议。有时候甚至明知道有表述不妥之处也不愿承认和修改。我们认为,凡事兼听则明。而且,如果有不妥之处迟早也会暴露出来,与其将来面对尴尬,还不如现下严谨一些,知错即改。

(2) 有些律师推崇长篇大作,喜欢铺陈繁复,对一些形式主义的东西感兴趣。一些律师对于国外律师的很多表述习惯更是推崇备至。总的来说,尽量将合同/协议,以及各种法律文件撰写得充分、完备是必要的。但是,一定要注意,不要为了追求形式而将自己一知半解的内容也夹杂进去,同时,对于一些在中国还不适用,缺乏可操作性的概念和表达方式还是要慎重使用。

(3) 还有些律师一写文件就火气冲天,每篇文章都像檄文,每份合同都言辞极端,咄咄逼人。这种做法适得其反的例子屡见不鲜。如果能够心平气和,有理有据地将观点或者利益表达清晰、完备,则大可不必一定非要在语言表达上盛气凌人。

(四)几种主要诉讼文书的代书

1. 起诉状

起诉状是当事人为了特定的请求目的,向人民法院呈送的,要求人民法院依照法律程序进行审理的书面文件。从申请启动的诉讼程序上分,起诉状包括民事起诉状、刑事自诉状、刑事附带民事起诉状,以及行政起诉状。

起诉状大体可以分为四部分,即首部、正文、尾部,以及附后证据(含证据目录)。首部包括标题,即诉状的名称和当事人的基本情况;正文包括案由、诉讼请求以及事实和理由;尾部包括呈送法院的名称、具状人的姓名或者单位名称,以及具状的年月日;附后证据一般包括证据目录和证据材料。

撰写首部时要注意,第一,原告(包括刑事自诉案件中的自诉人)和被告是自然人的,除去要列明姓名、性别、年龄、民族、籍贯、职业和住址之外,为方便联系和确定当事人身份,还应注明联系方式和身份证号码;是单位组织的,要列明单位名称、地址、法定代表人或者单位负责人的姓名及职务以及联系方式。第二,原告如果有诉讼代理人,要将代理的情况注明,代理人如果是非律师,要注明他/她的姓名、性别、年龄、职业、地址和联系方式;代理人是律师的,要说明姓名、性别、工作单位和联系方式。第三,如果有多个被告,或有第三人,要按上述规定依次列出。

撰写正文时,第一,要按当地人民法院的有关规定或者当地通行的方式确定案由。第二,诉讼请求要分项依次列明,尤其注意确定好总的诉讼金额,以便于人民法院确定案件受理费用,涉及外币的,要提供折算标准和折算后的金额。第三,在书写正文中的事实和理由部分时,注意应先将事件过程描述清晰,再进行法律分析。这一部分律师可以发挥自己的能动性。常见的一种做法是,对事实只进行简要的描述,法律分析也是点到为止,只要达到立案的目的即可。充分、完整的阐述和分析留待日后的证据交换、代理词或者庭后补充材料再进行。

起诉状的尾部要完整。如果所呈法院在起草诉状时还不确定,则可以将法院名称空出,留待以后用钢笔或者签字笔填写。原告(包括刑事自诉案件中的自诉人)是自然人的,要本人签名并且加盖本人印章;是单位组织的,要加盖公司印章,在实践中,一般还要求必须由单位法定代表人或者单位负责人本人签字。

准备附录证据材料时要注意准备证据目录。同时，证据材料一般为复印件或者实物照片即可。证据原件和实物可在开庭时呈交。

2. 上诉状

上诉状是当事人不服一审未生效的判决和裁定，在法定期限内，向上一级人民法院提出按照上诉程序进行审理的书面文件。上诉状的格式与起诉状类似，大体也可以分为四部分，即首部、正文、尾部，以及附后证据（含证据目录）。

在撰写首部时，除要写明当事人的基本情况以外，还要将其在一审程序中的法律地位（原告、被告，或者第三人）标明。在刑事公诉案件中，上诉人还要将一审被告的拘留、逮捕和羁押情况进行简要介绍。

上诉状正文的开头部分有比较固定的书写模式，即"上诉人因××一案，不服××法院××××年××月××日（　　）字第×号判决/裁定，现提出上诉。上诉请求如下："在书写上诉请求时要具体明确，或者是要求发回重审，或者是要求撤销或者变更判决/裁定中的第几项内容。在书写事实和理由部分时，一般要围绕着认定事实错误、适用法律错误，以及法律程序错误等几方面展开。当然，上诉人也可以结合案件的具体情况，适当改变书写格式。由于并非所有二审案件都有开庭机会，而且二审开庭与一审开庭存在一定区别，所以我们建议在书写上诉状的正文时一定要将需要发表的意见完全表达出来。

上诉状的尾部和附后证据与起诉状的基本相同。如果有在一审时没有提交的新证据，上诉人可以在提交上诉状时一并提出。

3. 答辩状

答辩状的格式及其内容与起诉状基本相同，也同样包含首部、正文、尾部和附后证据四个部分。每一部分的内容也与起诉状相似，不同的地方在于：

在答辩状的"首部"，一般要套用固定的表达方式，即"答辩人因××提出的××一案，提出答辩如下"：

在正文中，答辩人通常既要驳斥对方的观点和主张，又要阐述自己的观点和主张。如果双方争议的要点比较多，在行文时一定要注意条理清晰，将实体和程序的问题区别开；将对对方的驳斥与自己关于某个具体问题的理解区别开。如果有反诉，可以在答辩状中一并提出。

4. 申诉状

申诉状是当事人向人民法院或者人民检察院提出的，针对已经生效的判决、裁定或者调解书，要求给予撤销或者变更的书面文件。

正式的申诉状在文件格式、请求和内容等方面皆类似于上诉状。由于申诉状所针对的是已经生效的判决,所以,在书写申诉状时要将两审法院的审理情况做扼要的回顾。在内容上,申诉书要抓住最主要的事实问题和法律问题进行阐述,不要在细小的问题上纠缠;同时,建议要将证据进行充分细致的整理准备,使阅读者能够在注意你的论点时,顺利地找到支持这些论点的证据。

5. 向人民法院提交的各种申请

当事人向法院提交的申请种类繁多,包括仲裁申请、管辖权异议申请、仲裁反诉申请、回避申请、延期开庭申请、证据保全申请、先予执行申请、执行申请、查扣财产申请、刑事鉴定申请、要求传唤证人的申请、认定无主财产申请及要求宣告公民失踪、死亡的申请等。由于内容多样,申请格式也就很不统一。

在实际撰写这些申请时,一是要参考借鉴起诉状等具有统一格式的诉讼文书格式;二是要针对具体的请求事项,遵循书写诉讼文书的一般原则;三是向有经验的诉讼律师学习在特定情况下需要注意哪些特别的问题。

第十七章　证券律师实务

第一节　证券律师实务概述

　　证券市场是现代经济的重要组成部分,是市场经济配置资源的重要途径。在现代市场经济中,随着证券化程度的不断提高,证券市场在社会主义市场经济中发挥作用的范围和程度也日益提高。证券市场是股票、债券、基金单位等有价证券及其衍生产品(如期货、期权等)发行和交易的场所。它在现代金融市场体系中处于极其重要的地位。在发达的市场经济国家,资金的融通主要通过短期金融市场(货币市场)和长期金融市场(资本市场)来完成,而证券市场是资本市场的核心,股票和债券是金融市场上最活跃、最重要的长期融资工具和金融资产。从这个意义上讲,证券市场已经成为金融市场中一个最为重要的组成部分。

　　证券市场与市场经济体系的其他组成部分相比,风险度高,敏感性强,波动幅度大,影响范围广,与国民经济的整体状况联系密切,非常需要明确的立法和严格的执法来加强管理和规范。可以说,法律建设是证券市场健康发展的保障。我国在证券市场发展过程中,不断加强法律建设,已经初步形成了证券市场法律法规体系的基本框架。

　　律师及律师事务所从事的证券法律业务,是一项综合性极强、牵涉面广、业务技术要求非常高的专业工作。因此,为保证从事证券法律业务的律师及律师事务所的执业水平,1991年,司法部和中国证监会实行了对律师及律师事务所从事证券法律业务的资格确认制度。

　　资格确认制度施行了十余年,因为种种原因,2002年12月23日中国证监会、司法部根据《国务院关于取消第一批行政审批项目的决定》的要求,决定自2002年11月1日国务院决定发布之日起,有关行政审批项目予以取消:包括律师事务所从事证券法律业务资格审批、律师从事证券法律业务资格审批、外国律师事务所协助中国企业到境外发行股票和股票上市交易备案。律师及律师事务所从事证券法律业务不再受资格的限制。

有关行政审批项目取消后,中国证监会与司法部通过制定管理规范和标准,完善监管手段,加大事中检查、事后稽查处罚力度等措施,来加强对律师及律师事务所从事证券法律业务活动的监督和管理。

就律师实务而言,在从事证券法律业务中,律师享有的权利主要包括:
(1)依法独立从事证券法律业务,不受委托单位意见所左右;
(2)有权要求委托单位如实提供相关资料;
(3)有权根据自己付出的劳务按照规定标准收取相应报酬。

应承担的义务主要包括:
(1)有义务依法进行证券法律业务活动,及时提交法律意见书;
(2)有义务保守服务客户的商业秘密(当然不是隐瞒违法事项);
(3)对自己出具的法律意见承担法律责任。

第二节 律师从事证券法律业务的主要内容和基本程序

目前,律师事务所从事证券法律业务的内容主要有:一是为公开发行和上市股票的企业出具法定的法律意见书。二是对招股说明书的内容进行验证,并制作验证笔录。三是审查、修改和制作拟发行和上市股票的公司的其他有关法律文件。

在此需要特别说明的是,这里所谈的律师从事证券业务是狭义上的,即仅指经司法部、中国证监会核批证券法律从业资格,专门就公司发行、上市股票事宜出具法定的法律意见书,以及进行相关的法律服务。应当说,这种法律服务并非每个律师都可以做,这不像其他法律业务,例如诉讼、仲裁或者从事谈判、起草合同等非诉业务,只要是正规执业的律师,人人都可以做。从这个意义上讲,证券法律业务具有某种垄断性质,只有少数人可以从事这方面的业务。

当然,如果就广泛的背景来谈,律师为拟上市公司的其他非证券法律业务,例如诉讼、仲裁案件的代理,起草该公司的买卖合同之类,虽然似乎与该公司证券法律业务多多少少有些关系,但严格说来,这些法律业务就不能说是律师的证券法律业务。本节专就狭义的证券业务进行讨论。

律师从事证券法律业务,其核心内容就是为股票发行和上市事宜出具法律意见书。其基本程序是：

（1）接受委托。律师与公司之间进行初步接触后，如果公司对律师的执业水平和执业品质信任，并比较满意，就有可能会委托该律师及其所在的律师事务所进行证券法律服务。律师与公司双方当事人会在自愿、协商的基础上签订书面委托协议。该委托协议中就要明确双方的权利和义务。一般来说，公司作为委托人负有向律师及其律师事务所提供有关真实情况和材料，向律师事务所支付约定的费用和报酬的义务；承办律师则负有向公司出具法律意见书和关于法律意见书的律师工作报告的义务。

（2）审查各项事实和材料。承办律师在出具法律意见书前，应对公司所提供的各种事实和材料，进行审查并进行初步法律分析。一般来说，承办律师应审查的事实和材料包括：发起人协议、批准文件、公司章程草案、企业重组方案、招股说明书草案、发起人设立批文、公司营业执照、法定代表人资格证明、公司重大合同、有无重大违法行为、有无重大诉讼或仲裁事项等。在审查过程中应将审查结果记录下来，在律师工作报告中要体现出来。如果发现问题，应当向有关方面询问事实原委，帮助公司补充和更正不适当的文件。当然，承办律师也要注意防范自己的执业风险，不能帮助公司出具虚假文件或为其违法意图出谋划策。不过，为了使申报材料更规范，出于公司适度"包装"的考虑，可能会帮助公司制作一些必需的法律文件，也是可以理解的。问题的关键是不能以牺牲原则为代价。

（3）出具法律意见书。承办律师在审查完成有关事实和材料的基础上，依照法律规定、本行业公认的业务标准和道德规范，按照中国证监会要求的标准格式，草拟法律意见书初稿，经两位承办律师共同复核商定后，送交律师事务所主任审批，并以公函名义发送给公司。法律意见书的具体内容一般应包括：申请人所附文件是否齐备、真实；股份公司的筹备是否符合法定要求；公司的章程有无明显瑕疵；公司的股东结构以及不同主体的持股比例是否符合法律要求；公司重大合约是否有效，对公司的业务活动有何影响；公司是否存在重大涉讼案件、未了结的案件以及可能存在的潜在纠纷案件等。承办律师和其所在的律师事务所要对出具的法律意见书的真实性、准确性和完整性进行核查和验证。如果出具的法律意见书虚假或者有严重误导性内容和重大遗漏，承办律师及其所在律师事务所应承担相应责任。承办律师对招股说明书的内容进行验证后要制作验证笔录。验证笔录是主承销律师对招股说明书所述内容进行验证的记录，其目的就在于保证招股说明书的真实性和准确性。验证笔录是发行人向中国证监会申请公开发行股票时必备的法定文件之一。验证笔录的内容由重要信息、依据或确认、确认人三部分构成。承办律师应当对招股说明书中所载全部重要信息进行验证。需要指出的是，法律意见书和验证笔录都应以律师事务所名义制作，由两名以上具有证券从业资格的律师签名，并加盖律师事务所的印章。

第三节 律师为证券法律业务出具法律意见书实务

提交中国证监会的法律意见书和律师工作报告应是经两名以上具有执行证券期货相关从业资格的经办律师和其所在律师事务所的负责人签名，并经该律师事务所加盖公章、签署日期的正式文本。

需要特别注意的是，为适应推行证券发行核准制的要求，保护投资者的合法权益，根据《证券法》《公司法》等法律、法规的规定，中国证监会在总结实践经验的基础上，制定了《公开发行证券公司信息披露的编报规则第12号——公开发行证券的法律意见书和律师工作报告》（以下简称第12号编报规则或规则），于2001年3月1日发布施行。1999年6月15日发布的《公开发行股票公司信息披露的内容与格式准则第6号——法律意见书的内容与格式（修订）》同时废止。

下面对股票上市发行的法律意见书的体例、格式作一简单介绍。

（一）法律意见书和律师工作报告的基本要求

第12号编报规则规定，拟首次公开发行股票公司和已上市公司增发股份、配股，以及已上市公司发行可转换公司债券等，拟首次公开发行股票公司或已上市公司（以下简称发行人）所聘请的律师事务所及其委派的律师（以下"律师"均指签名律师及其所任职的律师事务所）应按本规则的要求出具法律意见书、律师工作报告并制作工作底稿。

需要特别指出的是，第12号编报规则的部分内容不适用于增发股份、配股、发行可转换公司债券等的，发行人律师应结合实际情况，根据有关规定进行调整，并提供适当的补充法律意见。法律意见书和律师工作报告是发行人向中国证监会申请公开发行证券的必备文件。律师在法律意见书中应对第12号编报规则规定的事项及其他任何与本次发行有关的法律问题明确发表结论性意见。律师在律师工作报告中应详尽完整地阐述所履行尽职调查的情况、在法律意见书中所发表意见或结论的依据、进行有关核查验证的过程、所涉及的必要资料或文件。

　　第 12 号编报规则要求,法律意见书和律师工作报告的内容应符合规则的规定。规则的某些具体规定确实对发行人是不适用的,律师可根据实际情况作适当变更,但应向中国证监会书面说明变更的原因。规则未明确要求,但对发行人发行上市有重大影响的法律问题,律师应发表法律意见。律师签署的法律意见书和律师工作报告报送后,不得进行修改。如律师认为需补充或更正,应另行出具补充法律意见书和律师工作报告。

　　律师出具法律意见书和律师工作报告所用的语词应简洁明晰,不得使用"基本符合条件"或"除……以外,基本符合条件"一类的措辞。对不符合有关法律、法规和中国证监会有关规定的事项,或已勤勉尽责仍不能对其法律性质或其合法性作出准确判断的事项,律师应发表保留意见,并说明相应的理由。这一点对于证券法律业务的承办律师尤其重要。有的律师出于讨好客户或业务竞争等种种原因,可能会对公司发行上市的实质性缺陷或障碍"视而不见",或者使用上述模糊措辞"基本符合条件"或"除……之外,基本符合条件"等,应严格避免。

　　发行人申请文件报送后,律师应关注申请文件的任何修改和中国证监会的反馈意见,发行人和主承销商也有义务及时通知律师。这些变动和意见如对法律意见书和律师工作报告有影响,律师应出具补充法律意见书。发行人向中国证监会报送申请文件前,或在报送申请文件后且证券尚未发行前更换为本次发行证券所聘请的律师或律师事务所的,更换后的律师或律师事务所及发行人应向中国证监会分别说明。更换后的律师或律师事务所应对原法律意见书和律师工作报告的真实性和合法性发表意见。如有保留意见,应明确说明。在此基础上更换后的律师或律师事务所应出具新的法律意见书和律师工作报告。

　　律师应在法律意见书和律师工作报告中承诺对发行人的行为以及本次申请的合法、合规进行充分的核查验证,并对招股说明书及其摘要进行审慎审阅,并在招股说明书及其摘要中发表声明:"本所及经办律师保证由本所同意发行人在招股说明书及其摘要中引用的法律意见书和律师工作报告的内容已经本所审阅,确认招股说明书及其摘要不致因上述内容出现虚假记载、误导性陈述及重大遗漏引致的法律风险,并对其真实性、准确性和完整性承担相应的法律责任。"

　　律师在制作法律意见书和律师工作报告的同时,应制作工作底稿。律师工作底稿是指律师在为证券发行人制作法律意见书和律师工作报告过程中形成的工作记录及在工作中获取的所有文件、会议纪要、谈话记录等资料。律师应及时、准确、真实地制作工作底稿,工作底稿的质量是判断律师是否勤勉尽责的重要依据。在以往实践中,承办律师有重法律意见书和律师工作报告的撰写,而轻视律师工作底稿的撰写和整理的情况。律师工作底稿的意义非常大,是保证律师执业水平和质量以及自我保护的依据,必须认真对待。

工作底稿的正式文本应由两名以上律师签名,其所在的律师事务所加盖公章,其内容应真实、完整、记录清晰,并标明索引编号及顺序号码。工作底稿应包括但不限于以下内容:

(1)律师承担项目的基本情况,包括委托单位名称、项目名称、制作项目的时间或期间、工作量统计;

(2)为制作法律意见书和律师工作报告制订的工作计划及其操作程序的记录;

(3)与发行人(包括发起人)设立及历史沿革有关的资料,如设立批准证书、营业执照、合同、章程等文件或变更文件的复印件;

(4)重大合同、协议及其他重要文件和会议记录的摘要或副本;

(5)与发行人及相关人员相互沟通情况的记录,对发行人提供资料的检查、调查访问记录、往来函件、现场勘查记录、查阅文件清单等相关的资料及详细说明;

(6)发行人及相关人员的书面保证或声明书的复印件;

(7)对保留意见及疑难问题所作的说明;

(8)其他与出具法律意见书和律师工作报告相关的重要资料。

上述资料应注明来源。凡涉及律师向有关当事人调查所作的记录,应由当事人和律师本人签名。工作底稿由制作人所在的律师事务所保存,保存期限至少7年。中国证监会根据需要可随时调阅、检查工作底稿。

(二)律师出具法律意见书的必备内容

法律意见书开头部分应载明,律师是否根据《证券法》《公司法》等有关法律、法规和中国证监会的有关规定,按照律师行业公认的业务标准、道德规范和勤勉尽责精神,出具法律意见书。

1. 律师应声明的事项

(1)律师应承诺已依据第12号编报规则的规定及本法律意见书出具日以前已发生或存在的事实和我国现行法律、法规和中国证监会的有关规定发表法律意见。

(2)律师应承诺已严格履行法定职责,遵循了勤勉尽责和诚实信用原则,对发行人的行为以及本次申请的合法、合规、真实、有效进行了充分的核查验证,保证法律意见书和律师工作报告不存在虚假记载、误导性陈述及重大遗漏。

(3)律师应承诺同意将法律意见书和律师工作报告作为发行人申请公开发行股票所必备的法律文件,随同其他材料一同上报,并愿意承担相应的法律责任。

(4)律师应承诺同意发行人部分或全部在招股说明书中自行引用或按中国证监会审核要求引用法律意见书或律师工作报告的内容,但发行人作上述引用时,不得因引用而导致法律上的歧义或曲解,律师应对有关招股说明书的内容进行再次审阅并确认。

在实务中,如果遇到特殊情况,律师可作出其他适当声明,但不得作出违反律师行业公认的业务标准、道德规范和勤勉尽责精神的免责声明。

2. 法律意见书正文

律师应在进行充分核查验证的基础上,对本次股票发行上市的下列(包括但不限于)事项明确发表结论性意见。所发表的结论性意见应包括是否合法合规、是否真实有效,是否存在纠纷或潜在风险:

(1)本次发行上市的批准和授权;

(2)发行人本次发行上市的主体资格;

(3)本次发行上市的实质条件;

(4)发行人的设立;

(5)发行人的独立性;

(6)发起人或股东(实际控制人);

(7)发行人的股本及其演变;

(8)发行人的业务;

(9)关联交易及同业竞争;

(10)发行人的主要财产;

(11)发行人的重大债权债务;

(12)发行人的重大资产变化及收购兼并;

(13)发行人公司章程的制定与修改;

(14)发行人股东大会、董事会、监事会议事规则及规范运作;

(15)发行人董事、监事和高级管理人员及其变化;

(16) 发行人的税务；

(17) 发行人的环境保护和产品质量、技术等标准；

(18) 发行人募集资金的运用；

(19) 发行人业务发展目标；

(20) 诉讼、仲裁或行政处罚；

(21) 原定向募集公司增资发行的有关问题（如有）；

(22) 发行人招股说明书法律风险的评价；

(23) 律师认为需要说明的其他问题。

3. 律师对本次发行上市的总体结论性意见

律师应对发行人是否符合股票发行上市条件、发行人行为是否存在违法违规以及招股说明书及其摘要引用的法律意见书和律师工作报告的内容是否适当，明确发表总体结论性意见。律师已勤勉尽责仍不能发表肯定性意见的，应发表保留意见，并说明相应的理由及其对本次发行上市的影响程度。上面已经提到，律师自身作为精通法律业务的专门人士，理应具有风险意识，切不可为了承揽证券业务而违背原则，掩盖虚假，出具有问题的法律意见书，结果反而招致中国证监会等机构的行政处罚。在现实生活中，这样的事例并不少见。

（三）律师工作报告的必备内容

律师工作报告开头部分应载明，律师是否根据《证券法》《公司法》等有关法律、法规和中国证监会的有关规定，按照律师行业公认的业务标准、道德规范和勤勉尽责精神，出具律师工作报告。

1. 律师工作报告引言

在这一部分，要简介律师及律师事务所，包括但不限于注册地及时间、业务范围、证券执业律师人数、本次签名律师的证券业务执业记录及其主要经历、联系方式等。说明律师制作法律意见书的工作过程，包括但不限于与发行人相互沟通的情况，对发行人提供材料的查验、走访、谈话记录、现场勘查记录、查阅文件的情况以及工作时间等。

2. 工作报告正文

律师首先要指出本次发行上市的批准和授权：

(1) 股东大会是否已依法定程序作出批准发行上市的决议；

(2) 根据有关法律、法规、规范性文件以及公司章程等规定，上述决议的内容是否合法有效；

(3)如股东大会授权董事会办理有关发行上市事宜,上述授权范围、程序是否合法有效。

然后,律师要指出发行人发行股票的主体资格:

(1)发行人是否具有发行上市的主体资格;

(2)发行人是否依法有效存续,即根据法律、法规、规范性文件及公司章程,发行人是否有终止的情形出现。

接下来,律师就要指出本次发行上市的实质条件,分别就不同类别或特征的发行人,对照《证券法》《公司法》等法律、法规和规范性文件的规定,逐条核查发行人是否符合发行上市条件。

律师对发行人设立的审查要点是:

(1)发行人设立的程序、资格、条件、方式等是否符合当时法律、法规和规范性文件的规定,并得到有权部门的批准。

(2)发行人设立过程中所签订的改制重组合同是否符合有关法律、法规和规范性文件的规定,是否因此引致发行人设立行为存在潜在纠纷。

(3)发行人设立过程中有关资产评估、验资等是否履行了必要程序,是否符合当时法律、法规和规范性文件的规定。

(4)发行人创立大会的程序及所议事项是否符合法律、法规和规范性文件的规定。

律师对发行人的独立性的审查要点是:

(1)发行人业务是否独立于股东单位及其他关联方;

(2)发行人的资产是否独立完整;

(3)如发行人属于生产经营企业,是否具有独立完整的供应、生产、销售系统;

(4)发行人的人员是否独立;

(5)发行人的机构是否独立;

(6)发行人的财务是否独立;

(7)概括说明发行人是否具有面向市场自主经营的能力。

律师对发起人和股东(追溯至发行人的实际控制人)的审查要点是:

(1)发起人或股东是否依法存续,是否具有法律、法规和规范性文件规定担任发起人或进行出资的资格;

(2)发行人的发起人或股东人数、住所、出资比例是否符合有关法律、法规

和规范性文件的规定;

(3)发起人已投入发行人的资产的产权关系是否清晰,将上述资产投入发行人是否存在法律障碍;

(4)若发起人将其全资附属企业或其他企业先注销再以其资产折价入股,应说明发起人是否已通过履行必要的法律程序取得了上述资产的所有权,是否已征得相关债权人同意,对其原有债务的处置是否合法、合规、真实、有效;

(5)若发起人以在其他企业中的权益折价入股,是否已征得该企业其他出资人的同意,并已履行了相应的法律程序;

(6)发起人投入发行人的资产或权利的权属证书是否已由发起人转移给发行人,是否存在法律障碍或风险。

律师对发行人的股本及演变的审查要点:

(1)发行人设立时的股权设置、股本结构是否合法有效,产权界定和确认是否存在纠纷及风险;

(2)发行人历次股权变动是否合法、合规、真实、有效;

(3)发起人所持股份是否存在质押,如存在,说明质押的合法性及可能引致的风险。

律师对发行人的业务的审查要点:

(1)发行人的经营范围和经营方式是否符合有关法律、法规和规范性文件的规定;

(2)发行人是否在中国内地以外经营,如存在,应说明其经营的合法、合规、真实、有效;

(3)发行人的业务是否变更过,如变更过,应说明具体情况及其可能存在的法律问题;

(4)发行人主营业务是否突出;

(5)发行人是否存在持续经营的法律障碍。

律师对发行人的关联交易及同业竞争的审查要点:

(1)发行人是否存在持有发行人股份5%以上的关联方,如存在,说明发行人与关联方之间存在何种关联关系;

(2)发行人与关联方之间是否存在重大关联交易,如存在,应说明关联交易的内容、数量、金额以及关联交易的相对比重;

(3)上述关联交易是否公允,是否存在损害发行人及其他股东利益的情况;

(4)若上述关联交易的一方是发行人股东,还需说明是否已采取必要措施对其他股东的利益进行保护;

(5)发行人是否在章程及其他内部规定中明确了关联交易公允决策的程序;

(6)发行人与关联方之间是否存在同业竞争,如存在,说明同业竞争的性质;

(7)有关方面是否已采取有效措施或承诺采取有效措施避免同业竞争;

(8)发行人是否对有关关联交易和解决同业竞争的承诺或措施进行了充分披露,以及有无重大遗漏或重大隐瞒,如存在,说明对本次发行上市的影响。

律师对发行人的主要财产的审查要点:

(1)发行人拥有房产的情况;

(2)发行人拥有土地使用权、商标、专利、特许经营权等无形资产的情况;

(3)发行人拥有主要生产经营设备的情况;

(4)上述财产是否存在产权纠纷或潜在纠纷,如有,应说明对本次发行上市的影响;

(5)发行人以何种方式取得上述财产的所有权或使用权,是否已取得完备的权属证书,若未取得,还需说明取得这些权属证书是否存在法律障碍;

(6)发行人对其主要财产的所有权或使用权的行使有无限制,是否存在担保或其他权利受到限制的情况;

(7)发行人有无租赁房屋、土地使用权等情况,如有,应说明租赁是否合法有效。

律师对发行人的重大债权债务的审查要点:

(1)发行人将要履行、正在履行以及虽已履行完毕但可能存在潜在纠纷的重大合同的合法性、有效性,是否存在潜在风险以及对本次发行上市的影响作出说明;

(2)上述合同的主体是否变更为发行人,合同履行是否存在法律障碍;

(3)发行人是否有因环境保护、知识产权、产品质量、劳动安全、人身权侵害等原因产生的侵权之债,如有,应说明对本次发行上市的影响;

(4)发行人与关联方之间是否存在重大债权债务关系及相互提供担保的情况;

(5)发行人金额较大的其他应收、应付款是否因正常的生产经营活动发生,是否合法有效。

律师对发行人重大资产变化及收购兼并事项的审查要点：

(1)发行人设立至今有无合并、分立、增资扩股、减少注册资本、收购或出售资产等行为，如有，应说明是否符合当时法律、法规和规范性文件的规定，是否已履行必要的法律手续；

(2)发行人是否拟进行资产置换、资产剥离、资产出售或收购等行为，如拟进行，应说明其方式和法律依据，以及是否履行了必要的法律手续，是否对发行人发行上市的实质条件及本规定的有关内容产生实质性影响。

律师对发行人章程的制定与修改的审查要点：

(1)发行人的章程或章程草案的制定及近3年的修改是否已履行法定程序。

(2)发行人的章程或章程草案的内容是否符合现行法律、法规和规范性文件的规定。

(3)发行人的章程或章程草案是否按有关制定上市公司章程的规定起草或修订。无法执行有关规定的，应说明理由。发行人已在我国香港地区或境外上市的，应说明是否符合到境外上市公司章程的有关规定。

律师对发行人股东大会、董事会、监事会议事规则及规范运作的审查要点：

(1)发行人是否具有健全的组织机构；

(2)发行人是否具有健全的股东大会、董事会、监事会议事规则，该议事规则是否符合相关法律、法规和规范性文件的规定；

(3)发行人历次股东大会、董事会、监事会的召开、决议内容及签署是否合法、合规、真实、有效；

(4)股东大会或董事会历次授权或重大决策等行为是否合法、合规、真实、有效。

律师对发行人董事、监事和高级管理人员及其变化的审查要点：

(1)发行人的董事、监事和高级管理人员的任职是否符合法律、法规和规范性文件以及公司章程的规定；

(2)上述人员在近3年尤其是企业发行上市前一年是否发生过变化，若存在，应说明这种变化是否符合有关规定，履行了必要的法律程序；

(3)发行人是否设立独立董事，其任职资格是否符合有关规定，其职权范围是否违反有关法律、法规和规范性文件的规定。

律师对发行人的税务、环境保护和产品质量、技术等标准的审查要点：

(1)发行人及其控股子公司执行的税种、税率是否符合现行法律、法规和规范性文件的要求。若发行人享受优惠政策、财政补贴等政策,该政策是否合法、合规、真实、有效。

(2)发行人近3年是否依法纳税,是否存在被税务部门处罚的情形。

(3)发行人的生产经营活动和拟投资项目是否符合有关环境保护的要求,有权部门是否出具意见。

(4)近3年是否因违反环境保护方面的法律、法规和规范性文件而被处罚。

(5)发行人的产品是否符合有关产品质量和技术监督标准。近3年是否因违反有关产品质量和技术监督方面的法律法规而受到处罚。

律师对发行人募股资金的运用的审查要点:

(1)发行人募股资金用于哪些项目,是否需要得到有权部门的批准或授权。如需要,应说明是否已经得到批准或授权。

(2)若上述项目涉及与他人进行合作,应说明是否已依法订立相关的合同,这些项目是否会导致同业竞争。

(3)如发行人是增资发行的,应说明前次募集资金的使用是否与原募集计划一致。如发行人改变前次募集资金的用途,应说明该改变是否依法定程序获得批准。

律师对发行人业务发展目标的审查要点:

(1)发行人业务发展目标与主营业务是否一致;

(2)发行人业务发展目标是否符合国家法律、法规和规范性文件的规定,是否存在潜在的法律风险。

律师对发行人的诉讼、仲裁或行政处罚事项的审查要点:

(1)发行人、持有发行人5%以上(含5%)的主要股东(追溯至实际控制人)、发行人的控股公司是否存在尚未了结的或可预见的重大诉讼、仲裁及行政处罚案件。如存在,应说明对本次发行、上市的影响。

(2)发行人董事长、总经理是否存在尚未了结的或可预见的重大诉讼、仲裁及行政处罚案件。如存在,应说明对发行人生产经营的影响。

(3)如上述案件存在,还应对案件的简要情况作出说明(包括但不限于受理该案件的法院名称、提起诉讼的日期、诉讼的当事人和代理人、案由、诉讼请求、可能出现的处理结果或已生效法律文书的主要内容等)。

律师对原定向募集公司增资发行的有关问题的审查要点:

（1）公司设立及内部职工股的设置是否得到合法批准；
（2）内部职工股是否按批准的比例、范围及方式发行；
（3）内部职工股首次及历次托管是否合法、合规、真实、有效；
（4）内部职工股的演变是否合法、合规、真实、有效；
（5）如内部职工股涉及违法违规行为，是否该行为已得到清理，批准内部职工股的部门是否出具对有关情况及对有关责任和潜在风险承担责任进行确认的文件。

律师对发行人招股说明书法律风险的评价要点是：是否参与招股说明书的编制及讨论，是否已审阅招股说明书，特别对发行人引用法律意见书和律师工作报告相关内容是否已审阅，对发行人招股说明书及其摘要是否存在虚假记载、误导性陈述或重大遗漏引致的法律风险进行评价。

第12号编报规则规定，没有作明确要求，但对发行上市有重大影响的法律问题，律师认为需要说明的其他问题，律师应当发表法律意见。

第四节 律师出具法律意见书需要注意的法律责任问题

尽管出具法律意见书的律师接受的是当事人也就是发行人的委托，应当为当事人提供法律专业服务，但从有关法律和中国证监会有关规定不难看出，主管部门希望设置通过证券法律事务"专门"律师这样一个"高门槛"，来规范发行人行为的良苦用心。从许多规定的内容来看，对出具法律意见书的律师及其所在律师事务所提出了相当多的特别要求。从这个层面上讲，律师从事证券法律服务——"垄断性"的服务也有其相应的风险。

例如，《证券法》第163条明确规定："证券服务机构为证券的发行、上市、交易等证券业务活动制作、出具审计报告及其他鉴证报告、资产评估报告、财务顾问报告、资信评级报告或者法律意见书等文件，应当勤勉尽责，对所依据的文件资料内容的真实性、准确性、完整性进行核查和验证。其制作、出具的文件有虚假记载、误导性陈述或者重大遗漏，给他人造成损失的，应当与委托人承担连带赔偿责任，但是能够证明自己没有过错的除外。"因此，律师从事令人艳羡的非诉业务——证券法律专业服务的同时，也应看到其承担法律责任的另一方面。

因此，律师在执业过程中要时刻注意自己的一言一行，切实提高执业水平，尽可能避免潜在的法律责任问题。

第十八章　WTO 律师实务

第一节　WTO 律师实务概述

一、世界贸易组织

1994 年 4 月 15 日,参加关贸总协定乌拉圭回合谈判的 124 个国家和欧共体代表签署了包括《马拉喀什建立世界贸易组织协议》(以下简称 WTO 协议)在内的"最后文件"。根据文件安排,世界贸易组织(WTO)于 1995 年 1 月 1 日正式成立,它所管辖的框架协议正式生效。世界贸易组织是在组织上取代关贸总协定,协调和约束各成员贸易政策、法规和措施的政府间国际组织。WTO 既是一个负责协调当今国际贸易关系的伞形国际机构体系,也代表着一整套管理和调整国际贸易关系的国际条约体系(WTO 法)。无论是在机构体系还是在法律制度上,WTO 都是对其前身关贸总协定的继承和发展。

二、世界贸易组织管辖的基本原则

(一) 最惠国待遇原则

最惠国待遇原则(Most Favoured Nation Treatment,MFN)在调整范围和适用范围上不同于国际经济交往中一般最惠国待遇原则,也不同于 WTO 服务贸易总协定与贸易有关的知识产权协议阐述的最惠国待遇原则。GATT 第 1 条规定:"在对进出口货物征收的关税和费用方面或与进出口有关的关税和费用方面;在对进出口货物国际支付转移所征收的关税和费用方面;在征收上述关税和费用的方法方面;在与进出口货物相联系的规章手续方面以及在本协定第 3 条第 2 款及第 4 款所述事项方面,缔约方给予原产于或运往任何其他国家的任何产品的利益、优惠、特权或豁免应当立即无条件地给予原产于或运往所有其他缔约方领土的类似的产品。"

GATT 第 3 条规定了国民待遇原则(National Treatment, NT),其含义是:一成员的产品输入到另一成员境内时,进口方不应直接或间接地对该产品征收高于本国相同或类似产品的国内税和国内费用,以及在执行国内规章方面实行差别待遇。国民待遇原则是 GATT 非歧视原则的重要组成部分,它强调成员应给予外国进口产品公平竞争环境,一旦外国产品进口后,不应在国内税和国内规章的执行上实行内外有别,歧视外国产品,保护本国产品。

GATT 第 3 条包含了三条基本规则:

(1)一成员领土的产品输入到另一成员时,不能以任何直接或间接的方式对进口产品征收高于对本国同类产品征收的国内税和国内费用(第 2 款第 1 句);

(2)一成员领土的产品输入到另一成员领土时,在关于产品的国内销售、标价出售、分销、购买、运输、分配或使用的全部法令、条例、规章方面所享有的待遇,不应低于同类的本国产品所享有的待遇(第 4 款);

(3)国内税和国内费用,影响产品在国内销售、标价出售、分销、购买、运输、分配或使用的法令、条例和规定,以及对产品的混合、加工或使用的国内数量限制条例,在对进口产品或本国产品实施时,不应用来对国内生产提供保护(第 1 款、第 2 款第 2 句)。

(二)逐步削减关税和约束关税原则

关贸总协定把"希望达成互惠互利协议,导致大幅度地削减关税和其他贸易障碍"作为其基本目标。根据 GATT 第 28 条附加的阐述,逐步削减关税是指通过互惠互利的谈判,大幅度降低关税和其他进出口费用水平,特别是降低使少量进口都受阻碍的高关税,以发展国际贸易。GATT 本身并没有强制要求其成员把关税降到或约束在某种水平,而是要求缔约方之间通过谈判达成相互满意的削减关税和非关税障碍的协议(包括关税减让表等文件),以此达到降低关税和其他贸易障碍的目的。事实上,GATT 乌拉圭回合谈判在削减关税特别是农产品关税方面取得重要成果,WTO 成立后,有关成员于 1997 年达成诸边的《信息技术产品协议》,将近 300 个税号的信息技术产品关税实现"零关税"。

(三)一般禁止实行数量限制原则

数量限制是国家禁止商品进出口或对进出口的商品数额进行限制的各种法律和行政措施,如配额、许可制度等。与关税、政府补贴等措施不同,数量限制常表现为政府直接干预对外贸易。GATT 创始人倡导自由贸易,希望减少直至取消国际贸易障碍,但是,他们也认识到这个目标的实现不能一蹴而就,在相当长的时期内,允许缔约方采取一些保护措施是一种现实的选择。在可行的各种保护措施中(关税、海关手续、数量限制、补贴),GATT 宁愿缔约方采取关税措施。因为关税是透明的、相对稳定,执行时易于监督;而数量限制具有隐蔽性、随机性、防不胜防。关税措施在最惠国待遇原则指导下可保证非歧视地适用,数量限制因行政自由裁量很容易被歧视地适用。因此,GATT 主要缔约方坚决反对数量限制。

(四)保持权利义务平衡原则

GATT 保持权利义务平衡原则的含义是:各成员在贸易谈判中作出的让步、承诺,交换各自的减让,构成国际贸易及国际收支的大体平衡。成员间每一次通过谈判达成的协议和减让承诺形成有约束力的义务,在此基础上形成的权利义务平衡应该保持。任何有实质利益的其他成员可以合理期待,基于这种平衡产生的利益和让步不应受到抵消和损伤,如果损害发生,应给予补偿。GATT 1994 序言中的规定,第 28 条严格的修改减让表程序规定,第 23 条关于非违法之诉制度,都体现了这一原则。

第二节 律师协助委托人代理反倾销法律事务

一、倾销的概念

倾销是指出口商以低于正常价格向进口国出口和销售产品。它分为长期倾销、短期倾销和偶然性倾销,其中,前两种具有不正当竞争性,扭曲了产品价格和正常竞争机制,给进口国相关产业造成影响和损害,各国通常依据国内反倾销法和救济程序采取反倾销措施。由于各国反倾销制度不同,采取反倾销的条件程序也不同,反倾销措施的滥用成为贸易保护主义工具。

WTO 反倾销规则来自两个基本文件:《1994 年关税与贸易总协定》第 6 条规定和《关于实施关贸总协定 1994 第 6 条的决定》(以下简称《反倾销协议》),这两个文件主要规范 WTO 成员对倾销产品进口的反应,使这种被允许的进口限制和管制措施在公平合理的基础上实施,不至于构成对正常国际贸易的障碍。但是协议并不直接约束外国企业出口倾销产品行为,协议没有任何约束企业倾销的规则,也没有禁止企业倾销,只是说这类行为应该"谴责"。协议生效后,各成员的国内反倾销法和反倾销措施不得与之相抵触,否则受损害的一方可以提请 WTO 争端解决机构解决争议。

二、反倾销实体规则

（一）倾销的构成要件

GATT 第 6 条规定："缔约方认识到，用倾销手段将一国产品以低于正常价格办法引入另一国商业，如果因此对一缔约方领土内已经建立的产业造成实质性损害或实质性损害威胁，或实质上阻碍某一国内产业新建，则该倾销应予以谴责。"这说明 WTO 协议允许各成员采取限制措施的倾销行为应具备以下构成要件：

(1) 产品以低于正常价格或低于成本出口销售；

(2) 该倾销产品给进口国生产相同或类似产品的生产部门造成实质性损害或实质性损害威胁，或者阻碍国内工业的新建；

(3) 国内损害与倾销产品进口有因果关系。

只有符合以上条件的倾销行为，协议才允许 WTO 成员采取反倾销措施。

（二）倾销及损害的认定

倾销是一种价格违规行为，是企业低于正常价格出口和销售产品，认定企业是否存在倾销应该先确定被调查产品的正常价格和实际出口价格，再将两者比对得出是否有倾销的结论：

(1) 确定被调查产品的正常价格。认定正常价格的标准应依次参考：①正常贸易中被调查产品在出口国国内供消费的可比价格（国内价格）；②如果被调查产品没有在出口国销售或销售量低，应参考与该产品同类产品出口到一适当第三国的可比价格（第三国价格）；③如果该价格不具有代表性，应以被调查产品的结构价格作为正常价格参考依据，这是指被调查产品在原产国的生产成本加合理的管理成本、销售费用和利润确定（结构价格）。

(2) 确定出口价格。这是正常贸易中进口商购买倾销商品实际支付的价格。

(3) 出口价格与正常价格比较。协议规定出口价格与正常价格应进行公平比较的原则，即应基于相同价格水平（通常为出厂价水平），用尽可能相同时间内发生的交易进行比较，并考虑每一个具体案件影响价格可比性的差异。比较方法是：第一，用加权平均的正常价格与所有可比交易的加权平均出口价格比较；第二，用每笔交易的正常价格与每笔交易的出口价格进行比较。经比较后，如发现产品出口价格低于正常价格即存在倾销，两者的差额为倾销幅度。

(4)损害及其与倾销的因果关系。确定倾销产品给进口国相关工业造成实质性损害或实质性损害威胁应考虑以下因素:倾销产品进口数量;倾销产品的进口价格以及对国内相同或类似产品价格的影响;对国内工业和国内生产者的影响,例如,生产、销售或价格下降,库存增加,有亏损情况,失业率上升等。根据反倾销协议,一成员只有经调查认定国内产业损害是倾销产品进口引起的,才可以采取反措施。在确定损害与倾销产品进口的因果关系时,应特别注意排除非倾销因素对国内产业损害的影响。

三、反倾销程序规则

(一)立案调查

WTO 反倾销调查的规则(《反倾销协议》第 5 条)与反补贴调查(SCM 协议第 11 条)相同。在程序方面,反倾销的调查发起,应由国内产业或国内产业代表提出书面申请(第 1 款),申请书应包括倾销、损害和因果关系的证据,对申请人的主体与其产量和产值加以说明,并且包括被视为倾销产品的一套完整的陈述、该产品在原产地国或出口国市场上出售时的价格、与倾销进口的数量变化及倾销对国内价格的影响和对产业的冲击等。主管机关应审查证据的准确性和充分性,没有证据不能发起调查。如果支持调查的国内生产者的总量超过总产量的50%,则视为代表国内产业提出了申请,如果低于总产量的25%,主管机关不能发起反倾销调查。主管机关根据证据也可以主动发起调查。主管机关必须同时考虑倾销和损害的证据,并通知被调查方政府。针对反倾销官司花费巨大、费时费力的特点,第 8 款规定了"微量不计"的原则,即倾销差额低于 2%,或者倾销数额低于进口额的 3% 时,调查应立即停止。第 9 款规定了反倾销调查程序不应妨碍正常通关程序,并必须在 1 年内结束,特殊情况不能超过 18 个月,防止反倾销调查对贸易产生的限制。

这一阶段涉及以下义务:

(1)立案标准。协议要求立案时,进口国主管当局严格审查申诉人的资格,了解国内生产商对一项申诉支持或反对的程度,符合协议的立案标准是支持申诉的生产商必须占提出支持或反对的生产商所代表的产品总量的 50% 以上;无论如何,支持申诉的生产商所代表的产量至少应占该产业总量的 25%。

(2)公告通知义务。一旦决定立案调查时,进口国主管当局应立即公告与调查有关事项,通知有利害关系的进出口厂商和出口国政府,调查采用问卷调查和实地考察方式。

(3)证据、辩护协商。被诉方收到调查通知后,至少应给予30天时间准备回答,主管机关应给所有各方见面和答辩的机会。主管当局有权要求各方提供资料和证据,拒不提供资料,可依据最佳可得信息制度,在现有可获得资料基础上作出初裁或终裁。

(4)期限及微量倾销处理。调查应在1年内完成,无论如何,调查发起后至作出终裁的期间不应超过18个月。如果主管当局不足以认定存在倾销或虽有倾销但倾销幅度不超过2%,或者来自某一国家的倾销产品进口量不超过进口国相同产品进口总量的3%,则应该停止调查。

(二)初裁、临时措施与价格承诺

《反倾销协议》没有规定作出初裁的时限,应理解为自立案调查之日起1年内的一个合理时间。如果主管当局作出出口商倾销商品的肯定性初裁,它应该公告初裁决定,并可以采取临时性反倾销措施,即向进口商征收临时附加税或保证金。采取临时措施的条件是:

(1)应在不早于公告立案60天后采取;

(2)进口国主管当局已作出关于倾销和损害存在的肯定性初裁;

(3)主管当局认为采取临时措施对防止在调查期间发生损害是必要的。

临时措施最长适用期间不超过6个月。肯定性初裁作出后,被控倾销的出口商可以申请与进口国主管当局在双方自愿基础上签订价格承诺协议,由出口商承诺修订出口商品价格和消除工业损害,进口国主管当局接受了承诺,应停止调查。

(三)终裁、征收反倾销税

进口国若作出出口商对其倾销产品的肯定性终裁,它应该公告并可以采取征收反倾销税的措施。反倾销税是进口国对于来自外国的倾销产品征收的一种进口附加税,目的是阻止倾销产品进口和消除倾销造成的损害。反倾销税应在非歧视基础上针对所有经查明存在倾销并造成损害的某税号的进口产品征收,纳税人是进口倾销产品的进口商,出口商不得直接间接代替进口商缴纳。在执行税率时,应采用经调查认定的个别出口企业的个别税率;反倾销税率不得高于倾销幅度,倾销幅度是被控产品的正常价格与实际进口价格之间的差额,差额越大,倾销幅度越大。反倾销税应自作出终裁之日起对进入消费领域的被控倾销进口产品征收,必要时也可以自采取临时措施起征收(追溯征收),征税期限通常是5年。到期后应进行复审以决定是否继续征收。GATT 1994第6条第5款特别强调,在任何成员领土的产品进口至任何其他成员领土时,不得同时征收反倾销税和反补贴税以补偿倾销或出口补贴所造成的相同情况。

行政复审和司法审查。行政复审是反倾销调查机构对已经发生法律效力的反倾销裁决实施情况进行审查,以决定是否继续采取反倾销措施。行政复审的实质条件是与征税相关的客观形势发生变化,包括:倾销情况变化;损害情况变化;汇率变化。反倾销税应该仅在抵消倾销造成损害所必需的时间和限度内实施(第11.1条),因为客观情况变化引起倾销及损害状况发生变化,就需要对有关行政裁决进行审查,就是否继续征税做必要调整。行政复审需依据法定程序发起,既可以由反倾销调查机构自行发起;也可以由利害关系方申请发起。反倾销协议规定成员应建立以下三种类型的行政复审类型:

(1)日落复审,是指反倾销税征税5年期满前,主管机构主动发起或利害关系方请求发起行政复审,确定期满后是否继续征税。但复审期间到复审结果产生前可继续征税,并且根据第11.3条,如复审确定,停止征税有可能导致倾销和损害继续或再度发生,也可继续征税。所以,5年期限是理论上的,是首次征税期限,实际可能继续延长。

(2)期中复审,是指自反倾销措施实施一段合理时间后,由主管机构主动发起或利害关系方请求发起行政复审,决定是否因客观情况变化而取消或改变征税。

(3)新出口商复审,是指对当初没有立案调查,但在主管机构征收反倾销税期间出现的被调查国家的新出口商进行审查,决定是否对其出口的被调查产品征收反倾销税。

司法审查,是国内司法机关对行政机关采取反倾销措施行政行为的司法审查,通过利害关系方提起国内行政诉讼程序进行。

四、非市场经济国家倾销产品的特殊规则

WTO《反倾销协议》重申GATT 1994第6条注释及补充规定:"在进口产品来自贸易被完全或实质垄断的国家,且所有国内价格均由国家确定的情况下,进行价格比较可能存在特殊困难,这时进口方可能认为与此类国家的国内价格进行严格比较不一定适当。"据此,一些国家针对原产于"非市场经济体制国家"的进口产品采取了歧视性的反倾销措施,表现在选用所谓"替代国价格"作为认定正常价格的依据;在确定反倾销税额时实行所有被控企业单一税率,而不是按这些企业的出口价格分别裁定。《中国加入WTO议定书》第15条规定,某一

WTO成员在中国加入WTO的15年的过渡时期内,仍可对原产于中国的被调查产品采用替代国价格作为认定正常价格的标准。然而,只要中国被调查企业提出足够证据证明其产品是在市场条件下生产和销售,该WTO成员在进行价格比较时应采用中国企业提供的价格或成本。在中国加入WTO的15年过渡时期后,WTO成员不得对原产于中国的产品采用替代国标准。中国早已过了过渡期。

第三节 律师协助委托人代理反补贴法律事务

一、定义和法律渊源

补贴是指政府向境内的补贴接受者提供任何形式的财政资助、奖励或价格支持。补贴是政府行为,这一点与倾销有实质不同。接受补贴的实体,通常是生产企业或销售公司,并且在国际贸易中受到责难的补贴具有专项性,补贴接受者是个别企业和行业。虽然一些国家将补贴作为政府实现其经济政策的工具,但是在国际贸易中,补贴被认为是一种不公平竞争行为。因为一方面,补贴使受补贴的生产者享受了不公平竞争优势,扭曲了它的真实竞争地位;另一方面,补贴也扭曲了国际贸易。农产品的补贴和进口壁垒抬高了国内产品价格,刺激了过量生产,过剩的农产品在补贴刺激下,低价向国际市场出售,造成国际市场过剩,而没有能力进行补贴的国家的农民深受其害。当代各国国内法和WTO规则都普遍地管制对贸易有扭曲限制作用的补贴行为,这种管制分两个途径:

(1)依据国内贸易法,对源于另一国家的补贴产品进口进行立案调查,在查明补贴产品进口及损害后果的基础上,采取征收反补贴税的贸易救济措施;

(2)运用WTO争端解决机制,受补贴产品损害的成员可以请求与补贴成员政府寻求协商及DSB的裁决,以消除补贴及其影响。

《反补贴协议》第1条将补贴定义为:"一成员领土内存在的由政府或任何公共机构提供的财政资助或者任何形式的收入或价格支持以及因此授予补贴接受者一项利益。"第1条第2款还规定:"以上定义的补贴只有在属于专项性补贴时,才应受到本协议有关规定的约束。"反补贴协议用信号灯办法,将补贴分为禁止性补贴(红灯补贴)、可申诉的补贴(黄灯补贴)和不可申诉的补贴(绿灯补贴)。属于禁止性补贴在法律上被禁止,即成员不得在政策和法律法规中规定允许实施这类补贴;属于可申诉的补贴法律上不禁止,在成员的政策法律中可以规定实施这类补贴,但是如果这类补贴实施的结果给其他成员造成损害或不利影响,受影响的成员可提出申诉,可以采取反措施;属于不可申诉的补贴不仅被允许实施,通常也不应该采取反措施。

1. 禁止性补贴

《反补贴协议》第 3 条第 1 款规定一成员不得给予或维持以下补贴:①在法律上或事实上视出口实绩为唯一条件或多种其他条件之一而给予的补贴,包括附件 1 所示的 12 种补贴行为;②视使用国产货物而非进口的货物的情况为唯一条件或多种其他条件之一而给予的补贴。其中,第 1 项补贴属于出口补贴,既可以是法律上的,基于法律或其他规范性文件的规定判断,也可以是事实上的,根据事实情况判断。但是,仅仅将补贴给予出口企业这一事实本身并不构成出口补贴,还要符合第 1 条补贴定义所规定的要件,补贴应该是政府给予的财政资助,是根据出口实绩给予的资助,并且使受补贴者获得利益,而出口补贴本身就是专向性的,符合专向性标准。第 2 项补贴属于进口替代补贴,这类补贴通常给予生产和使用替代进口产品的企业。

2. 可申诉的补贴

可申诉的补贴又称"黄灯补贴",它是那些不是一律被禁止实施,却又不能自动免除被质疑或申诉的补贴,是否属于这类补贴不仅要依据补贴的定义来判定,还要根据补贴所造成的损害后果来判定。根据《反补贴协议》第 5 条的规定,可申诉的补贴是该协议第 1 条规定和列举的任何种类的补贴,并且对其他成员利益造成以下不利影响(adverse effect)。"不利影响"是指:

(1) 损害另一成员国内产业;

(2) 使其他成员在 GATT 1994 第 2 条下直接或间接获得的利益丧失或减损,特别是在 GATT 1994 第 2 条下约束减让的利益丧失或减损;

(3) 严重侵害(prejudice)另一成员的利益。

3. 不可申诉的补贴

不可申诉的补贴是"绿灯补贴",《反补贴协议》第 8 条规定了两大类不可申诉的补贴:

(1) 不具专向性的补贴;

(2) 符合特定要求的专项性补贴,包括企业研究和开发补贴,贫困地区补贴和环保补贴。

根据《反补贴协议》的规定,第 8 条和第 9 条关于不可申诉补贴的规定只在反补贴协议生效之日起 5 年内适用,5 年期满前 180 天由反补贴委员会审议该项规定适用的情况,决定是否继续适用。当此事项在 1999 年被审议时,委员会没有一致同意其恢复使用,因此,该协议第 8 条和第 9 条关于不可申诉补贴的规定自 1999 年 12 月 31 日起停止适用。

WTO 反补贴法由两个部分组成:源于 GATT 1994 第 6 条和第 16 条的规定;GATT 乌拉圭回合谈判达成的《补贴与反补贴措施协议》(SCM 协议),它作为货物贸易多边协议要求所有 WTO 成员遵守。以下是 WTO《补贴与反补贴措施协议》(SCM 协议)的主要内容:

WTO《补贴与反补贴措施协议》是对 GATT 1994 第 6 条、第 16 条关于反补贴协议规定的统一解释和进一步阐述、补充。《反补贴协议》规定了一成员依据国内法采取反补贴措施或者依据 WTO 法针对另一成员发起反补贴争议解决应遵守的实体法规则和程序法规则,要求各成员一律遵守。该协议与 GATT 1994 等相关规定都是调整 WTO 成员采取补贴与反补贴措施的有约束力的规则,根据《马拉喀什建立世界贸易组织协定》附件 1A 的解释性说明,当《反补贴协议》与 GATT 相关规定冲突时,前者优先适用。但是,关于农产品的补贴和支持问题由 WTO《农业协定》调整,《反补贴协议》与《农业协定》是一般法和特别法关系,《反补贴协议》中的某些重要实体法规则(第 3 条关于禁止性补贴的规定,第 5 条关于可申诉补贴的规定)和程序法规则(第 4 条、第 6 条、第 7 条)不适用于农产品补贴和成员间的争端解决,其他一些规则主要是第 1 条、第 2 条的定义,专项性的标准以及第 5 部分反补贴措施应该同样适用于农产品补贴以及依据国内法发起的贸易救济程序。与《反倾销协议》不同,《反补贴协议》既约束 WTO 成员政府的补贴行为,也约束成员政府对另一成员补贴产品进口的反应。协议规定了控制成员政府采取补贴做法的多边纪律;也规范一成员政府针对另一成员补贴产品进口采取的单边行动。

二、反补贴实体规则

SCM 协议在规定了补贴的定义和分类后,规定了受损害国可以采取的反补贴措施的实体要件和程序要件,包括反补贴调查、证据、补贴量的计算、损害认定与国内产业的定义等,SCM 协议对补贴量的计算、损害的认定、因果关系、证据的原则、调查的程序等都作了具体规定。

(一)关于补贴量的计算

SCM 协议第 14 条规定进口成员的主管机关计算补贴量的方法应透明并附

充分说明,并由其国内法或实施细则具体规定,但下列情况不视为授予补贴:

(1)政府提供股本,但没有进行正常投资,而是给予企业利益的除外;

(2)政府提供贷款或贷款担保,但是利率低于商业贷款或担保条件更优惠的除外,此时的利益为两个金额之差;

(3)政府提供货物或服务或购买货物,但不是按照市场价格收取报酬的除外,报酬是否适当应与现行市场情况相比较后确定(包括价格、质量、可获性、适销性、运输和其他购销条件)。

美国进口铅反补贴案专家组认为,利益计算可以是补贴时的情况,也可以适用此后的情况,美国没有分析以后成立的公司是否从前面的公司取得利益,采取的反补贴措施违反了 SCM 协议。

(二)关于实质损害的认定

SCM 协议第 15 条规定,损害是一个成员提供的补贴对其他成员"国内产业的实质损害"、"实质损害威胁"或"此类产业建立的实质阻碍"。

首先,需要确定国内产业。SCM 协议第 16 条规定,产业是一类业者的整体,或是总产量构成同类产品国内总产量的主要部分的生产者,但不包括有特殊关系的企业和受补贴指控的产品的进口商。特殊情况下,一国内的不同市场和多国组成的统一市场内生产同类产品的企业也构成了国内产业。同类产品是物理性质相同或近似的产品,不包括互相竞争产品,与《反倾销协议》的同类产品相同,但比《保障措施协议》的同类产品范围窄。

其次,需要确定实质损害。SCM 协议第 15.1 条规定,国内调查当局应根据肯定性证据,按照客观的方式审查进口数量、进口对国内价格的影响以及进口对国内产业所造成的冲击,确定国内产业是否受到实质损害或威胁或无法建立。

最后,损害的确认必须有充分的证据,对实质损害威胁的确定更应以事实为依据,而不能仅仅依据指控、推测或极小的可能性作出,这种威胁必须是能够明显预见且迫近的,主管机关在确定实质损害威胁时,应特别考虑下列因素:

(1)补贴的性质和可能产生的贸易影响;

(2)进口实质增加的可能性;

(3)出口商可实质提高出口能力;

(4)被调查产品的库存情况。

(三)关于因果关系的认定

SCM 协议并不要求补贴产品的进口必须是国内产业损害的"主要原因",只需要是"原因之一"即可,第15.5条列举了可能导致损害的其他因素,并且要求主管机关应该全面考虑所掌握的证据,判定补贴进口造成了本协议的损害。

三、反补贴程序规则

(一)调查的发起

第11条规定了原则上应该由国内产业或代表以书面形式提出申请,必须提出充分的证据,包括补贴存在和补贴导致国内产业损害的证据。如果关于补贴和损害的表面证据存在,进口国一般都是先征收临时反补贴税,然后再进行反补贴调查。如果得到国内同类生产者总产量50%以上的支持,则视为代表国内产业。如果支持反补贴调查的不足25%,则主管机关不能发起调查。特殊情况下,如果主管机关掌握补贴损害和因果关系的充分证据,可以主动开展调查。申请材料必须充分,包括:

(1)申请人的身份和申请人提供的对国内同类产品生产的数量和价值的说明;

(2)对被指控的补贴产品的完整说明、所涉一个或多个原产国或出口国名称、每一已知出口商或外国生产者的身份以及已知的进口所涉产品的人员名单;

(3)关于所涉补贴的存在、金额和性质的证据;

(4)补贴导致国内产业损害的证据。

主管机关必须考虑补贴和损害的证据,如果不存在补贴和损害,或者补贴属于微量的低于1%时,应当停止反补贴调查。调查期限要在1年内结束,最长不得超过18个月。调查要遵循透明的原则,所有利益方都应该有充分的机会提交书面的证据,在30天内答复调查机构的问题。

(二)磋商

第13条规定在调查开始前,发起调查的成员"应邀请产品可能接受调查的成员进行磋商"。磋商的目的是澄清与补贴指控相关的事项,形成解决办法,在整个调查中都应该给予磋商解决的机会,这是各种进口救济程序中所独有的制度,因为反倾销和保障措施是针对外国企业的倾销和大量出口行为,而反补贴措施是针对外国政府的补贴行为,因此,给予外国政府磋商程序。任何成员不得通过磋商阻止反补贴调查或实施临时或最终措施。

(三)临时措施

由于反补贴调查比较费时,无法及时保护国内产业,SCM协议第17条规定了可以实施临时反补贴措施,但必须满足条件:除了已经发起调查并加以公布,利害关系方有充分的机会提交信息和意见外,主管机关还必须初步确定补贴已经对国内产业造成损害,并且采取临时措施"对防止调查期间造成损害是必要的":①时间不能超过4个月。②SCM协议没有规定临时措施的形式,但肯定了各国的做法,即根据初步掌握的资料计算补贴的金额,利害关系方可以通过提供现金保证或保函担保临时反补贴税。

(四) 价格承诺和反补贴税的征收

临时措施是实质性调查的前奏。SCM协议第18条规定了自愿承诺制度,即出口方承诺修改价格,消除补贴影响,进口方通过承诺终止反补贴调查程序。接受出口商的承诺必须是进口方主管机关已经就补贴和损害作出了初步肯定性裁定,而且经过出口国的同意。在无法磋商解决,并认定了反补贴税的实质要件后,进口方可以按照第19条的规定征收反补贴税,允许主管机关可以征收小于补贴全额的反补贴税,以弥补受到的损害。反补贴税的对象是已被认定接受补贴和造成损害的所有来源的进口产品,在非歧视基础上征收。美国进口钢反补贴案(WT/DS138)专家组认为,反补贴税的征收是为了抵消对任何产品的制造、生产或出口给予的直接或间接补贴,如果没有补贴存在,就不能征收反补贴税。英国的UES公司没有接受补贴,因此征收反补贴税是错误的。

(五) 反补贴税不具有追溯力

第20.1条规定,反补贴税仅对采取临时措施或关于损害的最终裁定作出后对进口的产品征收,例外是为了避免补贴产品大量进口的情况再次发生,反补贴税可以追溯适用于临时措施实施前90天的进口。如果最终反补贴税高于现金保证和保函担保的金额,超过部分不再收取;如果低于临时措施的金额,超出部分应迅速退还。如果主管机关认为补贴造成了实质损害(或由于采取了临时措施,才仅发生了"实质损害威胁"),则反补贴税可以回潮到临时措施期间征收。

四、发展中国家特殊待遇

《反补贴协议》将发展中国家分为三类:第一类是由联合国确定的48个最不发达国家;第二类是附件7列举的20个(不包括中国)人均GDP不足1000美元的发展中国家;第三类是其他发展中国家。该协议同时规定:第一类国家可无限期使用出口补贴,在WTO成立8年内可保留进口替代补贴;第二类国家在人均GDP达到1000美元前可继续使用出口补贴,在WTO成立5年内可保留进口替代补贴;第三类国家在WTO成立8年内可保留出口补贴,5年内可保留进口替代补贴,这期间内应逐步取消。上述允许维持的补贴仍是可申诉的。

五、成员间反补贴多边争端解决程序

针对一成员禁止性和可申诉补贴做法,《反补贴协议》第4条和第7条规定了另一成员采取 WTO 多边争端解决的特殊程序,《关于争端解决的规则和程序的谅解》作为一般法同时适用,两者冲突时以前者为准。其中,针对禁止性补贴(该协议第7条关于可申诉补贴程序略)除了适用 DSU 一般程序外,其多边争端解决程序有以下特点:

(1)在磋商阶段,一成员只要有理由认为另一成员正在给予或维持一些禁止性补贴,即可请求与另一成员协商。申诉方不需要证明有国内损害,只要提交说明,列出补贴证据即可。

(2)在专家组审理阶段,设立常设专家组(PGE),由其审议和决定所涉补贴是否属于禁止性补贴,向专家报告其结论,常设专家组报告有强制性,专家小组必须接受。

(3)在执行阶段,如所涉补贴属于禁止性补贴,专家组应建议实行补贴成员立即撤销该补贴。如在指定时间内 DSB 建议未被遵守,DSB 应授权起诉方采取反措施。

(4)加速时限安排。第4条规定协商阶段的时限是30天(比较 DSU 60天);专家组审理为90天;上诉机构审理为30~60天。

六、反补贴国内救济程序

除前述关于多边争端解决程序外,《反补贴协议》第5部分规定了一成员针对另一成员补贴行为采取单边国内救济措施的规则,虽然这两种程序可平行适用,但最终采取的反措施只能是一种。第5部分程序与反倾销协议规定的立案调查、初裁和终裁程序类似,但有以下特点:

(1)无论另一成员采取何种补贴,一成员只有在另一成员的补贴产品进口并造成国内类似产业损害时才可发起国内救济程序。

(2)邀请磋商是发起调查方的重要义务,主管当局在接受国内企业申请后,最迟应在调查前邀请可能的被调查成员进行磋商,以澄清事实,寻求满意解决。

(3)此项救济程序中,价格承诺有两种形式:一是出口商同意修改价格;二是出口方政府同意取消补贴或其他消除不利影响的措施。

反补贴税是为抵消对产品的补贴而征收的特别关税。应按照补贴接受者所获得的补贴利益计算补贴金额和反补贴税额。反补贴税不得超过经认定存在的补贴金额。

第四节　律师对 WTO 中贸易争端解决机制的服务

《关于争端解决规则与程序的谅解》(以下简称 DSU)由 27 条正文和 4 个附录组成,全面阐述了 WTO 争端解决的范围、原则和程序。

一、DSU 适用的范围

DSU 第 1 条规定:"本谅解的规则和程序应适用于按照本谅解附录 1 所列各项协定的磋商和争端解决规定所提出的争议。本谅解的规则和程序还应适用于各成员间有关它们在《马拉喀什建立世界贸易组织协定》规定和本谅解规定下的权利和义务的磋商和争端解决,此类磋商和争端解决可单独进行,也可与任何其他适用的协定结合进行。"这说明 DSU 的规则和程序适用于除《贸易政策评审机制》以外的包括"WTO 协定"以及 DSU 本身在内的所有 WTO 框架协议实施引起的争议解决。

(1)《建立世界贸易组织协定》;

(2)多边贸易协定,包括附件 1A:《多国货物贸易协定》,附件 1B:《服务贸易总协定》,附件 1C:《与贸易有关的知识产权协定》,附件 2:《关于争端解决规则与程序的谅解》;

(3)诸边贸易协定,包括附件 4:《民用航空器贸易协定》《政府采购协定》。

除 DSU 规定的争议解决规则和程序以外,WTO 框架协议中许多单独协议本身也规定了争议解决程序,这些单独协议的争议解决条款已经列入 DSU 附录 2,在处理 DSU 争端解决程序与单独协议中的争议解决程序关系问题上,DSU 规定特别程序优先,强调 DSU 程序的适用应遵守附录 2 中单独协议所含的特殊的或附加规则程序,两者发生冲突时,应以附录 2 中特殊或附加程序为准;当一个争端解决涉及多个协定或协议,且这些协定或协议的争端解决规则和程序相互冲突时,当事方应在专家小组成立后 20 天内就适用的规则程序达成一致,或由 DSB 主席决定。

DSU 明确规定其适用于"成员之间"在 WTO 框架协议下的争端解决,争议解决的当事人或主体是 WTO 成员(包括主权国家成员和单独关税领土成员)只有经 WTO 成员中央政府合法授权的代表才有资格作为 WTO 争议解决的当事人提起和被提起 WTO 争议解决。WTO 成员代表资格涉及两个方面的问题:

(1)一国可否通过私人执业律师在专家组或者上诉机构面前陈述案件;

(2)一国是否有权自主决定其代表成员资格。

在欧共体关于香蕉进口和分销体制案中,上诉机构裁定批准被申诉方圣露西亚政府的请求,允许2名非圣露西亚政府雇员作为法律顾问参加听证会,认为WTO成员有权决定其代表团成员资格。

另外,DSU的某些条款中还使用了"起诉方"(complainant)、"被诉方"(respondent)、"争端方"(disputant)等概念,都是指作WTO争端解决当事人的有WTO成员。

二、WTO争端解决机制的原则和目标

WTO争端解决机制遵循以下原则。

(一)保护权利义务原则

根据DSU第3条第2~5款的规定,WTO争端解决机制是为多边贸易体制提供可靠性和可预见性的重要因素。争端解决机制用于保护DSU适用范围内所有WTO框架协议项下的权利义务,依据国际公法和惯例解释澄清这些协定项下的权利义务,争端解决机构的裁决不得增加或减少或修改这些权利义务。争端解决机制是为了保护WTO的有效运转以及保持各成员之间根据DSU适用协定达成的权利义务平衡。这一原则适用的结果是:WTO争端解决机构通过专家组和上诉机构裁决形成对WTO法的"先例"解释,发展了WTO法。

(二)一体化争议解决原则

DSU第23条规定,WTO成员在寻求纠正违反协定义务和纠正造成协定项下利益丧失或减损的情况时,应该援用并遵守DSU的规则和程序。除非通过依照DSU规则和程序进行的争议解决,各成员不得对违反义务已经发生、利益已经丧失或减损或适用协定的任何目标实现已受到妨碍作出确定。DSU第23条规定事实上确立了WTO争端解决机构对于成员之间因DSU适用范围内框架协议引起的争议解决实行强制管辖。属于适用协议项下的争议,WTO成员不得诉诸任何单边或未经授权的多边贸易体制以外的双边争议解决和报复制裁,只有经过WTO的争议解决才可以最终确定某一成员违反了协议项下的义务。

(三)协商原则

WTO成员"确认遵守迄今为止根据GATT 1947第22条和第23条实施的管理争端的原则,及在此进一步详述和修改的规则和程序"(DSU第3.1条)。协商原则作为GATT争端解决的基本原则,为WTO争议解决所接受和继承,贯

穿WTO争端解决始终。当事方可以在争端解决的任何一个程序阶段寻求磋商或第三方的斡旋、调解和调停；DSU强调在专家小组审理以前争议方必须经过协商，协商是争端解决的必经程序。WTO鼓励当事方通过协商达成相互满意的解决方案，务实的政治解决的优势为：

（1）通过让步有可能迅速达成妥协，及时解除贸易制裁或制裁威胁，这对于讲求时效的进出口贸易尤为重要；

（2）避免诉诸WTO争端解决的负面作用，包括控辩所需的巨大人力和经济成本、时间耗费，DSB审理期间的现状锁定（locks-in states）效应造成的贸易利益持续损失；

（3）避免DSB裁决结果挑战更广泛的国内政策问题。

（四）公平合法性原则

DSU试图确保争端解决的结果符合WTO规则，为了防止有实力的成员强迫弱小成员接受不公平的争议解决条件，DSU要求磋商、争议解决中正式提出的所有事项和解决办法，包括仲裁裁决，均与所适用的协定相一致，且不得使任何成员根据这些协定获得的利益丧失或减损，也不得妨碍这些适用协定任何目标的实现（第3条第5款）。

WTO争端解决机制的首要目的在于使争端得到积极的解决。争端各方均可接受且与适用协定相一致的解决办法无疑是首选办法（DSU第3条第7款），如不能达成这一解决方案，争端解决机制尽可能依次取得以下结果：

（1）首要目标通常是保证撤销被认为与任何适用协定的规定不一致的有关措施。

（2）违反协议的一方给受损害方提供补偿。提供补偿只能在立即撤销有关措施不可行时方可采取，并且是作为在撤销与协定不一致措施前可采取的临时措施。

（3）争端解决机制的最后手段是允许一成员在歧视性的基础上针对另一成员中止实施适用协定项下的减让或其他义务，但是需经争端解决机构授权。争端解决的另一目的是通过解释现存WTO规则明确成员的权利义务，保护这些权利义务和预期利益。

三、WTO参与争端解决的主体

WTO是政府间国际经济组织，只有WTO成员方的政府才能直接利用争端解决机制，其他的非政府组织、公司和个人都不能成为WTO争端解决机制的当事方。

WTO成员是否能够选择律师来代理该国参加争端解决机制的问题,DSU也没有相关规定。这个问题首先在欧共体香蕉案中提出。圣卢西亚作为争议的第三方,要求由两名律师作为其代表,提交书面陈述,参加第三方听证会并发表意见,专家组拒绝了该请求。由于第三方没有上诉权,在欧共体和起诉方提出上诉之后,圣卢西亚再次提出由律师代表其参加上诉审议程序,参加听证会并发言。上诉机构认为无论是WTO协定(包括DSU),还是国际贸易法惯例和国际贸易仲裁规则,都没有禁止WTO成员选择律师作为代表,参加争端解决程序。而且上诉审议主要涉及法律问题,资深律师的参与有助于形成正确的裁决,因此允许成员国政府选择律师作为代表,参加上诉机构的听证会。此后,律师作为代表团的成员并提出法律建议,在WTO争端解决实践中已经很普遍了。律师的法律建议是以政府的名义提交给专家组和上诉机构,政府要对律师的行为负责,确保争端中有关机密材料不被泄露。律师参与并提供法律服务,对于缺少法律专家,特别是WTO法律专家的发展中国家来说是好消息,使他们可以更好地利用WTO争端解决程序,维护自身的利益。但是由于西方国家的律师,特别是国际贸易领域的律师收费高昂,发展中国家很难承担。这需要WTO秘书处能够提供更好的法律服务。

此外,WTO争端解决机制有一个非常有特色的"第三方制度"。第三方不同于当事方,是对当事方间的争端有实质利益的WTO成员。尽管在GATT时期的实践中曾出现过GATT非缔约方参加争端解决程序的情形,但在WTO争端解决机制下,非WTO成员方不可能成为第三方。

四、WTO争端解决机制的申诉原因与类型

DSU第3条规定了WTO争端解决机制的总则,是WTO争端解决过程中必须遵守的指导原则和法律规定,许多都具有深刻的含义和历史渊源。第1款明确规定"成员方确认遵守GATT 1947第22条和第23条的争端解决的原则,以及本谅解进步阐述和明确的规则与程序"。这意味着GATT 1947第22条和第23条的原则以及DSU有关争端解决的规定,都适用于WTO争端解决机制,共同构成了WTO争端解决机制的法律基础。第3款规定:"当一成员认为其按有关协议所获得的直接或间接利益正在被另一成员采取的措施所损害时,迅速解决争端对世界贸易组织有效地发挥其作用,并使各成员的权利和义务之间保持适当的平衡至关重要。"该款除了明确迅速解决争端,以保持各成员的权利义务

平衡是 WTO 的重要职能外,还确认了 GATT 第 23 条以利益的抵消或损害为申诉原因的原则做法,规定了 WTO 争端解决机制申诉的原因,即一成员方采取的措施,正在损害另一成员方根据 WTO 协议取得的利益,受损害的成员可以向 WTO 提出申诉。

同时 GATT 第 23 条也反映了 WTO 争端的三个申诉类型:第一,"违法之诉"(violation complaints),是某一成员没有履行 WTO 的义务或采取的措施违反了 WTO 义务,导致一方的利益被抵消或损害。违法之诉与其他国际条约的争端解决一样,主要是对条约的解释和适用的争议。第二,"非违法之诉"(non-violation complaints),是某一成员采取的措施不违反条约义务,但导致另一成员的利益受到抵消或损害,有关"非违法之诉"具体规定在 DSU 第 26.1 条。第三,"情势之诉"(situation complaints),即除了上述两个方面原因外的任何其他情况,造成了对方的利益抵消或损害。

五、WTO 争端解决程序

世界贸易组织争端解决的基本程序包括磋商、专家小组审理、上诉机构审理、裁决的执行及监督。除基本程序外,当事方在自愿基础上,也可以采取仲裁、斡旋、调解和调停等方式解决争端。除非争端方另有协议,自 DSB 设立专家组之日起至 DSB 审议通过专家组报告或上诉机构报告之日为止的期限不得超过 9 个月;如提出上诉,不超过 12 个月。

(一)磋商;斡旋、调解和调停;仲裁

1. 磋商

磋商是争端解决的必经程序。DSU 第 4 条指出:"每一成员对另一成员提出的有关在前者领土内采取的影响任何适用协定实施的措施的交涉给予积极考虑并给予磋商机会。"被提出协商请求的成员应在 10 天内作出答复。如同意磋商,则磋商应在接到请求后 30 天内开始。如果被要求磋商方在接到磋商请求后 10 天内没有作出回应,或在收到磋商请求之后的 30 天内或相互同意的其他时间内未进行磋商,则要求进行磋商的成员可以直接向争端解决机构请求成立专家小组。如果在接到磋商请求之日后 60 天内磋商未能解决争端,要求磋商方也可以请求设立专家小组。在紧急情况下,有关成员应在接到请求之日后 10 天内进行磋商。如果在接到请求之日后 20 天内磋商未成,则申诉方可以请求成立专家小组。要求磋商的成员应向争端解决机构、有关理事会和委员会通知其磋商请求。磋商应保护且不得损害任何一方在争端解决后续程序中的权利。

如果第三方认为其与拟举行的磋商有实质性贸易利益关系，可在争端解决机构散发该磋商请求后10天内，将加入磋商的意愿通知各磋商成员和争端解决机构。若磋商成员认为该第三方要求参与磋商的理由充分，应允许其参加磋商。如加入磋商请求被拒绝，则第三方可向有关成员另行提出磋商要求。

2. 斡旋、调解和调停

斡旋、调解和调停是争端方经协商自愿采取的争议解决方式。争端方可随时请求进行斡旋、调解和调停，随时开始和终止。如争端当事方均认为已经开始的斡旋、调解和调停不能解决争端，则申诉方可以在该60天内请求设立专家组；如争端方同意，斡旋、调解和调停可在专家组程序进行的同时继续进行。当事方在斡旋、调解或调停中所持立场应予保密，且任何一方在争端解决后续程序中的权利不得受到损害。

3. 仲裁

DSU第25条规定，仲裁可以作为争端解决的另一种方式，适用于"解决涉及有关双方已明确界定的问题引起的争议"。如果争端当事方同意以仲裁方式解决争议，则可在共同指定仲裁员并议定相应的程序后，由仲裁员审理当事方提出的争端。经诉诸仲裁的各方同意，其他成员方可成为仲裁程序的一方。争端方应执行仲裁裁决。DSU第21条对执行建议和裁决的监督程序，第22条对补偿和中止减让程序在细节上做必要修改后应适用于仲裁裁决。

(二) 专家小组审理

1. 专家小组成立

争议方向争端解决机构请求成立专家小组后，一旦此项请求被列入争端解决机构会议议程，专家小组最迟应在这次会后的下一次争端解决机构会议上予以设立，除非在该会议上争端解决机构以"反向意思一致"的表决方式决定不设立专家小组。争端解决机构应在当事方提出设立专家小组请求后15天内为此目的召开会议。专家小组被批准设立后，最迟应在此后30天内确定全部组成人员。

2. 专家小组的组成及职权

专家小组一般由3人组成，除非争端当事方同意专家小组改由5人组成。专家小组成员由秘书处根据其掌握的政府与非政府专家名单提出，除非由于无法控制的原因，争端方不得反对秘书处提名的专家小组人选。如果自决定设立专家组之日起20天内，争议当事方未能就专家小组人员组成达成一致，应争议方请求，WTO总干事在与有关方面磋商后任命合适的人选。如果争议涉及一发展中国家,如该发展中国家提出请求,专家小组中至少应有1名成员来自发展中国家的WTO成员。专家小组的职权是根据争议方所援用的协定或协议的规定,对争议方请求审议的事项作出评估,包括对案件事实、所援用协议的适当性和与适用协定的相符情况作出客观评估;协助争端解决机构提出建议或其他调查结果。专家小组应定期与争端各方协商,给它们充分的机会以形成双方满意的解决方案。

3.专家小组工作程序

专家小组一旦设立,一般应在6个月内(紧急情况下3个月内)完成工作,并提交最终报告。特殊情况下通知争端解决机构,可以延长至9个月内提交最终报告。专家小组报告交争端解决机构散发给各成员20天后,争端解决机构才可考虑审议通过最后报告。在最后报告散发给各成员后60天内,除非争端当事方正式通知争端解决机构其上诉决定,或争端解决机构协商一致决定不通过该报告,否则该报告应在争端解决机构的会议上通过。

(三)上诉机构的审理

DSU第17条规定,争端解决机构设立常设上诉机构,受理对专家小组最终报告的上诉。常设上诉机构由7人组成,通常由其中3人共同审理上诉案件,其成员由争端解决机构任命,任期4年,可连任一次。上诉机构只审理专家组报告所涉及的法律问题和专家组所作的法律解释,可以作出维持、修改或撤销专家组的结论。上诉机构的审理期限为自上诉之日起到上诉机构送达其报告日为止一般不超过60天,特殊情况下最长不超过90天。争端解决机构应在上诉机构送达报告后30天内通过该报告,除非争端解决机构经协商一致决定不通过该报告。

(四)裁决的执行及其监督

专家组或上诉机构如认定争议方的某项措施与相关协议不符,应在专家小组报告或上诉机构报告中要求有关成员使其措施与相关协议相符,还可提出如何执行报告中建议的办法,专家组报告或上诉机构报告一经通过,其建议和裁决对当事方有约束力,争端方应无条件接受。争端解决程序规定了以下三种执行报告的方式。

1.实际履行

在专家小组或上诉机构报告通过后30天内举行的争端解决机构会议上,有关成员应将执行争端解决机构建议和裁决的意向通知该机构。该建议和裁决应迅速执行,如不能迅速执行,有关成员应确定一个合理的执行期限。合理执行期限可以经有关成员提议,由争端解决机构批准;或者在没有批准时采用争议各方在建议裁决作出后 45 天内经协商同意确定的期限;如不能协商确定,应该在建议裁决作出后 90 天内由仲裁裁决确定执行期限。

根据 DSU 第 21.5 条的规定,如果有关成员就被诉方是否执行了专家组报告中的建议和裁决以及此类执行措施是否与适用的协议相一致的问题存在分歧,当事方可以求助于原专家组,专家组应在 90 天内审理完毕,散发其报告。在日本对美国苹果进口限制案中,专家小组认定日本针对原产于美国的评估检疫和进口限制措施不符合 SPS 协议。作为执行专家组报告的行动,日本修改了检疫限制措施,美国又援用 DSU 第 21.5 条程序,请求专家组认定日本经修改的检疫限制措施仍不符合 SPS 协议,2005 年 7 月 20 日,专家组裁定支持美国的诉求书。

2. 补偿

如果被诉方的措施违反了 WTO 规则,而且没有在前述合理的期限内执行争端解决机构的建议和裁决,使争议的措施符合相关协议,则被诉方应申诉方请求,必须在合理期限届满前与申诉方进行谈判,以期形成双方可以接受的补偿。补偿是指被诉方在贸易机会、市场准入等方面给予申诉方相当于其所受损失的减让。补偿是临时措施,只在被诉方未能实际履行争端解决机构建议裁决时适用,且应与 WTO 有关协议保持一致。

3. 授权报复

如果争议方未能在合理期限届满后 20 天内就补偿问题达成一致,申诉方可以要求争端解决机构授权对被诉方进行报复,即中止履行应承担的给予被诉方贸易减让义务或其他义务。报复可分为同部门报复、跨部门报复和跨协议报复三种。争端解决机构应在合理期限届满后 30 天内给予相应授权,除非争端解决机构经协商一致拒绝授权。被诉方可以就报复水平的适当性提请 WTO 争端解决机构进行仲裁。报复措施是临时性的,只要出现以下任何一种情况,报复措施应终止:

(1)被认定违反 WTO 协议的有关措施已被取消;

(2)被诉方对申诉方所受的利益损失提供了解决方法;

(3)争端当事方达成了相互满意的解决办法。

争端解决机构应监督已通过的建议和裁决的执行情况。在建议和裁决通过后,任何成员可随时向争端解决机构提出与执行有关的问题,以监督建议和裁决的执行。在确定了执行的合理期限 6 个月后,争端解决机构应将建议和裁决的执行问题列入会议议程进行审议,直至该问题解决。

六、WTO 争端解决技巧

(一) 关于设立专家组的问题

首先双方均应当注意专家组的设立是否确属必要。如果仍有磋商解决的可能性,则可以阻止专家组的成立。举行进一步的磋商,旨在友好解决争端。但是这种阻止只能有一次,因为进一步磋商未果,对方在提出专家组的成立申请,专家组的成立就是自动程序。双方还应当注意专家组的组成人员情况,如果专家组中有争端方认为不适合的人选,应提出磋商;磋商未果的可以要求争端解决机构主席指定专家组成员,以求公正地解决争端。此外,如果争端一方是发展中国家,还应当注意在专家中是否有来自发展中国家的成员。

(二) 申诉方应注意的问题

(1) 申诉方必须首先确定申诉方所依据的协定。申诉书中应充分列举被诉事由,即被违反的各有关协议的具体条款。这些条款既可以是协议的正文,也可以是协议序言中所阐述的原则;既可以是整个条款的要求,也可以是单个条款中的要求,还可以是条款中的某一行文字的规定。

(2) 若争端双方磋商未果,申诉方即可提出成立专家组的请求,让案件改由专家组进行审理。若第一次请求被对方阻止,则可于进一步磋商未果后第二次提出申请。接到申诉方的第二次申请,专家组将依例自动成立。

(3) 申诉事由若属紧急情况,则可以要求依据规定,采取加速解决争端的程序。

(4) 应向专家组充分提供有关申诉的证据材料。有关答辩人员应充分掌握这些资料,以便在专家组中进行有说服力的申辩。

(5) 应认真审查和研究专家组提交的准备在争端解决机构通过的临时报告。对专家组报告应进行逐句甚至逐字的详细研究与推敲。若需上诉,则应于争端解决机构通过该临时报告的会议进行之前,及时提出上诉申请。

当我国为申诉方时,应坚持"磋商解决为上,专家小组/上诉机构次之;相互满意解决为主,请求报复为辅"的策略,力争迅速有效地解决争端。在一般情况下,应在各阶段的开始时刻提出磋商并接受被诉方提出相互满意的解决办法,专家组请求阶段应选择立即请求成立专家组策略,专家组报告出具并支持被诉方后立即上诉,专家组决定或上诉机构决定后被诉方不执行 WTO 决定立即提出报复请求,被诉方在 WTO 授权报复后立即执行 WTO 决定。为降低申诉成本,或增强报复能力,或提高申诉胜诉概率,可以采取联合申诉和用"羊群效应"提出申诉。申诉要充分列举被诉事由(违反有关协议的具体条款),专家组充分提供有关申诉的证据材料,有关答辩人员应充分掌握这些材料,以便在专家组中进行有说服力的申辩。要认真审查和研究专家组提交的准备在争端解决机构通过临时报告。对专家组报告应进行详细研究。若需上诉,则应于争端解决机构通过该临时报告的会议进行之前,及时提出上诉申请。要与对方磋商执行专家组裁决的日期,如在合理期间内未能达成协议,则可要求进行仲裁。要尽量不让对方拖延执行裁决,及时对诉方执行情况进行监督,必要时要提醒或敦促对方按时执行裁决。若对方为发展中国家应给予同情的考虑,在需要执行裁决时应有所限制。

(三)被诉方应注意的问题

(1)充分研究申诉方所诉理由。对于对方援引的有关协议的条款应逐条进行核对:①对方所引条款是否有例外规定,而所诉事由是否恰属例外的范围(如"最惠国待遇""国民待遇""免责条款""透明度原则"等均有例外事项;若是发展中国家,则"授权条款"所涉事项均为例外事项);②是否有以往的判例可供援引。从WTO审案的依据看,以往案件的处理结果或裁决的表述都对后来的判决有影响,例如对某些定义,以往案件的表述往往成为专家组援引的对象。

(2)调查研究国内实际情况。对于申诉方所诉的本国国内违反协议的政策和措施的实际情况要进行认真调查研究。应将有关资料进行系统整理,供专家组参考和供小组内答辩之用。

(3)若发现申诉方所诉问题确实存在,则宜及早采取行动,撤销有关违反协议的法规和措施,或及时修改有关政策,以期在专家组报告通过前使对方撤诉。

(4)认真审阅研究专家组的报告。专家组报告往往十分复杂详细,必须认真研究。如被判败诉,则应认真找出可以上诉的理由。

(5)若需上诉,则应在争端解决机构召开通过专家组报告之前及时提出上诉申请。上诉申请书应详列对专家组所作法律解释的异议。

当我国为被诉方时,应采取"专家小组/上诉机构为上,磋商解决和相互满意解决次之"的策略,力求对我国有利的结果。在一般情况下,应在各阶段的开始时刻同意磋商,在最后时刻达成相互满意的解决方案,专家组决定支持申诉方后立即选择上诉策略,专家组决定或上诉机构决定后选择尽可能晚地执行WTO决定或达成相互满意的解决方案或补偿,在WTO授权报复后立即选择执行WTO决定的策略。要辨明申诉方的申诉理由及真正目的。有的申诉可能是善意的,可以通过磋商解决,但我方原则是尽可能晚提出和解方案(磋商解决、相互满意解决、达成补偿协议);有的可能是属于政治目的或报复性的(如 DS222 案件),这时很难达成相互满意的解决方案,就应充分研究被诉理由,逐条核对:是否有例外规定,是否已有相似判例?要调查国内政策与法律的实施情况,最重要的是要争取执行的合理期限,修改有关政策。如果上诉,上诉申请书一定要列明异议及充足的理由。若被专家组或上诉机构裁定败诉,则应首先对裁决表明态度,主动提出和申诉方进行关于执行裁决的磋商。尽量争取更长的执行裁决的时间表。要充分考虑国内立法程序要求和政策、措施的修改对本国经济贸易带来的不利影响,争取对方对具体困难的谅解和宽容。要认真研究被确认违反 WTO 有关协议的政策、法规,或者有关措施,并及时作出调整或修改。

(四)胜诉方应注意的问题

(1)胜诉方应特别注意裁决的执行问题。裁决若得不到执行,或未得到及时执行就失去了裁决的实际意义。要先与对方磋商执行专家组裁决的日期。如在合理期间不能达成协议,则可要求进行仲裁。

(2)要特别注意对方采取各种手法拖延执行裁决。这一重要性已为以往多项案例的执行情况所证实。要及时对败诉方执行情况进行监督。必要时要提醒或督促对方按时执行裁决。

(3)若对方不执行裁决,应立即考虑请求授权报复的可能性。

(4)对发展中国家政府败诉方,应给予同情的考虑,在需要执行裁决时有所限制。

(五)败诉方应注意的问题

(1)若被专家组或上诉机构裁定败诉,则应首先对裁决表明态度。从目前已裁决的案件看,尚未发现不接受裁决的先例。败诉方应表明服从裁决,并主动提出和胜诉方进行关于执行裁决的磋商。

(2)与对方磋商执行裁决的时间表。应考虑国内的立法程序的要求和进行政策、措施的修改可能对本国经济贸易带来的不利影响,争取对方对具体困难的谅解和宽容,将不利影响控制在最低限度。

(3)应认真研究被确认违反协议的政策、法规,或者有关措施,并及时作出调整或修改。

(4)若败诉方为发展中国家,则可依照规定要求对方给予照顾。

第十九章　PPP 项目中的律师实务

第一节　PPP 概述

一、PPP 项目的含义与特征

（一）含义

PPP（Public-Private Partnership）模式，即"政府和社会资本方合作"模式，是公共基础设施投资建设的一种运营模式。根据中华人民共和国财政部（以下简称财政部）的定义，政府和社会资本合作模式是在基础设施及公共服务领域建立的一种长期合作关系模式。通常该模式由社会资本承担设计、建设、运营、维护基础设施的大部分工作，并通过"使用者付费"及必要的"政府付费"获得合理投资回报；政府部门负责基础设施及公共服务价格和质量监管，以保证公共利益最大化。根据《国家发展和改革委员会关于开展政府和社会资本合作的指导意见》的定义，政府和社会资本方合作模式是指政府为增强公共产品和服务供给能力、提高供给效率，通过特许经营、购买服务、股权合作等方式，与社会资本方建立的利益共享、风险分担以及长期合作关系。

（二）特征

PPP 模式有以下特征：

（1）平等合作，自愿有偿。PPP 模式中政府与社会资本之间是一种合作关系，而不是管理关系、从属关系、命令关系乃至于对抗关系；合作关系强调地位平等，自愿有偿。

（2）长期机制，权责明确。相比于 BT（Build-Transfer，建设—移交）模式、政府购买服务模式等传统模式，PPP 模式下政府与社会资本合作期限普遍较长（10~30 年不等）；在政府和社会资本的合作覆盖项目的全生命周期内，双方通过签订长期合同来明确权利和责任，通过激励约束机制来保证公共服务的质量和效益。

（3）利益共享，风险分担。在 PPP 项目实践中，要通过对政府与社会资本之间的权利与义务、风险与收益进行合理评估与机制设计，合理设计 PPP 项目合同内容，维持双方风险与收益的平衡。一般来说，政府方承担政策、法律风险，社会资本方承担投资、建设、运营等风险。

（4）领域广泛，鼓励创新。当前，除少数因涉及国防安全等敏感因素的领域外，PPP 模式已经广泛应用于提供基础设施和公共服务的各个领域；同时，PPP 模式注重规范化产出标准，如果社会资本能够发挥主观能动性，切实降低成本并提高产出，可以获得更多的利润，这有利于鼓励社会资本方进行服务改进和技术创新。

二、PPP 项目中的基本法律关系

在 PPP 项目中，项目参与方之间的法律关系都是通过签订一系列合同的形式形成的。PPP 项目合同通常包括 PPP 项目合同、股东协议、履约合同（包括工程承包合同、运营服务合同、原料供应合同、产品或服务购买合同等）、融资合同和保险合同等。

（一）政府方和社会资本方或项目公司之间的法律关系

在项目初期阶段，项目公司尚未成立时，政府方会先与社会资本（项目投资人）签订意向书、备忘录或者框架协议，以明确双方的合作意向，详细约定双方有关项目开发的关键权利义务。若政府和社会资本决定设立项目公司负责项目的实施，待项目公司成立后，由项目公司与政府方重新签署正式 PPP 项目合同，或者签署关于承继上述协议的补充合同。政府方与项目公司签订的 PPP 项目合同是其他合同产生的基础，同时也是整个 PPP 项目合同体系的核心。若政府和社会资本决定不设立项目公司，那么则由政府和社会资本签订 PPP 项目合同，约定事项与之前的意向书、备忘录等不一致的，以 PPP 项目合同为准。在 PPP 项目合同中通常也会对 PPP 项目合同生效后政府方与项目公司及其母公司之前就本项目所达成的协议是否存续进行约定。

（二）社会资本方与项目公司之间的法律关系

社会资本方作为项目公司的股东，通过与其他希望参与项目建设、运营的承包商、原料供应商、运营商、融资方等签订股东协议的方式，在股东之间建立长期有约束力的合同关系。社会资本方与项目公司之间便形成股东与公司的关系。在某些情况下，为了更直接地参与项目的重大决策、掌握项目实施情况，政府也可能通过直接参股的方式成为项目公司的股东,但根据财金〔2014〕156号文(现已废止)的规定,政府在项目公司中的持股比例应低于50%。政府与其他股东同等享有作为股东的基本权益,同时也需履行股东的相关义务。

(三)项目公司与工程承包商之间的法律关系

项目公司一般只作为融资主体和项目运营管理者而存在,本身不一定具备自行设计、采购、建设项目的条件,因此可能会将部分或全部设计、采购、建设工作委托给工程承包商,签订工程承包合同。

项目公司可以与单一承包商签订总承包合同,也可以分别与不同承包商签订合同。由于工程承包合同的履行情况往往直接影响PPP项目合同的履行,进而影响项目的贷款偿还和收益情况。因此,为了有效转移项目建设期间的风险,项目公司通常会与承包商签订一个固定价格、固定工期的"交钥匙"合同,将工程费用超支、工期延误、工程质量不合格等风险全部转移给承包商。此外,工程承包合同中通常还会包括履约担保和违约金条款,进一步约束承包商妥善履行合同义务。

(四)项目公司与专业运营商之间的法律关系

根据PPP项目运营内容和项目公司管理能力的不同,项目公司有时会考虑将项目全部或部分的运营和维护事务外包给有经验的专业运营商,并与其签订运营服务合同。个案中,运营维护事务的外包可能需要事先取得政府的同意。但是,PPP项目合同中约定的项目公司的运营和维护义务并不因项目公司将全部或部分运营维护事务分包给其他运营商实施而被豁免或解除。

PPP项目的期限通常较长,在项目的运营维护过程中存在较大的管理风险,可能因项目公司或运营商管理不善而导致项目亏损。因此,项目公司应优先选择资信状况良好、管理经验丰富的运营商,并通过在运营服务合同中预先约定风险分配机制或者投保相关保险来转移风险,确保项目平稳运营并获得稳定收益。

(五)项目公司与原料供应商之间的法律关系

有些PPP项目在运营阶段对原料的需求量很大、原料成本在整个项目运营成本中占比较大,同时受价格波动、市场供给不足等影响,又无法保证能够随时在公开市场上以平稳价格获取,继而可能会影响整个项目的持续稳定运营,例如燃煤电厂项目中的煤炭。因此,为了防控原料供应风险,项目公司通常会与原料的主要供应商签订长期原料供应合同,并且约定一个相对稳定的原料价格。

在原料供应合同中,一般会包括以下条款:交货地点和供货期限、供货要求和价格、质量标准和验收、结算和支付、合同双方的权利义务、违约责任、不可抗力、争议解决等。除上述一般性条款外，原料供应合同通常还会包括"照供不误"条款，即要求供应商以稳定的价格、稳定的质量和品质为项目提供长期、稳定的原料。

（六）项目公司与产品或服务的购买者之间的法律关系

在PPP项目中，项目公司的主要投资收益源于项目提供的产品或服务的销售收入，因此保证项目产品或服务有稳定的销售对象，对于项目公司而言十分重要。根据PPP项目付费机制的不同，项目产品或服务的购买者可能是政府，也可能是最终使用者。

（七）融资法律关系

从广义上讲，融资合同可能包括项目公司与融资方签订的项目贷款合同、担保人就项目贷款与融资方签订的担保合同、政府与融资方和项目公司签订的直接介入协议等多个合同。其中，项目贷款合同是最主要的融资合同。

在项目贷款合同中一般会包括以下条款：陈述与保证、前提条件、偿还贷款、担保与保障、抵销、违约、适用法律与争议解决等。同时，出于贷款安全性的考虑，融资方往往要求项目公司以其财产或其他权益作为抵押或质押，或由其母公司提供某种形式的担保或由政府作出某种承诺，这些融资保障措施通常会在担保合同、直接介入协议以及PPP项目合同中予以具体体现。

PPP项目的融资安排是PPP项目实施的关键环节，鼓励融资方式多元化引导融资方式创新、落实融资保障措施，对于增强投资者信心、维护投资者权益以及保障PPP项目的成功实施至关重要。

（八）保险法律关系

由于PPP项目通常资金规模大、生命周期长，负责项目实施的项目公司及其他相关参与方通常需要对项目融资、建设、运营等不同阶段的不同类型的风险分别进行投保。通常可能涉及的保险种类包括货物运输险、工程一切险、针对设计或其他专业服务的职业保障险、针对间接损失的保险、第三者责任险。

三、PPP项目的操作流程

（一）PPP项目特征

1. PPP项目发起

可由政府或社会资本发起，以政府发起为主：

（1）政府发起。由行业主管部门向本级政府提请采用PPP模式的请示报告

(含项目建议书),报本级政府审核。请示报告内容包括但不局限于项目名称、投资规模、建设内容、采用模式、实施安排等。行业主管部门将政府审核同意的项目报财政部门开展 PPP 识别论证。

(2)社会资本方发起。社会资本方根据行业主管部门的项目开发规划和计划,向行业主管部门提交项目建议书,经行业主管部门审核同意后将项目建议书和审核意见报本级政府审核。

(3)本级政府应对其审核同意采用 PPP 模式的项目,出具《规范实施承诺书》,加盖公章后报省级财政部门备案。

2. PPP 项目初步实施方案

(1)由政府授权的项目实施机构(政府发起)或社会资本方(社会资本方发起)组织编写项目(初步)实施方案。项目实施方案包含项目概况、风险分配基本框架、项目运作方式、交易结构、合同体系、监管架构、采购方式等。项目概况,主要包括基本情况、经济技术指标和项目公司股权情况等。风险分配基本框架按照风险分配优化、风险收益对等和风险可控等原则,综合考虑政府风险管理能力、项目回报机制和市场风险管理能力等要素,在政府和社会资本间合理分配项目风险。项目运作方式主要包括建设—运营—移交(BOT)、建设—拥有—运营(BOO)、建设—拥有—运营—移交(BOOT)、转让—运营—移交(TOT)、改建—运营—移交(ROT)、经营—维护(O&M)、管理合同(MC)等。交易结构,主要包括项目投融资结构、回报机制和相关配套安排等。合同体系,主要包括项目合同、股东合同、融资合同、工程合同等。监管架构,主要包括授权关系和监管方式。采购方式,主要包括公开招标、邀请招标、竞争性谈判、竞争性磋商和单一来源采购。

(2)新建、改扩建项目应依据项目建议书、可研报告等前期论证文件编制实施方案;存量项目实施方案编制依据还应包括存量公共资产建设、运营维护的历史资料以及第三方出具的资产评估报告等。

(3)项目实施机构应同步开展项目可研、立项、规划、用地、环评等前期工作。

(4)PPP 项目实施方案经行业主管部门审核后 10 个工作日内,相关信息应录入信息平台。

3. 物有所值评价

(1)物有所值评价根据项目初步实施方案,采用定性和定量两种方式,现阶段以定性为主,鼓励开展定量评价。定性评价指标体系包括项目全生命周期整合程度、风险识别与分配、绩效导向与鼓励创新、潜在竞争程度、政府机构能力、可融资性六项基本评价指标,以及项目本级财政部门会同行业主管部门根据具体情况设置补充评价指标。

(2)项目实施机构可委托第三方咨询服务机构(以下简称咨询服务机构)或专家,编制项目物有所值评价报告。咨询服务机构或专家应独立、客观、科学地进行项目评价、论证,并对报告内容负责。

物有所值评价报告内容包括:项目基础信息、评价方法、评价结论、附件等。

(3)各级财政部门应当会同同级行业主管部门根据项目实施方案共同对物有所值评价报告进行审核。

(4)物有所值评价审核未通过的,项目实施机构可对实施方案进行调整后重新提请本级财政部门和行业主管部门审核。

(5)物有所值评价报告编制完成后10个工作日内,相关信息应录入信息平台,同时报省级财政部门备案。

4. 财政承受能力论证

(1)经审核通过物有所值评价的项目,由同级财政部门依据项目实施方案和物有所值评价报告组织编制财政承受能力论证报告,统筹本级全部已实施和拟实施PPP项目的各年度支出责任,并综合考虑行业均衡性和PPP项目开发计划后,出具财政承受能力论证报告审核意见。每一年度全部PPP项目需要从预算中安排的支出责任,占一般公共预算支出比例应当不超过10%。

(2)财政承受能力论证应当综合考虑PPP项目全生命周期过程中股权投资、运营补贴、风险承担、配套投入等财政支出责任的特点、情景和发生概率等因素,分别进行支出测算。对政府财政支出责任中的土地等实物投入或无形资产投入,应依法进行评估,合理确定价值。

(3)PPP项目财政承受能力论证审核通过的且经政府审核同意实施的PPP项目,纳入本地区PPP项目开发目录。未通过的,则不宜采用PPP模式。

(4)省级财政部门负责汇总统计全省范围内全部PPP项目财政支出责任,对财政预算编制、执行情况实施监督管理。

(5)财政承受能力论证报告编制完成后10个工作日内,相关信息应录入信息平台。

(二)采购社会资本方

项目实施机构负责组织开展社会资本方采购工作,可依法委托政府采购代理机构办理采购事宜,根据项目实施方案编制采购文件,发布资格预审公告,成立评审小组和谈判工作组,签订PPP项目合同。项目实施机构应当优先采用公开招标、竞争性谈判、竞争性磋商等竞争性方式采购社会资本方。根据项目需求必须采用单一来源采购方式的,应当严格符合法定条件和程序。

1. 社会资本方资格预审

(1) 项目实施机构编制资格预审文件,在省级以上人民政府财政部门指定的政府采购信息发布媒体上发布资格预审公告,邀请社会资本和与其合作的金融机构参与资格预审。提交资格预审申请文件的时间自公告发布之日起不得少于15个工作日。资格预审合格的社会资本签订项目合同前资格发生变化的,应及时通知项目实施机构。项目实施机构应当根据项目特点和建设运营需求,综合考虑专业资质、技术能力、管理经验和财务实力等因素合理设置社会资本的资格条件,保证国有企业、民营、外资企业平等参与。

(2) 项目实施机构成立评审小组,评审小组负责PPP项目采购的资格预审和评审工作。评审小组由项目实施机构代表和评审专家共5人以上单数组成,其中评审专家人数不得少于2/3,评审专家可以由项目实施机构自行选定,至少包含1名财务专家和1名法律专家。项目实施机构代表不得以评审专家身份参加评审。采购评审标准应综合考虑社会资本方的技术方案、商务报价、融资能力等因素,确保项目采购物有所值和可持续运营。

(3) 社会资本资格预审。通过资格预审的社会资本不足3家的,项目实施机构在调整资格预审公告内容后重新组织资格预审,仍不够3家的,可以依法变更采购方式。

其中,采用竞争性磋商采购方式,符合要求的社会资本方只有2家的,采购活动可以继续进行;只有1家符合要求,应当终止采购活动,发布项目终止公告并说明原因,重新开展采购活动。

(4) 资格预审结果报备。项目实施机构将资格预审结果告知所有参与资格预审的社会资本,将评审报告提交财政部门备案。

2. 项目实施机构编制项目采购文件

采购文件应当包括采购邀请,竞争者须知(包括密封、签署、盖章要求等),竞争者应当提供的资格、资信及业绩证明文件,采购方式,政府对项目实施机构的授权、实施方案的批复和项目相关审批文件,采购程序,响应文件编制要求,提交响应文件截止时间、开启时间及地点,保证金交纳数额和形式,评审方法,评审标准,政府采购政策要求,PPP项目合同草案及其他法律文本,采购结果确认谈判中项目合同可变的细节,以及是否允许未参加资格预审的供应商参与竞争并进行资格后审等内容。

采购文件应明确项目合同必须报请本级政府审核同意,在获得同意前项目合同不得生效。

3. 社会资本方采购评审

项目实施机构应当组织社会资本进行现场考察或者召开采购前答疑会。评审小组根据项目采购文件规定的程序、方法和标准开展项目采购评审工作。已进行资格预审的可不再对社会资本进行资格审查。

4. 确认谈判结果

(1)项目实施机构成立采购结果确认谈判工作组。工作组至少包括财政部门、行业主管部门代表,以及财务、法律等方面的专家。评审小组成员可以作为采购结果确认谈判工作组成员参与采购结果确认谈判。

(2)采购结果确认谈判工作组按照评审报告推荐的候选社会资本的排名,依次与候选社会资本及与其合作的金融机构就合同中可变的细节问题进行合同签署前的确认谈判,率先达成一致的候选社会资本即为预中标、成交社会资本。

(3)签署确认谈判备忘录和发出中标、成交通知书。预中标、成交社会资本确定后10个工作日内,项目实施机构与预中标、成交社会资本签署确认谈判备忘录,将预中标、成交结果和项目合同文本,在省级以上人民政府财政部门指定的政府采购信息发布媒体上公示不得少于5个工作日,公示期满无异议后2个工作日内,再将中标、成交结果在省级以上人民政府财政部门指定的政府采购信息发布媒体上进行公告,同时发出中标、成交通知书,并将PPP项目合同经过行业主管部门、财政等相关职能部门审核后,报本级政府批准。

5. 签署PPP项目合同

在中标、成交通知书发出后30日内,项目实施机构与中标社会资本签订经本级政府批准的PPP项目合同。在合同签订之日起2个工作日内,在省级以上人民政府财政部门指定的政府采购信息发布媒体上公告,公告结束5个工作日内,相关信息应录入信息平台,但PPP项目合同中涉及国家秘密、商业秘密的内容除外。

(三)项目执行

1. 成立项目公司

(1)项目公司可以由中标社会资本出资设立,也可以由政府和中标社会资本共同出资设立。但政府持股比例应当低于50%，且不具有实际控制力和管理权。项目公司或中标社会资本方按项目合同进行设计、融资、建设、运营等。

(2) PPP项目公司成立必要的法律文件包括PPP项目合同、特许经营协议(如有)、公司章程、股东协议等。

2. 项目融资

(1) 项目公司承担项目融资责任，对归属项目公司的资产及权益的所有权和收益权，经行业主管部门和财政部门同意，可以依法设置抵押、质押等担保权益，或进行结构化融资。项目公司未按照合同约定完成融资的，本级政府可依法提出履约要求，必要时可提出终止合同。

(2) 各级政府不得违规为项目融资提供担保，不得对项目商业风险承担无限责任，不得以任何方式承诺回购社会资本方的投资本金，不得以任何方式承担社会资本方的投资本金损失，不得以任何方式向社会资本方承诺最低收益等方式承担过度支出责任或利用PPP模式变相举债。

3. 财政预算管理

财政部门将PPP项目合同约定的政府跨年度财政支出责任纳入中期财政规划，将符合预算管理要求的下一年度财政资金收支纳入年度预算，经本级政府同意、市人民代表大会审议批准后执行。

(1) PPP项目中的政府收入，包括政府在PPP项目全生命周期过程中依据法律和合同约定取得的资产权益转让、特许经营权转让、股息、超额收益分成、社会资本违约赔偿和保险索赔等收入，以及上级财政拨付的PPP专项奖补资金收入等。

(2) PPP项目中的政府支出，包括政府在PPP项目全生命周期过程中依据法律和合同约定需要从财政资金中安排的股权投资、运营补贴、配套投入、风险承担，以及上级财政对下级财政安排的PPP专项奖补资金支出。

4. 项目绩效评价与财政支出

(1) 财政会同行业主管部门或委托第三方咨询服务机构，在PPP项目全生命周期内，按照事先约定的绩效目标，对项目产出、实际效果、成本收益、可持续性等内容定期开展绩效评价。

(2) 财政部门会同行业主管部门做好项目全生命周期成本监测工作。每年第一季度结束前，项目公司向行业主管部门和财政部门报送上一年度经第三方审计的财务报告及项目建设运营成本说明材料。

(3)各级财政部门应当会同行业主管部门开展 PPP 项目绩效运行监控,对绩效目标运行情况进行跟踪管理和定期检查,确保阶段性目标与资金支付相匹配。监控中发现绩效运行与原定绩效目标偏离时,应及时采取措施予以纠正。

(4)财政部门对于绩效评价达标的项目,按照合同约定向项目公司或社会资本方及时足额安排相关支出;对于不达标的项目按照合同约定扣减相应费用或补贴支出。

5. 中期评估

项目实施机构应每 3~5 年对项目进行中期评估,重点分析项目运行状况和项目合同的合规性、适应性和合理性;及时评估已发现问题的风险,制订应对措施,并报同级财政部门备案。

6. 提前终止

如因政府原因或不可抗力原因导致提前终止,应当依据合同给予社会资本相应补偿并妥善处置项目公司存续债务,保障债权人合法权益;如因社会资本原因导致提前终止,应当依据合同约定要求社会资本承担相应赔偿责任。

(四)项目移交

PPP 项目合作期满前,应组建项目移交工作组,根据项目合同约定与社会资本或项目公司确认移交情形和补偿方式,进行性能测试、资产评估和登记入账。项目资产不符合合同约定移交标准的,社会资本应采取补救措施或赔偿损失。项目移交后,财政部门会同行业主管部门,对项目产出、成本效益、PPP 模式应用等进行绩效评价。在项目移交阶段应及时公开的 PPP 项目信息包括:移交工作组的组成、移交程序、移交标准等移交方案;移交资产或设施或权益清单、移交资产或权益评估报告(如适用)、性能测试方案;移交项目资产或设施上各类担保或权益限制的解除情况(如适用);项目设施移交标准达标检测结果、项目后评价报告,以及项目后续运作方式等信息。

第二节 律师在 PPP 项目中的工作

一、审查架构合规性

(一)法律合规性

仔细审查与项目相关的法律法规和政府规定,以确保项目方在项目实施过程中遵守相关的法律要求。其要求可能涉及国家层面的法律,如《招投标法》

等,也包括地方层面的规定。

(二)合同合规性

审查项目方与政府或其他私人参与方之间的合同条款,确保合同内容的合规性和有效性。包括检查合同是否包括必要的责任分担、权益保护、风险管理和争议解决条款。

(三)资金合规性

关注项目的资金来源,并审查相关资金筹集、使用和追踪机制的合规性。同时需要检查财务报表、资金管理协议和参与方之间的金融合同,以确保资金的合法性和合规性。

(四)风险管理

参与项目风险管理的审查,以确保项目方采取适当的措施识别、评估和管理项目相关的各类风险。同时关注合同风险、法律风险、政治风险、环境风险等,并提供相应的法律建议和风险管理策略。

(五)数据保护和隐私合规性

如果项目涉及个人数据的收集、处理和使用,则需要审查数据保护和隐私政策,确保项目方遵守相关的法律和隐私保护标准,保护个人数据的合法性和隐私权。

二、起草法律文件

(一)PPP 合同

该合同通常包括项目目标、参与方的角色和职责、项目实施计划、资金安排、风险分担、履约保证和争议解决机制等内容。

(二)土地使用权协议

在 PPP 项目中,土地使用权是一个关键问题。如需要,可以起草土地使用权协议,以确保项目方在项目实施期间获得土地使用权,并明确规定土地使用的条件、期限和权益转移等事项。

(三)供应合同

起草与项目相关的供应合同,主要涉及项目所需设备、材料和服务的采购。这些合同内容需要明确规定供应商的交付、质量以及付款条件等。

(四)施工合同

如果项目涉及建筑施工,可能需要起草施工合同,明确承包商的责任和权益,规定施工进度和质量要求,以及变更管理和索赔处理等。

(五)运营合同

在 PPP 项目中,运营合同可能会涉及项目的运营、维护和管理。这些合同需要规定运营商的义务、权益、业绩指标、奖励和惩罚机制等。

三、进行尽职调查

(一)法律合规性

审查与项目相关的法律法规和政府规定,以确认项目方是否符合项目所在地的相关法律要求,需要关注项目的合法性、项目方的资格与准入要求、土地使用权和权益转移等方面。

(二)合同和协议审查

仔细审查与项目相关的合同和协议,包括 PPP 合同、土地使用权协议、施工合同、运营合同等,并评估这些合同的合规性、有效性和保护项目方权益的程度。

(三)财务审查

与财务专业人员合作,审查项目的财务状况和相关文件,内容包括评估项目的资金来源、资金结构和资金使用的合规性。

(四)环境和土地审查

项目的环境和土地审查主要是确保项目满足相关环境保护法规和土地使用要求。需要关注土地权属、环境影响评估、土地使用准证和环境保护措施等方面。

(五)产权和知识产权审查

对项目的产权和知识产权进行审查的目的主要是确认项目方是否具备合法的产权和权利,以及是否存在与知识产权相关的风险。

(六)诉讼和仲裁审查

律师可能会进行相关诉讼和仲裁审查,以确认项目方是否涉及正在进行的诉讼、仲裁或其他纠纷或是否具有潜在的风险。

第二十章 房地产非诉讼律师实务

第一节 协助房地产开发企业取得土地使用权

律师在协助房地产开发企业取得土地使用权中发挥关键的作用。其主要工作包括以下几个方面:

(1)尽职调查。律师会进行土地尽职调查,评估土地的法律状况和可行性。包括确认土地所有权、土地用途规划、土地权属证明、地契和抵押物情况等,并核实土地是否符合规划和法律要求。

(2)土地出让合同。律师会起草和审查土地出让合同,确保合同条款符合法律法规,并保护企业的权益。合同中通常包括土地使用期限、使用权转让、土地使用费等内容。

(3)土地使用权证办理。律师协助企业办理土地使用权证手续,包括向相关政府部门提交申请、准备必要文件、协调审批程序,并跟进证书的发放过程。

(4)土地权属纠纷解决。若在土地使用权过程中出现权属纠纷,律师会提供法律咨询和代理服务,协助企业解决争议。其内容可能涉及土地所有权争议、土地征收和拆迁争议等。

(5)环境保护合规。律师需要关注土地使用过程中的环境保护规定,确保企业遵守相关法律法规,包括环境影响评估、污染防治等方面的合规要求。

(6)土地收购和租赁。律师可能会协助企业进行土地收购和租赁交易。内容主要包括起草和审查购置土地的合同,并提供法律意见,确保交易的合规性和有效性。

第二节 参加土地使用权出让合同谈判

律师在土地使用权出让合同谈判中发挥关键的作用,以确保房地产开发企业在谈判过程中获得最佳的权益保护。其主要工作包括以下几个方面：

（1）合同条款分析。律师需要仔细分析土地使用权出让合同的各个条款，包括使用期限、土地用途和面积、使用费和付款方式、转让和终止条款等。之后评估合同条款的合理性和合法性，并为企业提供有关风险和责任的法律建议。

（2）权益保护。律师会确保合同中包含适当的权益保护条款，以保障企业的权益，内容包括约定合同的解释、争议解决机制、违约责任和赔偿等方面。

（3）风险评估。律师会评估土地使用权出让合同中存在的潜在法律和商业风险，并提供相应的风险管理建议，关注土地权属纠纷、政府政策变化、环境规定等可能对企业产生影响的风险。

（4）谈判策略。律师会与企业协商和制定谈判策略，确保企业能在谈判中达到最有利的结果，并为企业提供法律分析和建议，指导企业制定合理的要求和反馈，并就关键问题提供战略支持。

（5）合规性审查。律师会对出让合同的合规性进行审查，确保合同符合当地的法律法规和政府要求，确认合同需要满足的规定，并确保企业在合同签署前已符合所有合规性要求。

第三节　协助房地产开发企业取得房地产开发项目手册

律师可以协助房地产开发企业取得房地产开发项目手册，以帮助企业合规地进行项目开发，其主要工作包括以下几个方面：

（1）法律合规性审查。律师会对房地产开发项目手册的合规性进行审查，评估项目手册是否符合当地的法律法规和政府规定，包括土地使用规划、建筑标准和规范、环境保护要求等。

（2）权益保护。律师会确保项目手册中包含适当的权益保护条款，以保障企业的权益。需要关注土地使用权、项目开发权和相关授权等方面的权利规定，并就明确的权益保护措施提供法律建议。

（3）纠纷解决机制。律师可能会就项目手册中的争议解决机制和索赔补偿条款提供建议，以确保合同明确规定纠纷解决的程序和途径，以便企业在合同履行过程中能够有效地解决任何的纠纷和争议。

（4）合同起草和审查。律师会协助起草和审查项目手册中的合同条款，确保合同与项目手册之间的一致性，并保护企业的利益和权益。这可能涉及开发权转让、委托合同、施工合同等方面的合同起草和审查。

(5)执照和许可。律师协助企业获得项目开发所需的执照和许可证，并向企业提供相关法律指导，办理许可证申请程序，确保符合申请条件和法律要求。

(6)项目管理规定。律师可能会就项目手册中的管理规定和流程提供法律指导，确认项目手册中的管理规定是否合规和有效，并提供相应的法律建议，确保企业能够按规定进行项目管理和运营。

第四节 协助开发企业向人民政府申请开展拆迁安置工作

律师可以协助开发企业向人民政府申请开展拆迁安置工作，并提供相应法律支持。其主要工作包括以下几个方面：

(1)法律咨询和指导。律师向开发企业提供拆迁安置相关的法律咨询和指导，包括有关土地征收政策、拆迁程序、安置标准和政府程序等方面的信息。

(2)申请文件准备。律师可以协助开发企业准备拆迁安置申请文件，包括相关的申请表格、陈述材料、工程规划和预算等。确保文件符合政府要求，并提供专业建议以使申请更具说服力。

(3)拆迁政策解读。律师协助解读拆迁政策和法规，以帮助开发企业了解相关规定并对拆迁安置计划做出准确判断、与政府部门进行沟通并就政策解释和适用提供支持。

(4)行政许可申请。律师可以协助开发企业向人民政府申请拆迁安置相关的行政许可，帮助企业准备申请材料、填写申请表格，并确保申请符合相关法规和程序要求。

(5)监督和维权。律师可以代表开发企业对拆迁安置过程进行监督，并确保政府按照相关法规和协议履行义务。如果发生任何争议或违法行为，律师将代表企业维护其合法权益，并提供法律援助和解决方案。

第五节 在房地产开发企业招投标工程中提供法律服务

律师在房地产开发企业的招投标工程中提供法律服务，以确保企业在招标过程中符合法律要求并降低法律风险。其主要工作包括以下几个方面：

(1)招标文件起草。律师可以协助企业起草招标文件，包括招标公告、招标文件、合同草案等，以确保文档合规，并根据企业需求制定相应的条款和条件，以维护企业权益。

（2）法律咨询和指导。律师向企业提供有关招标法规和程序的法律咨询和指导以及解释适用的法律要求，包括相关的招标规定、合同法律条款、规范和法规等。

（3）投标文件审查。律师可以审查企业的投标文件，确保其合规性并遵循法律要求。内容主要包括评估投标文件的完整性、准确性，并确保合同条款、要求文件和技术规范等符合招标文件的规定。

（4）法律风险评估。律师要评估招标工程中可能存在的法律风险，并提供相应建议以减少风险。风险主要包括法律合规性、合同履行、承包商资质和责任等。

（5）技术规范与法律要求的一致性。律师将评估企业的技术规范与法律要求之间的一致性，确保项目的设计、施工和交付符合相关法律法规。

（6）解决投诉和争议。律师可以协助企业解决投标过程中的投诉和争议，包括提供法律援助、争议解决策略，并在需要时代表企业处理相关争议。

第六节　协助开发企业鉴定建设工程的质量

律师可以协助开发企业鉴定建设工程的质量，并提供相应的法律支持。其主要工作内容包括以下几方面：

（1）法律咨询和建议。律师将为开发企业提供有关建设工程质量鉴定的法律咨询和建议，包括解释适用的法律法规和标准，包括建设工程质量管理法律法规、建设工程验收标准和质量评定准则等。

（2）工程合同分析。律师可以分析建设工程合同的相关条款，包括质量标准、验收程序和索赔补偿等方面，评估合同的合法性和有效性并为企业提供法律建议和解决方案。

（3）质量鉴定程序。律师可以协助开发企业了解和执行建设工程质量鉴定程序并与相关专业人员合作，评估工程质量，并确保鉴定程序符合相关法律要求。

（4）质量异议处理。律师可以协助开发企业处理建设工程质量异议，代表企业与承包商或相关方进行协商和谈判，并提供法律援助以保护企业的权益。

(5)争议解决。如果发生建设工程质量纠纷,律师可以协助开发企业进行争议解决,包括分析争议的法律依据,提供争议解决策略,并在需要时代表企业进行仲裁或诉讼。

第七节 为房地产转让提供法律服务

律师可以为房地产转让提供法律服务,以确保交易的合规性和顺利进行。其主要工作内容包括以下几方面:

(1)财产尽职调查。律师可以进行财产尽职调查,评估房地产的法律风险和问题。包括调查房地产的产权、担保物权、土地使用权等法律要素,以确保房地产的所有权及相关权益清晰明确。

(2)合同起草和审查。律师可以协助起草和审查房地产转让合同,确保合同涵盖所有必要的条款和条件,包括转让价格、交割时间、权益转移等。律师还可与各方进行协商,以确保合同条款符合各方的意愿。

(3)许可和批准程序。律师可以协助办理相应的许可和批准程序,以满足转让房地产所需的法律要求。其主要内容可能涉及土地使用权转让、审批手续和相关文件的准备等。

(4)税务规划和优化。律师可以进行税务规划,以优化房地产转让过程中的税务问题,包括评估转让产生的税务后果,并提供相关的建议和策略,以最大限度地减少税务负担。

(5)过户手续。律师可以协助办理房地产的过户手续,确保按照法律规定进行产权过户和权益转移,与相关政府部门和机构合作,办理相关手续并确保按时完成过户程序。

(6)纠纷解决。如果在房地产转让过程中出现纠纷,律师可以代表当事方进行解决,包括提供法律咨询、争议解决策略,并在需要时代表当事方进行谈判、调解或诉讼等。

第八节 为在建工程及相关土地使用权转让提供法律服务

律师可以为在建工程提供法律服务,以确保项目的合法性、规范性及顺利进行。其主要工作内容包括以下几方面:

（1）合同起草和审查。律师可以协助起草和审查在建工程合同，以确保合同条款符合法律要求，并涵盖必要的条款，如工期、付款方式、质量标准和索赔补偿等。

（2）执照和许可证。律师可以通过研究相关的许可要求，协助企业获得在建工程所需的执照和许可证并向政府机构申请和办理相关手续。

（3）法律合规性审查。律师可以进行在建工程的法律合规性审查，以确保企业遵守相关的法律法规和标准，包括检查工程设计的合法性、环境保护要求、用工规范等，以确保项目符合法律要求。

（4）解决合同纠纷。如果在建设工程中发生合同纠纷，律师可以代表企业进行协商、谈判或仲裁，分析合同条款，评估双方权益，并提供法律援助以解决纠纷并保护企业利益。

（5）资金和支付管理。律师可以协助企业管理在建工程的资金和支付事务，确保付款程序合规，并协助处理与供应商、承包商和分包商之间的支付纠纷。

（6）监督工程质量。律师可以协助企业监督在建工程的质量，与监理单位合作，定期检查工程进展和质量，并确保其符合相关法规和标准。

第二十一章　数据合规律师实务

第一节　数据合规的概念与法律规定

一、数据合规的概念

合规是指企业的经营活动与法律、法规和准则相一致。数据合规是指企业的经营活动所涉及的数据处理活动应该与相关的法律、法规、规则及准则一致。

(一)数据合规是企业整体合规的重要组成部分

数据被称为信息时代的"石油",已经成为企业经营活动中不可或缺的基本要素,企业通过数据分析进行产品设计、市场营销、客户服务、市场调查等;对于企业而言,在其经营的各个环节,都会与数据形成紧密的联系。因此,在企业的整体合规架构过程中,数据合规必然是重要的组成部分。

(二)数据合规具有相对的独立性

对于成熟企业而言,整体合规体系往往比较完善,特别是对于跨国企业、大型国企和大型金融机构而言,无论是基于跨境经营的需要,还是基于国资监管、金融监管机构日常监管的需要,企业往往有强大的合规部门,对于全面合规体系都已经做了较好的布局。但对于数据合规而言,由于法律法规更新,各个国家政策的博弈也较为激烈,这一领域的合规压力并不因企业已经建立了全面合规体系而有所降低。

(三)数据合规具有全面性

虽然数据合规相对独立,但在实施数据合规体系建设过程中,还应从企业全局进行考虑。数据合规不仅对应数据的获取流程,也与企业的商业模式有密切的联系。不同的商业模式,数据获取方式、数据获取维度、数据利用的方式均会不同,并且数据的收集、存储、利用等还涉及企业的业务流程管控及内部机制建设,这些问题都需要从企业的全局经营角度加以考虑。

二、数据合规的法律规定

(一)《中华人民共和国国家安全法》(以下简称《国家安全法》)

对于网络与数据安全问题,《国家安全法》第25条规定:"国家建设网络与信息安全保障体系,提升网络与信息安全保护能力,加强网络和信息技术的创新研究和开发应用,实现网络和信息核心技术、关键基础设施和重要领域信息系统及数据的安全可控;加强网络管理,防范、制止和依法惩治网络攻击、网络入侵、网络窃密、散布违法有害信息等网络违法犯罪行为,维护国家网络空间主权、安全和发展利益。"此外,《国家安全法》还确立了网络信息技术和服务的安全审查机制,通过安全审查,预防和化解国家安全风险。

(二)《民法典》

《民法典》对于数据合规的最大意义在于,确立了个人信息受法律保护的原则。《民法典》第111条规定,自然人的个人信息受法律保护。任何组织或者个人需要获取他人个人信息的,应当依法取得并确保信息安全,不得非法收集、使用、加工、传输他人个人信息,不得非法买卖、提供或者公开他人个人信息。此外,《民法典》还规定了个人信息的定义以及处理个人信息应当遵循的原则。

(三)《刑法》

《刑法》确定了违反相关法律的刑事责任,从而为数据合规的刑事责任确定了标准。与数据合规相关性最为紧密的刑事罪名包括:危害计算机信息系统安全罪、拒不履行信息网络安全管理义务罪以及侵犯公民个人信息罪。

(四)《中华人民共和国网络安全法》(以下简称《网络安全法》)

《网络安全法》是我国第一部专门对网络安全、数据安全进行规范的法律。《网络安全法》第21条规定:"国家实行网络安全等级保护制度。网络运营者应当按照网络安全等级保护制度的要求,履行下列安全保护义务,保障网络免受干扰、破坏或者未经授权的访问,防止网络数据泄露或者被窃取、篡改……"第31条第1款规定:"国家对公共通信和信息服务、能源、交通、水利、金融、公共服务、电子政务等重要行业和领域,以及其他一旦遭到破坏、丧失功能或者数据泄露,可能严重危害国家安全、国计民生、公共利益的关键信息基础设施,在网络安全等级保护制度的基础上,实行重点保护。关键信息基础设施的具体范围和安全保护办法由国务院制定。"此外,还规定了重要数据出境安全评估、个人信息保护的基本规则以及网络实名规则等。

(五)《中华人民共和国数据安全法》(以下简称《数据安全法》)

《数据安全法》是一部专门为了规范数据处理活动、保障数据安全、促进数据开发利用而制定的法律,数据安全法是数据合规最为重要的法律之一。《数据安全法》对数据和数据处理做出了界定,数据是指任何以电子或者其他方式对信息的记录。而数据处理则包括数据的收集、存储、使用、加工、传输、提供、公开等。还规定了数据分类分级保护制度,数据安全风险评估、报告、监测预警机制,数据风险应急处置机制,数据安全审查机制等。

(六)《中华人民共和国个人信息保护法》(以下简称《个人信息保护法》)

《个人信息保护法》是我国第一部专门为保护个人信息权益、规范个人信息处理活动,促进个人信息合理利用而制定的法律。个人信息保护法主要内容包括个人信息与个人信息处理的定义、个人信息保护法的域外效力、个人信息跨境处理的规则以及个人在个人信息处理活动中的权利等内容。

(七)《中华人民共和国电子商务法》(以下简称《电子商务法》)

《电子商务法》是我国为了保障电子商务各方主体的合法权益,规范电子商务行为,维护市场秩序,促进电子商务持续健康发展而专门制定的法律。其中,对电子商务经营者的数据安全及个人信息的保护,以及电子商务消费者与个人信息保护相关的权利也作了相应的规定。该法对电子商务消费者对用户信息的查询、更正、删除权利的保障以及电子商务经营者的配合义务作出了规定。同时也对监管主管部门获取电子商务经营数据的问题以及保密责任作出了规定。

第二节 律师如何参与企业数据合规工作

律师在企业数据合规工作中扮演着至关重要的角色,他们的参与可以帮助企业避免法律风险,确保数据处理活动的合法性,并在出现问题时提供专业的法律支持。以下是律师参与企业数据合规工作的几个关键方面。

(一)法律风险评估

律师首先需要对企业的数据合规状况进行全面的法律风险评估。这包括分析所有适用的隐私法律、数据保护法规和行业标准,以确保企业的数据处理活动符合法律要求。律师要识别潜在的合规漏洞,并提供相应的法律建议,帮助企业制定有效的风险缓解措施。

(二)制定和审查隐私政策

隐私政策是企业数据处理活动的法律基础。律师可以协助企业制定和审查隐私政策,确保政策内容清晰地阐明了企业如何收集、使用、存储和共享个人数据,并向用户提供必要的透明度和选择权。这有助于建立用户信任,并减少因隐私政策不明确而引发的法律风险。

(三)数据处理合同

在数据处理活动中,合同是保护企业权益的重要工具。律师可以起草或审查与数据处理相关的合同,例如,数据处理协议、保密协议等,确保合同条款充分保护企业的权益,并与数据处理方达成一致。这包括确保合同中包含数据保护要求、责任限制和违约条款。

(四)内部培训与教育

提高员工的数据保护和隐私合规意识是确保企业合规的关键。律师可以为企业员工提供有关数据保护和隐私合规的培训和教育,以增强他们的意识和理解,并确保他们在日常工作中遵守相关规定。这有助于防止因员工不当行为而导致的数据泄露或其他合规问题。

(五)与监管机构的沟通

律师可以代表企业与监管机构进行沟通和协商,处理数据合规方面的问题和纠纷。这包括帮助企业应对调查、投诉或其他与数据合规相关的问题。律师的介入可以确保企业在与监管机构的互动中保持合法性和专业性。

(六)数据泄露与合规不符合的应对

在发生数据泄露或数据合规方面的不符合时,律师可以协助企业迅速响应。这包括开展调查,确定事件的原因和影响范围,采取适当的法律措施应对,如通知受影响方、与监管机构合作等。律师还可以帮助企业制订危机管理计划,以减少事件对企业声誉和运营的影响。

第二十二章　IT 与电子商务律师实务

第一节　IT 与电子商务律师实务概述

在当今,电子网络行为已经充斥到了社会经济、个人生活的方方面面。其中,电子邮件(E-mail)和电子交易凭借其迅速、廉价的特性已经逐渐取代了传统邮件成为当前通信的主要媒介之一。随着 IT 与电子商务的普及,各种与其相关的法律问题也逐渐引起了人们的注意,律师实务也应运而生。

一、IT 与电子商务律师实务的概念

IT 与电子商务律师实务是 IT 业、电子商务服务业及其与 IT 业、电子商务有关的单位和个人委托律师针对出现涉及 IT 与电子商务法律问题提供法律服务的业务。IT 与电子商务法律实务是新生的法律事务,涉及的问题很多,缺少已经形成的法律服务模式和程序,这就需要律师在服务中参考其他相关的法律、法规进行处理。

IT 与电子商务律师服务的主要对象就是众多媒体通信接入服务经营者和公众多媒体信息源提供者以及进行电子商务的交易者。其法律规范也不是很多,其中最主要的是原信息产业部于 1997 年 9 月 10 日颁布的《中国公众多媒体通信管理办法》,该办法第一次以法律规范的形式规范了接入服务提供者和信息资源提供者的概念,从法律的角度确立了保护制度,但该办法现已失效,IT 相关法律服务亟待新的规定予以规范。

二、IT 与电子商务律师实务的服务对象

(一)律师对中国目前的 ISP 法律服务

ISP 的英文是 Internet Service Provider,翻译为互联网服务提供商,即向广大用户综合提供互联网接入业务、信息业务等业务的电信运营商。

中国目前的 ISP 可分为三类:一是官方提供的电信 ISP,即 ChinaNet 公用主干网;二是非官方的教育及科研网,这类 ISP 一般不向企业及普通公众提供接入服务;三是新兴地提供 Internet 访问服务的商业组织。根据国务院 1996 年颁布的《中华人民共和国计算机信息网络国际联网管理暂行规定》,对欲从事国际联网经营活动和非经营活动的接入单位,分别实行国际联网经营许可证制度和审批制度,由各级通信主管部门按管理权限负责审批。

(二)律师对中国目前的 ICP 法律服务

ICP 的英文是 Internet Content Provider,翻译为互联网内容服务提供商,在我国,从事通过互联网向网上用户提供有偿信息、网上广告、代制作网页、电子商务及其他网上应用服务的公司,根据我国《互联网信息服务管理办法》,需要办理 ICP 证,全称叫作"中华人民共和国电信与信息服务业务经营许可证",国家对经营性网站实行 ICP 许可证制度。未取得经营许可或未履行备案手续,擅自从事互联网信息服务的,由相关主管部门依法责令限期改正,给予罚款、责令关闭网站等行政处罚;构成犯罪的,依法追究刑事责任。

中国目前的 ICP:中国的 ICP 近几年发展迅速,也曾经有外资的进入,但近期由于官方屡次声明禁止外资进入国内电信市场,所以发展速度有所减缓,而只涉及内资时,由于 ICP 实行核准制度,基本上没有什么严格限制。

(三)律师对中国目前的 e-commerce(电子商务)法律服务

中国目前经营电子商务的公司正在迅猛增长,一般从事网上商品销售和网上拍卖。但现阶段的电子商务仍然停留在起步阶段,电子商务涵盖的社会层面也比较窄,又由于电子商务属于相对限制较宽的 ICP 范畴,因此,近期内将会有一个比较大的发展。

(四)IT 与电子商务律师实务的范围和内容

新兴的 IT 与电子商务业务对律师服务的挑战更多,因为服务的广度和深度都在无限膨胀,也没有形成固定的服务模式,在缺少规范的操作程序情况下,根据律师现已接触的案件来看,可以分为以下多项:域名注册、转让及域名争议;ICP、ISP、ITP、ASP 及相关业务法律服务;IT 企业在国内外资本市场融资与股权投资;电子商务与网络公司的收购、兼并、股权转让;电子商务与网络知识产权注册及保护;起草、制定权利声明、责任免除声明、隐私权保护声明;电子商务与网络公司相关协议、章程;电子商务合同纠纷;电子合同的网上律师见证;网络知识产权侵权;为电子、信息、通讯等相关政府机构提供专项法律服务;电子支付和结算;网上银行、网上证券和网上保险;网络商事侵权;网络民事侵权;网络刑事犯罪;与网络、电子商务有关的其他诉讼或非诉讼业务;提供与网络项目的设立、运营以及并购相关的法律咨询、文件起草、合同谈判和签约服务;风险投资项目的法律状况审查投资结构设计、政府批准手续、项目谈判签约涉及的法律服务;网络运营中的政府批准、合同管理、产品责任、劳动人事关系所需的法律服务。

总结起来也就是 ISP、ICP 以及电子商务三个方面。它又会涉及其他知识产权和融资、银行等方面的服务。IT 与电子商务的案件的证据一般来说不容易获得,所以律师在服务时,一定要利用证据的保全措施。特殊情况下,可以请求公证机关予以公证。律师对 IT 与电子商务的法律服务主要是对一个网络项目的全套操作过程,主要包括设立、运营和上市及整体并购三个阶段出现的法律问题进行处理。每个阶段都会遇到不同的法律问题,都需要律师参与解决。

第二节 IT 企业律师实务

一、IT 企业的含义

IT 是信息产业的简称,它是新时期法律调整的对象,也是律师参与提供服务的领域。其中,两个比较主要的范围就是 ISP 和 ICP。

律师参与并服务于 IT 企业主要有对 IT 行业经营许可的法律服务,IT 公司的组建、经营以及内部结构的管理提供法律专项的服务,服务内容和方式和一般公司一样,在这里就不再赘述。

二、律师对 IT 行业经营许可的法律服务

计算机信息系统的使用单位把该系统报省级以上的公安机关备案。接入单位从事国际互联网经营活动的,除必须具备规定的条件外,还应当具备为用户提供长期服务的能力。从事国际联网经营活动的接入单位的情况发生变化,不符合规定条件的,其国际联网经营许可证由发证机构予以吊销;从事非经营活动的接入单位的情况发生变化,不再符合规定条件的,其国际联网资格由审批机构予以取消。律师接受委托提供法律服务时,应注意下列事项:

(1)我国境内的计算机信息网络直接进行国际联网的,必须使用国家公用电信网提供的国际出入口信道;

(2)进行国际联网的专用计算机信息网络不得经营国际互联网络业务;

(3)企业计算机信息网络和其他通过专线进行国际联网的计算机信息网

络,只限于内部使用;

(4)负责专业计算机信息网络、企业计算机信息网络和其他通过专线进行国际联网的计算机信息网络运行的单位,应当建立网络管理中心,健全管理制度,做好网络信息安全管理工作。

三、外商参股 IT 行业的律师服务

律师为外商参股提供法律服务时,可以提供为外商按照中国有关的法律法规规定,设立有关法律许可的实体形式的建议。一般在此阶段律师需要考虑如下的因素。

(一)中外方投资比例

涉及中外方投资比例限制的问题,所以在设立有关法律实体时律师需要考虑如何依据现有的外商投资法律法规和相关政策成立一家或多家实体。现在一般的做法是将经营网站的实体、信息收集、编辑、制作数据库的实体以及网站维护的实体分别设立,以分别承担一定的功能,达到分散风险的目的。

(二)设立的实体的性质

在设立期间,应根据所设立实体的性质,依中国法律建立独资、合资或法律许可的其他实体形式,并根据项目的具体情况将几种方式结合起来运用。

(三)注册地点的考虑

基于投资者的整体计划考虑,可能需要将公司设在享有税收优惠的区域,也可能将公司设在某一行业比较集中的地区,或者在税收优惠地区注册实体,在另一地点设立办事机构,这些选择都需要结合具体的法规和政策予以实施。

第三节 网络律师实务

由于中国目前的网络项目大多所处的阶段,因此,网络投资者在这一阶段的法律服务需求很大。一般网络项目的设立阶段会涉及下列方面的法律问题。

(一)申请许可证或申请核准

这一阶段主要涉及的是网络项目的经营者和投资者的主体资格问题。

1. 工商注册的律师服务

(1)ISP 类型实体,采用许可证制度,设立有限责任公司。

(2)ICP 类型实体,可以设立有限责任公司。

(3)e-commerce 类型实体。从事电子商务的企业可以单独办理营业执照,

而此前,电子商务只能模糊列入"销售"类经营项目,而电子商务服务只能模糊地归类为"技术服务"项目。

2. 注册域名的律师服务

注册域名是企业设立网站时应做的第一项工作。域名注册可由企业自行办理,也可委托代理机构或 ISP 办理。该阶段的法律依据是《中国互联网络域名注册暂行管理办法》以及中国互联网络信息中心(CNNIC)发布的实施细则。其中主要涉及以下问题:

(1)国家域名注册的管理机构。国务院信息办是我国互联网络域名系统的管理机构,CNNIC 作为日常办事机构,负责管理和运行中国顶级域名 CN。

(2)先申请先注册原则。

(3)域名注册申请人的主体资格问题。

(4)注册域名的变更和撤销问题;注册域名可以变更或撤销,不可以转让或买卖。

(5)域名争议的解决问题。域名管理机构对引起的纠纷,由申请人自己负责处理并承担法律责任。

(二)服务商站点存放

企业在申请域名的同时即可开始考虑设计开发和存放站点,这一阶段主要应注意以下问题:

(1)我国对拟从事国际联网经营活动的网络服务提供商实行国际联网经营许可证制度,企业在与服务商签订合同时应要求其出示经营许可证;

(2)应在合同中详细约定开发商或服务商应提供的服务及标准;

(3)当企业站点内容侵害他人权益时,提供服务器并负责站点维护的服务商可能会被控与企业承担共同侵权责任。

(三)吸收风险投资问题

网络项目的投资是相当大的,尤其是对 ISP。而上市或通过银行贷款募集资金不大可能,所以吸收风险投资才是首选的资金来源方式。

(四)网络运营涉及的相关问题

1. ISP、ICP 经营许可问题

ISP 与 ICP 的经营许可问题,其中主要是 ICP 的经营许可问题,是法律上的灰色区域,即经营者对自己的状态和行为是否合法没有十分确切的把握,管理部门对这些问题也没有作出非常明确的表述。

2. 保障网络权利的实现问题

(1) 知识产权问题。网站应避免在未经作者同意的情况下,将已声明不得复制、转载的文章擅自转贴在网页上且未向作者支付报酬。这是一种侵犯他人知识产权的违法行为。

(2) 网上合同问题。在网上从事电子商务的企业往往采取网上合同的形式与客户进行交易,即在主页上上载格式合同,由合同相对方通过注册认证,进行商品和服务的交易。电子合同存在容易编造、难以证明其真实、有效性等问题。同时,现有的技术尚未做到对数字化印章和签名的唯一性、保密性进行准确无误认定。因此,电子印章和签名确认网上合同的有效性是电子商务正常发展的重要问题。

(3) 网上广告与网上新闻问题。网上广告与网上新闻同样要受《广告法》或相关行业规定的制约。

(4) 消费者保护问题。如消费者隐私权的保护问题以及如何将以前的保护消费者的法律适用于网络环境下的问题。

(5) 电子商务网站的法律责任问题。主要涉及网上欺诈问题和网上购物引起的产品责任等问题。

3. 律师对外资介入中国网络项目的法律服务

根据中国的实践并总结律师办理过的国际互联网投资项目的经验,在与网络有关的公司运营中,需要与一系列的内容供应商合作开发内容产品,终端用户提供内容产品。律师在对投资的股权结构安排方面,需要注意的问题是:

(1) 在国外注册的实体如何选择通过独资或与中方实体的合资或其他合作方式,在国内依法设立一个或一系列的运营实体;

(2) 这种股权安排能够确保与投资利益有关的权利(如收益权、独占权等)和知识产权的分享等目标得到实现;

(3) 这种股权安排能够确保这种合作方式可以使投资者在任何情况下都可以有效地实现合作的目标,如取得有关数据库的使用权或运用合作方现有的渠道等。

律师在服务中还为网站提供了设立方案研究、设立法律文件和批准程序、引进风险投资或并购方面的法律服务。

网站建立之后,经过一段运营时期,即进入成熟阶段。这时候就出现了公司运营中的一系列问题,这在其他章节有所体现,这里就不再重复。律师对

IT 与电子商务的法律服务还针对于在应用计算机或者网络产生的法律纠纷的行为。

第四节 电子商务律师实务

电子商务作为一种新型的商业运作模式,是计算机网络、软件技术在商贸领域中的综合应用的产物,是国家信息化建设一个重要的组成部分。因此,电子商务的发展依赖于国家整个信息产业的全面发展,需要广泛的国际合作与交流。

一、电子商务法

(一) 电子商务法概述

1. 立法背景与目的

随着互联网技术的飞速发展,电子商务作为一种新型的交易模式,逐渐渗透到经济社会的各个领域,对传统商业模式和法律体系产生了深远影响。为了保障电子商务各方主体的合法权益,规范电子商务行为,维护市场秩序,促进电子商务持续健康发展,我国制定了《电子商务法》。该法于 2018 年 8 月 31 日由第十三届全国人大常委会第五次会议通过,并自 2019 年 1 月 1 日起施行。

2. 适用范围与基本原则

电子商务法适用于在中华人民共和国境内通过互联网等信息网络销售商品或者提供服务的经营活动。金融类产品和服务,利用信息网络提供新闻信息、音视频节目、出版以及文化产品等内容方面的服务,不适用本法。

该法的基本原则包括:

(1) 保障电子商务各方主体的合法权益,遵循自愿、平等、公平、诚信的原则。

(2) 维护市场秩序,促进电子商务持续健康发展。

(3) 国家平等对待线上线下商务活动,促进线上线下融合发展。

(二) 电子商务经营者的法律地位与责任

1. 电子商务经营者的定义与类型

电子商务经营者是指通过互联网等信息网络从事销售商品或者提供服务的经营活动的自然人、法人和非法人组织,包括电子商务平台经营者、平台内经营者以及通过自建网站、其他网络服务销售商品或者提供服务的电子商务经营者。

2. 市场主体登记与纳税义务

电子商务经营者应当依法办理市场主体登记,但个人销售自产农副产品、家庭手工业产品,个人利用自己的技能从事依法无须取得许可的便民劳务活动和零星小额交易活动,以及依照法律、行政法规不需要进行登记的除外。电子商务经营者应当依法履行纳税义务,并依法享受税收优惠。

3. 信息披露与公示义务

电子商务经营者应当在其首页显著位置,持续公示营业执照信息、与其经营业务有关的行政许可信息、属于依照《电子商务法》第10条规定的不需要办理市场主体登记情形等信息,或者上述信息的链接标识。信息发生变更的,应当及时更新公示信息。

4. 商品与服务质量责任

电子商务经营者销售的商品或者提供的服务应当符合保障人身、财产安全的要求和环境保护要求,不得销售或者提供法律、行政法规禁止交易的商品或者服务。应当全面、真实、准确、及时地披露商品或者服务信息,保障消费者的知情权和选择权。

(三) 电子商务合同的订立与履行

1. 合同订立的法律效力

《电子商务法》第47条规定,电子商务当事人订立和履行合同,适用本章和《中华人民共和国民法总则》《中华人民共和国合同法》《中华人民共和国电子签名法》等法律的规定。电子商务当事人使用自动信息系统订立或者履行合同的行为对使用该系统的当事人具有法律效力。

2. 合同成立的时间与地点

电子商务经营者发布的商品或者服务信息符合要约条件的,用户选择该商品或者服务并提交订单成功,合同成立。当事人另有约定的,从其约定。合同标的为交付商品并采用快递物流方式交付的,收货人签收时间为交付时间;合同标的为提供服务的,生成的电子凭证或者实物凭证中载明的时间为交付时间。

3. 电子支付与快递物流的法律规范

电子支付服务提供者为电子商务提供电子支付服务,应当遵守国家规定,告知用户电子支付服务的功能、使用方法、注意事项、相关风险和收费标准等事项,不得附加不合理交易条件。快递物流服务提供者为电子商务提供快递物流服务,应当遵守法律、行政法规,并应当符合承诺的服务规范和时限。

(四)电子商务平台经营者的法律责任

1. 平台内经营者的管理与审核

电子商务平台经营者应当要求申请进入平台销售商品或者提供服务的经营者提交其身份、地址、联系方式、行政许可等真实信息,进行核验、登记,建立登记档案,并定期核验更新。

2. 平台服务协议与交易规则

电子商务平台经营者应当遵循公开、公平、公正的原则,制定平台服务协议和交易规则,明确进入和退出平台、商品和服务质量保障、消费者权益保护、个人信息保护等方面的权利和义务。应当在其首页显著位置持续公示平台服务协议和交易规则信息或者上述信息的链接标识。

3. 平台内经营者违法行为的处理

电子商务平台经营者发现平台内的商品或者服务信息存在违反《电子商务法》第12条、第13条规定情形的,应当依法采取必要的处置措施,并向有关主管部门报告。对平台内经营者违反法律、法规的行为,应当依据平台服务协议和交易规则采取警示、暂停或者终止服务等措施,并及时公示。

4. 消费者权益保护与先行赔偿责任

电子商务平台经营者应当积极协助消费者维护合法权益。消费者要求电子商务平台经营者承担先行赔偿责任以及电子商务平台经营者赔偿后向平台内经营者的追偿,适用《消费者权益保护法》的有关规定。

(五)电子商务争议解决机制

1. 争议解决途径

电子商务争议可以通过协商和解,请求消费者组织、行业协会或者其他依法成立的调解组织调解,向有关部门投诉,提请仲裁,或者提起诉讼等方式解决。

2. 平台的协助义务

在电子商务争议处理中,电子商务经营者应当提供原始合同和交易记录。电子商务平台经营者应当积极协助消费者维护合法权益。

3. 在线争议解决机制

电子商务平台经营者可以建立争议在线解决机制,制定并公示争议解决规则,根据自愿原则,公平、公正地解决当事人的争议。

(六)跨境电子商务的法律规范

1. 跨境电子商务的促进与支持

国家促进跨境电子商务发展,建立健全适应跨境电子商务特点的海关、税收、进出境检验检疫、支付结算等管理制度,提高跨境电子商务各环节便利化水平,支持跨境电子商务平台经营者等为跨境电子商务提供仓储物流、报关、报检等服务。

2. 跨境电子商务经营者的合规义务

跨境电子商务经营者应当遵守进出口监督管理的法律、行政法规和国家有关规定。国家进出口管理部门应当推进跨境电子商务海关申报、纳税、检验检疫等环节的综合服务和监管体系建设,优化监管流程,推动实现信息共享、监管互认、执法互助。

(七)电子商务法的法律责任与合规建议

1. 法律责任概述

电子商务经营者违反《电子商务法》规定,将依法承担相应的法律责任,包括民事责任、行政责任和刑事责任。具体处罚措施根据违法行为的性质和严重程度而定,如罚款、责令限期改正、吊销营业执照等。

2. 合规建议

(1)建立健全内部管理制度,确保经营活动符合电子商务法的要求。

(2)加强对平台内经营者的管理,严格审核入驻商家的资质和信息。

(3)规范合同订立与履行流程,确保交易安全和消费者权益。

(4)积极配合监管部门的监督检查,及时整改存在的问题。

(5)加强法律培训,提高从业人员的法律意识和业务水平。

二、电子商务安全的法律保护与律师实务

(一)律师对电子商务市场准入的法律服务

律师严格按照《计算机信息网络国际联网管理暂行规定》第 9 条规定对从事国际联网经营活动的和从事非经营活动的接入单位进行审核,使其具备以下条件:

(1)是依法设立的企业法人或事业法人;

(2)具有相应的计算机信息网络、装备以及相应的技术人员和管理人员;

(3)具有健全的安全保密管理制度和技术保护措施;

(4)符合法律和国务院规定的其他条件。接入单位从事国际互联网经营活动的,除必须具备本条前款规定条件外,同时还应当具备为用户提供长期服务的能力。

(二)电子商务安全管理的律师实务

律师注意拟订和审核互联单位与接入单位签订协议,加强对本网络和接入网络的管理,并提请委托人注意下列事项:

(1)负责接入单位有关国际联网的技术培训和管理教育工作;

(2)为接入单位提供公平、优质、安全的服务;

(3)按照国家有关规定向接入单位收取联网接入费用。

接入单位应当服从互联单位和上级接入单位的管理;审查和签署委托人与下级接入单位的协议,审查和签署委托人与用户的用户守则。并协助用户服从接入单位的管理,严格遵守并杜绝以下情况发生:

(1)不得擅自进入未经许可的计算机系统,篡改他人信息;

(2)不得在网络上散发恶意信息,冒用他人名义发布信息,侵犯他人隐私;

(3)不得制造、传播计算机病毒及从事其他侵犯网络和他人合法权益的活动。

我国法规规范了单位和个人在管理上的义务和责任,规定了公安机关管理监察部门在计算机网络安全并保障电子商务活动正常运行的法定职责,律师应当为当事人制作相关制度和规定,并严格执行安全保密制度,从而保障其做到两点:

(1)不得利用网络从事危害国家安全、泄露国家秘密等违法活动;

(2)不得制作、查阅、复制和传播妨碍社会治安的信息和淫秽色情等信息。

律师的任务是保障商务买卖、贸易活动的健康和发展,维护正常经济秩序。同时提请相关人员注意违反相关规定会造成的处罚措施:

(1)侵入国家事务、国防建设、尖端科学技术领域的计算机信息系统的处理措施;

(2)对计算机信息系统功能进行删除、修改、增加、干扰,造成系统不能正常运行的处理办法;

(3)对计算机信息系统中存储、处理或者传输的数据和应用程序进行删除等操作,利用计算机实施金融诈骗、盗窃、挪用公款等进行的刑事制裁。

(三)电子商务接入服务的律师实务

新建互联网络,必须经部(委)级行政主管部门批准后,向国务院信息化工作领导小组提交互联单位申请书和互联网络可行性报告,由国务院信息化工作领导小组审议提出意见并报国务院批准。接入单位必须具备规定的条件,并向互联单位主管部门或者主管单位提交接入单位申请书和接入网络可行性报告。律师可以根据委托协助当事人制作报告和法律文件。互联网络可行性报告的主要内容应当包括：网络服务性质和范围；网络技术方案；经济分析；管理办法和安全措施等。互联单位主管部门或者主管单位应当在收到接入单位申请书后20个工作日内，将审批意见以书面形式通知申请单位。

第二十三章　专项事务律师实务

随着我国社会主义市场经济建立和发展,各种经济组织之间,经济组织与公民之间以及公民与公民之间的经济往来日趋频繁,经济关系日趋复杂。由此,律师提供的法律服务的范围越来越广,而且还有不断扩大的趋势,因此,本节主要介绍律师新的单项的法律服务内容。律师代理专项工作的范围相当广泛,目前常见的主要有律师资信调查、律师见证、律师代理发表授权声明、律师出具法律意见书等。

第一节　律师资信调查

一、律师资信调查的概念

律师资信调查,是指当事人为预防风险,保障其投资、贸易经营的安全,委托律师代理其对他方的资产状况和商业信誉,通过合法的调查手段进行的考察和了解的业务活动。律师接受当事人的委托,进行资信调查,是律师业务的一项重要内容,也是律师发挥自己职业优势,行使调查权,为当事人提供法律服务的一个重要方面。

所谓资信是指来往客商的资金能力和信誉。根据律师工作的实践,资信调查的内容主要包括以下几个方面:

(1)对方当事人的基本情况,即被调查对象的民事主体资格、法律地位和行为能力。如果是经济组织,应当包括是否具备法人资格,企业的性质是有限责任公司还是无限责任公司,是否具有权利能力和行为能力。如果是自然人,则应当查明:出生日期;身份证件、签发日期;户籍所在地;居住地;家庭基本情况;毕业处所;工作处所;有无犯罪记录;个人信誉情况;有关职能部门评价。

(2)对方当事人的资本状况。包括对方当事人的注册资本总额、实有资本总额及其对外债权债务、经济效益情况、生产能力和技术设备力量等内容。

注册资本总额,是企业在注册机构登记的资本总额,它仅仅是表示企业依法成立必须具有的最低资本数额,一般并不完全显示企业的实际资产状况。

实有资产总额,是指企业实际拥有的资产总额。对无限公司而言,还包括股东所拥有的全部财产;对股份公司来说,实有资产是公司的现有资产,其数额依法律规定,一般应高于注册资本,股份有限公司在对外发生债务时,是以公司的现有财产进行清偿的。因此,企业的实有资本的数额是非常重要的,律师应在资信调查时予以查清。

对外债权债务,是表明企业资本状况的一个重要因素。了解对方当事人资信状况,不仅看其注册资本、实有资本,同时还要看其债权债务情况。债权债务情况包括:财务实际状况、企业对外债权情况;企业对外债务情况;企业对外投资情况;其他财务数据。有时,债权债务还表现为诉讼形式,律师在进行资信调查时,查清对方当事人有无诉讼在身,是查清其债权债务的一个有效方法。

(3)对方当事人的经营情况。包括其经营范围和方法以及生产经营状况等内容。调查对方当事人的合法经营项目、经营活动的方式,以确定其商业性质。调查企业经营实际现状,企业实际办公状况,企业机构设备情况,企业经营状态。资产实地追踪,固定资产现状的全方位追踪调查,提供所在地点,资产具体数额,产权所有并附图片资料,包括深度背景分析,主营范围,主要货源,主要市场,供销渠道。

生产经营状况的调查,包括调查对方当事人的开工状况、经济效益状况以及产品市场状况。特别要注意,是否有开工不足、经济效益逐步下降、产品不适销对路、没有市场等情况。

(4)对方当事人的商业信誉情况。主要包括其生产的产品质量,履行合同的能力,以往的履约率,服务质量情况,产品的声誉情况、销售服务情况,实际信用状况,合作伙伴评价,业内人士评价,主管部门评价,重大不良记录等。

(5)对方当事人的财产担保情况。主要应调查该企业是否对其不动产和固定资产已经设定了抵押担保;是否为其他企业设立了保证人担保。

在社会主义市场经济环境下,企业的商业信誉甚至比资本情况、经营状况、企业组织形式等更为重要,是商业交往中彼此首要考虑的因素。

二、律师资信调查的途径

因调查对象的不同,律师进行资信调查的途径也有所不同。

(一) 调查对象是中国境内公司、企业

律师可以通过下列途径进行资信调查：

(1) 通过工商名录、商业广告、报刊杂志等了解其基本情况；

(2) 通过工商、税务、金融等机构调查了解调查对象的生产经营状况；

(3) 通过对与被调查对象有业务往来的公司、企业的调查，了解被调查对象的产品质量状况、商业信誉等情况。

(二) 律师涉外资信调查

可以通过以下途径进行：

(1) 委托外国律师进行。近年来，我国有不少律师事务所同外国的律师事务所或公司建立了业务协作关系，互相协助进行法律事务调查等工作。许多外国律师事务所或公司在我国的允许下，也在我国各大城市设立办事处，其任务就是代理在其本国的诉讼或法律事务调查等。因此，律师进行涉外资信调查，可以通过有协作关系的外国律师事务所或通过外国律师事务所驻中国办事处，委托外国律师进行。

(2) 委托中国银行进行。中国银行是我国从事外汇金融业务的专业银行。中国银行已同世界一百多个国家或地区的数千家银行建立了业务代理关系，互相代理有关金融业务。律师进行涉外资信调查，可以委托中国银行，由其委托外国代理银行代为调查外商的资信情况。

(3) 通过我国驻外使领馆进行。我国设立在与我国经贸往来较多的国家的使领馆，一般都设有商务处和商务参赞等机构和人员，他们代表我国政府协调和驻在国的经贸关系，对驻在国的经济法律及工商企业的状况都非常了解。因此，律师涉外资信调查，也可以请使领馆商务处进行。

律师调查事项一般是根据委托人的要求，但律师一般意义上的社会调查主要是商务调查，所以律师应严格依照法律对当事人委托的事项进行研究，然后作出是否接受调查，以防止委托事项侵犯其他人的商业秘密和个人隐私。

律师凭借法律专长和特殊身份开展资信调查，能够为当事人解决社会生活和经济交往中的诸多问题，有利于经济关系的建立，避免不必要的诉讼，有利于社会的稳定和发展。

(范例)

资信调查报告书

××有限责任公司:

　　受贵公司委托,本律师事务所指派××律师对××市××房地产开发有限公司进行了调查了解,现就其资信情况出具资信调查报告如下:

　　一、××市××房地产开发有限公司是经××市工商行政管理局注册的有限责任公司,注册地址:××市××县××工业区;法定代表人:刘××;经营范围:在规划范围内进行开发、建设,房屋出租、出售及其物业管理,现有职工200多人,在××市共有3个房产开发项目于近期同时开工,该公司是××市新近发展壮大的房地产开发企业。

　　二、××市××房地产开发有限公司注册资本人民币5000万元,现有资本人民币1.5亿元。年利润人民币3000万元,上缴税金390万元。位于××市房地产企业累计利税大户前20名之列。该公司现有债务1400万元,债权3000万元,经济效益良好,开发能力较强,新近开发的几个房地产项目均获××市政府颁发的××优质工程证书,在近3年××市的同行业中××市××房地产开发有限公司的销售量和其他经济指标都稳居该市前列。

　　三、××市××房地产开发有限公司自1995年成立至今,近几年,其所做商品房现房及期房交易均无违法、被处罚情形。

××市××律师事务所
××律师
××××年××月××日

第二节　律师授权发表声明

一、律师授权发表声明的概念和特征

　　律师授权发表声明,是指在民事活动中,律师根据当事人的授权,就有关当事人利益的法律事实,公开声明其立场或主张其权利的单方法律行为。

　　律师授权声明的对象是针对社会各界,不是针对特定的哪个单位或个人。声明无论采取何种方式,都是为了声明当事人对某一行为或事件的主张,明确某项权利或义务,使当事人的合法权益不受或少受侵害。因此,授权声明必须公

开,只有为社会各界所知,才能起到宣传和告诫作用。

律师授权发表声明,主要具有以下几个特征:

(1)授权人必须具有主体资格。授权律师发表声明的授权人,必须具有主体资格。具体要求如下:①授权人具有承担民事责任的能力;②发表声明的内容必须与授权人的职务、身份和经营范围等权利能力和行为能力相适应。

(2)声明的内容必须真实可靠。

(3)声明的内容必须合乎法律规范、公共利益和社会公德。

(4)声明必须公开。

二、律师授权发表声明的程序

律师授权发表声明一般应遵循下列程序:

(1)接受委托。审查声明的各种证据材料,确认其内容真实可靠、合法之后,正式签订授权委托书,授权声明委托合同应当由律师所在律师事务所与授权的当事人签订,合同应明确双方权利义务关系、代理期限等内容。

(2)制作声明书。律师接受委托后,应对当事人提供的证据材料进一步审查核实,在事实清楚、证据充分的基础上,审查内容是否合法,是否规避法律。声明书制成后,应交由报社、杂志社、电台、电视台公开发表。当事人应按规定交纳费用,如承办律师经调查发现,当事人提供的证据材料严重虚假,当事人在此基础上提出的内容明显违法,应断然撤销所接受委托,并向当事人说明理由。

三、律师授权声明书的制作

律师授权声明书一般由首部、正文、尾部三部分组成。

(一)首部

包括标题和当事人的身份情况。

(1)标题。有两种写法:直接由授权单位发表声明的,应当写明"律师授权声明书";担任法律顾问的律师发表声明的,标题应当由顾问单位名称、律师事务所名称、文书名称三部分组成。

(2)当事人的身份情况。应当写明授权人、被授权人的基本情况。

(二)正文

这一部分是律师授权声明书的核心和重点,律师应当根据不同的情况书写。就一般情况而言,发表声明主要有两种情况。

一种情况是为了维护当事人的某项产品、某个商标、某种服务项目等在公众中的信誉,指出社会上的伪造、假冒以及其他有损当事人的声誉的不良现象,以警戒违法行为,提高公众对真与假的识别能力。

该种情况律师授权声明书主要应当写明以下三个方面的内容:

(1)写明某项产品的品种、质量、功能等,或者是某商标在国内外的信誉。

(2)写明社会上伪造产品、假冒商标的情况。

(3)要求公众提高识别能力并进行检举、揭发,将伪造、假冒的单位和个人,告诉某单位或律师,以便提请有关单位追究法律责任。

另一种情况是基于当事人单位及其下属单位的分离、合并、撤销、破产等情况,当事人需要停业整顿、清理债务。

这种情况授权委托书应当写明:当事人当前的处境情况;宣布当事人单位或其下属单位暂停(或者停止)一切经济活动。

(三)尾部

写明授权、被授权发表声明人所在地址、电话等,以便社会有关单位、个人联系。

四、律师授权发表声明应注意的问题

律师授权发表声明是一种民事代理行为,属于非诉讼的民事代理行为。当事人之所以不亲自发表声明,而是授权律师代理自己发表声明,一是为了让律师对声明的合法性和可行性严格审查把关;二是利用律师的身份给社会造成影响。因此,律师在接受委托时应当注意:

(1)必须有当事人的授权。律师只能在授权范围内以当事人的名义发表声明,当事人应对发表声明产生的后果承担责任,并缴纳因发表声明而支出的各种费用。

(2)律师授权发表声明必须具有法律意义,能够引起民事权利义务关系的变化。

(3)律师在授权发表声明时,还应考虑声明的内容是否与当事人的人身有关,如果属于《民法典》第161条的内容,就应当由当事人自己发表声明,律师不得代理其声明。

(4)律师在发表声明时,应严格审查声明内容,审查当事人提供的各种证据材料,以便有效地达到目的。

(范例)

××制药有限责任公司授权××律师事务所律师发表

律师授权声明书

  ××制药有限责任公司是国家××管理局唯一批准的生产××药品的厂家。××药品研制生产以来，××制药有限责任公司从未授权、委托其他厂家生产该种药品。近来，药品市场上出现了其他厂家生产的××药品，其中有些还标有"××制药有限责任公司授权"字样，纯属假冒；其做法不仅侵犯了××制药有限责任公司的合法权益，而且侵害了广大患者的利益，也扰乱了药品市场的秩序。为此，本律师授权发表声明：凡有上述不法行为的厂家，必须立即停止生产、销售××药品，立即停止对××制药有限责任公司的侵权行为并对此前生产、销售××药品所发生的一切不良后果承担全部责任。对此前，尤其是此后侵犯××制药有限责任公司生产××药品权益的行为，本律师将随时依据国家的有关法律、法规，代表××制药有限责任公司追究其经济责任和法律责任。

××制药有限责任公司

公司地址：××

单位电话：××

法律顾问：××律师事务所

律师：××

××××年××月××日

第三节　法律意见书

一、法律意见书的概念和特征

  法律意见书，是指律师事务所接受委托人就特定法律事务的委托，指派律师根据委托人提供的基本事实陈述和资料，经必要的调查和核实，正确适用法律进行分析和判断，向委托人或其同意的第三方出具的明确指向具体法律问题的书面专业意见。律师出具法律意见书，主要具有以下几个特征：

  (1)出具法律意见书的主体是律师，法律意见书应当同时加盖律师和律师事务所印章。

(2)法律意见书是针对当事人提出的某一具体的非诉讼法律事务,或者是法律行为,或者是法律事实,或者是法律文件而出具的书面法律意见。

(3)法律意见书是律师正确运用法律,对当事人提出咨询的事务进行分析与阐述而得出的结论性意见,该意见不受任何人影响,具有完全的独立性。

(4)法律意见只能"就事论事",当事人咨询什么,律师就应当论证什么,当事人对自己提供的材料的真实性负责,律师一般不负责调查。

(5)法律意见书不具有约束力和强制力。

二、律师出具法律意见书的程序

在律师事务所出具法律意见书的过程中,我们可以细分为几个关键步骤,每个步骤都紧密相连,确保了服务的连贯性和专业性:

(1)委托接受与合同订立。在这一步骤中,律师事务所统一接受委托人的委托,并与委托人订立书面委托合同,明确双方的权利与义务。这包括服务范围、费用结构以及保密条款等。随后,指派一位具有相应专业能力和经验的承办律师,负责整个法律意见书的出具工作。

(2)材料收集与审查。委托人必须提供与法律问题相关的全部材料,这些材料将送至律师事务所进行严格审查。承办律师将对材料进行深入分析,确保所提供材料的真实性、合法性和完整性,并从中识别关键法律问题和相关事实,为法律意见书的草拟打下坚实的基础。

(3)法律意见书草拟与讨论。承办律师根据审查的材料和法律分析,草拟法律意见书的初稿,并与委托人就意见书中的问题进行深入讨论,确保内容准确反映委托人的意图和需求。讨论后,承办律师可能需要对初稿进行必要的修改和完善,以确保意见书的准确性和适用性。

(4)法律意见书的正式出具。律师事务所对法律意见书的内容进行最终审核,确保分析的准确性和合规性。审核无误后,将法律意见书以公函形式正式打印,并加盖承办律师和律师事务所的印章,然后出具给委托人,供其在商务谈判等事项中使用。

(5)后续服务与咨询。律师事务所提供后续的法律咨询服务,解答委托人就法律意见书内容可能产生的疑问,并根据委托人的需求,对法律意见书进行必要的更新和补充,确保其时效性和适用性。

通过这一连贯的流程,律师事务所确保了法律意见书的专业性和权威性,为委托人提供了高质量的法律服务,帮助他们基于准确的法律分析作出明智的决策。

三、法律意见书的制作

法律意见书一般由首部、正文、尾部三部分组成。

(一) 首部

首部包括标题、编号:

(1) 标题。应当写明"法律意见书"。

(2) 编号。应当写明年度、律师事务所简称、文书简称、序号。如(2002)京隆律意字第××号,其中:"京隆律"为北京隆安律师事务所的简称,"意"为法律意见书的简称,"2002"为年度。

(二) 正文

正文部分是法律意见书的核心部分。这部分内容可视法律意见书的不同种类,分别确定。例如,如何进行国际借贷交易,法律意见书的主要内容包括:

(1) 必须声明,由当事人提供的有关事实、文件及签字等的真实性,完全由当事人负责。

(2) 必须声明,所依据的是哪一个国家的法律。

(3) 必须写明借款人的法律地位、营业资格和履约能力。

(4) 如果贷款协议有担保人的话,应当写明担保人的法律地位、营业资格和履约能力。

(5) 指出借款人签订贷款协议已得到必要的同意,担保人签署担保书亦得到必要的同意。

(6) 指出根据本国法律,贷款协议是合法有效的,与现行法律和借款人的其他合同并不抵触;借款人的义务和责任是不可撤销的、直接的、无条件的。

(7) 指出根据本国法律,贷款协议中的当事人有选择适用法律的权利。

(8) 最好声明,本意见书仅供委托人参考,不得挪作他用。

结合律师的工作实践,一般来说,法律意见书的正文部分应当写明以下内容:法律意见书呈送单位;委托的内容要求;法律意见的具体内容;法律意见的法律依据;建议和要求。

(三) 尾部

由律师签名或盖章,注明年月日,加盖律师事务所公章。

(范例)

法律意见书

(2021)京隆律意字第××号

××乳胶有限公司：

关于××卫生用品有限责任公司在其网站对其产品(安全套)宣传侵犯贵公司知识产权及不正当竞争行为，本所律师根据贵公司的委托，依据贵公司提供的有关材料，并依据相关的法律，提出如下法律意见：

一、根据贵公司向本所提供的如下文件

1. 公司简介彩色单页；

2. "××乳胶有限公司"产品手册；

3. 企业营业执照复印件；

4. ××省××市公证处出具的对www.××.com网站有关侵权内容证据保全公证书。

本所律师亲自访问www.××.com网站，获知如下事实：

(1)www.××.com网站中文首页上载有：

热烈祝贺××卫生用品有限责任公司再获中华人口奖。

热烈祝贺××卫生用品有限责任公司通过国家监督抽查并排名第一和××卫生用品有限责任公司获中华人口贡献奖的内容。

(2)在www.××.com网站中文首页上，通过点击质量保证条目，进入的网页内容中载有：

全球性统一稳定的高质量标准，符合或超过国家与国际标准。

所有JSB安全套都在EN46002及ISO9002品质管理系统下操作，且经常有专业人员作定期审查。

亚太地区乃至于世界头号安全套品牌。

此描述与××乳胶有限公司产品手册的有关文字描述和排列几乎一样，只是在个别名称上进行了改动。

(3)在www.××.com网站中文首页上，通过点击产品介绍条目，进入的网页内容中载有以下内容：

"×××"给你想要的感觉。

该广告语只是在××乳胶有限公司产品手册上的广告语"给你想要的感觉"前多加了"×××"××卫生用品有限公司商标用语的三个字。

二、案情事实分析

1. ××卫生用品有限公司在 www.××.com 网站上登载的与贵公司产品手册的有关文字和设计内容完全一样，其实质就是一种不正当竞争行为，应追究其不正当竞争的法律责任。

2. ××卫生用品有限公司网站上"×××给你想要的感觉"广告语在文字、颜色、意象等方面是对贵公司产品手册上的广告语"给你想要的感觉"设计的抄袭，该用语是贵公司安全套的形象广告词，也为广大公众所知晓的，应属于贵公司的著作权保护范畴。因此，该公司的行为侵犯了贵公司的著作权。

3. 对于 www.××.com 网站上登载的有关××卫生用品有限公司"××牌安全套、数十年的生产历史""2001年第二季度国内质量检验合格排名第一""全球销量20%"是与实际情况不符的虚假宣传，是导致客户和消费者误解的行为，这是一种严重的不正当竞争行为。

三、构成侵权的理由

××卫生用品有限公司在其网站利用网络媒体，对其"×××"牌安全套商品的介绍，违反民法的诚实信用原则，大肆剽窃贵公司的知名品牌"×××"的产品介绍，盗用贵公司安全套的广告词，进行产品的虚假宣传，其目的显然是以假乱真，抢占市场。该行为足以使消费者产生误解，侵犯了贵公司的合法权益，已经构成不正当竞争。我国《著作权法》规定，文字作品作者享有专有权，广告用词含有作者的智力成果，作者享有专用权，未经允许，他人不得使用。我国《反不正当竞争法》（2019年）第8条第1款规定："经营者不得对其商品的性能、功能、质量、销售状况、用户评价、曾获荣誉等作虚假或者引人误解的商业宣传，欺骗、误导消费者。"因此，××卫生用品有限公司应承担侵权的民事责任。

四、建议采取的步骤及方法

侵权案件起诉前应取得诉讼所需要的证据，这是本案获胜的关键，因此，在较短的时间内，获得支持贵公司主张的重要证据如"××卫生用品有限公司"产品的真实状况、生产历史、生产规模、经营情况以证明其网络媒体宣传的虚假性。这一工作可由我所专门负责此项工作的调查部进行（本所调查部已写出"调查意向书"随后附上）。在调取有关有力的证据后，以被告侵犯知识产权，存在不正当竞争行为为由直接起诉至法院，要求被告停止侵权，责令在其网站声明赔礼道歉、消除影响、赔偿损失。争取在比较快的时间内完全胜诉，同时也可通过工商行政管理机关进行查处，制止其不正当竞争行为，从商业利益角度击垮对手，以切实保护贵公司的合法权益。

  以上意见，仅供贵公司参考，如有不详之处，敬请及时与本所律师联系。

  顺致

商祺！

北京市××律师事务所

××律师

××××年××月××日

第四编

涉外律师制度与实务

第二十四章 涉外律师制度

第一节 国外律师制度

一、英国的律师制度

在英国,没有统称为"律师"的词汇。而"lawyer"一词,严格讲是美语词汇而不是英语词汇。在英国,执行律师职务的人有两类,即大律师和小律师。

(一)大律师

大律师,在英国称为"barrister",中文名称除大律师外,还有译为"巴律师""高级律师""出庭律师""辩护律师""专门律师"等。大律师是指能在英国上级法院执行律师职务的律师。大律师一般是精通某门法律或某类案件的专家。他们不仅通过辩护为当事人提供法律服务,而且回答小律师提出的疑难问题。此外,大律师经过大法官的提名,还可由英国授予"皇家大律师"的称号。大律师还有更多的机会被任命为高等法院法官和上诉法院法官。大律师办理的事务一般分为两部分,一是衡平法方面的事务,二是普通法方面的事务。前者包括信托、转移迁户、遗嘱、公司财产、移收等事务;后者包括契约法、侵权行为法、刑法、亲属法等方面的事务。近年来,英国大律师的专门化倾向越来越明确,出现了商事律师、专利律师、税务律师等新业务领域。

由于大律师具有较高的社会地位,所以取得大律师资格的条件很严格。第一,取得大律师资格,要受过一定的高等教育。包括:已有大学或工艺学校的法律学位;获有英国大学或工艺学校其他学位;具有国外或爱尔兰某些大学法律学位,按规定可以免除学术训练两科目以上的;年满 25 岁以上,通过其专业考试,并且已有相当的学业、专业或商业能力的成熟学生(mature student)。第二,必须参加一个大律师组织——四大法学院,作为该院的学生,完成学术与职业训练,参加法学院内一定的餐会次数(dining terms)。第三,必须提交品格良好的证明书。曾犯某种罪行及现被宣告为破产之人;现为代理人、商标代理人和小律师的人,不得参加训练,取得律师资格。第四,法学院学习期满后,在有经验的大律师指导下,实习一年,签署入会誓言。以上四个条件具备后,方可成为大律师。

英国的大律师组织有四个,即林肯法学院、内殿法学院、中殿法学院和格兰(雷)法学院。这四个法学院互不隶属,成员包括正在各该院学习的学生及已从各该院毕业的大律师。这些学院没有法人资格,基本上是个自由的社会团体,它们自定章程和行业规则,决定大律师资格的授予和免除。学院由君主或皇族担任名誉院长,院长由资深的大律师互选产生。各院都设在伦敦,并在高等法院附近,院内有礼拜堂、图书馆、食堂兼礼堂的会馆、专门律师事务所等。学院的职责是训练和考核律师,监督大律师的活动,决定纪律处分。

(二) 小律师

小律师,在英国被称为"solicitor",中文除把"solicitor"翻译为小律师外,还翻译成沙律师、撰状律师、诉讼律师、初级律师、事务律师等。小律师是指直接受当事人委托,在下级法院及诉讼外执行律师职务,为当事人提供多种法律服务的人。它是由中世纪普通法诉讼程序的代理人、衡平法诉讼程序中的申请人和教会法院中的代管(办)人(proctor)演变而来的。

小律师的活动范围,远较大律师广泛。他们可以担任政府、公司、银行、商店、公私团体的法律顾问,可以在下级法院,如治安法院、郡法院和验尸官法院执行代理和辩护职务,还可以处理非诉讼案件,为当事人起草法律文书和解答一般法律问题。

大律师和小律师是英国两种不同类型的律师,二者无隶属关系。他们有各自的活动范围和工作方式,因此,有人将大律师与小律师的关系比喻为专科医生与一般医生的关系。

英国律师的这种分类及相互关系,是其他国家所没有的。这种二元制的律师制度的优劣,曾在英国引起过争论。一般认为,社会上存在专门律师和普通律师,是有好处的。因为它能满足不同当事人的需要使专门诉讼和普通诉讼的当事人都能获得律师的帮助,但像英国的大律师那样不直接接触当事人则很难了解案件事实及当事人真实的意思表示,因此,不一定能充分保护当事人的利益。

二、美国的律师制度

美国的律师制度渊源于英国,但它并未继承英国律师制度中的分级制度、业务垄断等传统做法,而是伴随美国政治、经济和社会的发展,开辟了一条独特的发展模式。

17世纪末,英国的律师开始在北美开业,他们运用英国的法律,遵循英国的诉讼程序和方式。1776年,美国独立战争胜利,为保障资产阶级"人人生而平等"和不可侵犯的"天赋人权",在建立资产阶级法治化进程中,律师制度逐步得到确立。1791年的美国宪法修正案第6条规定:"在一切刑事诉讼中,被告有权在发生罪案之外或者经法庭确定之区域中由公正陪审团予以迅速及公开之审判,并被告知受控案情之性质与原因;与原告证人对质;将取得有利于他的证人列为必要程序,并取得辩护律师的协助。"19世纪下半叶,由于美国工业的迅速发展,成文法的增ული,犯罪率的增加等因素,美国的律师队伍得到很大的发展,律师在社会生活中所发挥的作用日益突出。

近几十年来,美国出现了一些专门研究某门法律、专门办理某类案件的律师,律师分工的倾向越来越明显。目前,美国已出现了一批专利律师、合同律师、税法律师等专业律师。

美国律师的活动范围和业务是很广泛的。在社会的各个领域,如总统竞选、租赁房屋、买卖住房、订立遗嘱、处理财产、设立公司中,都有律师活动。律师的业务从最早期的刑事辩护发展到兼任法律顾问、提供咨询、代写诉讼、办理非诉讼法律事务等。

在美国,实行律师资格与执行律师职务分离的制度。由于律师的社会地位较高,取得律师资格的条件是很严格的,虽然各州的具体规定不同,但大致应具备以下几个条件:

(1)必须是成年人;

(2)经过品行调查证明没有劣迹者;

(3)必须通过州的律师资格考试。

在美国,律师资格考试是由各州最高法院任命的主考人组成的考试委员会负责主持,主考人一般是本州具有权威的法官或律师,应考者必须是美国法学院毕业,具有法学学士学位。考试内容包括联邦法律和州法律。考试通过后,由考试委员会发给律师资格证书。在一个州取得律师资格,并不等于可以在其他州执业。如果在另一州从事律师工作,还需要通过另一州的律师资格考试。取得律师资格的人并不都从事律师职业,如有的人到政府部门工作,有的到司法部门工作,还有的到法学院当教授。如要开业当"挂牌律师",则需要州最高法院批准。在联邦法院办案,还需向联邦法院申请,经批准后方可。

美国律师开业有三种形式:一是个人开业,据估计,有1/3以上的人属于这种情况。个人经营的律师事务所可以受理全部案件,遇到重大或特殊案件,可以委托专家。二是联合经营事务所。这些事务所,共同雇佣办事员,但在财务上是各自相互区分的,每个律师向其各自的委托人负责。三是合伙经营律师事务所。参加这类律师事务所的律师也占1/3以上。这种事务所通常由4~5名律师组成,多的可以达到百人以上,在必要时还会雇佣其他律师和一般工作人员。这些律师事务所业务范围广泛,一般具有国际性质。

三、法国的律师制度

法国的律师受罗马法影响较大,采用传统的二元主义,有律师和代诉师之分。法国的律师也有两种,一种是由政府任命的在最高法院执行职务的律师,另一种是在其他法院执行代理和辩护职务以及在非诉讼事件中为社会提供法律服务的律师,且必须具备以下条件:

(1)年满25岁以上的有民事能力的法国公民。

(2)品行端正,且未受妨害风化罪的刑事判决。

(3)取得法学学士学位。

(4)经过考试合格(法国的律师资格考试独具特点。一般律师的考试是由普通大学法律系主任主持进行的,考试委员是由法律系主任指定的法律教授和法官、检察官、律师、诉讼师等组成。考试分两次,第一次是许可资格考试,第二次是许可考试。在最高法院执行职务的律师,则要经过最高法院评议会特别考试合格)。

(5)在律师事务所、代诉师事务所、法院、检察厅等处实习3年。以上条件具备后,在律师名册上登记,即取得律师资格。

法国的代诉师是指附属于一定法院,主要为当事人提供庭外服务的法律工作者。代诉师是专职的公务人员,他由法务大臣任命。代诉师的职责是为诉讼当事人办理各种诉讼手续和按照诉讼当事人的意图撰写书状。在1972年以前,上诉法院以下的各级(个)法院和法庭,均有代诉师的设置,1972年后,大审法院中的诉讼师被取消了,他们原来承担的工作,由上诉法院的代诉师承担。

代诉师虽由法务大臣任命,但也必须具备一定的条件。这些条件是:

(1)年满25岁以上;

(2)服完兵役;

(3)有法国国籍;

(4)有一定的法学学历;

(5)考试合格;

(6)未受过违反诚实或善良的有罪判决,未受过破产宣告等;

(7)由法院承认;

(8)取得代诉师身份委员会的证明书;

(9)不得违反禁止兼职规定。

代诉师的组织有代诉师会,其职责主要是制定内部规则及决定对代诉师的惩戒。

四、日本的律师制度

明治维新以前,日本无律师制度。明治5年(1872年),日本以法兰西为蓝本制定了司法职务制度。根据这个制度,日本出现了"代书人"和"代言人",开辟了代理人参与民事诉讼的道路。1903年2月,日本颁布了《律师法》,其后1949年颁布了新的《律师法》。该法是日本现行律师制度的法律基础。日本的律师法对律师的使命、资格、权利和义务、组织、罚则等作了全面、系统的规定。

律师的使命及职务。日本《律师法》第1条规定律师的使命有两个:一是拥护基本人权,实现社会正义;二是在诚实执行职务的基础上,努力维持社会秩序及改善法律制度。第二次世界大战以来,日本律师界为完成上述使命做了许多工作。

《律师法》规定的律师职务主要有:参与诉讼案件;为公民、机关团体代理诉讼;为刑事被告人进行辩护;在非诉讼案件中为社会提供法律帮助;充任税务代办人等。

关于律师资格的规定有三种:

(1)规定了正常情况下的律师资格,即一般律师资格,这个资格是司法进修生学习的终结。

(2)规定了一般律师资格的例外情况:在职的最高裁判所审判官;在职的大学、专修科和学院的法学教授、副教授;取得司法进修生资格后,在简易裁判所任5年以上的在职审判官、检察官、裁判所调查官、裁判所事务官、法务事务官、司法研修所和裁判所书记官、研修所或法学完全研究所教官、众议院或参议院法制局参事及内阁法制局参事官,这些人员不经司法进修生学习终结,即可取得律师资格。

(3)规定了律师资格的排除条件。按日本《律师法》规定,有下列情况之一者,不能取得律师资格;曾被判处监禁以上刑罚者;受弹劾裁判所罢免的审判官、被除名的律师,被停止业务的辩理士、税理士;被注销的会计士或被免职的公务员,自受处分之日未满3年的;被宣告无财产管理能力的人;破产而未复权之人。

日本的律师组织分为两种:日本律师联合会(也称日本辩护士联合会)和律师会。日本律师联合会是全国性律师组织。其使命是保护律师品格,谋求律师改善和进步,对律师和律师会进行监督指导和业务联系。

律师会是日本的地方性组织,其使命与日本律师联合会相同。律师会是法人组织,按照律师法规定,它在每一地区裁判所辖区设立,目前除东京有三个律师会外,其他律师会的成员是本辖区内所有的律师。律师会在日本律师系统中起承上启下的作用,日常是审查律师资格,指导律师开展业务,对律师活动实行直接的监督。

日本律师的工作机构是"法律事务所"。日本的律师属自由职业者,所以有不少法律事务所是个人的。个人法律事务所的名称都是法律事务所前冠以律师的名字。这些事务所有的有专门的办公地点,也有的就设在律师家里。除单个人办的法律事务所外,还有数人合伙的法律事务所。合伙法律事务所力量大,竞争力强,便于律师业务水平的提高,颇受公民信任,所以,这种法律事务所增长很快。律师除个人开办或者合伙开办法律事务所外,也有受雇佣在法律事务所工作的。这些律师多是新手,在受雇期间锻炼成熟,为以后单独开办法律事务所打下基础。

第二节　外国律师事务所驻华代表机构管理制度

对于外国律师事务所驻华代表机构的管理,主要由《外国律师事务所驻华代表机构管理条例》《司法部关于执行〈外国律师事务所驻华代表机构管理条例〉的规定》对其作出规范。

一、代表处的设立

外国律师事务所,是指在我国境外合法设立、由外国执业律师组成、从事中国法律事务以外的法律服务活动,并由其全部成员或部分成员对外独立承担民事责任的律师执业机构。但下列情形除外:

(1)外国政府、商业组织和其他机构中的法律服务部门;

(2)不共享利润、不共担风险的两个或两个以上外国执业律师或律师事务所的执业联合体。

外国律师事务所申请在华设立代表机构、派驻代表,应当具备下列条件:

(1)该外国律师事务所已在其本国合法执业,并且没有因违反律师职业道德、执业纪律受到处罚。

(2)代表机构的代表应当是执业律师和执业资格取得国律师协会会员,并且已在中国境外执业不少于2年,没有受过刑事处罚或者没有因违反律师职业道德、执业纪律受过处罚;其中,首席代表已在中国境外执业不少于3年,并且是该外国律师事务所的合伙人或者是相同职位的人员。

(3)有在华设立代表机构开展法律服务业务的实际需要。

外国律师事务所在华设立代表机构、派驻代表,应当经国务院司法行政部门许可。外国律师事务所、外国其他组织或者个人不得以咨询公司或者其他名义在中国境内从事法律服务活动。

对于设立条件的前两个很好理解,但第三个条件"有在华设立代表机构开展法律服务业务的实际需要"是什么意思呢?又如何来对其进行认定呢?

根据《司法部关于执行〈外国律师事务所驻华代表机构管理条例〉的规定》,"有在华设立代表机构开展法律服务业务的实际需要",应当根据下列因素认定:

(1)拟设代表处住所地的社会经济发展状况;

(2)拟设代表处住所地法律服务的发展需要;

(3)申请人的规模、成立时间、主要业务领域和专业特长、对拟设代表处业务前景的分析、未来业务发展规划;

(4)中国法律、法规对从事特定法律服务活动或事务的限制性规定。

二、代表处的注销

注销原因基本与我国港澳地区律师事务所在内地代表机构的注销原因一致。

三、代表处的业务范围

代表机构及其代表,只能从事不包括中国法律事务的下列活动:

(1)向当事人提供该外国律师事务所律师已获准从事律师执业业务的国家法律的咨询,以及有关国际条约、国际惯例的咨询;

(2)接受当事人或者中国律师事务所的委托,办理在该外国律师事务所律师已获准从事律师执业业务的国家的法律事务;

(3)代表外国当事人,委托中国律师事务所办理中国法律事务;

(4)通过订立合同与中国律师事务所保持长期的委托关系办理法律事务;

(5)提供有关中国法律环境影响的信息。

代表机构按照与中国律师事务所达成的协议约定,可以直接向受委托的中国律师事务所的律师提出要求。但是,哪些法律事务是"中国法律事务"呢？又是如何认定的呢？

根据司法部的规定,下列行为应当认定为"中国法律事务":

(1)以律师身份在中国境内参与诉讼活动;

(2)就合同、协议、章程或其他书面文件中适用中国法律的具体问题提供意见或证明;

(3)就适用中国法律的行为或事件提供意见和证明;

(4)在仲裁活动中,以代理人身份对中国法律的适用以及涉及中国法律的事实发表代理意见或评论;

(5)代表委托人向中国政府机关或其他法律法规授权的具有行政管理职能的组织办理登记、变更、申请、备案手续以及其他手续。

四、外国律师事务所驻华代表机构与港澳律师事务所内地代表机构在各方面的异同

《外国律师事务所驻华代表机构管理条例》是于2001年12月19日由国务院常务会议通过的,性质属于行政法规,而《香港、澳门特别行政区律师事务所驻内地代表机构管理办法》是司法部根据《外国律师事务所驻华代表机构管理条例》于2002年2月20日制定的,该办法最新修正于2015年4月27日公布,并于2015年6月1日施行,属于部门规章。所以两者所规定的基本内容是大致相同的。

由于香港、澳门是中国的一部分,为了鼓励和规范港澳法律服务提供者在内地从事规定的法律服务活动,根据CEPA的原则和精神,司法部又修改了《香港、澳门特别行政区律师事务所驻内地代表机构管理办法》,并制定了《香港特别行政区和澳门特别行政区律师事务所与内地律师事务所联营管理办法》。根据这两部规章,香港、澳门特别行政区律师事务所驻内地代表机构比外国律师事务所驻华代表机构享有更有利的从业环境。港澳律师事务所可在内地与内地律师事务所共同开办联营所,优势互补,而外国律所无权如此。

可见,港澳律师事务所代表处的代表在内地从事法律活动,并不太影响在其本地的执业活动。但是,对于外国律师事务所的代表处的代表,《外国律师事务所驻华代表机构管理条例》规定,代表机构的代表每年在中国境内居留的时间不得少于6个月;少于6个月的,下一年度不予注册。由此限制了外国律师事务所代表处的代表在其本地的执业活动。

第二十五章　涉外律师实务

随着中国经济的发展,对外开放的进一步深化,中国律师的涉外业务迅速成长而且广泛地深入到我们日常生活的各个方面,涉外法律业务的深入发展给中国律师创造出更多的工作机会。全国各地的知名律师事务所几乎都将涉外业务作为自己的主要业务之一。在京、沪、深等地出现了以从事外国投资、国际贸易、海事仲裁、境外上市、涉外知识产权保护等涉外业务为主要服务内容和收入来源的律师事务所。

第一节　涉外案件中律师代理工作概述

一、涉外案件的概念和种类

很难对涉外案件或者对涉外法律业务作一个准确的定义。从适用法律以及客户地域角度看,涉外法律业务主要包括两类:一类是"走进来"的涉外业务,即中国律师在境内,向外国客户介绍中国法律,或者代表外国客户在中国境内从事主要适用中国法律的业务;另一类是"走出去"的涉外业务,即代表中国客户到境外发展业务、股票上市、处理纠纷,进行仲裁和诉讼,主要适用外国法律或者国际条约。从案件性质角度看,涉外法律业务既有仲裁和诉讼业务,又有非诉业务,而且所涉及的案件种类非常广泛,几乎涵盖所有法律部门。

二、涉外案件的特征

涉外法律业务必须具有涉外因素,这是它区别于一般案件的主要原因。具体地说,一宗涉外案件通常包含以下一种或者几种涉外因素:

(1)主体涉外。系指当事人一方,或者双方系外国人和无国籍人士,或者是注册地在国外的公司和组织。这些公司和组织既包括营利性的,也有非营利性的;既有法人组织,也有非法人组织。来自港、澳、台地区的自然人、公司和组织也被视为涉外的自然人、公司和组织。在个别情况下,外国政府(包括其使领馆本身以及享有司法豁免权的使领馆人员),以及国际机构的驻华机构也可能成为涉外案件的当事人。

(2)标的物在境外。是指被争议的财产(主要是实物)位于境外。

(3)法律关系涉外。在很多涉外案件中,法律关系的形成、实施和消灭是在中华人民共和国境外,比如当事人婚姻缔结地、抚养关系形成地、侵权行为地和结果地或者合同的签订地、执行地都可能是在境外。

(4)适用外国法律和国际条约。尤其是在"走出去"一类的案件和法律业务中,主要适用外国法律和国际条约。考虑到世界各国司法制度千差万别,国际条约纷繁复杂,因此,这类法律业务具有很大的挑战性。

第二节 涉外案件中律师代理的范围和工作原则

一、涉外案件中律师代理的范围

在涉外案件中,律师所提供的法律服务极为广泛。对于"走进来"一类的涉外案件,代理范围与从事国内普通法律事务的律师没有什么区别,主要工作包括咨询、参与谈判和调解、代书法律文件、送达、调查取证以及代理参加仲裁和诉讼活动各个阶段的工作等。而在"走出去"的一类案件中,主要的工作包括咨询、参与谈判、撰写法律意见书和各种法律文书、调查取证等,所提供服务的范围相对较窄。即使有参加仲裁的机会,也通常只起到辅助和次要的作用。但是,随着中国律师业务素质的逐步提高,中国律师在更广泛的领域内参与国际法律服务的机会将会迅速增加。

按照所涉及的业务是否与诉讼和仲裁有关,可将法律服务大体分为诉讼类和非诉类两种。

在非诉案件中,商务类的主要有:外国投资、涉外融资、涉外租赁、境外上市、知识产权保护、国际贸易、国际招投标、反倾销、外汇管理和涉外税收。民事类的主要有:涉外婚姻/离婚和与之相关的扶养问题、涉外收养,以及外国在华购买、租赁住所。刑事类的主要有:外国人在中国犯罪。其他案件有:外国人在华劳务纠纷、交通肇事等。

在涉外诉讼/仲裁案件中,又可将有关案件分为涉外民事诉讼、涉外刑事诉讼、涉外行政诉讼、涉外经济仲裁和涉外海事仲裁。从目前的情况来看,涉外仲裁发展得很快,尤其是中国国际经济贸易仲裁委员会,已经得到了相当一部分外国客户和同行的首肯,因此,会有越来越多的外国客户选择在中国国际贸易仲裁委员会进行仲裁,律师参与涉外诉讼/仲裁案件的机会会逐步增多。

二、涉外案件中律师代理工作的原则

除了律师在执业过程中通常要恪守的准则,诸如忠实于法律、勤勉尽责、保守客户隐私和商业秘密、不得贬低同行等以外,从事涉外业务的律师还要特别注意遵守以下几项原则。

(一)国家主权原则

中国是主权国家。为了维护国家主权和司法的独立性,我国法律对于中国法律的适用范围、中国法院的管辖权、对国际法律的接受与保留、审判使用语言、中国律师的诉讼代理人地位等都进行了专门的规定。中国律师在执业过程中应当时刻注意自觉遵守和执行这些法律法规,维护国家主权和公共利益。在处理涉外案件时不能被金钱和各种诱惑所俘虏,做出有违国家主权和国家利益的举动。

(二)国际化原则

我国是国际上很多最重要的国际组织和国际条约的成员国。随着我国改革开放的不断加深,我国对国际社会的开放程度日益加深。为顺应这一历史潮流,律师的代理工作也需更加国际化,其中包括:加强与国际各种法律组织和机构的联系和沟通;加强与国际律师同行,尤其是法律先进国家的同行的联系和合作;更全面、更深刻地认识和使用国际法律原则和国际条约,向外国客户和向在国外发展的中国客户提供更高质量、更为规范的法律服务等。中国律师在提供涉外法律服务时要注意参考国际惯例。

(三)职业化原则

律师服务国际化的一个重要方面就是律师服务的职业化。律师服务的职业化也同样包含着很多方面:第一,律师应具有更高的职业技能,包括具有较高的语言和表达能力,精通有关的法律法规,具有丰富的实践经验,具有较强的分析判断能力和沟通、协作能力等;第二,应遵守更高的职业规范,比如保守客户的商业秘密,不得将客户的情况、案件的进展和结果泄露给第三方或者利用客户的商业秘密为自己获取其他利益,律师本人及整个律师事务所都不能为客户的相对方提供法律服务,不得向客户隐瞒重大信息等;第三,注意提高工作效率并且注

重服务细节,对于回复文件的时间,文件的格式、装订、接听电话的方式,账单的形式,律师仪表等皆应用较高的职业标准进行要求。

第三节 涉外案件律师代理的方法

不同的涉外案件有不同的处理方法,凡事应当具体情况具体分析。下面介绍的仅仅是我们在综合了很多案件处理方法后总结出的一般性步骤,请注意,在实践中,这些步骤不会全部发生在每一个案件上。

一、涉外案件中律师代理的基本方法

(一) 初步接触

客户(包括这些客户的律师)可能从各种途径知道你的名字,其中包括你们律师事务所制作的广告,你们律师事务所的网址,你撰写的文章,关于你的报道,你的一次讲演,同行或者朋友的介绍,一个普通的电话咨询,一次在普通场合的会谈,一封电子邮件等。所以,律师要认真对待每一次会谈、每一次讲演、每一篇文章和每一次谈话,因为每一次都可能是与客户的初步接触,每一次的背后都可能蕴藏着业务机会。

当你与潜在的客户(包括客户的律师)无论是通过怎样的方式初步谈及一宗涉外案件或者业务时,你都应当仔细听取他对事件的描述,以及他对事件的总体意见。通过交谈,你应当迅速把握案件的基本性质和最显著的特征,包括涉案主体,主体之间的关系,事件发展的基本过程,以及基本的法律关系。在此基础上,你要迅速搞清主要的适用法律,解决问题的基本思路和方案。在初次的交谈中,你不必(除非必须)深入案件的细节,也不必和盘托出你的方案细节。但是,交谈是否需要深入取决于你是否认为你已经使你的客户(包括客户的律师)确信:第一,对于所谈案件你很有经验;第二,你本人很有能力,而且你会十分专业地完成有关工作;第三,你本人是一个很善于交流,并且富有团队精神的律师。

初次接触也可能会谈及费用问题,你要十分小心,因为太高的报价会吓走客户,而太低则会被认为不够专业或者包含着水分。通常的做法是既要把律师事务所一般的收费标准报告给客户,又要为自己留有余地。具体的报价要等到律师对案件有了全面了解,并且确定好工作方案之后再通报给客户。

(二) 第一次会面

对于大部分比较复杂的涉外案件来说,在确定委托关系之前,律师总有机会

与客户(包括客户的律师)见面并举行正式会谈。有相当一部分外国客户和他们的律师是出差来华与你会面,时间观念会非常强。还有些客户(包括客户的律师)要在这次旅行中面试几家律师事务所,因此,你一定要做好充分准备。

具体的准备工作包括:通过网络等各种媒体和资料了解客户的背景;对有关的法律问题做好深入细致的法律研究;确定一套或者几套解决方案供客户选择等。还有一些技术问题也要十分留心,包括认真布置会议场所(摆放鲜花、饮料、茶点等),安排律师事务所高级人员参加会谈,复印好要交给客户的资料,准备好事务所简介和个人名片,甚至包括安排好午餐或者晚餐等。

初次见面,双方一般要做自我介绍,你要记住来访人员及他们的职务和分工。如果来访的外国人比较多,为避免混淆,不妨在他们的名片上作简单的描述。在介绍自己一方人员的时候,要注意姓名发音,因为大多数外国人对于拼音并不熟悉,有些中文姓名,比如对于 X、Q 等辅音开头的姓名,外国人念起来会很困难。

谈及案情时,前一节提到的注意事项仍然适用。大多数外国客户在介绍完案情后,愿意仔细听取中国律师的分析和建议,并对某些具体问题提出自己的意见,双方的探讨可以比较深入地进行。但是,也有些外国客户比较愿意控制会谈的议题和节奏,有时会有些先入为主,忽略一些你认为重要的内容,甚至对你的意见表示保留或者怀疑。遇到这种情况,律师通常要避免与客户发生直接冲突,不妨改换表达的方式,或者换一个角度探讨问题。请牢记,对于你坚决认为是正确的东西,你一定要坚持,不能迁就。一味迁就客户的观点可能暂时取悦客户,但是一定会给自己埋下其他隐患。

会议结束后,通常要做一份会议纪要,将双方讨论过的问题、得出的结论和下一步的工作内容记录在案。你在会谈中一般会向客户索要更多的资料,在撰写会议纪要时不妨将索要文件的目录一并附上。

(三) 独立调查

由于各种原因,客户的介绍以及所提供的资料往往并不足以令你作出全面和准确的判断。一方面,客户看待问题的角度往往不同于职业律师,所提供的信息,尤其是关于相对方的信息难免缺乏针对性和准确性;另一方面,有些客户会有意无意地隐瞒一些对自己不利的信息。因此,独立的调查对于律师作出全面、正确的分析判断就十分必要。

调查内容可能包括方方面面,而且涉及多个政府职能部门,包括工商管理部门、统计部门、房地产管理部门等。有些工作律师可以独立完成,有些工作可能需要专门的调查公司完成。进行调查时，尤其是在走访相对方单位或者调查市场状况时要注意保密，不能泄露客户的名字和真正的调查意图。

（四）分析报告

根据客户的初步介绍，你与客户之间的会晤，你对有关资料的阅读和分析，以及律师独立进行的调查，你很有可能被要求制作一份内容详细的综合分析报告。这份分析报告一般要包括如下内容：

(1) 客户的背景情况；

(2) 客户所要完成的任务，或者说所要解决的问题；

(3) 案件/事件的基本进展情况；

(4) 所涉及的法律问题，包括实体问题和程序问题，所适用的法律条款以及相关的法律分析；

(5) 解决问题的工作方案和可能的结果，有可能的话应包括时间表；

(6) 有可能发生的费用；

(7) 其他需要包含的内容。

分析报告撰写完毕后，应当由更为资深的律师或者同事审阅，并且加入他们的修改意见。这一点非常重要，因为不论多么资深的律师，有时也会忽略一些重要问题，或者有一些不十分恰当的表述。多一个人审阅，就多一分保证。同时，如果是以外文撰写，则在条件许可的情况下，请专业人士校对语言。外语的熟练程度和准确性在一定程度上代表着律师本人和律师事务所的职业水准，如果没有清晰、准确的表达，则律师再有见解也不能很好地传达给外国客户。

（五）建立委托关系

在实际开始工作之前，不要忘记与客户签署委托协议。因为没有签署委托协议而产生的收费分歧屡见不鲜。不论你与客户在开始时建立了怎样融洽的关系，如果没有签订书面的聘用协议，在收费时发生争议在所难免。

书面协议表述可以多样，不必拘泥于所谓的官方格式。尤其注意，在涉外案件中，委托协议最好用外文撰写，而且加入仲裁条款。在签订委托协议时，尤其要注意律师的工作范围，太过宽泛会给客户创造很多拒付律师费的理由。

（六）频繁沟通和工作汇报

开始工作以后，对于将要进行的工作、工作的进展情况、所遇到的问题、处理问题的结果，以及可能发生的费用等要及时与客户进行沟通和汇报。外国客户因为在海外，不熟悉国内事务，有时会用自己国家的办事程序和时间进度来要求中国律师，遇到这种情况，律师需要进行耐心解释，并且做出及时反应。拖延回复，或者长时间的不予理睬，会使客户产生巨大的疑问和怀疑。

（七）工作记录

务必详细记录你进行每一项工作的具体日期和所花费的时间，包括审阅资料、法律研究、与各种有关人士的会面、撰写各种文件和电子邮件、出差、打电话、出庭，甚至包括整理文档资料、发送文件、整理出差报销等。

完整的工作记录至少有以下三个益处：第一，有利于律师事务所和律师本人回顾案件进展情况，从中积累经验教训；第二，有利于更准确地计算和收取费用，尤其是对按小时收费的案件尤其重要；第三，有利于回复客户关于案件进展情况和费用收取的询问。

二、涉外案件中律师服务费特殊的收取方式

（一）基本收费方式

费用收取具有较大的灵活性是涉外法律业务的另一个显著特点。在实际操作中，根据不同的案件性质和难度，律师费用的收取大体采取：

（1）按小时收费，常见于普通的咨询服务。

（2）收取一笔固定的费用，常见于公司注册，商标、专利注册，背景调查等。

（3）视工作成果，按比例收取。常见于项目融资，股票上市和诉讼/仲裁。在某些案件中，也有将这几种收费方式混合使用的。

不论哪一种收费形式，涉外案件的收费标准一般都高于国内普通案件。

（二）收取费用时应注意的问题

考虑到客户身处海外，同时，案件进展往往不太顺利，客户不能按时支付费用的情况经常发生。因此，在收取费用时要注意：

（1）尽可能先期收取一些费用；

（2）及时发送账单；

（3）及时催促，对于客户对账单提出的问题要及时回复；

（4）开户银行选择比较知名的银行；

（5）必要的时候给予适当的折扣，避免为律师费打跨国官司。

第四节　涉外案件中律师代理应注意的问题

在实践中，由于涉外案件本身具有的特殊性，中国律师在提供法律服务时经常要与不同法律制度和文化背景下的当事人、关系人、律师、政府及各种机构组织打交道,分歧和误解在所难免。因此要特别注意以下几个问题。

一、特别的法律规定

经过三十余年的立法实践和实际探索,我国已经建立起一套包括《民法典》(有关章节)、《民事诉讼法》(有关章节)、《中华人民共和国外商投资法》、《中华人民共和国对外贸易法》、《中华人民共和国外汇管理条例》等在内的一整套法律体系。总的来说,对于外国投资,对外贸易,外汇管理,涉外税收,涉外知识产权保护,外国人入境,在华生活、工作,以及涉外诉讼/仲裁等各个环节皆制定了较为具体和特别的规定。因此,深入了解这些涉外法律的特别规定也就成为律师处理涉外案件的前提。

由于涉外事务的特殊性,以及各种法律不同的立法历史背景,在很多问题上,外国人和投资者在中国享有与中国人和内资企业不同的待遇。比如说,三资企业一般而言享受更为优惠的税收政策,但同时,还有很多行业和领域禁止或者限制外国投资进入;外国公司驻华办事处必须通过特定的机构雇用工作人员;外国人和公司组织只能购买特定的公寓楼;外国人与中国公民结婚,或者收养中国儿童要经过特别的政府批准等。

此外,我们在运用一些法律概念时要特别注意它在涉外法律实务中的特别含义。比如说,虽然绝大多数外商投资企业也同样采用有限责任公司形式,符合《公司法》中关于"有限公司"的描述,但是,在外商投资企业中,不存在股东大会,不存在公司监事,在很多情况下,董事会就是公司的最高决策机构,而且外国投资者还可以单独投资建立独资子公司。

事实上,即使是在欧美等奉行"国民待遇"原则已有很长历史的发达国家,外国人和外国公司组织也仍然难免遭遇与本国人和公司组织不相同的待遇。因此,律师在代理中国客户适用外国法律时,也同样应认真研究当地法律对于外国人和外国公司的特殊规定,并且应当获得当地法律专家的确认,以免犯下闭门造车或者想当然的错误。

二、不同法律制度和文化背景下的观念冲突

受过大陆法系教育和受过英美法系教育的法律专业人士在很多法律概念上有着深刻的分歧,这种分歧又有可能因为国家特定的社会制度和历史,以及一方的偏见被强化。沟通,频繁、细致甚至重复的沟通是解决这个问题最好的方式。

举一个例子，笔者曾代理的一家美国公司在中国申请获得了某项商标专用权，它在中国X省的独资子公司被授权在中国独家生产和销售带有这种商标的产品。现在，它发现位于中国Y省的某内资企业未经它的许可在相同的产品上使用了一种非常类似的未经注册的商标，并且在中国的A、B、C、X、Y等地销售这种侵权产品。在管辖法院这个问题上，即选择哪一个省的法院，哪一级的法院作为诉讼法院的问题上，我们与美国客户和他的律师举行了两次电话会议，专门写了两个备忘录，并且彼此发了20个电子邮件，几乎把中国法律关于管辖问题的全部阐述做了一个通盘介绍。我们最终发现，美国律师原来有一个源自本国法律的根深蒂固的概念，即不论是选择各州的法院还是联邦法院，一个地区只应当有一个受理法院，上诉法院只管上诉。他很难理解中国的中级人民法院和高级人民法院既可以受理一审案件又可以受理上诉案件，而且中级人民法院和高级人民法院皆有可能成为一审法院。

上面的例子主要是关于程序方面的，总的来说，外国人一般还是能够接受中国法律在程序方面的特别规定。但是，还有很多与我国现行社会制度相关联的概念，是需要更多耐心才可以沟通的。

三、谨慎地使用外语

律师在处理涉外业务时必然要经常使用外语，事实上，很多涉外律师已经将英语作为自己的日常工作语言了。但是，对于绝大多数中国律师而言，毕竟不能做到像驾驭中文一样使用外文。

笔者曾经处理过一个比较极端的案件，在这起案件中，有一个重要的争议点居然就是关于哪种翻译应当是更为准确的翻译。这是一起涉外专利侵权案件，笔者代理的外国客户是专利权人。但是，在他通过国内某著名专利代理机构向中国知识产权局呈交的专利申请文件中，在最重要的权利请求书部分，将"direct movement"一词翻译为"水平运动"，而更准确的翻译应为"直线运动"。后者之所以更为严谨准确，是因为它包含了360度所有方向的直线运动，而前者则可以被狭义地解释为只包括"水平方向的运动"。这一词之差看似微不足道，但是，侵权产品恰恰是将专利产品的线路运行方向作了一定角度的调整。最后，侵权人固然没有因为这个微小的把戏而掩盖其侵权的事实，但是，为了澄清"direct movement"一词的更佳翻译应为"直线运动"，我们还特地请了一位专家证人，耗费了相当的时间和费用。

最后，关于如何适当地使用外文，我们提供以下建议：

（1）在不妨碍意思表示准确的前提下，尽量使用常用的词汇；有些词汇一词多义，应尽量选择使用其常用的含义。

（2）对于有几种翻译方法的词汇，以及容易产生歧义的概念，应当在使用者之间进行统一定义。

（3）发现对方对自己的表述有分歧理解或者误解时应马上予以澄清或者更正，一定不要等到对方已经形成误解再从头进行解释。

（4）对于自己不理解的内容，一定要尽快要求对方进行解释和澄清，否则对方会有意地利用语言获取优势。

（5）慎用比喻。在法律表述中使用比喻一般被认为不适当。使用外文描述一个比喻就更为危险，阅读者往往如坠入雾里，不知所云。

四、与外国同行的配合

在涉外律师处理的涉外案件中有相当一部分是外国同行推荐介绍的。中国律师与外国同行之间如何进行协调配合是每一个涉外律师都要特别小心对待的问题。一般而言，在适用中国法律的大多数案件和在由中国国际经济贸易仲裁委员会进行仲裁的案件中，中国律师担任着主要角色，外国同行只起着间接的辅助作用。同时，在适用外国法律，需要在外国完成的法律事务，则通常要发挥当地律师的作用。但是，近年来，有些外国律师积极探索进入中国法律市场，在一些在中国进行的投资和融资项目中，以及一些在由中国国际经济贸易仲裁委员会进行仲裁的案件中也扮演着主要的角色。

要注意除去前文已经阐述的文化背景和社会制度方面的差异，在与外国律师进行协作的时候，尤其是在配合外国律师完成有关工作时要特别注意：

（1）尊重外国律师与他的客户之间的关系。在中国律师辅助办理的涉外案件中，中国律师通常只与外国律师进行工作交流，没有外国律师的同意，应当避免直接与他的客户交流，尤其要避免将你与外国律师之间的分歧公开给他的客户。

（2）及时回复外国律师提出的询问，及时进行外国律师交付的工作，及时报告各项工作的进展。在回复外国律师的询问时，在大多数情况下，要坦诚你的意见和态度，不必一味迎合外国律师的见解，但是，要注意表达方式。同时，如果有些工作确实不能完成，也应当及时报告给外国律师，以利于他调整工作方案。一味迎合或者只报喜不报忧的做法只会把事情搞得更复杂，并且最终丧失外国律师对你的信任。

(3) 书面沟通、电话交流和面对面的会面相辅相成。虽然限于地理距离和语言的原因,书面往来是中国律师与外国律师最常见的交流方式。但是,对话,尤其是面对面的对话在解决最关键的问题上往往非常重要。对于通话中没有听清的问题可以再以书面形式进行询问核实。

(4) 尊重外国律师的工作和性格习惯。正如每一位中国律师都有自己的工作习惯一样,外国律师也有自己的习惯,有些外国律师的习惯还非常强烈。比如,有些律师工作催得很紧,经常要你在 24 小时或者 48 小时之内给出答复;有些外国律师偏爱周末加班,在周末给你发电子邮件或者打长途;有些律师生性固执甚至有些傲慢,愿意发号施令,不愿意听取别人的意见等。

(5) 并非所有外国律师都恪守职业道德。比如有些外国律师愿意留一手,并不把所有的信息,包括一些你应当知道的重要信息披露给你,因而给你的工作造成很多麻烦;还有些外国律师有意无意之间要你提供规避中国现行法律的建议,这些都需要谨慎处理。

五、境外办案需要特别谨慎

现在,很多从事境外上市、境外融资、国际招投标的中国律师几乎每年都要出国办案,有时一年还要出国几次。鉴于国际市场和外国的司法制度与我国有很大差异,因此,在一个比较陌生的环境下,还是应当特别谨慎。在办案之前要尽可能地收集和阅读各方面的有关资料,并且主动地向当地各界法律教育人士、律师和各界人士请教。仓促成行,往往无功而返。

还有一个因素需要特别考虑,即你的国内委托人对外国的了解往往比你更为欠缺。在下达交付工作时,难免拿他自己在国内的经验作参照,一厢情愿地作出不切实际的指令。遇到这样的客户,一定要在耐心说服客户之余给自己留有余地。否则,当客户不能完全达到自己的目的时会将失望转变成对律师工作的指责。

当然,在实际工作中,需要注意的事项还有很多。律师应当注意总结经验教训,具体问题具体分析。总的来说,处理涉外案件越多,经验也就越为丰富;经验越是丰富,处理案件也就越得心应手,成功的可能性也就越大。

第五节　涉外仲裁

一、涉外仲裁概述

人们通常所说的涉外仲裁是指在涉外经贸、运输或者海事活动中,当事人就已经发生的或者可能发生的争议,根据所达成的仲裁协议,提交给约定的涉外仲裁机构进行审理,并且接受其仲裁裁决的争议解决方式。涉外仲裁一般包括以下几个方面的因素:

(1)争议本身具有前文提到的涉外因素。

(2)争议发生在涉外经贸、运输或者海事活动之中。普通的民事纠纷,比如婚姻、收养、监护、继承案件;劳动纠纷以及行政争议不属于涉外仲裁范围之内。

(3)争议各方已经就争议解决方式达成书面仲裁协议,同时,仲裁协议应当明确写明仲裁机构,并且明确表示服从其仲裁规则。

(4)一如通常的仲裁裁决,涉外仲裁裁决也是终局的。争议各方既不得向任何行政机关和机构要求复议,也不得向任何国家的法院提起诉讼。

在我国,中国国际经济贸易仲裁委员会和海事仲裁委员会是受理涉外仲裁案件的最主要机构,负责审理大部分涉外仲裁案件。中国国际经济贸易仲裁委员会的前身是中国国际贸易促进委员会对外贸易仲裁委员会,最早成立于1956年,以后经过数次更名,于1988年开始使用现在的名称。其仲裁规则也几经变化,现在执行的规定是1989年1月1日开始实施的。近年来,有些地方仲裁委员会,比如北京仲裁委员会也开始受理涉外案件,但是在机构声望、案件质量和数量方面还远不如中国国际经济贸易仲裁委员会。

相比于法院诉讼,很多涉外案件的当事人愿意选择仲裁作为争议的解决方式,主要是因为涉外仲裁具有如下优点:

(1)管辖明确,仲裁机构具体。由于当事人各方在仲裁协议中明确约定了仲裁机构,一旦发生争议,则无须在选择哪家法院审理案件的问题上再费周折,节省了很多时间、精力和资金。

(2)一审终审的仲裁制度大大节省了审理时间,当事人不必通过上诉程序即可得到最终的结果,便捷高效。

(3)审理涉外仲裁案件的仲裁员通常具有比较丰富的专业经验、所作裁决具备公正性和专业性。

(4)审理形式比较轻松,当事人及其代理人一般能够畅所欲言,仲裁员对当事人及其代理人的合理要求一般都能满足。

(5)在审理程序上,比如对立案标准、代理人委托手续、证据标准等要求一般来说比法院要宽松。

(6)仲裁采取不公开审理方式,能够有效保护商业秘密,仲裁从庭审到裁决结果均不公开,使当事人的商业信誉不受影响,也使双方当事人在感情上容易接受,有利于日后继续生意上的往来。

(7)仲裁裁决能够受国际承认和执行,我国于1987年加入《承认及执行外国仲裁裁决公约》,在中国作出的仲裁裁决,不仅可以在中国得到执行,还可以得到160个缔约国的普遍承认及执行。

二、律师代理涉外仲裁案件应注意的问题

较之涉外诉讼,涉外仲裁的程序虽然比较简单、省时,方式比较轻松,仲裁员的专业水平比较高,但是,这些特点也同样提高了对律师的要求。律师在代理涉外仲裁时应特别注意以下几个问题。

(一)仲裁协议的效力

合法有效的仲裁协议是涉外仲裁的前提和基础。我国法律规定,仲裁协议必须是当事人自愿达成的书面协议,而且不能违反国家法律的强制性规定。同时,仲裁协议必须明确规定由哪一家仲裁机构进行审理。没有明确约定仲裁机构,或者约定模糊不清的是无效协议。中国国际经济贸易仲裁委员会推荐的仲裁条款是,"凡因本合同引起的与本合同有关的任何争议,均应提交中国国际经济贸易仲裁委员会,按照申请仲裁时该会现行有效的仲裁规则进行仲裁。仲裁裁决是终局的,对双方均有约束力"。

在实践中,有些仲裁条款的起草者为了给客户留有余地,同时将人民法院和仲裁机构作为解决争议的机构列入仲裁条款供当事人临时选择,或者同时提出国内的一家仲裁机构和国外的一家仲裁机构由当事人临时选择。根据最高人民法院的有关解释,前者因为违背了仲裁法律关于选择仲裁就必须排除法院管辖的基本原则是无效的。而在后者情况下,亦可能导致协议无效。

(二)委托授权手续

向中国国际经济贸易仲裁委员会提交仲裁申请时无须提供经过中国驻外使领馆认证的律师委托手续,只要有当事人的委托授权书即可,而且在很多情况下,甚至不需中文译文,这一点大大方便了中国律师的工作。但是,相关工作经验表明,在立案工作完成后,为了方便启动将来的法院执行程序,还是建议外国客户另行履行委托手续的认证手续,这主要是因为法院与仲裁机构是两个系统,有些地方的法院会坚持履行我国法律关于外国当事人在中国进行诉讼程序的有关规定。与其到时候再做准备,不如未雨绸缪。

（三）仲裁员的选择

选择仲裁员时要特别注意仲裁员的专业背景和口碑。由于当事人在选择仲裁员时有一定的自主权，所以要特别珍惜。一般而言，在注意仲裁员的专业背景和口碑的同时，还应当考虑他与自己一方的关系。自己选择的仲裁员虽然不是自己的代理人，但是，事实上，仲裁员完全可以以适当的方式引导当事人，帮助当事人澄清事实，并且更有条理地阐述自己的观点。有些外国当事人愿意选择本国的人士，或者母语相同的人士，或者所在国属于同一法律体系的人士作为仲裁员，中国国际经济贸易仲裁委员会对此并不禁止，但是，同时需要注意的是，如果选择外国人作为仲裁员，在仲裁过程中，就难免要使用英语或者其他语言，这对代理律师的外语水平要求就提高了很多。

（四）仲裁语言的确定

根据中国国际经济贸易仲裁委员会的仲裁规则，如果当事人没有特别约定，则仲裁语言应为中文。在实践中，有些外国当事人以争议合同是以英文起草，或者争议各方基本是以英文进行通信为由要求仲裁文字为英文，这些要求通常不能得到中国国际经济贸易仲裁委员会的批准。

（五）资料和证据的提供

仲裁是一审终审制，双方皆没有上诉的机会。因此在准备材料证据时就应格外仔细。一定要将全部资料和证据，在仲裁庭规定的时限内完整地提供给仲裁庭。仲裁庭对书面材料一般比较重视，仲裁员大多能阅览当事人提交的全部资料，因此，细致地准备文件是涉外仲裁律师必须完成的工作。

（六）开庭审理

涉外仲裁的庭审比较轻松，当事人一般都有比较充分的时间和机会阐述自己的观点。仲裁员的问题通常很有针对性，并且其态度大都比较随和亲切。很少发生仲裁员训斥当事人及其代理人的现象。同时还要注意，仲裁开庭非常注意私密性，通常不允许旁听。

三、外国仲裁裁决的承认与执行

（一）概述

1958年在联合国的主持下，在美国纽约通过了《承认及执行外国仲裁裁决公约》，就是通常所说的《纽约公约》。《纽约公约》是目前国际上关于承认和执行国际商事仲裁裁决的最重要、影响范围最广的公约，几乎所有主要国家皆是该公约的成员国。较之此前的有关公约，《纽约公约》扩大了承认和执行外国仲裁裁决的范围,降低了承认及执行外国仲裁裁决的先决条件,也简化了相关手续。我国于1987年1月加入《纽约公约》,该公约于该年4月在我国生效。

《纽约公约》以排他的形式规定了承认及执行外国仲裁裁决的条件,即除非属于下列情况之一,被请求执行国皆应承认、执行外国仲裁裁决。

1. 仲裁协议无效

有效的仲裁协议是仲裁的前提和基础。判断一份仲裁协议是否有效,应当根据所依据的准据法。但是,《纽约公约》同时规定,凡是满足以下六项要求的,缔约国就应当承认该份仲裁协议的效力:

(1)以书面形式完成;
(2)协议内容是为了处理当事人之间已经发生的,或者可能发生的争议;
(3)这种争议与一个确定的法律关系有关;
(4)这种争议属于仲裁范围;
(5)当事人双方具有行为能力;
(6)根据特定的准据法,仲裁协议是有效的。

2. 仲裁过程违反正当程序

在有些国家,比如美国,违反正当程序包含着极其宽泛的内容。《纽约公约》所谓的违反正当程序至少包括:

(1)未给予适当通知;
(2)未能令当事人进行充分申辩,使其丧失了公平陈述的机会。

3. 仲裁员超越权限

仲裁员不得就不属于仲裁协议规定范围的事项进行仲裁,同时在进行友好调解时也一定要获得当事人的明示同意。但是实践中,以仲裁员超越权限为由要求撤销仲裁裁决的案例非常少见。

4. 仲裁庭的组成和仲裁程序不当

当事人在选择某一仲裁机构进行审理时,一般即意味着同时要遵守该机构的仲裁规则。但是,也有当事人在仲裁协议中单独写明的。如果当事人仲裁协议有关约定与仲裁机构的仲裁规则不相符,要具体情况具体分析。如果并不违反仲裁机构所在国关于仲裁制度的基本法律原则和该仲裁机构仲裁规则的基本制度,则应遵循当事人的意志。

5. 裁决不具约束力或已被撤销、停止执行

对于尚未发生法律效力的裁决,以及被作出裁决的国家的主管机关撤销的

裁决,被申请承认和执行国有权拒绝承认和执行该裁决。一般而言,这里的主管机关是指法院,包括仲裁机构所在地法院或者所依据的准据法的国家的法院。

6.争议事项具有不可仲裁性

从国际通行的法律实践看,仲裁事项通常不包括涉及家庭关系和人身关系的争议。即使是商务纠纷,有些案件也通常不通过仲裁进行解决。这些案件包括:

(1)涉及专利、商标权和著作权的纠纷;

(2)涉及破产的纠纷;

(3)涉及证券的纠纷;

(4)反不正当、反托拉斯案件。

7.违背被申请承认和执行国的公共政策

对于何为"公共政策",目前国际上尚无通行的定义和标准,大致是指被普遍接受的善良风俗和道德准则,以及最根本的社会利益和法律准则。由于世界各国在文化宗教、政治制度、法律体系等各个方面存在分歧,各国法院在诠释"公共政策"时具有一定的裁量权。

(二)工作流程

我国自加入《纽约公约》以来,对有关立法作了修改,以保证外国仲裁裁决能够在我国得到实际的承认和执行。经过三十多年的摸索,已经初步建立起一套基本的工作模式,其中包括:

1.受理法院

根据我国法律及《最高人民法院关于涉外民商事案件诉讼管辖若干问题的规定》,有权受理外国仲裁裁决承认及执行申请的法院,除国务院批准设立的经济技术开发区人民法院管辖外,其他为下列地点的中级人民法院管辖:第一,被执行人是自然人的,为其户籍所在地或者居住地;第二,被执行人是公司法人的,为其主要办事机构所在地;第三,被执行人在我国没有住所或者办事机构,但有财产在我国的,为其财产所在地。

2.法院的审查

法院在审查有关申请时,既要遵守《纽约公约》,又要依据我国法律的相关规定,比如关于仲裁事项的范围,以及认定无效仲裁协议的依据等,我国法律都有特别的规定。如果我国法律与《纽约公约》发生冲突,则要以《纽约公约》的规定为准。需要特别注意的是,法院在进行审查时一般只限于程序问题,而不对实体问题进行审查,只有最高人民法院有权最终拒绝当事人关于承认和执行外国仲裁裁决的申请。

3. 裁决的承认与执行

人民法院经过审查后应当作出裁定。裁定有三种可能:

(1)裁定予以执行。

(2)不予执行。

(3)延缓执行。裁定延缓执行的,如果被执行人拒绝自动执行,则人民法院可以强制执行。

第六节　涉外公证

一、涉外公证概述

涉外公证,是指公证机构根据国内或国外当事人的申请,按照法定程序,对申请人需要在国外实施的法律行为、文件和事实的真实性、合理性给予证明的一项公证行为。

涉外公证的特点有:

(1)当事人多数是外国人、华侨、港澳台同胞,或是准备出国的公民;

(2)由司法部批准的办理涉外公证业务的公证处和经考试合格的涉外公证员负责办理;

(3)涉外公证书要根据使用国和当事人的要求,附相应的外文译文,并办理外交认证手续;

(4)公证书通常要发往域外使用,并在域外发生法律效力;

(5)在适用法律上,既要符合我国法律,又不能违反使用国法律。

二、涉外公证的业务类型

根据公证书用途,涉外公证可分为涉外民事公证和涉外商事公证。

(一)涉外民事公证

外国当事人申办的或公证书要发往域外使用的民事公证事务,即当事人、证明对象或公证书使用地等因素中含有一个或一个以上涉外因素的民事公证。我国建立公证制度之初,一些大城市及沿海地区的公证处就开办了涉外民事公证业务。

目前,涉外民事公证既是我国公证机关开办最早的公证业务,也是办证量最大的公证事项。而且随着民事交往不断增多，我国涉外民事公证的业务范围正在不断扩大。涉外民事公证的业务范围主要包括：收养、继承、遗嘱、委托、房屋买卖、婚姻、学历、未受刑事制裁、出生、死亡、海难、空难、亲属关系、生存、选票、财产分割、职称、职务、律师资格、健康、驾驶证等公证事项。

(二) 涉外商事公证

当事人、证明对象或公证书使用地等包含有一个或一个以上涉外因素的商事公证。常见于对外贸易、技术进出口、对外承包工程、劳务输出和利用外资等领域，涉外商事公证文书按使用目的可分为两大类：

第一类为我国企业或其他组织到国外从事进出口业务，设立办事机构、参加投标、承包工程、劳务输出、引进贷款和技术设备，以及在域外参加诉讼、仲裁、索赔等，应外方和外国法律的要求，必须办理的有关公证文书，包括法人资格、公司章程、资信情况、银行保函、授权委托书、商标注册证书、证据保全公证。

第二类为公证机关按照法律、法规、规章的规定，对涉外招标、拍卖等法律行为进行公证监督，对对外贸易、涉外房地产等涉外商事合同进行审查并依法出具的公证书。

附录一：规范性法律文件索引

宪法：
《中华人民共和国宪法》(2018)
法律：
《中华人民共和国澳门特别行政区基本法》(1993)
《中华人民共和国产品质量法》(2018)
《中华人民共和国城市房地产管理法》(2019)
《中华人民共和国道路交通安全法》(2021)
《中华人民共和国对外贸易法》(2022)
《中华人民共和国电子签名法》(2019)
《中华人民共和国电子商务法》(2018)
《中华人民共和国反垄断法》(2022)
《中华人民共和国法律援助法》(2021)
《中华人民共和国国家安全法》(2015)
《中华人民共和国个人信息保护法》(2021)
《中华人民共和国公司法》(2023)
《中华人民共和国公证法》(2017)
《中华人民共和国集会游行示威法》(2009)
《中华人民共和国建筑法》(2019)
《中华人民共和国劳动法》(2018)
《中华人民共和国劳动合同法》(2012)
《中华人民共和国劳动争议调解仲裁法》(2007)
《中华人民共和国律师法》(2017)
《中华人民共和国民法典》(2020)

《中华人民共和国民事诉讼法》(2023)
《中华人民共和国企业国有资产法》(2008)
《中华人民共和国企业破产法》(2006)
《中华人民共和国商标法》(2019)
《中华人民共和国数据安全法》(2021)
《中华人民共和国食品安全法》(2021)
《中华人民共和国土地管理法》(2019)
《中华人民共和国外商投资法》(2019)
《中华人民共和国刑法》(2023)
《中华人民共和国消费者权益保护法》(2013)
《中华人民共和国香港特别行政区基本法》(1990)
《中华人民共和国刑事诉讼法》(2018)
《中华人民共和国行政处罚法》(2021)
《中华人民共和国行政复议法》(2023)
《中华人民共和国行政诉讼法》(2017)
《中华人民共和国治安管理处罚法》(2012)
《中华人民共和国仲裁法》(2017)
《中华人民共和国专利法》(2020)
《中华人民共和国证券法》(2019)

行政法规：

《城市房地产开发经营管理条例》(2020)
《法律援助条例》(2003)
《国有土地上房屋征收与补偿条例》(2011)
《外国律师事务所驻华代表机构管理条例》(2024)
《中华人民共和国计算机信息网络国际联网管理暂行规定》(2024)
《中华人民共和国外汇管理条例》(2008)
《中华人民共和国行政复议法实施条例》(2007)
《中华人民共和国专利法实施细则》(2023)

地方政府规章：

《北京市城市房地产转让管理办法》(2008)

司法解释：

《关于依法制裁规避执行行为的若干意见》(2011)

《最高人民法院案件审限管理规定》(2001)

《最高人民法院关于办理申请执行监督案件若干问题的意见》(2023)

《最高人民法院关于公布失信被执行人名单信息的若干规定》(2017)

《最高人民法院关于进一步完善执行权制约机制加强执行监督的意见》(2021)

《最高人民法院关于民事诉讼证据的若干规定》(2019)

《最高人民法院关于民事执行中变更、追加当事人若干问题的规定》(2020)

《最高人民法院关于民事执行中财产调查若干问题的规定》(2020)

《最高人民法院关于人民法院办理财产保全案件若干问题的规定》(2020)

《最高人民法院关于人民法院办理执行案件若干期限的规定》(2006)

《最高人民法院关于人民法院办理执行异议和复议案件若干问题的规定》(2020)

《最高人民法院关于人民法院登记立案若干问题的规定》(2015)

《最高人民法院关于人民法院民事执行中查封、扣押、冻结财产的规定》(2020)

《最高人民法院关于人民法院民事执行中拍卖、变卖财产的规定》(2020)

《最高人民法院关于人民法院网络司法拍卖若干问题的规定》(2016)

《最高人民法院关于人民法院委托评估、拍卖和变卖工作的若干规定》(2009)

《最高人民法院关于人民法院执行工作若干问题的规定(试行)》(2020)

《最高人民法院关于审理劳动争议案件适用法律问题的解释(一)》(2020)

《最高人民法院关于适用〈关于民事诉讼证据的若干规定〉中有关举证时限规定的通知》(2008)

《最高人民法院关于适用〈中华人民共和国民事诉讼法〉的解释》(2022)

《最高人民法院关于适用〈中华人民共和国民事诉讼法〉审判监督程序若干问题的解释》(2020)

《最高人民法院关于适用〈中华人民共和国民事诉讼法〉执行程序若干问题的解释》(2020)

《最高人民法院关于适用〈中华人民共和国刑事诉讼法〉的解释》(2021)

《最高人民法院关于适用〈中华人民共和国行政诉讼法〉的解释》(2018)

《最高人民法院关于委托执行若干问题的规定》(2020)

《最高人民法院关于限制被执行人高消费的若干规定》(2015)

《最高人民法院关于严格规范终结本次执行程序的规定(试行)》(2016)

《最高人民法院关于严格执行案件审理期限制度的若干规定》(2008)

《最高人民法院关于执行案件立案、结案若干问题的意见》(2014)

《最高人民法院关于执行案件移送破产审查若干问题的指导意见》(2017)

《最高人民法院、最高人民检察院关于民事执行活动法律监督若干问题的规定》(2016)

部门规章:

《关于反对律师行业不正当竞争行为的若干规定》(1995)

《关于修改上市公司重大资产重组与配套融资相关规定的决定》(2011)(部分失效)

《公证程序规则》(2020)

《建筑工程施工许可管理办法》(2021)

《劳动人事争议仲裁办案规则》(2017)

《律师事务所管理办法》(2018)

《律师事务所从事证券法律业务管理办法》(2023)

《司法部关于执行〈外国律师事务所驻华代表机构管理条例〉的规定》(2004)

《上市公司收购管理办法》(2025)

《上市公司重大资产重组管理办法》(2025)

《香港、澳门特别行政区律师事务所驻内地代表机构管理办法》(2015)

《香港特别行政区和澳门特别行政区律师事务所与内地律师事务所联营管理办法》(2012)

《中华人民共和国海洋倾废管理条例实施办法》(2017)

部门规范性文件:

《劳动和社会保障部关于确立劳动关系有关事项的通知》(2005)

《企业国有产权交易操作规则》(2009)(已失效)

《司法部办公厅、国家计委政策研究室关于律师从事基本建设大中型项目招标投标法律业务的通知》(1998)

《上市公司监管指引第 9 号——上市公司筹划和实施重大资产重组的监管要求》(2025)

《〈上市公司收购管理办法〉第七十四条有关通过集中竞价交易方式增持上市公司股份的收购完成时点认定的适用意见——证券期货法律适用意见第 9 号》(2021)

《〈上市公司重大资产重组管理办法〉第十四条、第四十四条的适用意见——证券期货法律适用意见第 12 号》(2025)

行业规定：

《深圳证券交易所股票上市规则》(2025)

附录二:常用文书格式

民事起诉状

原告:姓名,性别,民族,出生日期,身份证号:＿＿＿＿＿＿,住＿＿＿＿＿＿,联系电话:＿＿＿＿＿＿。

被告:＿＿＿＿＿＿＿＿＿＿

住所地:＿＿＿＿＿＿＿＿＿＿

统一社会信用代码:＿＿＿＿＿＿＿＿

联系电话:＿＿＿＿＿＿＿＿＿＿

法定代表人:＿＿＿＿＿,职务:＿＿＿＿＿

案由:＿＿＿＿＿＿＿＿＿＿＿＿＿＿＿＿＿＿＿＿

诉讼请求:

1. ＿＿＿＿＿＿＿＿＿＿＿＿＿＿＿＿＿＿＿＿＿＿；
2. ＿＿＿＿＿＿＿＿＿＿＿＿＿＿＿＿＿＿＿＿＿＿；
3. ＿＿＿＿＿＿＿＿＿＿＿＿＿＿＿＿＿＿＿＿＿＿；
4. 请求判令被告承担本案全部的诉讼费、保全费。

事实与理由:

此致
＿＿＿人民法院

具状人(盖章):
法定代表人(签字):
年　月　日

答 辩 状

答辩人：_____
住所地：_____
统一社会信用代码_____
联系电话：_____
法定代表人：_____，职务：_____
被答辩人(姓名,性别,民族,出生日期,身份证号：_____，住_____，联系电话：_____。

就_____一案被答辩人提出的诉讼请求，根据法律规定、案件事实和证据，答辩人提出答辩意见如下：

此致
____人民法院

              答辩人：
              年 月 日

民事上诉状

上诉人(原审诉讼地位)：_____
住所地：_____
统一社会信用代码_____
联系电话：_____
法定代表人：_____，职务：_____
被上诉人(原审诉讼地位)：_____
住所地：_____
统一社会信用代码_____
联系电话：_____
法定代表人：_____，职务：_____
上诉人因_____一案，不服_____人民法院作出的_____

民事判决,现依法提出上诉。
　　上诉请求:
　　1. 依法撤销_____人民法院作出的_____民事判决;
　　2. 依法改判驳回被上诉人一审全部诉讼请求,或者发回重审;
　　3. 请求判令被上诉人承担本案一审、二审诉讼费用。
　　事实和理由:

　　此致
　　____人民法院

　　　　　　　　　　　　　　　　上诉人(签字、捺印):
　　　　　　　　　　　　　　　　　上诉人盖章:
　　　　　　　　　　　　　　　　　　年　　月　　日

　　附件:
　　1. 本《民事上诉状》两份;
　　2. 上诉人身份证明一份;
　　3. _____《民事判决书》复印件一份。

再审申请书

　　再审申请人(原审诉讼地位):_____
　　住所地:_____
　　统一社会信用代码:_____
　　联系电话:_____
　　法定代表人:_____,职务:_____
　　再审被申请人(原审诉讼地位):姓名,性别,民族,出生日期,身份证号:_____
____,住_____,联系电话:_____。
　　再审申请人因_____一案,不服_____人民法院作出的_____民事判决书和_____人民法院_____民事判决书,现依法提出再审。
　　申请请求:
　　1. 依法撤销_____人民法院作出的_____民事判决书和_____人民法院_____民事判决书,将本案发回重审或改判支持申请人的一审诉讼请求;

2.请求判令被申请人承担本案一审、二审诉讼费用。
事实和理由：

此致
  ____人民法院

                    申请人：
                    年 月 日

附件：
1.本《再审申请书》两份；
2.申请人身份证复印件两份；
3._____人民法院作出的_____民事判决书和_____人民法院_____民事判决书，各复印件三份。

强制执行申请书

申请执行人：_____
住所地：_____
统一社会信用代码_____
联系电话：_____
法定代表人：_____，职务：_____
被执行人：_____
住所地：_____
统一社会信用代码_____
联系电话：_____
法定代表人：_____，职务：_____
请求事项：
请求贵院依法强制执行<u>具体案号</u>民事判决书（或调解书、裁决书等），强制被申请人履行以下义务：
1.<u>具体义务一，如支付金钱数额及支付方式</u>；
2.<u>具体义务二，如交付特定物品及交付方式</u>；
3.<u>具体义务三，如履行特定行为及行为标准</u>。

事实及理由：

申请人与被申请人因_____一案，经_____人民法院于___年___月___日作出_____民事判决书(或调解书、裁决书)，判决(或调解、裁决)被申请人应于___年___月___日履行上述义务。然而，履行期限届满，被申请人未履行上述义务。申请人曾多次催促被申请人履行义务，但被申请人拒不履行。根据《中华人民共和国民事诉讼法》第二百四十七条之规定，特向贵院提出强制执行申请。

此致
____人民法院

申请人：
年　　月　　日

附件一：_____民事判决书(或调解书、裁决书)
附件二：《财产线索清单》

财产保全申请书

申请人：_____
住所地：_____
统一社会信用代码_____
联系电话：_____
法定代表人：_____，职务：_____
被申请人：_____
住所地：_____
统一社会信用代码_____
联系电话：_____
法定代表人：_____，职务：_____
请求事项：

依法冻结被申请人的银行账户存款人民币_____元或查封、扣押被申请人相当于人民币_____元的财产。

事实与理由：

申请人与被申请人_____一案，申请人已向贵院提起诉讼。为了保护申请人的合法权益，防止被申请人逃避债务，根据《中华人民共和国民事诉讼法》第一百零三条以及《最高人民法院关于人民法院执行工作若干问题的规定(试行)(2020修正)》第9条之规定,特申请人民法院依法冻结被申请人的银行账户资金。

申请人以担保人的财产提供担保,如申请有错误,愿意承担相应的法律责任。

此致

____人民法院

申请人：
年　月　日

附件:《财产线索清单》先予执行申请书

先予执行申请书

申请人:<u>姓名</u>,<u>性别</u>,<u>民族</u>,<u>出生日期</u>,身份证号:_____,住_____,联系电话:_____。

被申请人:_____

住所地:_____

统一社会信用代码_____

联系电话:_____

法定代表人:_____,职务:_____

申请人与被申请人因排除_____一案,于____年____月____日诉至贵院。现因_____,特申请贵院先予执行。

请求事项:

事实与理由:

基于以上事实,根据《中华人民共和国民事诉讼法》第一百零九条规定,特向贵院申请裁定被申请人先予执行。

此致

____人民法院

申请人：
年　月　日

律师事务所××函

_____人民法院：

贵院受理的_____诉_____案件，现在_____已委托本所_____律师为其诉讼代理人。

特此通告。

_____律师事务所
年　月　日

附件：委托书一份

仲裁申请书

申请人：_____
住所地：_____
统一社会信用代码_____
联系电话：_____
法定代表人：_____，职务：_____
被申请人：_____
住所地：_____
统一社会信用代码_____
联系电话：_____
法定代表人：_____，职务：_____
仲裁依据：

《_____合同》第____条规定："凡因本合同产生的或与本合同有关的一切争议，均提交_____仲裁委员会仲裁。"

仲裁请求：

1. _____；
2. _____；
3. 请求裁决被申请人向申请人支付因本案支出的律师费；
4. 请求裁决本案仲裁费用全部由被申请人承担。

（以上暂共计人民币_____元。）

事实与理由：

此致
  仲裁委员会

申请人：
（盖章/签名）
年　月　日

仲裁答辩状

答辩人：_____
住所地：_____
统一社会信用代码_____
联系电话：_____
法定代表人：_____，职务：_____
被答辩人:**姓名**,**性别**,**民族**,**出生日期**,身份证号：_____,住_____,联系电话：_____。
　　因被答辩人_____申请仲裁答辩人_____纠纷一案，答辩人作出如下答辩意见：

此致
  仲裁委员会

答辩人：
年　月　日

仲裁执行申请书

申请执行人:**姓名**,**性别**,**民族**,**出生日期**,身份证号：_____,住_____,联系电话：_____。

被执行人：_____
住所地：_____
统一社会信用代码_____
联系电话：_____
法定代表人：_____,职务：_____
执行依据
　　____年____月____日北京仲裁委员会所作_____仲裁裁决书(或调解书);现被执行人拒不履行生效仲裁裁决书(调解书)确定的义务,为此,特申请贵院强制执行。
请求事项
　　强制被执行人向申请执行人支付人民币_____元。
事实和理由
　　申请执行人因与被执行人间的_____纠纷,于____年____月____日向_____仲裁委员会提请仲裁。后经_____仲裁委员会仲裁(调解),被执行人于____年____月____日之前向申请执行人支付人民币_____元。北京仲裁委员会于____年____月____日作出仲裁裁决书(或调解书)。
　　自仲裁裁决书(或调解书)生效至今,被执行人未按照仲裁裁决书(或调解书)履行义务,故根据《中华人民共和国仲裁法》和《中华人民共和国民事诉讼法》有关规定,向人民法院申请强制执行。
　　此致
　　____人民法院
　　　　　　　　　　　　　　　　　　　　申请执行人：
　　　　　　　　　　　　　　　　　　　　　年　　月　　日
附件：_____仲裁委员会所作_____仲裁裁决书(或调解书)

授权委托书

委托人:姓名,性别,民族,出生日期,身份证号：_____,住_____,联系电话：_____。
受委托人:姓名,性别,民族,出生日期,身份证号：_____,住_____,联系电话：_____。
委托人委托受委托人办理_____事项,具体委托授权范围如下。
受托人_____代理权限为：

1. _____
2. _____
3. _____
4. _____
5. _____

委托人：
年　月　日

合同审查意见书

合同名称：_____
合同编号：_____
合同签订时间：_____
送审人：_____
审查时间：_____
经审查，现提出以下要求：
一、合同基本内容：
二、合同存在的主要问题：
三、修改意见及法律依据：
四、其他；
以上意见仅供参考。

××律师事务所(公章)
××律师
年　月　日

民事委托代理合同

甲方：_____
法定代表人：_____
地址：_____
邮政编码：_____
电话：_____

附录二：常用文书格式　　465

传真：_____
乙方：_____　律师事务所_____
地址：_____
邮政编码：_____
电话：_____
传真：_____

甲方因_____纠纷一案,根据《中华人民共和国民法典》《中华人民共和国民事诉讼法》《中华人民共和国仲裁法》《中华人民共和国律师法》等有关法律的规定,聘请乙方的律师作为委托代理人。

甲、乙双方按照诚实信用原则,经协商一致,立此合同,共同遵守。

第一条　委托代理事项

乙方接受甲方委托,委派律师在下列案件中担任甲方的委托代理人：

1. 对方当事人名称或者姓名：

2. 案由：

3. 审理机关：

4. 审级：

第二条　委托代理权限

一般代理。

或者

全权代理,包括(选择项)：

1. 变更或者放弃诉讼请求；

2. 承认诉讼请求；

3. 提起反诉；

4. 进行调解或者和解；

5. 提起上诉；

6. 申请执行；

7. 收取或者收转执行标的；

8. 签署、送达、接受法律文书。

第三条　乙方的义务

1. 乙方委派_____、_____律师作为上述案件中甲方的委托代理人,甲方同意上述律师指派其他业务助理配合完成辅助工作,但乙方更换代理律师应取得甲方认可；

2. 乙方律师应当勤勉、尽责地完成第一条所列委托代理事项；

3. 乙方律师应当以其依据法律作出的判断,向甲方进行法律风险提示,尽最大努力维护甲方利益;

4. 乙方律师应当根据审理机关的要求,及时提交证据,按时出庭,并应甲方要求通报案件进展情况;

5. 乙方律师不得违反《律师执业规范》,在涉及甲方的对抗性案件中,未经甲方同意,不得同时担任与甲方具有法律上利益冲突的另一方的委托代理人;

6. 乙方律师对其获知的甲方的商业机密/或者甲方的个人隐私负有保密责任,非由法律规定或者甲方同意,不得向任何第三方披露;

7. 乙方对甲方业务应当单独建档,应当保存完整的工作记录,对涉及甲方的原始证据、法律文件和财物应当妥善保管。

第四条　甲方的义务

1. 甲方应当真实、详尽和及时地向乙方律师叙述案情,提供与委托代理事项有关的证据、文件及其他事实材料;

2. 甲方应当积极、主动地配合乙方律师的工作,甲方对乙方律师提出的要求应当明确、合理;

3. 甲方应当按时、足额向乙方支付律师代理费和工作费用;

4. 甲方指定_____为乙方律师的联系人,负责转达甲方的指示和要求,提供文件和资料等,甲方更换联系人应当通知委托代理人;

5. 甲方有责任对委托代理事项作出独立的判断、决策,甲方根据乙方律师提供的法律意见、建议、方案所作出的决定而导致的损失,非因乙方律师错误运用法律等失职行为造成的,由甲方自行承担。

第五条　律师代理费

经双方协商同意,甲方向乙方支付律师代理费_____元人民币。

支付方式为:

1. 自本合同生效后___日内支付_____元人民币;

2. 自_____后___日内支付_____元人民币;

3. 自_____后___日内支付_____元人民币。

乙方户名:_____

开户行:_____

账号:_____

本合同终止后或者提前解除的,应当由双方书面确认并结清有关费用。

第六条　工作费用

乙方律师办理甲方委托代理事项所发生的下列工作费用,应当由甲方承担:

1. 相关行政、司法、鉴定、公证等部门收取的费用；
2. 发生的差旅费、食宿费、翻译费、复印费、资料费、长途通信费等；
3. 征得甲方同意后支出的其他费用。

甲方按照乙方律师预支、事后实报实销方式报销上述工作费用。

或者

甲方一次性支付_____元人民币由乙方包干使用上述第 2 项工作费用。

乙方律师应当本着节俭的原则合理使用工作费用。

第七条 合同的解除

甲、乙双方经协商同意，可以变更或者解除本合同。

乙方有下列情形之一的，甲方有权解除合同：

1. 未经甲方同意，擅自更换代理律师的；
2. 因乙方律师工作延误、失职、失误导致甲方蒙受损失的；
3. 违反第二条第 5~7 项规定的义务之一的。

甲方有下列情形之一的，乙方有权解除合同：

1. 甲方的委托事项违反法律或者违反律师执业规范的；
2. 甲方有捏造事实、伪造证据或者隐瞒重要情节等情形的；
3. 甲方逾期____日仍不向乙方支付律师代理费或者工作费用的。

第八条 违约责任

乙方无正当理由不提供第一条规定的法律服务或者违反第二条规定的义务，甲方有权要求乙方退还部分或者全部已付的法律顾问费。

乙方律师因工作延误、失职、失误导致甲方蒙受损失，或者违反第二条第 5~7 项规定的义务之一的，乙方应当通过其所投保的执业保险向甲方承担赔偿责任。

甲方无正当理由不支付法律顾问费或者工作费用，或者无故终止合同，乙方有权要求甲方支付未付的法律顾问费、未报销的工作费用以及延期支付的利息。

甲方不得以如下非正当理由要求乙方退费：

1. 甲方单方面又委托其他律师事务所的律师代理的；
2. 乙方完成委托代理事项后，甲方以乙方收费过高为由要求退费的；
3. 甲方作为被告时，乙方律师已经为出庭作好准备，而原告方撤诉的；
4. 其他非因乙方或者乙方律师的原因，甲方无故终止合同的。

第九条 争议的解决

本合同适用《中华人民共和国民法典》《中华人民共和国律师法》《中华人民共和国民事诉讼法》《中华人民共和国仲裁法》等法律。

甲、乙双方如果发生争议，应当友好协商解决。如协商不成，任何一方均有权将争议提交北京市仲裁委员会/中国国际经济贸易仲裁委员会,按照提交仲裁时该会现行有效的仲裁规则进行仲裁,仲裁裁决是终局的,对甲、乙双方均有约束力。

或者

甲、乙双方如果发生争议,应当友好协商解决。如协商不成,任何一方均有权向北京市_____人民法院起诉。

第十条　合同的生效

本合同正本一式两份,甲、乙双方各执一份,由甲、乙双方代表签字/并加盖公章,自____年____月____日起生效,至乙方完成甲方所委托的代理事项为止。

第十一条　通知和送达

甲、乙双方因履行本合同而相互发出或者提供的所有通知、文件、资料,均以扉页所列明的地址、传真送达,一方如果迁址或者变更电话,应当书面通知对方。

通过传真方式的,在发出传真时视为送达;以邮寄方式的,挂号寄出或者投邮当日视为送达。

甲方:_____　　乙方:_____
_____律师事务所
代表:_____　　代表:_____

常年法律顾问合同

甲方:_____
法定代表人:_____
地址:_____
邮政编码:_____
电话:_____
传真:_____
乙方:_____律师事务所
地址:_____
邮政编码:_____
电话:_____
传真:_____

甲方因业务发展和维护自身利益的需要,根据《中华人民共和国民法典》《中华人民共和国律师法》的有关规定,聘请乙方的律师作为常年法律顾问。

甲、乙双方按照诚实信用原则,经协商一致,立此合同,共同遵守。

第一条　乙方的服务范围

乙方律师的服务内容为协助甲方处理日常法律事务,包括:

1. 解答法律咨询、依法提供建议或者出具律师意见书;

2. 协助草拟、制定、审查或者修改合同、章程等法律文书;

3. 应甲方要求,参与磋商、谈判,进行法律分析、论证;

4. 受甲方委托,签署、送达或者接受法律文件;

5. 应甲方要求,就甲方已经面临或者可能发生的纠纷,进行法律论证,提出解决方案,出具律师函,发表律师意见,或者参与非诉讼谈判、协调、调解;

6. 应甲方要求,讲授法律实务知识;

7. 办理双方商定的其他法律事务。

未经双方协商同意,乙方的服务范围不包括甲方控股、参股的子公司、异地分支机构和其他关联企业的法律事务。

未经双方协商同意,乙方的服务范围不包括甲方涉及经济、民事、知识产权、劳动、行政、刑事等必须进入诉讼或者仲裁法律程序的专案代理事务,也不包括甲方涉及长期投资、融资、企业改制、重组、并购、破产、股票发行、上市等专项法律顾问事务。

第二条　乙方的义务

1. 乙方委派_____、_____律师作为甲方常年法律顾问,甲方同意上述律师指派其他律师配合完成前述法律事务工作,但乙方更换律师担任甲方常年法律顾问应取得甲方认可;

2. 乙方律师应当勤勉、尽责地完成第一条第一款所列法律事务工作;

3. 乙方律师应当以其依据法律作出的判断,尽最大努力维护甲方利益;

4. 乙方律师应当在取得甲方提供的文件资料后,及时完成委托事项,并应甲方要求通报工作进程;

5. 乙方律师在担任常年法律顾问期间,不得为甲方员工个人提供任何不利于甲方的咨询意见;

6. 乙方律师在涉及甲方的对抗性案件或者交易活动中,未经甲方同意,不得担任与甲方具有法律上利益冲突的另一方的法律顾问或者代理人;

7. 乙方律师对其获知的甲方商业秘密负有保密责任,非由法律规定或者甲方同意,不得向任何第三方披露;

8. 乙方对甲方业务应当单独建档,应当保存完整的工作记录,对涉及甲方的原始证据、法律文件和财物应当妥善保管。

第三条　甲方的义务

1. 甲方应当全面、客观和及时地向乙方提供与法律事务有关的各种情况、文件、资料；

2. 甲方应当为乙方律师办理法律事务提出明确、合理的要求；

3. 甲方应当按时、足额向乙方支付法律顾问费和工作费用；

4. 甲方指定_____为常年法律顾问的联系人，负责传达甲方的指示和要求，提供文件和资料等，甲方更换联系人应当通知常年法律顾问；

5. 甲方有责任对委托事项作出独立的判断、决策，甲方根据乙方律师提供的法律意见、建议、方案所作出的决定而导致的损失，非因乙方律师错误运用法律等失职行为造成的，由甲方自行承担。

第四条　法律顾问费

乙方律师每个合同年度为甲方工作____个小时。甲方委托事务不足小时数的，视为乙方律师完成了工作量；甲方委托事务超过小时数的，超出部分减按每小时_____元人民币计费。

乙方法律顾问费为年_____元人民币。自本合同生效后____日内甲方向乙方支付_____元人民币；____年____月____日之前再支付_____元人民币。

乙方户名：_____

开户行：_____

账号：_____

甲方就第一条第三款所列的专案代理事务或者专项顾问事务如果委托乙方办理，应向乙方另行支付代理费，由双方另订委托代理合同，乙方应优惠收费。

本合同到期终止后或者提前解除的，应当由双方书面确认并清结有关费用。

第五条　工作费用

乙方律师办理甲方委托事项所发生的下列工作费用，应由甲方承担：

1. 相关行政、司法、鉴定、公证等部门收取的费用；

2. 北京市外发生的差旅费、食宿费、翻译费、复印费、长途通信费等；

3. 征得甲方同意后支出的其他费用。

乙方律师应当本着节俭的原则合理使用工作费用。

第六条　合同的解除

甲、乙双方经协商同意，可以变更或者解除本合同。

乙方有下列情形之一的，甲方有权解除合同：

1. 未经甲方同意，擅自更换作为甲方常年法律顾问的律师的；

2. 因乙方律师工作延误、失职、失误导致甲方蒙受损失的；

3. 违反第二条第5~8项规定的义务之一的。

甲方有下列情形之一的，乙方有权解除合同：

1. 甲方的委托事项违反法律或者违反律师执业规范的；

2. 甲方有捏造事实、伪造证据或者隐瞒重要情节等情形，致使乙方律师不能提供有效的法律服务的；

3. 甲方逾期_____日仍不向乙方支付法律顾问费或者工作费用的。

第七条　违约责任

乙方无正当理由不提供第一条规定的法律服务或者违反第二条规定的义务，甲方有权要求乙方退还部分或者全部已付的法律顾问费。

乙方律师因工作延误、失职、失误导致甲方蒙受损失，或者违反第二条第5~8项规定的义务之一的，乙方应当通过其所投保的执业保险向甲方承担赔偿责任。

甲方无正当理由不支付法律顾问费或者工作费用，或者无故终止合同，乙方有权要求甲方支付未付的法律顾问费、未报销的工作费用以及延期支付的利息。

第八条　争议的解决

本合同适用《中华人民共和国民法典》《中华人民共和国律师法》《中华人民共和国民事诉讼法》《中华人民共和国仲裁法》等法律。

甲、乙双方如果发生争议，应当友好协商解决。如协商不成，任何一方均有权将争议提交北京市仲裁委员会/中国国际经济贸易仲裁委员会，按照提交仲裁时该会现行有效的仲裁规则进行仲裁，仲裁裁决是终局的，对甲、乙双方均有约束力。

或者

甲、乙双方如果发生争议，应当友好协商解决。如协商不成，任何一方均有权向北京市_____人民法院起诉。

第九条　合同的生效

本合同正本一式两份，甲、乙双方各执一份，由甲、乙双方代表签字并加盖公章，自____年____月____日起生效。

第十条　合同的期限

本合同的期限为____年。

合同期满前____日内，由甲、乙双方协商决定是否续签常年法律顾问合同。合同期满后，甲方交办的法律顾问工作延续进行的，甲方应当按第四条第一款规定的小时费标准按实际延续时间向乙方支付法律顾问费。

第十一条　通知和送达

甲、乙双方因履行本合同而相互发出或者提供的所有通知、文件、资料，均以扉页所列明的地址、传真送达，一方如果迁址或者变更电话，应当书面通知对方。

通过传真方式的，在发出传真时视为送达；以邮寄方式的，挂号寄出或者投邮当日视为送达。

甲方：_____ 乙方：_____
××××律师事务所
代表：_____ 代表：_____

仲裁协议

甲方：_____（姓名或者名称、住址）

乙方：_____（姓名或者名称、住址）

甲、乙双方就_____（写明仲裁的事由）达成仲裁协议如下：

如果双方在履行____合同过程中发生纠纷，双方自愿将此纠纷提交_____仲裁委员会仲裁，其仲裁裁决对双方有约束力。

本协议一式三份，甲、乙双方各执一份，_____仲裁委员会一份。

本协议自双方签字之日起生效。

甲方：_____（签字、盖章）

乙方：_____（签字、盖章）

年　　月　　日

法律仲裁协议意见书

咨询(或委托)单位名称：_____

咨询(或委托)事项：_____

作为委托指定的法律事务承办机构，_____市_____律师事务所指派律师_____、_____对_____资料进行了审查，依据国家和____市的有关法律、法规，出具本法律意见书。

一、提供了相关的贷款资信文件，具体内容详见附件。

二、出具本法律意见书的主要依据：

（一）《中华人民共和国民法典》；

……

（十一）国家和_____市其他有关法律、法规和规章。

三、根据本法律意见书第一条所述资信文件（包括复印件）和第二条所述有关法律、法规、规章和协议的规定，并根据我们专业的法律知识和律师经验确认如下事实：

（一）

（二）

(三)

基于以上事实,我们认为_____提供的资料真实、齐备,基本符合_____中国法律的条件,且初步_____具备_____的资格。

本法律意见书仅用于_____事宜。

本法律意见书正文共__页,其后之附件均为本法律意见书不可分割之组成部分。相关法律文件的复印件与原件无异。

_____律师
年　月　日

律师事务所介绍信

_____:
　　兹有我律师事务所_____律师等_____人前往你处联系_____事宜,请予以协助。
　　此致
敬礼

年　月　日

本介绍信____日内有效。

委　托　书
(担任刑事诉讼辩护人适用)

　　委托人_____根据《中华人民共和国刑事诉讼法》第三十三条、第三十四条及《中华人民共和国律师法》第二十八条之规定,委托_____律师事务所_____律师担任_____案犯罪嫌疑人(被告人)_____的辩护人。

　　本委托书有效期自即日起至_____止。

委托人(签名):
年　月　日

注:本委托书用于律师担任辩护人时使用,由律师事务所存档一份,交公安机关、人民检察院、人民法院一份。

委　托　书
(担任刑事诉讼代理人适用)

　　委托人_____根据《中华人民共和国刑事诉讼法》第四十六条、第二百九十九条、第三百零四条及《中华人民共和国律师法》第二十八条之规定,委托_____律师事务所_____律师在_____案中担任以下第___项_____的诉讼代理人。

  (1)公诉案件被害人(法定代理人、近亲属);
  (2)自诉案件自诉人(法定代理人);
  (3)附带民事诉讼原告人(法定代理人);
  (4)附带民事诉讼被告人(法定代理人);
  (5)没收违法所得程序犯罪嫌疑人、被告人近亲属;
  (6)没收违法所得程序利害关系人;
  (7)强制医疗程序被申请人、被告人法定代理人。
  诉讼代理人代理权限为:

  本委托书有效期自即日起至_____止。

委托人(签名):
年 月 日

  注:本委托书用于律师担任诉讼代理人时使用,由律师事务所存档一份,交公安机关、人民检察院、人民法院一份。

律师事务所××函
(担任辩护人适用)

[   ]第 号

_____:

  根据《中华人民共和国刑事诉讼法》第三十三条、第三十四条、第二百九十三条及《中华人民共和国律师法》第二十八条之规定,本所接受_____的委托,指派_____律师担任_____案犯罪嫌疑人(被告人)_____的辩护人。

  特此函告。

(律师事务所章)
年 月 日

附录二：常用文书格式　　　　　　475

附：
1. 委托书一份
2. 辩护人身份信息
姓名：_____　　执业证号：_____
电话：_____　　通信地址：_____
律所统一社会信用代码：_____
注：本函用于律师担任辩护人时，向公安机关、人民检察院、人民法院提交。

律师事务所××函
（担任刑事诉讼代理人适用）

[　　]第　　号

_____：
　　根据《中华人民共和国刑事诉讼法》第四十六条、第二百九十九条、第三百零四条及《中华人民共和国律师法》第二十八条之规定，本所接受_____的委托，指派_____律师担任_____案_____的刑事诉讼代理人。

　　特此函告。

（律师事务所章）
年　　月　　日

附：
1. 委托书一份
2. 诉讼代理人身份信息
姓名：_____　　执业证号：_____
电话：_____　　通信地址：_____
注：本函用于律师担任诉讼代理人时，向公安机关、人民检察院、人民法院提交。

具　保　书

　　我与被告人_____是_____关系。我愿保证监督被告人_____在取保候审期间随传随到，不逃避审判；不进行有碍本案审判的活动和其他违法犯罪的事情。被告人_____如有违反上述事项的行为，我立即向你院报告。特此具保。

具保人：_____
具保人工作单位：_____
住址：_____

保 证 书

  我与被告人_____是_____关系。我愿作为被告人_____取保候审的保证人，根据《中华人民共和国刑事诉讼法》第七十条第一款规定，履行以下义务：

  （一）监督被保证人遵守《刑事诉讼法》第七十一条的规定；

  （二）发现被保证人可能发生或者已经发生违反《刑事诉讼法》第七十一条规定的行为，及时向执行取保候审的公安机关报告。

保证人：

刑事自诉状
（刑事自诉案件起诉用）

  自诉人：姓名，性别，民族，出生日期，身份证号：_____，住_____，联系电话：_____。

  被告人：姓名，性别，民族，出生日期，身份证号：_____，住_____，联系电话：_____。

  案由和诉讼请求：

  事实与理由：

  此致

  ____人民法院

附：1. 本诉状副本____份

  2. 证据和证据来源

  3. 证人姓名和住址

自诉人：
年   月   日

刑事附带民事起诉状

刑事附带民事原告人：_____
住址：_____
联系方式：_____
刑事附带民事被告人：_____
住址：_____
联系方式：_____
诉讼请求：

风险提示：
诉讼请求必须具体、明确，该写的一定要写，因为其事关法院审查的范围。但千万不可不加思考地乱要求，如果无相应的证据来支持你的主张，势必遭到败诉的后果，通常还会因此而向法院支付相应的诉讼费。

另外，诉讼请求应提出具体的数额，不能笼统地说"赔偿原告的一切损失"之类的话。虽然这是没有争议的，但并不等于在提出诉讼请求时多多益善，比较切合实际的请求数额，不仅可以减少诉讼成本，降低诉讼风险，而且有利于法院的调解和双方当事人的和解，减少讼累。

1. 请求依法追究被告人_____犯_____罪的刑事责任，并要求对其从重处罚。

2. 请求依法判令被告人_____赔偿我受伤的医疗费_____元，误工费_____元、护理费_____元、伙食补助费_____元、营养费_____元、交通费_____元、法医鉴定费_____元以及伤残补助费（待伤残鉴定后确定），共计_____元。

事实和理由：

风险提示：
诉状是把"利剑"，挑起争端。如果没有写好，那么势必倒过来伤到自己。因此，要摆事实,讲明道理,引用有关法律和政策规定,为诉讼请求的合法性提供充足的依据。摆事实,是要把双方当事人的法律关系,发生纠纷的原因、经过和现状,特别是双方争议的焦点,实事求是地写清楚。讲道理,是要进行分析,分清是非曲直,明确责任,并援引有关法律条款和政策规定。

此致
  ____人民法院

具状人：
年　月　日

附：
  起诉状副本____份
  证据材料副本____份

×××罪一案
（排除非法证据申请书）

  申请人：_____,_____律师事务所律师,系_____罪一案被告人_____的辩护人,联系方式：_____。

  申请事项:排除下列非法证据:

1._____;
2._____;
3._____。

  申请依据：(例)《刑事诉讼法》第五十六条:"采用刑讯逼供等非法方法收集的犯罪嫌疑人、被告人供述和采用暴力、威胁等非法方法收集的证人证言、被害人陈述,应当予以排除。收集物证、书证不符合法定程序,可能严重影响司法公正的,应当予以补正或者作出合理解释;不能补正或者作出合理解释的,对该证据应当予以排除。

  在侦查、审查起诉、审判时发现有应当排除的证据的,应当依法予以排除,不得作为起诉意见、起诉决定和判决的依据。"

  申请理由：

1._____。
2._____。
3._____。

  综上,上述证据_____,违反了《刑事诉讼法》的规定,属于非法证据,故申请对上述非法证据予以排除。

此致

____人民检察院/法院

申请人:

_____律师事务所律师

年　　月　　日

刑事案件被害人委托代理协议

甲方(被害人及其法定代理人或者近亲属):_____

身份证号:_____

地址:_____

电话:_____　电子邮箱:_____

乙方:_____律师事务所

地址:_____

甲方因【犯罪嫌疑人(被告人)姓名】涉嫌【罪名】一案,决定聘请乙方为甲方提供法律服务。甲乙双方经充分协商,就上述事宜达成以下一致条款:

第一条　委托事项

乙方依据《中华人民共和国刑事诉讼法》《中华人民共和国律师法》等规定,接受甲方的委托,指派【律师姓名】律师为甲方提供下列第【根据委托情况选填】项程序阶段的法律服务,乙方有权变更指派律师提供法律服务。

(1)解答进入诉讼阶段前的法律咨询,提供法律帮助;

(2)侦查阶段提供法律帮助;

(3)审查起诉阶段作为诉讼代理人参与案件审查;

(4)一审审判阶段作为诉讼代理人参与案件审理,符合提起附带民事诉讼条件的,代为提起附带民事诉讼;

(5)二审审判阶段作为诉讼代理人参与案件审理,附带民事诉讼部分上诉的,代理二审附带民事诉讼。

第二条　律师费及工作费用

2.1　乙方在签订本合同之前已经向甲方解释了收费规定及标准。甲方在本合同签署之前已经全部阅读并知悉合同内容。甲方确认已全面了解、知悉、同意乙方的收费办法及收费标准。

2.2　本合同签订之日起_____日内,甲方向乙方支付律师费_____(人民币)_____元(大写)_____元(小写),乙方代理附带民事诉讼的,律师费双方另行协商确定。

乙方银行账户信息:

户名：_____

开户行：_____

账号：_____

特别提示:甲方不得向乙方律师及任何受托方人员支付律师费用或法律顾问费用,应将律师费用或法律顾问费用按照约定全额支付到乙方律师事务所的对公账户,否则,乙方对此不承担任何经济和法律责任,甲方对此明知并承诺遵守。

2.3　如发生因甲方追加委托事项导致服务事项明显增多的情况时,乙方有权要求增加律师费。新增部分的律师费,由甲、乙双方协商确定。

2.4　甲方保证对乙方提供必要的条件和其他合理的便利。双方商定下列律师服务有关的工作费用开支由甲方负担,且未包含在律师费中:

(1)乙方先行向甲方预收(人民币)_____元的办案工作费用。工作费用是指乙方为办理甲方委托事项所发生或可能发生的全部费用,包括但不限于交通、住宿、通信、复印、打字等费用及乙方辅助人员的差旅费等。

(2)乙方办理法律事务后,应及时凭有效票据与甲方结算办案差旅费,多退少补。

(3)乙方为甲方提供法律服务的过程中所发生的诉讼费、鉴定费、检验费、评估费、公证费、查档费、咨询费等由甲方另行支付。乙方代甲方支付上述费用的,事后依据有效票据与甲方进行结算。

第三条　甲方权利义务

3.1　甲方应如实地向乙方介绍与案件有关的情况,不得隐瞒事实、伪造证据、弄虚作假,否则乙方有权拒绝代理,已经收取的律师费不予退回。

3.2　甲方应对所有证据的真实性负责。乙方根据案情需要,可随时要求甲方补充相关证据,甲方应予以配合和提供,对于甲方未能及时提供相关证据导致案件延误或其他损失的,乙方不承担责任。

3.3　甲方应按本合同规定的时间和金额向乙方支付律师费;因不可归责于乙方的事由,委托合同解除或者委托事务不能完成的,乙方收取的律师费不予退还。

3.4　甲方保证,甲方提供的邮寄地址、电话等联系方式均真实、准确,如果联系方式发生变化,甲方应在变更之日起三日内告知乙方,否则,因以上联系方式的错误致使乙方无法送达或者甲方未能收到信息,造成的不利后果由甲方承担。

3.5　因甲方捏造、歪曲委托案件的事实或提供虚假的证据材料,导致委托案件出现不利结果,乙方对此不承担责任。

3.6 甲方不得要求乙方为其提供违反法律法规、规范性文件和社会公德以及其他损害社会公共利益或他人合法权益的服务。

第四条 乙方权利义务

4.1 乙方律师应严格依据《刑事诉讼法》、《律师法》及律师职业道德的规定恪尽职责,努力维护当事人的合法权益。

4.2 认真解答甲方的法律咨询。

4.3 向办案机关提交相关法律意见,参加庭审。

4.4 除法律有明确规定,乙方对其获知的甲方商业秘密、个人隐私负有保密义务,非经甲方同意,不得向任何第三方披露。

第五条 违约责任

5.1 乙方无合理理由提出解除本合同或者因乙方过错使本合同不能履行的,未提供服务阶段的律师费退还甲方,乙方承担的责任不高于律师费全额,工作费用据实结算。

5.2 甲方无正当理由不支付律师费或者工作费用,每逾期一日,甲方应按未支付金额的_____‰另行向乙方支付滞纳金。乙方可中止履行合同直至甲方依约支付律师费及相关费用,由此产生的一切法律风险及损失由甲方自行承担。

甲方超过约定付费期间_____日以上仍未向乙方支付约定费用的,乙方有权单方解除合同,同时乙方有权按照本合同约定向甲方追索其应支付的全部费用以及逾期支付的滞纳金。

5.3 甲方单方解除协议,或者因甲方过错导致终止履行本合同,已交纳的律师费不予退还,工作费用据实结算。

5.4 甲方违反本合同第三条约定的义务,乙方有权拒绝服务,甲方仍然坚持的,乙方有权解除本合同,律师费不予退还,工作费用据实结算。

第六条 生效及终止

本合同由甲、乙双方签署确认,自甲方依照约定实际支付律师费之日起生效。本合同自乙方律师完成本合同的委托事务(包括撤销案件、不起诉、撤回起诉,以及收到判决书、裁定书等法律文书,签署和解协议书)或解除本合同时终止。

第七条 争议解决

在本合同履行过程中双方发生争议的,应友好协商解决。协商不成的,双方均有权提交_____仲裁委员会仲裁,以该会仲裁规则仲裁。

第八条 其他

本合同一式两份,甲、乙双方各执一份。如需变更,由双方另行商议,由此达成的补充合同与本合同具有同等法律效力。

甲方:_____ 乙方:_____

___年___月___日   ___年___月___日

后　　记

作为一名老律师,在很多场合和很多时候,年轻的律师朋友问到我的理想和人生目标是什么?其实,在我自己年轻的时候是有宏大理想和许多人生目标的,但随着年龄的增长和岁月的流逝,宏大的理想变成渺小的理想,很多的人生目标变成了几个目标,其中一个就是要在有生之年出版一百本书,本书虽然是第九次修订再版,毕竟还是一本书,不能算作九本书,只是实现人生目标的一个节点而已,但也向人生目标迈进了一步。在过去的十几年当中,一本书能够九次再版,说明了它的生命力和价值,代表着广大律师读者对这本书的评价和肯定,这是对我律师执业生涯最好的奖励和表彰,对于做了半辈子律师的我心里或许有些窃喜。

关于理想,我在年轻的时候就想好了,即所谓的三段论:当好检察官,做好律师,成为学者。在我花甲之年以后可以说基本实现了当初的理想,检察官早就当过了,律师执业生涯已经进入了尾声,剩下的就是当好学者,总结人生经验,梳理学术思想。接着下一步,写书,不断地写书,把思想和经验写出来,既是理想和目标的一部分,也是一名学者的工作内容和应有之义。

律师实务这本书不仅是我自己律师理论和实践的总结和梳理,也是律师行业的成果和经验,我本人现在担任北京律师法学研究会的会长,中国法学会律师法学研究会的常务理事,在律师法学研究领域做了一些工作,组织了一些活动,发表了一些成果,为本书的再次修订出版提供了一点帮助,这些都是微不足道的,对于本书的再次修订出版,首先要感谢宋宇博律师,可以说,如果没有他的辛勤付出和倾心奉献,本书不可能再次修订再版。宋宇博律师这些年在律师执业战场风生水起,身居隆安律师事务所高级合伙人之位,为律师事务所的发展和成长做出了重要的贡献,他还有着不为人知的背景:在成为执业律师之前他是一名成功的图书编辑,有此背景和技能是保证本书质量的前提。

本书的修订再版还要感谢法律出版社的领导和编辑,是他们的深切关怀和无私帮助才能令本书一而再再而三地修订再版，无论是首次出版还是再版，都离不开他们的悉心指导和细致工作，没有法律出版社就没有此书，没有法律出版社的领导和编辑就没有此书。

要感谢的人还有很多，比如：刘金金、金雷雷、莫菲、樊钰培、尹林玉、邢钰瑞、李长青、张茜玥、候燕君、王沛瑶、张月珠，他们为本书的编撰也付出了辛苦努力。同时，亦要致敬所有参与案例检索、实务调研、校审优化的团队成员，以及长期为本书提供实践反馈的企业客户。正是这种开放协作的精神，让《律师实务》始终保持着生生不息的活力。